Paul Noack
Die manipulierte Revolution

Paul Noack

Die manipulierte Revolution

Von der Bastille bis in unsere Zeit

R. Piper & Co. Verlag
München Zürich

ISBN 3-492-02380-0

Gesetzt aus der Garamond-Antiqua
Gesamtherstellung Clausen & Bosse, Leck
Printed in Germany

Inhalt

Weil es so schwierig ist, irgend etwas zu finden, das in seiner Art *neu ist, geschieht es – wenn man die Dinge historisch betrachtet –, daß man das Neue übersieht, wenn es die Form von gradueller Veränderung oder der neuen Kombination altbekannter Fakten annimmt.*

Andrew M. Scott

1. Einleitung: Revolution *des* internationalen Systems oder Revolution *im* internationalen System?

1.1 Vom Mythos der Revolution

Dieses Buch ist gespeist aus einem, wie ich glaube, gesunden Mißtrauen gegenüber dem Mythos der Revolution. Nicht, daß ich ihren Einfluß auf den sozialen Wandel der letzten zwei Jahrhunderte unterschätzte. Wie jeder andere weiß ich, daß ohne Revolutionen das Profil der modernen Welt anders aussähe. Und ebenso ist mir bekannt, daß vom achtzehnten bis zum zwanzigsten Jahrhundert genügend Gründe zu finden sind, die sie nicht nur erklären, sondern sie auch rechtfertigen. Dennoch wage ich angesichts der Wertschätzung, die sie vor allem dort genießen, wo sie *nicht* stattfinden, die Behauptung, daß sie von dem Ruf leben, den sie selbst erzeugen. Übertreibend könnte man daher sagen: Weder Männer noch Massen machen Geschichte, sondern Mythen.

Der stärkste Mythos, der seit 1789 Geschichte machte, ist der Mythos von der Berge versetzenden Kraft der Revolution. Daß gerade er solche Faszination ausübt, ist keineswegs selbstverständlich. Denn Revolutionen gehen meist einher mit Gewalt, also mit dem Opfer an Menschenleben. Wer also der Faszination der Revolution unterliegt, müßte wissen, daß auch er eines Tages in Gefahr stehen könnte, als Täter wie als Zuschauer die unmenschlichen Seiten der Revolution kennenzulernen. Revolutionen haben nicht nur ihre Kinder, sondern immer auch weniger enge Verwandte gefressen.

Der Revolution als modernem Phänomen (Hannah Arendt) und Schlüsselbegriff unserer Epoche gilt zunehmend das Interesse der Wissenschaft wie der Öffentlichkeit. Dabei gerät allzu leicht die zerstörerische Seite der Revolution in Vergessenheit, bzw. sie wird konsequent unterdrückt.

Die Morgenröte einer angeblich besseren Welt überstrahlt noch immer ihre dunklen Seiten. Sicher ist die Unterdrückung der Nachtseiten der Revolution auch eine Reaktion auf das revolutionsverhindernde Potential der Staaten. Wenn deren Stärke in Erstarrung umschlägt, läuft Verzweiflung Amok. Wenn die Freiheit immer tiefer hinter dem weltpolitischen

Horizont versinkt, gilt automatisch die Sympathie dem, der es unternimmt, sie zurückzuholen. Angesichts des Ziels werden dann die Mittel unerheblich.

Allerdings bin ich der Überzeugung, daß alle Mutmaßungen darüber, wer und was denn nun das Bild der Revolution und ihre Einschätzung präge, schon immer durch die nachträgliche Selbstinterpretation der Revolutionäre beeinflußt gewesen ist. John Dunn ist deswegen beizupflichten, wenn er meint: »Der Unterschied zwischen vorher und nachher ist kein Unterschied zwischen dieser und einer anderen Welt. Nachrevolutionäre Staaten sind oft brutal, korrupt, tyrannisch und unfähig. Und doch ist der Unterschied bisweilen sehr real und außerordentlich wichtig. Revolutionäre geben sich selbst und ihrer eigenen Gesellschaft vor allem ein Bild von Macht, Kontrolle, Gewißheit und Zweckmäßigkeit in einer Welt, in der Ohnmacht, Verständnislosigkeit und der Schrecken schierer Sinnlosigkeit ständige Bedrohungen sind.«

Dies, so nehme ich an, ist der wichtigste Grund dafür, daß sich die Revolutionslehre – von Theorie sei noch nicht gesprochen – in so merkwürdiger Weise darauf versteift, es sei die ansonsten sprachlose Armut und die getretene Menschenwürde, die sich in einem Staat immer und ohne Ausnahme gegen die »Arroganz der Macht« aufbäume, gegen diejenigen, die Wohlstand, Menschenwürde oder beides vorenthalten. Natürlich sind soziale Ungleichheit und vorenthaltene Rechte die stärkste Antriebskraft für Revolutionen. Das Gute siegt deshalb über das Böse. Aber wann ist der Augenblick eingetreten, in dem sich das alte Gute zum neuen Bösen gewandelt hat? Darauf wird kaum eine Antwort gegeben. Auch Revolutionen treten in das Stadium der Alltäglichkeit; doch ihr Mythos bleibt erhalten. Blieben die Revolutionen das, was sie vorgaben zu wollen, bedürfte es eines Tages keiner Revolutionen mehr. So aber ist mit Recht festgestellt worden: »Alle Revolutionen besitzen viele Anhänger, die aber nicht für diese Revolutionen gewesen wären, wenn sie ein klares Verständnis dessen gehabt hätten, wozu diese Revolutionen führen.« (Dunn 1974). Der Zwang, die Überlebensfähigkeit des Staates wiederherzustellen, führt eben meist dazu, daß Revolutionsrhetorik und nachrevolutionäre Realität kaum mehr etwas miteinander zu tun haben.

Damit habe ich erst das Bild grundiert, das ich im folgenden ausfüllen möchte. Es baut darauf, daß Revolutionen weder im Himmel noch für den Himmel auf Erden gemacht werden. Seine These lautet, daß *eine* Dimension der Revolution bisher vernachlässigt wurde: der Einfluß von außen. Denn Revolutionen wurden bisher vorwiegend als Ergebnis von Selbstentzündung, Selbstinduktion gesehen. Betrachtet man aber ihre Frühphase, ihre Reifung, ihren Ausbruch, schließlich ihre Dekadenz, so kommt man nicht umhin, solche Perspektiven als ungenügend zu empfinden. Deshalb handelt dieses Buch zwar von Revolutionen und von ihrem

Gegenteil. Doch sie sind nicht im engeren Sinne sein Thema. Sein Thema ist auch nicht die für unsere Zeit so typische Koexistenz von Revolution und Gegenrevolution, von Revolution und Reaktion. Unsere Fragen sind vielmehr: wie verändert äußere Einwirkung, Intervention, sowohl Revolution wie Gegenrevolution, wie wird Wandel im internationalen System durch Intervention ausgelöst oder verhindert? Die »innere« Dimension von Revolution wird vorausgesetzt; sie steht nicht im Mittelpunkt. Gefragt wird somit nach Dynamik und Statik des internationalen Systems im letzten Viertel des 20. Jahrhundert.

1.2 Die innere und die äußere Dimension

Die Weltrevolution, seit Karl Marx vorausgesagt, hat sich nicht ereignet. Und sie wird sich nicht ereignen. Statt dessen wohnen wir einer steigenden Flut von gewaltsamen Aufständen und ihrer Unterdrückung bei. Wieder und wieder war es ausländische Einmischung in die inneren Angelegenheiten eines Staates, die zum Sturz der bestehenden Regierung führte – oder aber neutralisiert wurde. Wir haben das Eingreifen der USA im Libanon 1958 und in den siebziger Jahren das amerikanische Fiasko in Vietnam erlebt. Der Einsatz sowjetischer Panzer zur Stützung eines sogenannten revolutionären Regimes in Ost-Berlin 1953 ist ebensowenig vergessen wie Budapest 1956, Prag 1968 und Angola 1976. Solche aufsehenerregenden Interventionen – letzte Stufe einer langen Interventionsleiter – haben eine beträchtliche Literatur hervorgebracht. Weil sie literarisch so ausgiebig behandelt wurden, spielen Vietnam, Ungarn und auch – als letzter der großen »klassischen« Konflikte – Südafrika im folgenden nur eine geringe Rolle. Worauf es uns ankommt, ist etwas anderes: Die Phänomenologie der Intervention, der Hinweis darauf, daß die Aggression von außen, offen oder verdeckt, militärisch oder politisch, als Entzug von Entwicklungshilfe oder als Unterstützung einheimischer Guerilleros, zeitlich wie geographisch allgegenwärtig ist – und eine lange Tradition hat.

Schon die Französische Revolution hat ihre Schriften im Ausland verbreitet, um im übrigen Europa den Boden für eine politische wie militärische Intervention zu bereiten. Heute gibt es kaum eine Revolution mehr, die ohne Einwirkung von außen denkbar ist. Revolutionen werden auf die mannigfachste Weise manipuliert. Mittels revolutionärer oder konterrevolutionärer Infiltration und Desintegration sucht ein Staat die Kontrolle über einen anderen Staat zu erlangen und zu erweitern. Die Unzufriedenheit von ethnischen oder sozialen Gruppen wird benutzt, um Ziele zu fördern, die mit dieser Unzufriedenheit primär nur wenig zu tun haben. Andererseits werden aber auch revolutionäre Regime gestürzt, weil sie der Ideologie der Nachbarn und/oder der Hegemonialmacht nicht entsprechen. Chile unter Allende war solch ein Beispiel.

Dennoch ist seit langem der Eindruck verbreitet, als entstehe die Mobilisierung der Massen aus dem Nichts, aus dem Mutterboden einer wie immer gearteten Unzufriedenheit, die sich auf mehr oder weniger rätselhaft gebliebene Weise in einer Revolution kristallisiert. Die einflußreichsten Theorien beruhen auf der Prämisse: Armut und Ungerechtigkeit, Unterprivilegierung und Verweigerung der Menschenrechte führen zum Aufstand. Je fühlbarer die soziale Benachteiligung – so sagt man –, je gewaltsamer die Beugung der ursprünglichen Rechte der Menschen, je stärker die Demütigung der Bürger durch den Staat, desto gewaltsamer, unaufhaltsamer, notwendiger eine Revolution. In der marxistischen, aber auch in einem großen Teil der »bürgerlichen« Revolutionstheorie entsteht der gewaltsame Aufstand dadurch, daß zunächst ein Bewußtsein der eigenen Benachteiligung entwickelt wird, daß dann das anfangs bloß individuelle Bewußtsein sich auf eine noch ungeklärte Art in ein revolutionäres Klassen- oder Schichtenbewußtsein umsetzt, das den Unterprivilegierten ihr Schicksal unerträglich erscheinen läßt; daß darauf der Akt der Revolution folgt.

Natürlich ist vieles daran richtig. Aber wie so oft in den Sozialwissenschaften entsteht durch die Verabsolutierung des Richtigen eine Fehlerquelle, die die Ursachen von Revolutionen eher verschüttet als freilegt. Weil der Ort der Revolution ein Nationalstaat ist, der Nationalstaat weiterhin die grundlegende Einheit des internationalen Systems ist, wird gefolgert, daß der Aufstand seine Wurzeln in eben diesem Nationalstaat haben müsse. Dies aber ist – zumindest seit dem 20. Jahrhundert – ebenso falsch wie die Annahme, jede Revolution müsse, da sie sich gegen eine wie immer geartete Unterdrückung richte, eine größere Freiheit für eine größere Zahl von Menschen zur Folge haben.

Ob man die Vorbereitungsphase einer Revolution oder ihre Nachbereitungsphase betrachtet: es gibt kaum ein Beispiel, in dem sich die Einflüsse der internationalen Politik nicht im internen Prozeß der Revolution nachweisen ließen. Deshalb wurde gefolgert: »Das wichtigste Verbindungsglied zwischen einem Konflikt in der Gesellschaft und dem internationalen politischen System ist die immer wieder zu beachtende Einmischung von Staaten in innere Konflikte« (Guehlke in: Northedge 1974). Das Problem ist also erkannt. Dennoch ist das Interesse an dessen allgemeiner Bedeutung von eher beiläufiger Art geblieben. Zwischen den *Mechanismen* der Intervention und den *Inhalten* von Revolution und Konterrevolution wird kaum eine Verbindung hergestellt. Die Aktionen des amerikanischen oder des sowjetischen Geheimdienstes werden daher eher auf der Ebene von Science-fiction-Thrillern behandelt als auf der Ebene der Haupt- und Staatsaktionen von Großmächten, die sie in Wirklichkeit sind.

Intervention – das heißt Verfälschung der Revolution – heißt Manipulation. Nicht immer war solche Manipulation erfolgreich: die Einmischung von außen führte 1793 zum Sturz der französischen Monarchie. Nicht immer bewirkte die Einmischung das, was sie erreichen wollte: das Deutsche Reich hatte mit der Reise Lenins nach Rußland anderes im Sinn, als sie schließlich bewirkte. Nicht immer sind die größeren Machtmittel Garant für Erfolg; die Guerilla-Strategie hat daraus eine Weltanschauung gemacht. Stets aber ist in dieser oder jener Form der Versuch unternommen worden, auf Revolutionen von außen Einfluß zu nehmen. Die Möglichkeiten der Manipulation haben ständig zugenommen. Dennoch bemüht man sich, sie auch weiterhin als gleichsam »hausgemacht« zu verkaufen. Dabei ist doch seit langem klar geworden, »daß mit der Verbesserung der internationalen Kommunikationsstruktur und der zunehmenden Penetrierung von Krisensystemen durch auswärtige Mächte die Erwartungen an zukünftige Revolutionen immer weniger von einer bloß nationalen Wertskala getragen werden« (Klaus von Beyme 1973). Einfacher gesagt heißt das: Die Verbundenheit einer nationalen Revolution mit ihrem internationalen Nährboden nimmt nicht zuletzt deshalb zu, weil auch die Möglichkeit, die revolutionären Erfahrungen auszutauschen, weiter zunimmt. Sie hat ein solches Ausmaß angenommen, daß eine Revolutionsanalyse ohne Blick auf die internationalen Ursachen und/oder Verursacher nicht mehr zulässig sein sollte.

Daß eine neue Sicht für den Ausbruch von Revolutionen wie Konterrevolutionen notwendig ist, glaube ich damit erläutert zu haben. Aber *was* ist das eigentlich: *die* Revolution? Was heißt Konterrevolution? Und was hat man unter Intervention zu verstehen? Gleich zu Beginn sei festgehalten, daß es *die* Revolution als ein ein für allemal definiertes soziales Ereignis mit gleichbleibenden Akteuren und unwandelbaren Verlaufsformen nicht gibt. Die Frage ist deshalb erlaubt, ob durch eine Definition hier viel an Klarheit gewonnen wird. Denn die Beschäftigung mit einem Gegenstand kann in der Wissenschaft zur Frage nach seiner Definition verkümmern. Freilich ist eine Frage erst dann »richtig« zu stellen, wenn das Objekt, auf das die Frage zielt, präzis benannt ist. Dennoch gibt es Dutzende von Schlüsselbegriffen nicht nur der Sozialwissenschaften, mit denen gearbeitet wird, ohne daß man sich über deren Definition bisher einigen konnte (etwa der Begriff der »Zelle« in der Biologie). In solchen Fällen bekommt jede Begriffsbestimmung etwas Willkürliches. Eine Definition ist dann das, was ein Autor unter dem Gegenstand versteht. Falls man es darauf anlegt, lassen sich ganze Problemfelder wegdefinieren. Das gilt auch für den Begriff der »Revolution«. Denn sofern man die Anforderungen genügend hoch ansetzt, fallen die Kandidaten aus. Die Tatsache, daß die Bedeutung konventioneller Kriege (d. h. externer gewaltsamer Auseinandersetzungen) abnimmt, daß damit zumindest die Wahrscheinlichkeit externer Beeinflussung internen sozialen Wandels zunimmt, kann nicht wegdiskutiert werden. Es bleibt daher die Frage, ob die klassischen Anforderungen, die man bisher ausgehend vom Begriff der Revolution (im Gegensatz zu Revolten, Putschen, Palastrevolutionen, Aufständen, Pronunciamentos etc.) stellte, angesichts der modernen Verhältnisse überhaupt noch zu halten sind. Ich komme noch darauf zurück.

Die größte Schwierigkeit für die Präzisierung von »Revolution« (ich schließe von nun an den Gegenbegriff mit ein) besteht darin, daß seit der Französischen Revolution jeder Aufstand von mehr als lokaler Reichweite nach dem Ehrentitel der »Revolution« trachtete. Selbst die Militärs in Brasilien reklamieren ihn heute für sich. Revolutionen sind sozusagen zu Erster-Klasse-Wagen geworden, die den sozialen Wandel transportieren. Schwächeren Umschwüngen wird schon lange nicht mehr diese ehrenhafte Bezeichnung verliehen. Massenmobilisierung, eine übergreifende Idee, die Anwendung von Gewalt und ein sozialer Wandel, der mehr umfaßt, als nur die Auswechslung einer Führungselite – das sind die, wenn auch nicht unumstrittenen, Mindestvoraussetzungen einer Revolution. Als Konsens von ihm untersuchter theoretischer Ansätze hat Dirk Käsler folgende Gemeinsamkeiten herausgestellt: »Revolution wäre zu sehen als ein gewaltsamer, sehr schnell ablaufender Wandel der Herrschafts/Staatsordnung, Gesellschaftsordnung, Wirtschaftsordnung, Wertordnung.« (Käsler 1977).

Allerdings ist gerade in den letzten Jahren konstatiert worden: Die Revolution ist tot. »Der Mensch kann jetzt und in Zukunft nur mehr zur Revolte Zuflucht nehmen. Denn wenn er eine Revolution versuchen würde, so wäre es eine Revolution ohne Ziel«. (Ellul 1974) Die Gründe? Alle Formen menschlichen Zusammenlebens – so wird gesagt – seien durchgespielt. Was komme, könne nur Wiederholung des schon Gespielten sein. Wo es nichts Neues mehr gebe, könnten auch keine neuen Revolutionen ausbrechen. Das Individuum befinde sich heute grundsätzlich in einer zwiespältigen Rolle gegenüber der Gesellschaft. Denn es stärke immer zugleich die Gesetze einer Gesellschaft, gegen die es sich aufbäume. Auch damit wird »Revolution« zur Frage der Definition.

Doch akzeptieren wir hypothetisch für einen Augenblick die Interpretation von Revolution und Revolte jeweils als zielgerichteten und ziellosen Aufstand. Sind wirklich alle Revolutionen gelebt? Haben alle Hoffnungen auf Fortschritt sich erschöpft? Für die industrielle Welt mag das so aussehen. Doch da sind noch die »nationalen Revolutionen« der Dritten Welt. Kann man hier von Revolutionen sprechen? Zumindest kann man es dann, wenn man die erste Phase der nationalen Befreiungsbewegungen im Auge behält. Wenn man sagt, daß jede Revolution danach trachtet, ein Ideal zu verwirklichen, dann sind sie dem Ideal »Selbstbefreiung« gefolgt. Nimmt man nun an, daß Ausrichtung und Massenmobilisierung der Dritten Welt dem Ideal eines »integralen« Nationalismus folgten, so hätte man es auch dort mit einer »echten« Revolution zu tun. Denn mit den kolonialen Revolutionen wird die Idee der Französischen Revolution von der Gleichheit der Individuen zur Idee der Gleichheit von Kollektiven, von Staaten weiterentwickelt. In vielen der neuen Staaten wurde aber die nationale Gesellschaft auch im Zuge der Neugewinnung solch politischer Identität radikal verändert. Zumindest bei den Kadern der ersten Stunde darf man – z. B. in Algerien und Libyen, in Ägypten und im Irak – von einem revolutionären Impuls sprechen, der einer Revolution gleichkommt. Was später daraus wurde, was nach dem zweiten oder dritten Staatsstreich an revolutionärem Elan übrig blieb, ist eine andere Sache. Die Machtergreifung nach der nationalen Emanzipation wich auch dort oft einem Machtkampf innerhalb der Eliten, von denen die nationale Souveränität nunmehr ebenso vorausgesetzt wird wie in den entwickelten Staaten der östlichen und westlichen Welt. Dieses Schicksal hatten auch die »großen« Revolutionen des Westens erfahren.

So bleibt die Frage: Hat die Bezeichnung Revolution und – als Gegenstück – Konterrevolution überhaupt noch einen faßbaren Sinn? Sie haben insbesondere dann einen Sinn, wenn man sie (wie in diesem Buch) als Synonyme für gewaltsamen Wandel oder für Beharrung im internationalen System betrachtet. Man muß dabei keineswegs so weit gehen wie John Dunn, der meint: »Was von dem Begriff der Revolution übrigbleibt, ist im wesentlichen eine Metapher (womit schließlich die Geschichte des Begriffs auch begonnen hat)«. Revolution wie Konterrevolution sind heute so allgegenwärtig geworden, daß sie zum Beispiel die Vorstellung vom Gleichgewicht der Kräfte, das beide überflüssig macht, seit langem überlagern. Dennoch sollte man die Definitions- und Abgrenzungsversuche kennen. Sie klären die Vieldeutigkeit der Begriffe, schärfen den Blick für die Vielgestaltigkeit der Phänomene. (Das geschieht im zweiten Abschnitt).

Für eine Untersuchung allerdings, die schnellen gewaltsamen Wandel innerhalb von Staaten als Tatsache voraussetzt, genügen weniger strenge Unterscheidungen. Vielmehr kommt es hier sogar darauf an, den Untersuchungsgegenstand nicht unnötig einzuengen, damit er durchlässig bleibt für die verschiedenen Formen von Intervention. Unsere Frage – wissenschaftlicher: unser erkenntnisleitendes Interesse – lautet ja nicht: Was sind Revolutionen?, sondern: Wo finden sich Kräfte, die Veränderung im internationalen System bewirken, und wo finden sich andere, die Interesse daran haben, bestehende Sozialstrukturen zu erhalten?

Daraus ergibt sich die Arbeitsthese: Als revolutionär bzw. konterrevolutionär werden Staaten bezeichnet, die entweder dem sozialistischen Lager oder aber der Staatengemeinschaft westlich-demokratischer Prägung angehören. Als revolutionär werden danach Entwicklungen gekennzeichnet, die zum Sozialismus führen (etwa durch Nyerere in Tansania), als konterrevolutionär die Versuche, ein liberal-rechtsstaatliches Modell zu bewahren oder wieder zu errichten. (So hat die portugiesische Revolution ein – in diesem Sinne – revolutionäres und ein konterrevolutionäres

Stadium durchlaufen). Dabei spielt es in diesem Zusammenhang nur eine geringe Rolle, wie reaktionär die innere Verfassung eines der »sozialistischen« Staaten Afrikas ist, soweit es etwa die Verwirklichung der individuellen Menschenrechte angeht, oder wie freiheitgewährend oder -versagend sich ein Staat westlich-demokratischer Prägung gegenüber seinen Bürgern verhält. Als revolutionäre oder gegenrevolutionäre Einflußnahmen werden daher solche Aktionen gekennzeichnet, die dem einen oder anderen Lager zu nutzen oder zu schaden suchen. Diese Zuordnung entspringt der historischen Tatsache, daß der Sozialismus auf den Liberalismus folgte (und nicht umgekehrt).

Das Gegensatzpaar leitet sich aus dem Begriffsarsenal des Sozialismus her, obwohl der Begriff der Konterrevolution bereits Ende des 18. Jahrhunderts auftaucht. Doch ihre emotionale Aufladung – bedingt durch den Glauben, Revolution und damit Fortschritt als das Gute an sich zu betrachten – ist den Begriffen nicht automatisch eigen. Wir bezeichnen also mit ihnen Handlungsanleitungen, die nicht bewerten, sondern erklären. Es sei dabei nicht verschwiegen, daß unser einfaches Schema einige Interpretationsschwierigkeiten eher zudeckt als auflöst. War Prag 1968 eine revolutionäre oder eine konterrevolutionäre Aktion der UdSSR? Waren die Politiker des »Prager Frühlings« Revolutionäre oder Konterrevolutionäre? Wie sind die Ereignisse in Chile vor und nach Allendes Tod zu bewerten? Wie ist die Entwicklung in Portugal zu verstehen? Darauf werden wir noch zurückkommen.

Revolution und Konterrevolution bleiben im 20. Jahrhundert mit Begriffen wie Fortschritt und Beharrung selbst dann noch verbunden, wenn Revolutionen weiterleben, die schon längst erstarrt sind. Dies gilt zumindest so lange, bis jeder Staat mit einem sozialistischen »Modell« (sei es sowjetischer, chinesischer, kubanischer, jugoslawischer, tschechischer oder eurokommunistischer Machart) versorgt ist. Solange dies nicht geschehen ist, wird den Staaten, die solche »Notwendigkeit« nicht anerkennen, gar nichts anderes übrig bleiben, als »konterrevolutionär« zu sein. Da die Trennungslinien aber unscharf sind, das Gleichgewicht oft prekär ist, wird man in der Praxis ebenso oft revolutionäre wie konterrevolutionäre Prozesse finden – und dennoch nicht immer genau wissen, womit man es zu tun hat. In der Praxis der internationalen Politik bekämpfen sich eben nicht nur zwei *Prinzipien*, die sich schon immer bekämpften, sondern zuweilen fragmentierte *Machtzusammenballungen* mit dem dazugehörigen Militärapparat und ihrem Propagandapotential. Nur so haben die Begriffe Revolution und Konterrevolution heute ihren Sinn. Sie stehen für eine Wirklichkeit in der internationalen Politik, die nicht ein für allemal einer Definition zugänglich ist. Dennoch aber ist sie unzweifelhaft vorhanden. Und die politischen Akteure wissen, welche Wirklichkeit sie meinen, wenn *sie* von Revolution und Konterrevolution sprechen.

1.3 Was heißt Intervention?

Was für Revolution und Konterrevolution gilt, gilt in gleichem Maße für den dritten der Grundbegriffe: »Intervention ist ein allgegenwärtiges soziales Phänomen«. Deshalb ist sie einer »allgemeinen Theorie« ebenso schwer zugänglich wie diese. Von Intervention wird zum Beispiel gesprochen, wenn das Verhalten eines Staates »einen scharfen Bruch mit den bis dahin zu beobachtenden Verhaltensformen bedeutet und wenn es darauf gerichtet ist, die Struktur des betreffenden Staates entweder zu *bewahren* oder zu *verändern.*« (Little 1975). Das ist klar, aber unzureichend. Mit Recht ist darauf verwiesen worden, daß diese Definition nur ein zweiseitiges Verhältnis deckt, (wenn etwa die UdSSR in die CSSR einmarschiert). Dagegen wird mit Recht geltend gemacht, daß Interventionen vor allem wahrscheinlich seien, wenn sich ein Dreiecks-Verhältnis gebildet habe. Damit verbindet sich der Begriff der Intervention besonders eng mit Revolution und Konterrevolution. Denn ein solches Dreiecksverhältnis entsteht dann, wenn sich die sozialen Verhältnisse eines Staates so verändert haben, daß sich in ihm zwei Parteien, zwei Autoritäten gebildet haben, der intervenierende Staat Unterstützung aber nur der einen Seite zukommen läßt. (Ein typisches Interventionsmuster bietet das Verhalten der USA in vielen Fällen in Lateinamerika: in Guatemala 1955 und in der Dominikanischen Republik 1965, ebenso wie in Chile 1973). Intervention kann demnach sowohl in dyadischen wie in triadischen Verhältnissen stattfinden, jedoch überwiegt das triadische Verhältnis. Drei Voraussetzungen stimulieren also die Intervention: Zwei Autoritäten operieren in einem Staat, es besteht dort ein Konflikt, und es besteht die potentielle Möglichkeit, das System von außen zu verändern (siehe dazu das dritte Kapitel).

Warum aber ist die Frage nach der externen Beeinflussung von Revolutionen bisher so stiefmütterlich behandelt worden? Der wichtigste Grund liegt im Verhalten der Staaten selbst. Staaten, die eine erfolgreiche Revolution hinter sich haben, geben nur ungern zu, daß sie einen Großteil ihres Erfolges nicht sich selbst, sondern einer fremden Kraft verdanken. Das schwächt den revolutionären Mythos. Staaten, die eine mißglückte Revolution unterstützt haben, sind ebenfalls wenig daran interessiert, die eigene Niederlage zusammen mit der fremden einzugestehen. Bleibt die Siegesmeldung derer, die eine fremde Intervention verhindert haben. Doch ist man nicht ohne weiteres bereit, ihnen zu glauben. Denn man vermutet – oft zu Recht –, daß sie dem eigenen Sieg über den Feind im Innern einen zusätzlichen Hauch von Größe verleihen wollen. Umsturzversuche von außen (oder die Behauptung, ein solcher Versuch sei abgewiesen worden) werden dazu benutzt, die eigene Bevölkerung zu mobilisieren. Das ist *ein* Grund, daß man öfters von mißglückten Umsturzversuchen als von gelungenen Umstürzen hört. Ein letzter Grund für die Schwierigkeiten der zeitgenössischen Revolution: Es scheint, als hätten die Staaten die Werkzeuge der Konterrevolution schneller entwickelt, als die moderne Revolution in der Lage war, sich ihre Waffen zu schmieden.

Warum externe Einflüsse auf interne Vorgänge von Staaten so ungern zur Sprache kommen, hat seine Ursache schließlich auch darin, daß die Undurchdringlichkeit (die Impermeabilität) der Grenzen einer der wichtigsten Grundsätze internationalen Zusammenlebens ist. Diese Übereinkunft hat nur den Nachteil, daß sie ständig durchbrochen wird. Damit ist nicht die zunehmende gegenseitige Abhängigkeit, die Interdependenz der Staaten gemeint, sondern ihr willentlicher und wissentlicher Versuch, das politische Umfeld zu ihren Gunsten aktiv zu verändern. Obwohl Revolutionen meist nur noch als Aktion und Reaktion von Innen- und Außenwelt eines Staates zustandekommen, legt diese Außenwelt gesteigerten Wert darauf, nicht mit der Vorbereitung von Revolutionen bzw. der Beseitigung einer revolutionären Regierung in Verbindung gebracht zu werden. Denn mit der zunehmenden Zahl von Souveränitätsverletzungen in der Welt geht eine ebenso zunehmende Empfindlichkeit in der Bewahrung der eigenen Grenzen einher. Während die Welt zu einem globalen Schlachtfeld revolutionärer und anti-revolutionärer Ideologien wie Aktionen wurde, wird weiterhin der Eindruck verbreitet, als kümmere sich niemand um das, was die Staaten mit sich selbst auszumachen haben. Die »Selbstbestimmung« wurde zur Ideologie, von der jeder redet und an die niemand glaubt. Nur deshalb konnte der Hinweis des amerikanischen Präsidenten Carter auf die Menschenrechtsverletzungen in der UdSSR als eine Störung des prekären internationalen Friedens verstanden werden. Die Ergebnisse der Nachfolgekonferenz der KSZE in Belgrad haben diese »Störung« des Friedens durch Nichterwähnung der Menschenrechte wieder ins Lot gebracht.

Am widersprüchlichsten nimmt sich solches Biedermannsgehabe für die Führungsmächte des Marxismus-Leninismus, die Sowjetunion und auch China aus. Zu deren Credo gehört es, die eigene Revolution als Teil der zukünftigen Weltrevolution zu begreifen. Dennoch reißen die Bekundungen nicht ab, in denen sich z. B. die UdSSR gegen jede Intervention erklärt. 1959 wird gesagt: »Die UdSSR hat niemals die Waffen ergriffen, um ihr System, ihre Ideologie irgendeinem Lande aufzudrängen, und wird dies niemals tun.« 1967, ein Jahr vor Prag, heißt es im »Kleinen politischen Wörterbuch« der DDR: »Die Intervention ist ein Kennzeichen imperialistischer Politik. Den sozialistischen Ländern ist jegliche Interventionspolitik fremd . . .« Ähnliches gilt freilich auch für die USA. Gerade hatten die USA die blamable konterrevolutionäre Intervention durch Exilkubaner in der Schweinebucht in Kuba 1961 hinter sich, da antwortete Präsident Kennedy auf eine sowjetische Note: »Die Vereinigten Staaten beabsichtigen keine militärische Intervention . . .« Das war ebenso unwahr wie wahr: die USA wollten nicht militärisch intervenieren; aber sie gaben denen Unterstützung, die interveniert hatten.

Heute sind es nicht mehr Kanonenboote, die einen Staat fremden Wirtschaftsmächten öffnen (wenn auch Panzer einen solchen Staat in der fremden Hegemonialsphäre halten). Die heutigen Durchdringungsprozesse sind subtiler. Zu den Mitteln, derer sie sich dabei bedienen, gehören u. a.: die Lieferung oder der Entzug von Waffen; der Einsatz von »Beratern« und ihr Einfluß; die Gewährung oder Versagung von Wirtschaftshilfe und von Krediten; in den Dienst solcher Penetrationsinteressen genommen werden aber auch Massenmedien und inländische Parteien als »fünfte Kolonne« sowie dritte Mächte, um nicht selbst in Erscheinung treten zu müssen. Die Staaten setzen in diesem Sinne Stipendien und Bildungsprivilegien ein; sie halten ein ganzes Arsenal von Penetrations- und Manipulationsinstrumenten bereit.

1.4 Lücken in der Wissenschaft

Von alledem hat die Wissenschaft bisher nur bis zu einem gewissen Grad Kenntnis genommen. Sie hat etwa die Bedingungen des inneren Krieges, des »internal war« ebenso untersucht wie die Techniken der »Counterinsurgency«, d. h. der Bekämpfung revolutionären Aufstandes. Sie hat die Interventions-Mechanismen der USA in Lateinamerika ebenso unter die Lupe genommen wie die Haltung der UdSSR im nigerianischen Bürgerkrieg. Und sie hat die Grundlagen des »revolutionären Krieges«, wie sie Mao Tse-tung entwickelte, ebenso zu analysieren gesucht wie die Tricks der Geheimdienst-Operationen, der »covert actions«. *Dennoch* ist die *wissenschaftliche* Verknüpfung von Revolution und Intervention – wenn sie sich nicht so aufdrängt wie in Budapest, Prag oder San Domingo – die Angelegenheit von Spezialisten der internationalen Politik (etwa Karl W. Deutsch) geblieben. Die Revolutionstheoretiker und -historiker nahmen davon kaum Kenntnis. Eine Ausnahme machen Nathan Leites und Charles Wolf Jr. in ihrem Buch »Rebellion and Authority«. Allerdings handelt es sich hier um eine reine Untersuchung der Technik der Machtergreifung: »Die Ausgangsbasis der Aufstände und Bürgerkriege der Dritten Welt läßt die Analyse von Rebellionen auf eine Analyse des revolutionären Krieges, insbesondere der Form des Guerillakampfes, schrumpfen.« (Käsler 1977). Das wissenschaftliche Untersuchungsobjekt blieb unbeirrbar *die* Revolution, verursacht durch Versagung gleicher Rechte und die Unterdrückung breiter Gesellschaftsschichten. Vor allem – so scheint mir – hielt man sich bisher allzu sklavisch an die Beispiele der »großen« Revolutionen, wie sie Frankreich, Rußland, China erlebt haben. Die aber waren stets Sonderfälle, sowohl aufgrund der geistesgeschichtlichen Lage wie der Bedeutung der Staaten, in denen sie stattfanden.

Es wird deshalb dafür plädiert, sich verstärkt der Tatsache bewußt zu werden, daß Revolutionen zwar auch weiterhin im Rahmen von Nationalstaaten stattfinden werden, daß sie aber ohne die Beachtung des globalen wie regionalen Umfeldes nicht mehr zu verstehen sind. Sie realisieren oft Entscheidungen, deren Muster anderswo geprägt wurden. Kuba etwa entstand als autonome Revolution; doch ist sie dies nicht lange geblieben. Angola befreite sich auf Kosten seiner »Unabhängigkeit«. Die Erfolgsaussichten einer Revolution hängen nicht mehr von der inneren Stabilität oder Instabilität eines Staates ab. Denn die Frage, welcher Staat denn nun als stabil oder instabil zu gelten habe, wird erst nach geglückter oder mißglückter Revolution entschieden. Erfolg oder Mißerfolg aber sind Folgen internationaler Unterstützung oder deren Versagung. Deshalb wäre es angebrachter, Antworten auf Fragen wie die folgenden zu suchen: Wer hat Interesse daran, einen Staat zu destabilisieren? Wer daran, ein Gesellschaftsmodell stabil zu halten? Welche Form von Intervention verspricht dem Intervenierenden die höchste Erfolgsquote?

Intervention und Revolution in einen systematischen Zusammenhang zu bringen – diesen Versuch macht dieses Buch. Anstatt zu fragen: Wie groß muß das soziale Ungleichgewicht in einer Gesellschaft sein, damit es zu einer explosiven Entladung kommt?, frage ich: Wie stark muß der Einfluß von außen sein, damit die soziale Entladung überhaupt eine Chance hat zu überdauern? Dazu nur ein Beispiel aus der Revolutionsgeschichte: Es ist unbestritten, daß die Französische Revolution ihre Wurzeln in den sozialen Zuständen des eigenen Landes hatte. Dennoch schiene mir eine Frage sinnvoll, die lautet: Wäre es tatsächlich zu der Französischen Revolution gekommen, wenn nicht zuvor die amerikanische Revolution ein Beispiel dafür abgegeben hätte, daß Ideen Wirklichkeit werden können? Es bedurfte eines handgreiflichen Beweises dafür, daß es möglich war, die Welt der Ideen in die Welt der politischen Wirklichkeit zu übersetzen. Und nicht einmal die Ideen zählten allein; die aus dem amerikanischen Unabhängigkeitskrieg heimgekehrten französischen Soldaten konnten – im wahrsten Sinne des Wortes – ein Lied davon singen, wie das ist, wenn das Volk und nicht mehr ein Monarch »absolut« regiert.

Heute ist der Kampf zwischen revolutionärem Wandel und konterrevolutionärer Beharrung im globalen Rahmen ein permanenter Grabenkrieg um die besseren Ausgangspositionen. Mit den zunehmenden Einflußmöglichkeiten wird aber auch die Antwort auf die Frage immer dringlicher: Wie wirkt sich der Einfluß von außen auf Revolutionen aus? Geht von den weltrevolutionären Mächten dieser Welt ein solcher Sog aus, daß nicht einmal die nationalen Revolutionen mehr reifen können? Ist nicht mehr nur der Nationalstaat, sondern das Weltsystem in einem Zustand der »permanenten Revolution«? Darauf versuche ich am Schluß eine Antwort zu geben. Sie lautet anders, als es die Frage nach der Revolution im Weltsystem vermuten läßt.

Zum Schluß möchte ich einräumen: Es geht mir weniger um eine neue Theorie nach so vielen anderen. Vielmehr liegt mir daran, Revolution und Konterrevolution »zugänglicher« zu machen. Denn es wird ihrer Erklärung ein – wie mir scheint – entscheidender Faktor hinzugefügt, der bisher überwiegend fehlte: die internationale Dimension von Revolution, Gegenrevolution und Intervention. Eine »allgemeine Theorie« der Revolution kann schon deshalb nicht in meiner Absicht liegen, weil ich an ein ein für allemal feststehendes Verhaltensmuster unter den verschiedenartigsten historischen, sozialen und geographischen Bedingungen nicht zu glauben vermag. Nur der soziale Wandel als Tatsache ist allgegenwärtig, und seine Formen entziehen sich einer Generalisierung. Das gilt auch für die Revolution als eine seiner Ausdrucksformen.

Das Buch hat eine Perspektive. Ihr entspricht sein Aufbau: Auf eine Durchmusterung der Revolutionstheorien folgt eine Darstellung des Interventions-Arsenals. An ausgewählten historischen Beispielen soll dann gezeigt werden, daß Intervention schon immer zum Instrumentarium internationaler Politik gehörte. Die Regionalstudien dienen der Absicht, die Variationsbreite von Einmischungsmustern zu zeigen. Schließlich wird die Zusammenfassung erweisen, daß sich – entgegen der meisten Annahmen – sowohl die Chancen für Revolution wie für Intervention verringert haben. Um der Lesbarkeit wie um der Anschaulichkeit willen wechseln Fallstudien mit Kapiteln ab, in denen prinzipielle Fragen aufgeworfen werden. Vollständigkeit der Fälle ist nicht erstrebt, wohl aber eine gewisse Vollständigkeit der Phänomene.

Dieses Buch ist ein Sachbuch. Doch da es sich nicht nur an den interessierten Laien, sondern auch an den Fachmann wendet, schien ein knapp gehaltener Quellennachweis im Text unerläßlich. Für eine weitere Beschäftigung mit dem faszinierenden Thema ist die umfangreiche Bibliographie bestimmt. In ihr finden sich viele Titel, die in den Verweisen im Text nicht genannt sind, ohne die aber das Buch nicht hätte geschrieben werden können.

Die erste Revolution fand im Himmel statt. Lange bevor der erste Mensch entdeckte, daß der Baum der Erkenntnis der Baum des Todes sei, erhob sich der Engel Luzifer gegen Gott, um ihn in den Worten Miltons zu beschuldigen, daß er, »den die Vernunft zum Gleichen bestimmt hat, sich durch Gewalt über die Gleichen erhoben hat«.

Dieses war die erste Revolte gegen die Autorität mit Satan als dem ersten Kritiker, der aus Gründen der Vernunft argumentierte. Da er zu der himmlischen Familie gehörte, nannten sie ihn einen Verräter an seiner Klasse.

Dies war die erste bekannte Spaltung innerhalb einer regierenden Gruppe, die schlimmste Bedrohung politischer Stabilität; und entsprechend wurde dieser Erzrebell zur Strafe mit seinen Anhängern aus der Partei ausgestoßen und in vertikaler (abwärts) Richtung exiliert.

James H. Meisel

2. Definitionen und Theorien

2.1 Von der Unhaltbarkeit der Begriffe

Wer über Revolutionen schreibt, muß sich fragen lassen, was das eigentlich sei, worüber er schreibt. Doch das ist im Falle unseres Begriffs gar nicht so einfach. Die Begriffsgeschichte der Revolution ist ebenso lang wie die Geschichte des Faktums. Die Unschärfe des Begriffs – in der Einleitung erwähnt – ist allerdings keine Besonderheit unseres Themas; sie ist sozusagen eine Besonderheit der Sozialwissenschaften selbst. Ihre Grundbegriffe haben fast alle einen Bedeutungswandel durchgemacht. Dies ist zwangsläufig so, weil die Sozialwissenschaften Erfahrungswissenschaften sind: In ihre Definitionen fließt ein sich ständig erneuernder Bestand an sozialen Erfahrungen ein, die auch die Definitionen verändern. Unschärfe zeigt sich bei solchen Schlüsselworten wie Macht, Gleichgewicht der Kräfte und Öffentliche Meinung (wo man 48 Definitionen zählte). Wie sollte es bei dem Begriff der Revolution, in dem die Vorstellung sozialen Wandels explizit enthalten ist, anders sein? Andererseits muß auch gesagt werden, daß es niemals eine Rechtswissenschaft gegeben hätte, falls sich die Juristen erst darüber hätten einigen müssen, was »Recht« und was »Gerechtigkeit« eigentlich seien. So wichtig es ist, sich des Gegenstandes seiner Untersuchung zu vergewissern, so wichtig ist es andererseits auch, sich darüber klar zu werden, daß mit der Definition des Gegenstandes erst alles anfängt – doch nichts endet.

Die Schwierigkeit, vor der wir stehen, wird dadurch noch vergrößert, daß sogar die Möglichkeit von Revolutionen im letzten Viertel des 20. Jahrhunderts generell geleugnet wird. Für diese Argumentation könnte dreierlei sprechen: zum einen die Tatsache, daß eine Revolution stets auch einen Träger braucht. Sieht man eine »Klasse« als solchen Träger an, dann sind diese Träger verbraucht, zumindest dann, wenn man der Arbeiterklasse – wie Herbert Marcuse – kein revolutionäres Klassenbewußtsein mehr zutraut. Zum zweiten könnte man – im Sinne der »Kristallisations«-These von Arnold Gehlen (1975) – argumentieren, daß alle in Frage kommenden Gesellschaftsformationen durchgespielt seien, so daß Revolutionen im Sinne von gewaltsamen Aufständen, die in die Zukunft gerichtet sind, durch die Gewalt der Fakten im Grunde zu rückwärts gewandten Bewegungen werden müßten. Zum dritten hat Jacques Ellul (1974) die – wie mir scheint – tragfähige These entwickelt, daß Revolution in einer Zeit, in der Staat und Technik – vor allem aber ihre Verbindung – in der Lage sind, die entscheidenden Voraussetzungen für sozialen Wandel zu schaffen, Revolutionen grundsätzlich nicht mehr möglich seien. Anstelle des üblich gewordenen Minimalkonsenses darüber, was Revolution nicht sei – nämlich der klassische Putsch ebensowenig wie die bloße Palastrevolution oder der gewaltsame Elitenaustausch, der sonst nichts verändert, – setzt er eine andere Alternative: »Man darf auf keinen Fall Revolution, Revolte, Meuterei, Rebellion miteinander vermengen.« Zwischen der »klassischen« Unterscheidung und der von Ellul scheint auf den ersten Blick kein großer Unterschied zu bestehen. Dennoch heben sie sich grundsätzlich voneinander ab. Denn ein weiterer Minimalkonsens derer, die an eine Möglichkeit und Chance weiterer Revolutionen glauben, besteht darin, daß sie »bestimmte grundlegende und bleibende Veränderungen des politischen und/oder sozialen und/oder ökonomischen Systems und der entsprechenden Ablaufprozesse« sinnvoll und unter bestimmten Bedingungen für notwendig erachten. Dagegen leugnet Ellul generell die Möglichkeit fundamentalen Wandels in unserer Zeit. Revolutionäre Aufgeregtheit und revolutionäres Getriebe sind ihm kein Zeichen von Revolution, sondern von ziellosen Revolten. Revolten unterscheiden sich von Revolutionen dadurch, daß sie wohl noch Antriebskräfte, aber kein Ziel mehr haben. »Eine revolutionäre Idee läßt sich heute nicht mehr als Theorie der Gesellschaft oder als eine umfassende Doktrin präsentieren. Sie bewegt sich im Bereich der Meinungen.« Welttechnologie und Weltzivilisation sind die Tatsachen, aus denen der Mensch auszubrechen versucht, gegen die er revoltiert. Aber wohin, wenn kein Freiraum in dieser Welt mehr geboten wird? So breitet sich überall das Gefühl der ziellosen Revolte aus, die schlimmstenfalls in einen ebenso ziellosen Aktivismus mündet. Das Ergebnis? »Der Mensch empfindet ein Unbehagen, das er nicht definieren kann. Er nennt in absurder Weise Feinde, die es nicht mehr sind. Er stößt Wörter aus wie Imperialismus, Anarchie, Entkolonialisierung. Aber hinter so vielen künstlichen und veralteten Bildern ist es sein Wesen selbst, das gegen einen Zustand protestiert, den er nicht zu bezeichnen vermag. Er empfindet, daß es nicht möglich ist, so weiterzumachen. Aber gleichzeitig sieht er das Scheitern aller Revolutionen, spürt er, daß die Revolution ein jetzt verschlossener Weg ist ... Auf der einen Seite möchte er diese Gesellschaft, die ihn einengt, obwohl dies meist nicht durch Gewalt geschieht, sondern durch Verführung, Korruption, in die Luft jagen. Auf der anderen Seite ist er selbst in sich gespalten, denn ein Teil seines Wesens bringt ihn genau in die Richtung dieser Gesellschaft. Er macht sich zu ihrem Komplizen. Er wünscht all das, was sie ihm bietend bereitstellt ... er möchte sein Glück finden, und zwar genau jenes, das ihm diese Gesellschaft zweifellos geben kann. Er will konsumieren und genießen. Aber plötzlich nimmt er wie in einem Nebel die Leere und die Absurdität wahr ... Je unmöglicher es ihm erscheint, diese Gesellschaft zu revolutionieren, desto mehr nähert er sich der Revolte.«

Richard Löwenthal (1970), der selbst noch mit dem Begriff der Revolution operiert, hat den gleichen Tatbestand verzeichnet. Er sieht Revolutionen »neuen Typs« seit Ende der sechziger Jahre auf uns zukommen, Revolutionen, die weder als Klassenbewegung noch als Bündnis von Interessengruppen auftreten und nicht als Werkzeuge disziplinierter, zentralistischer Parteien mit einheitlichem Willen und systematisch vorgegebenem Ziel und Strategien. Die doktrinäre Grundlegung dient eher zur Vernebelung als zur Klärung ihrer Ziele. »Es ist im Gegenteil ihr Kennzeichen, daß die Tat dem Gedanken häufig vorauseilt: auch wenn die Ideologien der ›neuen Linken‹ im Westen noch mit verbalen Anklängen an das Marxsche Pathos der Rationalität operieren, so läßt doch in der Praxis der Drang zur gewaltsamen Aktion immer weniger Zeit für die Ausarbeitung präziser Etappenziele und die Erörterung der taktischen und organisatorischen Mittel, die ihrer Erreichung rational angemessen wären. So definiert der bloße Stil der Aktion zusammen mit dem utopischen Ziel die Bewegung, und alle anderen Ideen und Organisationsformen bleiben weitgehend im Fluß. Das Ziel selbst bleibt wohl eine mächtige Triebkraft, nimmt aber nie die Form eines politischen Programms mit konkretem institutionellem Gehalt an.« Löwenthal sieht ähnliche Entwicklungen sowohl in den Bewegungen der Dritten Welt wie in der Kulturrevolution Chinas.

Aus alledem ergibt sich für unsere Untersuchung die Frage, ob man überhaupt noch mit dem Revolutionsbegriff und seinem Gegenbegriff operieren will. Denn wenn es auch noch tragbar schien, Unschärfen in Kauf zu nehmen, so wären Untersuchungen über einen Anachronismus doch wenig sinnvoll. Dennoch haben wir uns weiter an diese Grundbegriffe gehalten. Zum einen existiert ein vortheoretisches Verständnis darüber, was Revolution und – wenn auch weniger deutlich – was Gegen(Konter)-Revolution bedeutet. Zum anderen war damit allerdings verbunden, den Begriffen zugleich eine ebenso ungewohnte Breite wie eine ebenso ungewohnte Verengung zu geben. Denn die Begriffe Revolution und Konterrevolution werden zumindest in den Teilen, die sich mit der aktuellen weltpolitischen Konstellation befassen, verwendet als Synonym für die beiden Blöcke, deren Bipolarität trotz Dritter und Vierter Welt und trotz Henry Kissingers neuer »Balance of Power-Theorie« weiterhin für deren Beziehungsmuster maßgeblich geblieben sind. Dieses Muster entspricht dem, was Kaplan (1962) »a loose bipolar system« genannt hat. In diesem Muster fehlten etwa Japan, Europa, die »emerging forces« der Dritten

Welt. Doch die gegenseitigen Einwirkungsmöglichkeiten zu zeigen, die unterschiedliche Dependenz zwischen Weltmächten, Mittelmächten und Entwicklungsländern, bleibt als Aufgabe der Untersuchung. Wenn schon für die historische Revolutionsforschung gilt, daß Konstrukte, die allzu stark verallgemeinern, unbefriedigend bleiben, daß also jeweils die konkreten Revolutionen in ihrem geschichtlichen Zusammenhang zu untersuchen seien, dann gilt das noch mehr für die Untersuchung der Gegenwart.

Revolution und Konterrevolution werden also mit Dynamik und Expansion auf der einen Seite, Status quo und Beharrung auf der anderen Seite gleichgesetzt. Daß daher die Sowjetunion und China auf der selben Seite stehen und dennoch konkurrieren, gehört zu den Paradoxen, die im Verlauf der Untersuchung zu klären sind. Selbst mit solchen ersten Einschränkungen – dessen muß man sich bewußt sein – bleibt eine graue Zone zwischen Revolution und Konterrevolution, die theoretisch nicht zu bewältigen ist. Sie ist durch die Tatsache bedingt, die schon einmal angesprochen wurde, und die nicht allein mit dem Schlagwort vom »romantischen Rückfall« (Richard Löwenthal) der heutigen Revolutionäre gedeckt werden kann. Löwenthal meint damit die Neigung, zusammen mit der Kritik an gewissen Aspekten der modernen Industriegesellschaft auch gleich deren Fundamente zu zerstören. Was hinzukommt, ist – insbesondere auf die Verhältnisse der Industriestaaten projiziert, – dies: Umstürze, auch wenn sie sich »fortschrittlich« nennen, beginnen heute nicht selten in einem Kontext, der den vorrevolutionären Zustand anzielt. Sie wollen nämlich Freiheitsrechte wiederherstellen, die es vorher schon einmal gegeben hatte. In diesem Sinne sind die Revolution in Portugal und die Abdankung des Militärregimes in Griechenland miteinander zu vergleichen. Was die Wiederherstellung der Demokratie in Spanien angeht, so zeigt sich, daß eine »Revolution« auch ohne blutige Gewalt beginnen kann. Wie sie endet, ist eine andere Frage. Man mag marxistisch argumentieren, dies seien keine sozialen Revolutionen und deshalb überhaupt keine Revolutionen. Doch schlägt die Theorie in Doktrin um, wenn die Neugewinnung individueller Freiheitsrechte nicht als revolutionäres Ziel wahrgenommen und nur dem Umsturz der Produktions- und damit der Klassenverhältnisse dieser Ehrentitel zuerkannt wird. Weiterhin haben die Ereignisse in der CSSR gezeigt (und zuvor schon 1956 in Ungarn), wie schwierig es ist, sich auf die Begriffe Revolution und Konterrevolution zu versteifen, wenn man die revolutionäre Rhetorik einmal außer acht läßt. Wir werden darauf noch zurückkommen. War der Prager Frühling (und Sommer) eine neue Phase in einer permanenten Revolution – weg von einem bürokratisierten, hin zu einem menschlichen Sozialismus –, oder war er eine Gegenrevolution, weil er die ideologischen Bande zur Sowjetunion, ihrem ideologischen Modell und ihrer Funktion als sozialistische Schutzmacht lockern wollte? War er – bei Beibehaltung einer »fortschrittlichen« das heißt sozialistischen Wirtschaftsorganisation – nicht vor allem der Versuch, eine Wiederherstellung der bürgerlichen Freiheit zu erreichen?

Diese Beispiele zeigen, wie nützlich es ist, einen möglichst weiten Revolutionsbegriff zu wählen. Und zugleich ist zuzugestehen, daß sogar dieser umfassende Begriff nicht jede Ausprägung der modernen Revolution deckt. Wir würden deshalb für solche Phänomene, angesiedelt zwischen Revolution und Konterrevolution, den Begriff der Renovation vorschlagen, der etwas anderes ist als der Begriff der Reform. Er bezeichnet nichts anderes als dies: eine politische Entwicklung, die von den noch darzustellenden Revolutions-Definitionen nicht zu fassen ist, weil sie nichts grundsätzlich Neues, »Fortschrittliches« bringt, die aber andererseits – indem sie auf die Vergangenheit zurückgreift – einen Zuwachs an Partizipation und Demokratie bedeutet. Es hat den Anschein, als ob solche Fälle von Renovation immer häufiger werden. Zwar mehren sich sowohl in Asien wie in Südamerika die Militärregimes ohne Partizipationschance des Volkes. Aber sie könnten sich vermindern, wenn die darin zum Ausdruck kommende Instabilität der Kontinente abnimmt. Außerdem ist schließlich nicht ausgeschlossen, wenn auch in absehbarer Zeit nicht zu erwarten, daß solche Renovation auch sozialistische Staaten ergreifen könnte. Dabei sind klare Unterschiede herauszuarbeiten: Für die Sowjetunion, die vom Absolutismus des Zaren bruchlos in den Absolutismus der KPdSU überging, wäre die Entwicklung anders zu benennen als für Polen oder die CSSR. Der hier vorgeschlagene und verwendete Ansatz hat seine Berechtigung vor allem darin, daß damit die ganze Breite von Interventions- und Einflußmöglichkeiten in der internationalen Politik erfaßt werden kann, und entlastet von der Schwierigkeit, immer wieder entscheiden zu müssen, ob es sich nun um eine »echte« oder um eine »falsche« Revolution handelt. Damit verlieren die bisherigen Ergebnisse der Ideen-, Politik- und Sozialgeschichte, der System- und Modernisierungstheorie, der Soziologie der Revolution wie des Marxismus jeglicher Couleur keinesfalls an erkenntnisfördernder Bedeutung. Im Gegenteil: Nur auf dem Hintergrund des bisher Geleisteten läßt sich der Anteil des externen Faktors am jeweiligen revolutionären Geschehen zureichend erfassen. Da allerdings nicht Theorie im Mittelpunkt dieser Untersuchung steht, sollen ihre Erfolge wie ihre Lücken im weiteren nur global gedeutet werden.

2.2 Definitionen der Revolution

Schon in der Lehre von Machiavell tauchen die Begriffe Rivoltura und Rivoluzione auf. Aber man streitet darüber, ob der Florentiner darunter ganz allgemein politische Wirren verstanden habe oder Revolutionen im modernen Sinne. Das Wort selbst, vom lateinischen *revolvere* (= umdrehen, umlaufen) herrührend, war zwar schon seit der Spätantike bekannt.

Gebräuchlich wurde es aber erst mit der Entdeckung des Kopernikus, daß die Erde um die Sonne kreise, revolviere. Seine *politische* Bedeutung als erfolgreicher, gewaltsamer Machtwechsel bekam das Wort erst Ende des 17. Jahrhunderts, etwa zur Zeit der »Glorious Revolution« von 1688, als die Stuarts in England von dem Oranier Wilhelm III. unblutig abgelöst wurden. Doch hier wie auch noch später, etwa bei Tocqueville zu Beginn des 19. Jahrhunderts, hatte es noch nicht jenen dynamischen, futuristischen Inhalt wie seit der Französischen Revolution von 1789. Bis dahin bedeutete das Wort ganz einfach die Wiederherstellung von Freiheit und Privilegien, die man hatte, noch allgemeiner: die Wiederherstellung bzw. den Rückgriff auf eine soziale und politische Ordnung, die während einer Zwischenphase korrumpiert worden war. Auch in unserem Jahrhundert hat eine solche Auffassung noch ihre Anhänger, die an diese ursprüngliche Bedeutung anknüpfen. Hannah Arendt etwa deutet in ihrem großen Werk »Über die Revolution« deren Ursprünge vor allem in dieser Weise. Zumindest in Teilen läßt sich auch die Studenten*revolte* der sechziger Jahre und der siebziger Jahre als ein Aufstand gegen die Unmöglichkeit einer individuellen Selbstverwirklichung verstehen, die von der modernen (nicht nur kapitalistischen) Gesellschaft und ihren Zwängen verhindert wird. Selbst die »nationalen Revolutionen« der früheren Kolonialgebiete – wir werden darauf zurückkommen – lassen sich als Rückgewinnung verlorener Rechte interpretieren.

Erst die Französische Revolution gab dem Revolutionsbegriff den Inhalt, den er heute hat. Seitdem bedeutet er eine neue Ära menschlichen Zusammenlebens, beginnend mit der gewaltsamen Entmachtung derer, die bisher im Staat die Macht ausübten. Dies ist sozusagen die »bürgerliche« Minimaldefinition der Revolution. Sie wird von Marx und seinen Nachfolgern aufgrund der Annahme bestritten, daß der Staat nichts anderes sei, als der Überbau auf der Basis der ökonomischen Strukturen. Wenn der gewaltsame Machtwechsel im Staat daher als politische (oder bürgerliche) Revolution gekennzeichnet wird, so fordern die Marxisten darüber hinaus die soziale Revolution. Das heißt: Über den Wechsel in der staatlichen Führungselite hinaus muß ein tiefgreifender Wandel der gesellschaftlichen Verhältnisse treten. (Für Marxisten: Der Wechsel vom Kapitalismus zum Sozialismus). Karl Griewank hat diesen Maximalbegriff für die, wie er sagt, »neuzeitliche Revolution« auf eine Formel gebracht. Er versteht darunter einen geschichtlichen Vorgang, in dem sich dreierlei verbindet: 1) Der Umbruch ist stoßweise und gewaltsam. 2) Der Vorgang ergreift Gruppen oder Massen, die offen Widerstand leisten. 3) Hinter dem Umbruch muß eine Idee oder eine Ideologie stehen, und zwar eine »progressive« Idee, »die positive Ziele im Sinne einer Erneuerung, einer Weiterentwicklung oder eines Menschheitsfortschrittes aufstellt.« (Griewank 1973). Die drei Elemente können in dieser Sicht nicht voneinander getrennt werden; zusammen stellen sie das dar, was als Revolution bezeichnet werden darf.

In der marxistisch-leninistischen Theorie wird dann die soziale zur sozialistischen Revolution verengt. Nunmehr lautet die Definition, wie es im Kleinen Politischen Wörterbuch der DDR heißt, Revolutionen seien »grundlegende Umwälzungen im Leben der Gesellschaft, die im allgemeinen durch die Beseitigung einer überlebten und die Errichtung einer höheren Gesellschaftsformation und, damit verbunden, durch den Übergang der politischen Macht aus den Händen einer reaktionären in die einer progressiven Klasse charakterisiert sind ... Jede soziale Revolution ist zugleich eine politische Revolution ... Die führende Kraft der sozialistischen Revolution ist die Arbeiterklasse ..., die aufgrund ihrer objektiven Stellung in der gesellschaftlichen Entwicklung die historische Aufgabe hat, den Kapitalismus zu stürzen und den Sozialismus zu errichten«. Wenn Marx darüber hinaus Revolutionen als die »Lokomotiven der Geschichte« kennzeichnete, dann wird damit – wenn auch erst implizit – der Begriff der »permanenten Revolution« eingeführt. Ob die Revolution etwas sei, das wie eine Akte abgeschlossen werden kann, oder ob die Revolution als ununterbrochener Umwälzungsprozeß aller Lebensbedingungen zum fundamentalen Gesetz der modernen Welt geworden ist, gehört zu den entscheidenden Streitpunkten der Theoretiker wie der Praktiker. Das Wort selbst stammt nicht von Marx; es ist aber schon Mitte des 19. Jahrhunderts von Proudhon benützt worden. Er sagte: »Es gibt nicht mehrere Revolutionen, es gibt nur eine einzige, die immer dieselbe permanente ist«. Hier wird die Revolution als Prozeß gesehen. So verstanden kann sie, wenn sie alle politischen und gesellschaftlichen Bereiche ergriffen hat, zum Prinzip der Geschichte überhaupt werden und zur »totalen Revolution« führen. Damit aber ist die Grenze zur »Revolutionstheologie« erreicht. Denn damit wird Revolution zum weltgestaltenden Prinzip überhaupt.

Anhand solcher Definitionen sind die »großen« Revolutionen wie die französische von 1789, die russische von 1917 und die chinesische von 1948 zu identifizieren. Doch hat sich gezeigt, daß die begriffliche Trennung bürgerlich-demokratisch-politische und andererseits proletarisch-soziale sozialistische Revolution das tatsächliche revolutionäre Geschehen nicht zureichend begreifen läßt. Insbesondere in den Vereinigten Staaten hat man sich daher bemüht, dieses Raster weiter zu verfeinern, um den Revolutionsbegriff anwendbar, operationabel zu machen. Denn die Revolutionen dieses Jahrhunderts haben durchaus nicht alle den durchgreifenden progressiven Aspekt, den Griewank ihnen zuschreibt. Insbesondere ist zwischen der revolutionären Phase und der nach-revolutionären Phase, zwischen der revolutionären Rhetorik und der revolutionären Realität zu unterscheiden. Dennoch sind sie mehr als Evolution, Modifikation, Reform. Man kann nicht davon absehen, daß sehr oft nach einem revolutionären »Aufbruch«, also der eigentlichen Phase der Erhebung, Degenerationserscheinungen, Ermüdungsphasen, Bürokratisierungstendenzen, selbst eine Entwicklung zum Verharren im Status quo zu verzeichnen sind, die die Revolution zu einer Karikatur ihrer selbst werden ließen. Sicher zu Recht meint John Dunn: »Es gehört zu einer wirklichkeitsgerechten Analyse nicht nur, das Versuchte, sondern vor allem das Erreichte zu analysieren und die Diskrepanz auf ihre Ursachen hin zu untersuchen. Nur so läßt sich erkennen, wie realistisch oder unrealistisch die Revolutionen waren.« (Dunn 1974).

Die empirische Revolutionsforschung hat klargemacht, daß es *einen* Typ von Revolution nicht gibt. Ihr Verdienst ist es, den Mythos der Revolution überprüft und an seine Stelle Klassifikationen gesetzt zu haben, die das Einheits-Phänomen Revolution zumindest aufschlüsseln. Freilich ist damit noch nichts über das Entstehen von Revolutionen (oder gar deren Gesetzmäßigkeit) gesagt. In all diesen Schemata wird deutlich, daß die Übergänge von der Palastrevolution zur »totalen« Revolution fließend sind. James Rosenau (1964) etwa unterscheidet zwischen drei Arten von Revolution. Den ersten Typ nennt er »Personal War«; das ist der Kampf um die Besetzung von Herrschaftspositionen (er nähert sich damit dem Putsch, der Ablösung von Herrschafts-Eliten an); der zweite Typ »Authority War« ist der Kampf darum, welcher Art die Herrschaftsausübung sein soll (wenn es etwa das erklärte Ziel ist, eine Diktatur durch eine demokratische Ordnung zu ersetzen). Der dritte Typ »Structural War« ähnelt der totalen Revolution: hier werden nicht nur Herrschaftsformen, sondern es wird die gesamte gesellschaftliche Basis verändert wie etwa in der UdSSR und China. Dabei ist es klar, daß jeder dieser drei Typen in bestimmter Weise zusammenhängen: die Realisierung eines Programms etwa macht es nötig, Menschen, die es vertreten, in die entsprechenden Herrschaftspositionen zu bringen.

Samuel Huntington (1962) hat seinerseits vier Typen unterschieden: Bürgerkrieg, revolutionäre Machtergreifung, Reformcoup, Palastrevolution. Da er den Begriff des Bürgerkrieges anders als in seiner klassischen Bedeutung benutzt, ist vorgeschlagen worden (von Tanter/Midlarsky in: von Beyme 1973), statt dessen von »Revolution mit Massenbasis« zu sprechen. Tanter/Midlarsky selbst haben die vier Typen getestet – ihr Ergebnis war: »Revolutionen sind nicht Produkt blinder historischer Prozesse, wie sich Hegelianer und Marxisten dies vielleicht vorstellen, sondern sie sind sehr eng verflochten mit den ideologischen Absichten der Beteiligten«. Deshalb schließen sie – wie schon vorgetragen – die Palastrevolutionen vom Begriff der Revolution aus, denn »sie wollen nichts anderes, als in der bestehenden politischen Struktur die Führung übernehmen«.

Das ist einleuchtend: Wenn nichts »umgewälzt« wird, weder zurück zu den Idealen der Vergangenheit, noch hin zu den Idealen der Zukunft, weder im Staate noch in der Gesellschaft, kann schlechthin nicht von »Revolution« gesprochen werden. Ein amerikanischer Anthropologe, Anthony Wallace, hat deshalb eine ungewöhnliche Einteilung vorgeschlagen. Er unterscheidet zwischen Bewegungen, die für einen Rückgriff auf eine überlebte Kultur eintreten (dies entspräche am ehesten dem »klassischen« Begriff), Bewegungen, die dafür eintreten, ein fremdes kulturelles System zu importieren (hier wären die marxistisch-leninistischen Revolutionen einzureihen), und Bewegungen, die weder für Wiederbelebung noch für Import eintreten, sondern der Meinung sind, daß der ersehnte Endzustand in einem künftigen Utopia verwirklicht wird (dies wäre die Vorstellung der Anarchisten).

Fügen wir diesen Überlegungen eine weitere Definition – von David C. Schwartz (in: von Beyme 1973) – hinzu. Nach ihm ist Revolution eine »massengebundene gesellschaftliche Bewegung . . ., die auf die Ergreifung der politischen Macht durch Anwendung sozialer Spaltung und/oder Gewalt orientiert ist, einschließlich der Aufstände, Bürgerkriege und nationalistischer Bewegungen, aber ausschließlich der Mehrzahl der Staatsstreiche«. John Dunn (1974) hat die Problemlage noch weiter vereinfacht: Er macht deutlich, daß eine Revolution dann »abgeschlossen« ist, wenn das revolutionäre Chaos sich derart in Ordnung zurückverwandelt hat, daß eine legitime Regierung (das ist eine Regierung, deren Befehlsgewalt von der Mehrzahl der Bewohner als rechtmäßig anerkannt wird) erkennbar geworden ist.

Hier ist vom revolutionären Mythos nicht mehr viel übriggeblieben. Doch kommt solche Abkehr von der Festlegung auf »progressive« Inhalte zur Begriffsbestimmung der Revolution der Absicht unserer Studie entgegen. In unserem Zusammenhang ist mit jenen Definitionen wenig anzufangen, die im Sinne der »totalen Revolution« den *Willen* nach radikaler Neuorientierung zugleich mit dem permanenten *realen* gesellschaftlichen Umsturz auf allen Gebieten betonen. Die wirklichen Erfolge der meisten Revolutionen sind niedriger anzusetzen. Das *Gewollte* ist für die Realpolitik unerheblich, wenn die Verhältnisse nicht dem Angestrebten entsprechen.

Aus all diesen Gründen scheint es sinnvoll zu sein, den Revolutionsbegriff nicht durch eine allumfassende Definition einzuengen, die nur den Parteigängern imponiert, sondern bestimmte Eigenheiten des revolutionären Prozesses herauszuarbeiten, indem man ihn in seine Einzelteile zerlegt. Dazu könnten – nach Peter Calvert (1970) – etwa folgende gehören: 1) Ein Prozeß, in dem die allgemeine politische Orientierung und das herrschende System zunehmend bei der Gesamtbevölkerung oder bei den maßgebenden Teilen der Gesellschaft diskreditiert werden, kann sowohl in einer Revolution enden als auch in einer friedlichen Ablösung der Regierung.

2) Wenn es sich um eine Revolution handelt, dann muß ein klar definierbarer Punkt des Einsetzens von Gewalt oder der Drohung mit Gewalt vorliegen. Das heißt, der Prozeß kulminiert in einem Ereignis. 3) Es muß ein mehr oder weniger kohärentes gesellschaftliches und/oder politisches Programm erarbeitet werden, das von den neuen politischen Machthabern nach der Machtergreifung vorgelegt wird. 4) Es bedarf eines politischen Mythos, der den politisch revolutionären Machthabern zumindest für kurze Zeit die Aura der legitimen Staatsregierung verleiht.

Diese deskriptive Definition unterscheidet sich von anderen, ideologisch fixierten Begriffsbestimmungen vor allem darin, daß stärker äußere Merkmale, die *Technik* der Machtergreifung, ins Blickfeld rücken. Dagegen treten die *Inhalte* zurück. Allerdings wird man selbst bei dieser strukturellen Definition seine Einwände anzubringen haben. Denn mit Punkt 2 wird sowohl die Vorstellung einer »permanenten« wie die einer gewaltlosen Revolution ausgeschlossen. Immer stärker aber setzt sich die Einsicht durch, daß z. B. die gewaltlose Machtergreifung der Nationalsozialisten (eine Machtergreifung durch »Ermüdung« der demokratischen Kräfte) in ihren Folgen durchaus als Revolution zu betrachten ist (Karl-Dietrich Bracher). Zum anderen verstehen wir z. B. das brasilianische Militärregime – trotz seiner repressiven Elemente – als »revolutionär« im Sinne einer Modernisierungsstrategie. Zumindest wird gesagt werden dürfen, daß die blutigsten Revolutionen nicht immer die erfolgreichsten waren.

Prozeß, Ereignis, Programm, Mythos gehören bei Calvert zusammen. Das »Ereignis« ist sozusagen das Kernstück dieser beschreibenden Revolutionsdefinition. Wenn das Ereignis stattfindet, ist keine klare Aussage über die vorhergehende Periode des Sichentfremdens als »revolutionär« zu machen. Das heißt: Erst das Ereignis definiert das, was ihm vorausging. Wichtig ist in diesem Zusammenhang auch, daß das umfassende Programm meist erst nach der revolutionären Machtergreifung ausgebildet wird. Erst im Nachhinein lassen sich oft Palastrevolutionen, die ausschließlich das Personal auswechseln, sonst aber alles beim Alten belassen, von Revolutionen unterscheiden. Es mag also sein, daß eine beabsichtigte Palastrevolution sich im Lauf der Ereignisse zu einer Revolution entwikkelt oder daß eine programmatische Revolution sich im Laufe der Zeit auf einen Staatsstreich reduziert.

Revolutionen sind keineswegs immer ein Wechsel auf die Zukunft – sie können ebenso ein Ausweis äußersten Elends, ein letztes, verzweifeltes Mittel des Aufbegehrens sein. Sie *können*, aber sie *müssen* nicht auf die Dauer zu tiefgreifenden gesellschaftlichen Veränderungen führen. Denn ihre Programme können, müssen aber nicht für die nachrevolutionäre Wirklichkeit maßgebend sein. Oft wurden solche Programme erst später entworfen, wie dies etwa bei Fidel Castro lange nach seiner geglückten

Befreiung Kubas vom Batista-Regime der Fall war (das seinerseits auch einmal mit dem Versprechen eines besseren Lebens angetreten war). Das Zögern, fixierte Inhalte von Revolution allzu ernstzunehmen, beruht daher auf zweierlei: einmal darauf, daß es »Neues« im 20. Jahrhundert nur selten gibt, »Revolutionen« dagegen sehr oft, zum zweiten aber darauf, daß die Inhalte und Formen von Revolutionen völlig unterschiedlich sein können.

Bevor wir – anschließend an diesen theoretischen Teil – die Bedingungen von Revolutionen erörtern, seien zuletzt sieben Typen aufgeführt, die in der Gegenwart revolutionäre Entwicklungen kennzeichnen:

1) Horizontale Revolutionen, die mit grundsätzlichen Wandlungen der sozio-ökonomischen Struktur einhergehen. Sie erfordern eine starke Mobilisierungsfähigkeit eines Großteils der Gesellschaft. Solcher Art waren z. B. die französische und die chinesische Revolution.

2) Vertikale Revolutionen mit dem Ziel, herrschende Schichten zu entmachten. Als Revolutionen können sie nur insoweit angesprochen werden, als damit die Gesellschaft revolutioniert wird (z. B. Bauernaufstände gegen Feudalherren).

3) Anarchistische Revolutionen, die sich der neuen nationalen Einheit ehemals verfeindeter Staatsgruppen widersetzen (z. B. ein Teil der Sezessionsbewegungen im Kongo).

4) Militärische Staatsstreiche, soweit sie nicht die vorhandene Korruption mit neuem Personal fortführen, sondern neue Ordnungsvorstellungen einbringen. (Peru 1968)

5) Chiliastisch-religiöse Bewegungen, die einem romantischen Futurismus erliegen und nach der Revolution die Diskrepanz zwischen Anspruch und Wirklichkeit nicht bewältigen. (Wiedertäufer)

6) Kommunistische und liberaldemokratische Revolutionen, die als Reaktion auf extreme Einflüsse der Weltmächte entstehen, (Prag 1968, Vietnam).

7) Revolutionäre Umtriebe, die als Generationskonflikte dann entstehen, wenn die Wertvorstellungen sich allzu rasch wandeln. (Studentenbewegung, Paris 1968) (von Renesse 1969).

Wichtig an einer solchen Typologie ist nicht ihre Vollständigkeit. Wichtig ist vielmehr, zu erkennen, daß eine monokausale Erklärung von Revolutionen abstrakt bleibt. Wir wollten zu der Erkenntnis führen, daß die Einwirkungsmöglichkeit auf Revolutionen davon abhängt, wie sie einzuordnen sind. Es ist ein Unterschied, ob man auf Klassen, auf Führungseliten, auf ethnische Gruppen, auf unterprivilegierte Nationen oder in einem Generationenkonflikt Einfluß nehmen will und kann.

2.3 Zum Begriff der Gegenrevolution

Während die Literatur über »Revolution« ganze Bibliotheken füllt, fehlt eine ähnlich intensive Beschäftigung mit dem Gegenbegriff. Möglicherweise liegt das daran, daß man die Revolution als das Ursprüngliche sieht, von dem die Gegenrevolution nur eine Ableitung ist. Richtiger ist aber wohl die Annahme, daß die pejorative Verwendung des Begriffes durch den Marxismus das Bild geprägt hat. Man ist heute gewohnt, »Gegenrevolution« ausschließlich unter dessen Zeichen zu interpretieren, der wiederum Gegenrevolution und Kapitalismus als Synonyme vorstellt.

Um so wichtiger ist es festzuhalten, daß der moderne Revolutionsbegriff schon zu Zeiten der Französischen Revolution den Begriff der Konterrevolution (Synonym = Gegenrevolution) entwickelte. Robespierre hat ihn benutzt, um seine Gegner damit aufs Schafott zu bringen. Es bedurfte bei ihm nicht einmal des organisierten Widerstandes gegen die »schönste Revolution«; es genügte, wenn jemand der Ansicht war, die Revolution sei nunmehr schon hinreichend fortgeschritten und eine Pause täte gut, um ihn als »Konterrevolutionär« zu entlarven. »Die Feinde der Revolution mußten gehindert werden, ihren Fortgang zu hemmen, dem Wagen der Revolution in die Speichen zu fallen.«

Eine solche Entstehung des Begriffs war nur dann erklärlich, wenn die Revolution als »letzte« Revolution begriffen wurde, als Übergang zu einem idealen Zustand, der in der dynamisch sich entfaltenden Revolution von Anfang an angelegt war. Schon um 1790 hat ein Deutscher, Georg Forster, eine Theorie der Konterrevolution geliefert. Bei ihm waren nicht mehr Erfolg oder Mißerfolg für die Bewertung der Revolution maßgebend: »Das Glück darf nicht den Unterschied zwischen Aufruhr und Revolution bestimmen«. Seine Ergebnisse faßte er dahin zusammen, daß die Urheber aller Gegenrevolutionen im Gefolge der Französischen Revolution »privilegierte Klassen von Menschen waren und daß sie dort siegten oder zu siegen vermochten, wo sie das Volk bewegen konnten, ihre Partei zu ergreifen.« Die Reflexion darüber, wie es eigentlich geschieht, daß sich eine Minderheit von einer Revolution abwendet, um den früheren Zustand wiederherzustellen, daß diese Minderheit dann die Mehrheit gewinnt, hat den Stand der Gedanken Forsters kaum weiterentwickelt. Selbst die zeitgenössischen Definitionen sind von einer merkwürdigen Leere der Anschauung. So wird etwa erläutert: »Gruppen von Menschen, die durch eine Revolution negativ betroffen sind (oder in Gefahr stehen, es zu werden), finden sich zusammen, um sie abzuwenden, oder wenn sie schon stattfand, um sie niederzuschlagen.« (Encyclopedia of Social Sciences). Der Aspekt, daß frühere Revolutionäre, die den Exzessen einer Revolution nicht mehr zustimmen, auch zu Gegen-Revolutionären werden können, wird nicht gesehen. Tatsächlich aber ist es so, daß die Konter-Revolution meist innerhalb der Revolution entsteht. »Ihr Ablauf kann parallel zu dem der Revolution verlaufen. In diesem Sinn versteht man meistens den Ausdruck in Frankreich« (Larousse). Welcher Art die »Betroffenheit« einer Gruppe ist – ethnischer, religiöser, politischer oder ökonomischer Art –, wird schließlich ausschlaggebend für den Charakter ihrer Revolte innerhalb der Revolution.

»Eine Konterrevolution ist oft eine Restauration« (Larousse). Andererseits zeigt die Geschichte, daß kaum mehr vor eine Revolution – die ja stets auch eine Neuverteilung von Privilegien und/oder Gütern zur Folge hat – zurückgegangen werden kann. Die sogenannte erste Restauration in Frankreich von 1814 z. B. begann mit einer Erklärung von Ludwig XVIII., daß eine Rückkehr zum Ancien Régime nicht geplant sei. Das heißt: Konterrevolutionen können Revolutionen meist nicht rückgängig machen. Sie können ihre Ergebnisse nur auf neue Grundlagen stellen.

Schon Forster wies auf den Unterschied von guten und schlechten (= konterrevolutionären) Organisationen hin. Daß aber Gut und Böse keine historisch verwendbaren Kategorien sind, zeigte spätestens Edmund Burke, in dessen Begriffs- und Funktionsbestimmung der Revolution das Entgegengesetzte dessen einging, was sie für die französischen Revolutionäre und ihre Anhängerschaft bedeutete. Die »Glorious Revolution« von 1688 war nach ihm nur eine »sogenannte« Revolution. Mit ihr wurde nicht eine Revolution gemacht, so argumentierte Burke, sondern eine Revolution verhütet. Die eigentliche Revolution dagegen habe während des Bürgerkriegs 1649 stattgefunden, als Karl I. gestürzt worden war. Revolution ist daher bei Burke nicht Aufbau auf neuen Fundamenten, sondern ein Chaos, entstanden aus der Verachtung von Tradition und Geschichte. Revolution brachte keineswegs eine Wandlung zugleich zum Besseren wie zum Neuen, sondern zerstörerischen Bürgerkrieg, ohne Rücksicht auf vorhandene Fundamente. Uns interessiert an Burke nicht so sehr der gegenrevolutionäre Ansatz, sondern die Möglichkeit, ein gegebenes geschichtlich-soziales Ereignis je nach dem, wessen Interessen berührt sind, zu interpretieren. Man mag aber in der Gegenüberstellung von Forster und Burke, allgemeiner: der französischen Revolutionäre und des Mannes aus der englischen »gentry«, der auf die Evolution setzte, auch den Versuch von Hannah Arendt wiederfinden, die in den sechziger Jahren die Ehrenrettung der »revolutionären« amerikanischen liberalen Revolution gegen die um so viel blutigere Französische Revolution versucht hat.

Die Abqualifizierung der Konterrevolution hat ihre Ursachen darin, daß die Revolutionen nirgendwo erfolgreicher waren als darin, die Gegner der Revolution als Symbole für Rückschritt und Inhumanität zu diskreditieren. Versuchten diese doch nichts anderes, als den Fortschritt der Geschichte – geschehe es nun kontinuierlich oder dialektisch – zu hemmen. Gegen- oder Konterrevolution hat in unserem Zusammenhang jedoch nicht diesen von vornherein negativ besetzten Sinn, den auch die westliche

Historie oft aufgenommen hat. Konter-Revolution ist hier nicht die Reaktion der äußersten anti-demokratischen Rechten. Sie ist nichts anderes als eine Reaktion auf die Revolution oder: eine allgemeine gesellschaftliche Haltung, in der sich Revolution nicht oder nur schwer zu entfalten vermag. Daß dies eine durchaus mögliche Deutung ist, hat etwa der amerikanische Soziologe Seymour M. Lipset gezeigt, der 1967 ein Buch »Revolution and Counterrevolution« schrieb, in dem keineswegs das Verhältnis von USA und UdSSR beschrieben wurde, sondern, in einem Aufsatz gleichen Titels, das Verhältnis der USA und Kanadas. In herkömmlich linker Argumentation sind beides natürlich bürgerlich-liberale, damit reaktionäre Gesellschaften. Auch angesichts der faschistischen Bewegungen der Zwischenkriegszeit haben die Historiker Zweifel angemeldet, ob sie als revolutionär, quasi-revolutionär oder konter-revolutionär bezeichnet werden sollten. »Die faschistischen und nationalsozialistischen Bewegungen in Europa der zwanziger und dreißiger Jahre begannen gewöhnlich als konterrevolutionäre Bewegungen; aber die Mehrzahl ihrer Führer gehörte nicht zur alten Ordnung und hatte keine Absicht, diese wiederherzustellen. In ihren extremen Formen waren sie in ihrem Charakter quasi-revolutionär.« (Encyclopedia of Social Sciences). In solcher Argumentation deutet sich die Möglichkeit an, daß sich nicht nur Revolutionen zu Konterrevolutionen, sondern auch Konterrevolutionen sich zu Revolutionen wandeln können.

Mit dem Aufkommen marxistischer Parteien, mehr aber noch mit dem Erfolg marxistisch inspirierter Revolutionen entwickelte sich die Bezeichnung »Konterrevolution« zu einer Sammelbezeichnung für das, was den damit angestrebten Zielen entgegenstand. Da aber gleichzeitig mit der russischen Revolution durch die Gründung der Kommunistischen Internationale im Jahre 1919 (KOMINTERN) der Führungsanspruch der Sowjetunion bekräftigt wurde, war damit »Konterrevolution« zum Synonym für Gedanken und Ziele geworden, die sich nicht bruchlos den Zielen der Sowjetunion, der KPdSU, unterordneten. Die ursprüngliche Intention einer »fortschrittlichen Revolution« vermischte sich auf diese Weise seit 1945 mit den Machtansprüchen einer Großmacht. Damit entsteht der neue Gegensatz »konterrevolutionär« und »objektiv konterrevolutionär«. Konterrevolutionär ist das, was wir eine restaurative oder reaktionäre Bewegung nennen würden. Objektiv konterrevolutionär könnte aber auch eine revolutionäre Arbeiterpartei, wie die »Partei der Arbeit« Titos, genannt werden, da sie sich nicht dem Führungsanspruch der Sowjetunion unterwarf. Sie schwächt dadurch – so die sowjetische Argumentation –, daß sie sich nicht dem »proletarischen Internationalismus« anschloß, die von Moskau geführte internationale Arbeiterbewegung. »Objektiv konterrevolutionär« waren daher auch die Ziele der tschechoslowakischen kommunistischen Partei 1968. So wurden sie nach dem Einmarsch der Sowjets diffamiert.

Daß es aber tatsächlich mit der reinlichen Scheidung von Revolution und Konterrevolution, wie es 1789 oder 1848 noch möglich gewesen war, nicht mehr und immer weniger weit her ist, zeigen gerade die zeitgenössischen Beispiele. War etwa der ungarische Aufstand des Jahres 1956 eine Revolution oder eine Konterrevolution? Am 25. Oktober 1956 jedenfalls erklärte der gerade neu ernannte ungarische Ministerpräsident Nagy, selbst ein Altkommunist: »Die Regierung lehnt es ab, die gewaltige Volksbewegung als Konterrevolution zu bezeichnen.« Wenn also nicht dies, dann mußte sie wohl eine Revolution sein. Konnte sie das aber sein, wenn sie sich gegen die marxistische Vormacht wandte, im Weltmaßstab die Avantgarde des Proletariats? Verschiedene Impulse kennzeichnen den ungarischen Aufstand; er war eine Revolution für nationale Selbstbestimmung, die sich gegen eine ideologische Revolution wandte. Er war eine politische Revolution gegen eine soziale Revolution, war die Umkehrung des Leninschen Schemas, nach dem auf die politische Revolution die soziale Revolution zu folgen hatte, wenn sich das revolutionäre Geschehen überhaupt vollenden sollte. War dann die sowjetische Intervention die eigentliche Konterrevolution? Sicherlich, soweit sie die Mehrheit des ungarischen Volkes betraf – die UNO konnte das damals noch bestätigen.

Wer auch weiterhin fest entschlossen war, sich an das Leninsche Schema als einziges Modell für Revolution zu halten, für den mußte die sowjetische Intervention natürlich weiterhin die Niederschlagung eines reaktionären Putsches sein. Doch was ist mit Prag? Könnte man im Falle Ungarns noch darauf hinweisen, daß es tatsächlich in der Spätphase des Aufstandes reaktionäre Exzesse gegeben hat – in Prag ging es zugleich um weniger und um mehr. Es ging darum, dem doktrinär gewordenen sozialistischen »Fortschritt« ein menschlicheres Gesicht zu geben. Es standen nicht mehr die sozialen Veränderungen in Frage, sondern allein die Ruhe und Disziplin im sozialistischen Lager. Ging hier die Konterrevolution nicht von der revolutionären Sowjetunion aus? Den sowjetischen Theoretikern fehlte in diesem Falle der theoretische Atem. Denn die Sowjet-Enzyklopädie hatte bis dahin Konterrevolution definiert als: »Kampf reaktionärer Klassen gegen eine entstehende Revolution mit dem Ziel, sie zu unterdrücken, und gegen eine siegreiche Revolution mit dem Ziel, ihre Errungenschaften zu zerstören und die wirtschaftliche und politische Macht der gestürzten Klassen wiederherzustellen« (SuDG 1972). All dies aber war in der CSSR nicht der Fall, so daß zum Hilfsbegriff »objektiv konterrevolutionär« nun der Hilfsbegriff der »schleichenden Konterrevolution« hinzutrat. Damit war jeder Versuch einer Veränderung vorweg interpretiert, der sich gegen die Sowjetunion und das sowjetische Modell richten konnte. Zugleich aber hatte der Begriff jede analytische Schärfe verloren.

Worauf es ankommt, ist dies: Revolution und Konterrevolution sind nicht mehr in herkömmlicher Weise mit »fortschrittlich« und »reaktionär«

zu etikettieren. Die Erscheinungsform, die chronologische Abfolge, ist ebenso wichtig wie der »Inhalt« der Konterrevolution. Es kann sogar sein, daß erst die Konterrevolution die eigentliche Revolution ist.

Angesichts dieser Sachlage soll, im Anschluß an Peter Calvert, nunmehr folgende Definition der weiteren Erörterung von Konterrevolution zugrunde gelegt werden: »Konterrevolution ist . . . der Gebrauch revolutionärer Mittel . . ., um einem vorherrschenden Trend ›fortschrittlicher‹ Gedanken, die sich gewaltsam ausdrücken, zu wehren, sie zu verwandeln oder ihnen zuvorzukommen.« (Calvert 1970). Allerdings bliebe in diesem Zusammenhang noch der Begriff der »revolutionären Mittel« zu bestimmen. Er ist jedenfalls so weit zu fassen, daß auch die Verweigerung von Krediten, wenn sie – wie zum Beispiel im Fall Chile – bewußt dazu eingesetzt wird, um ein revolutionäres Regime zu Fall zu bringen, darunter gefaßt werden kann. Im übrigen muß noch einmal darauf hingewiesen werden, daß die Aktivitäten der Großmächte nicht nur im Sinne einer Verwandlung der Zustände gesehen werden, sondern auch im Sinne einer Verhinderung von Verwandlung. Ihr Eingreifen ist eben nicht immer aktivistisch, sondern ebenso oft verhindernd, prohibitiv. Das gilt zwar öfters für die USA, ist aber auch für die UdSSR in zunehmendem Maße festzustellen.

Bezogen auf die internationale Politik und ihre Interventions-Mechanismen, ist eine solche Definition allerdings nur dann umfassend genug, wenn sie nicht nur »Stellvertreter-Kriege«, sondern auch Stellvertreter-Revolutionen wie -Gegenrevolutionen ins Auge faßt. Der sogenannte »proxy-war« (d. h. ein Krieg, den kleinere Staaten gleichsam im »Auftrag« ihrer Schutzmacht führen) ist ein typisches Kennzeichen dieser Epoche. Es müßten nunmehr auch die »Proxy-Revolutionen« ins Auge gefaßt werden. Sie machen verständlich, was in weiten Teilen der Dritten Welt, zuletzt etwa in Angola, vor sich geht. Stellvertreter-Revolutionen (wie Gegenrevolutionen) sind Beispiele für unsere Grundthese, daß Revolutionen in zunehmendem Maße »außengeleitet« werden. Außengeleitete Revolutionen und Konterrevolutionen sind daher als Stellvertreter-Revolutionen geradezu zum Prototyp der zeitgenössischen Revolution geworden. Ihre Erscheinungsformen sind abhängig von den Lagern, in denen sie beheimatet sind.

2.4 Theorien der Revolution

Wenn ein Begriff vom Marxismus monopolisiert wurde, dann der Begriff »Revolution«. In letzter Vereinfachung läßt sich der »wissenschaftliche Sozialismus«, wie er von Marx geprägt wurde, ausschließlich als eine Theorie der Revolution begreifen. »Praktisch alle Bereiche der Marxschen Theorie (waren) Teile der allgemeinen Revolutionstheorie« (von Beyme 1973). Es ist dies allerdings ein Revolutionsbegriff, der auf einer ebenso präzisen wie engen Deutung der Geschichte und damit des Wesens von Menschen beruht. Die Revolution des Proletariats wird zur Erfüllung von Geschichte überhaupt. Diesen Determinismus hat man zu akzeptieren, oder man stellt sich gegen eherne Gesetze. Nicht die Menschen bewirken in letzter Instanz die Revolutionen, sondern die von ihnen geschaffenen Produktionsverhältnisse. Da die Geschichte nicht Dekadenz, sondern Fortschritt ist, verwirklicht sich in der so begründeten Revolution das Gute. Wenn eine Revolution siegt, siegt damit das Gute. Aus dieser marxistischen Sichtweise speist sich der Mythos der Revolution. Sich ihm zu verweigern, ist schwer. Wenn der Sieg der Revolution zu einem Synonym für den Sieg des Guten wird, möchte niemand auf der Seite von Rückschritt und Gegenrevolution stehen.

Im allgemeinen wird diese Prämisse akzeptiert. Aber es könnte doch auch anders sein. Es könnte sein, daß die Regierenden zwar guten Willens, aber schwach, die Rebellen dagegen machtbesessen und stark sind. Das heißt: An Stelle der moralischen Bewertung von Revolutionen (gut – böse) wäre es daher besser, sie entweder mit Begriffen wie Krankheit, Krise und Genesung zu belegen (wie das etwa die Systemtheorie tut). Noch besser wäre es, einfach zu sagen: Jede Revolution ist ein Kapitel im größeren Zusammenhang einer »Soziologie des Abweichlertums«. Denn ebenso wie man Erkenntnisse darüber hat, warum Menschen bestimmten Regeln gehorchen, könnte man Erkenntnisse darüber gewinnen, warum sie sich einem bis dahin akzeptierten Kodex des Zusammenlebens verweigern. Statt zu fragen: Wie schlecht muß eine Regierung sein, damit man sich gegen sie erhebt? ließe sich doch auch fragen: Wann weichen Menschen von den Normen der Gesellschaft ab, und was treibt sie dazu? Denn Revolution kann auch als der extreme Ausdruck des Willens zum Abweichen gesehen werden. Allerdings macht diese Deutung der Revolution ihre Einordnung und ihre Prognostizierbarkeit nicht einfacher. Zwar wird erklärt: »Es gibt keinen einleuchtenden Grund dafür, warum politisches Handeln, das sich gegen die etablierte Autorität richtet, einer zusammenhängenden Analyse weniger zugänglich sein sollte als das von einer solchen Autorität vollzogene politische Handeln« (Dunn 1974). Tatsache aber bleibt, daß die Formen und Ursachen der Abweichung sichtlich schwieriger zu fassen sind als normatives Verhalten.

Möglicherweise liegt das daran, daß ein Aufstand erst einmal den statistisch kleineren Teil eines Volkes erfaßt und daß die »Ansteckungsgeschwindigkeit« der Inkubationszeit, wie auch die Gegenkräfte innerhalb einer Gesellschaft, die die Verbreitung verhindern, nur schwer zu fassen und keinen Regeln unterworfen sind. Vor allem aber liegt es wohl daran, daß sich die Mehrzahl gerne zu den Regeln des Staates und der Gesellschaft bekennt, weil sie so mit dem »allgemeinen Willen« konform geht. Bei der Minderheit, die stets den Kern einer Revolution bildet, setzt sich die

»Schweigespirale« (Noelle-Neumann) in Gang: weil man sich in der Minderheit glaubt, schweigt man, so daß ein Großteil des politischen Abweichlertums im Geheimen bleibt. Nach gewonnener Revolution läßt sich deshalb sehr viel leichter deren Mythos konstruieren, als den Verlauf der prä-revolutionären Phase rekonstruieren.

Dies ist der Grund dafür, daß diejenigen, die sich mit Revolutionen theoretisch oder empirisch befassen, meist mit Stoßseufzern darüber beginnen, daß ihre Wissenschaft – es gibt eine Psychologie, eine Soziologie, eine Politologie, eine Systemtheorie der Revolution und anderes – so wenig zur vergleichenden Erkenntnis der Revolutionen leisten kann. Ihre Prognostizierbarkeit ist bisher nur schwach entwickelt. Kurt Lenk (1973) etwa meint: »Es scheint, als sei die Wissenschaft Revolutionen gegenüber ähnlich hilflos wie gegenüber Kriegen: beide Vorgänge, die zum Kernbestand ›sozialen Wandels‹ des 20. Jahrhunderts gehören, gleiten der politischen Soziologie eher aus den Händen, als daß es ihr gelänge, eine stimmige Analyse der sie bedingenden Zusammenhänge zu liefern.« Und Klaus von Beyme, der darauf verweist, daß Lenin noch im Frühjahr 1917 einen friedlichen Übergang zum Sozialismus durch eine linke Mehrheitskoalition in Rußland für erwägenswert hielt, schreibt: »Paradoxerweise haben die revolutionären Ideologien – auch wenn sie die Wissenschaft als ihre Basis ansehen – mit Herrschaft eines gemein: sie entziehen sich der empirischen Forschung, um den Erfolg der eigenen Intentionen nicht zu gefährden . . . Ernsthafte wissenschaftliche Bemühung um den Gegenstand Revolution ist wegen dieses erwähnten Dilemmas davor gefeit, sich unkritisch in allen Phasen eines revolutionären Konfliktes mit dem Forschungsgegenstand zu identifizieren, da Revolutionen mehr noch als andere Formen der Machtausübung das Gegenteil von wissenschaftlichen Kommunikationsformen erzeugen: nämlich Agitation statt Information« (von Beyme 1973). Das beste Beispiel für solche Art der Mythisierung ist etwa die offizielle Geschichtsschreibung der bolschewistischen Revolution des Jahres 1917.

Trotz oder gerade wegen solcher Unsicherheit ist immer wieder versucht worden, dem revolutionären Geheimnis mit der Fragestellung: wann schlägt die Revolte des einzelnen in die Revolution einer Gruppe um? auf die Spur zu kommen. Lassen wir die klassischen Autoren einmal beiseite (die beschriebenen Gesellschaften der Antike haben mit denen der Moderne nicht mehr viel gemeinsam), so war es schon Alexis de Tocqueville, der erkannte, daß es oft nicht die Armut gewesen sei, die zum Ausbruch von Revolutionen führte, sondern das Auseinanderklaffen einer steilen Erwartungskurve und einer nur langsam steigenden Erfüllungskurve. (Crane Brinton hat das später bestätigt). Von der Zeit vor 1789 schrieb er: »Es war gerade in den Teilen Frankreichs, wo die meisten Verbesserungen zu vermerken waren, in denen die allgemeine Unzufriedenheit am größten war. Es mag unlogisch erscheinen – aber die Geschichte ist voll von solchen Paradoxen.« (Zit. nach Davies 1971).

Es ist müßig, sich darüber zu streiten, seit wann das Potential für Revolutionen aufgehäuft wurde. Sicher, im 19. Jahrhundert wurden die Tretminen für das 20. Jahrhundert gelegt. Dennoch bleibt – trotz Babeuf, Blanqui und Bakunin – die Bemerkung von Hannah Arendt richtig, die schrieb, das 20. Jahrhundert habe als »vielleicht ausgeprägtesten politischen Typus« den Berufsrevolutionär hervorgebracht. Andere drücken das anders aus, wenn sie sagen, im 20. Jahrhundert sei eine Zunahme des revolutionären Expertentums zu verzeichnen. Warum das so ist, wird später zu erläutern sein.

Noch Marx hatte die Revolution als Agentur des Fortschritts betrachtet. Mittels einer Revolution auf Massenbasis werde die Historie in ihre Zukunft getrieben. Damit war ein Moment der Notwendigkeit gegeben. Erst mit Lenin ist die *Machbarkeit* der Revolution proklamiert worden. Nicht die Revolution bewegt die Geschichte, sondern Berufsrevolutionäre *machen* Revolutionen und schieben damit die Geschichte vor sich her. Die Arroganz eines Zeitalters, in dem der Mensch gelernt hatte, seine Kraft durch Maschinen zu vervielfachen, dehnte sich damit auch auf das politische System aus. Der Mensch beherrschte nun nicht mehr nur die Maschinen, sondern machte sich auch die politischen Apparate untertan, um sie zu seinen Zwecken zu brauchen und zu mißbrauchen. Dies war das eigentlich Neue zu Beginn des 20. Jahrhunderts: nachdem sich herausgestellt hatte, daß neues Bewußtsein massenhaft nicht zu *erzeugen* war, machte sich eine revolutionäre Elite innerhalb wie außerhalb der betroffenen Staaten daran, das revolutionäre Massenbewußtsein zu *vertreten*. Die Wissenschaft hatte dieser Verlagerung Rechnung zu tragen. Doch während das Anschauungsmaterial immer reicher wurde, erwies sich das Problem der Kategorisierung als immer schwieriger. Denn fast jede Revolution zeigte unterschiedliche prärevolutionäre, revolutionäre und postrevolutionäre Züge.

Deshalb lassen sich die bisherigen Ansätze auf verschiedenste Weise klassifizieren. Jeder Theoretiker und jeder der Sammelbände, die sich mit Revolution befassen, hat ein anderes Einteilungsschema. Klaus von Beyme (1973) etwa tabelliert so:

Theoretischer Ansatz	Forschungsmethode und Erkenntnisinteresse	Repräsentanten
Normative Theorie	Sozialphilosophische Analyse, ethische Legitimation der Gewalt	Widerstandslehren Marcuse, Fanon

Theoretischer Ansatz	Forschungsmethode und Erkenntnisinteresse	Repräsentanten
Genetische Methode	Vergleich historischer Prozesse	Brinton, D. C. Schwartz
	Querschnittsanalysen als Ablaufmodelle	Huntington, Pye, B. Moore, Binder
	Längsschnittanalysen von Modernisierungsprozessen	
Elitentheoretischer Ansatz	Soziale Hintergrundanalyse	Lerner, Lasswell
	Organisationslehre der Kaderbildung	Lenin, Mao, Marighela
	Kritik des Krisenmanagements der Eliten	Stamokap-Theorien, Poulantzas, Miliband, Offe
	Counter-insurgency-Strategien für Eliten	Gurr, die meisten sind unveröffentlicht
Behavioristischer Ansatz	Survey-Studien über revolutionäres Verhalten	Feierabend, Berkovitz
	Korrelationsanalyse verschiedener Variablen	Tanter/Midlarsky, P. Calvet, Gurr
Psychologische Ansätze	Survey-Studien mit verschiedenen theoretischen Ausgangspositionen	
	Instinkttheorie	K. Lorenz
	Frustrations-Aggressionshypothese	Dollard, Berkowitz
	Variante	Gurr
	Theorie kognitiver Dissonanzen	Festinger
	Anomietheorie	Durkheim, Merton
Ideologiekritische Analyse	quantitative und qualitative Analyse	Lasswell, Lerner
Ökonomische Strukturanalyse	Aggregatdatenanalyse, Deskription von Strukturen	Olson, Davies Gerschenkron, Hirschman
Funktionale Systemanalyse	unterschiedliche Daten und Forschungsstrategien. Wegen ihres hohen Abstraktionsgrades meist Daten aus zweiter Hand	Parsons, Ch. Johnson

Die vollständige Erfassung der Theorien ist nicht die Aufgabe dieses Buches. Wir wollen etwas gröber zusammenfassen, und zwar auf folgende Weise: 1) Marxistische und neomarxistische Ansätze. 2) Historisch-genetische Ansätze. 3) Psychologische und sozial-psychologische Ansätze. 4) Systemtheoretische Ansätze. Jede dieser vier Gruppen ließe noch einmal Unterscheidungen derart zu, daß a) nach qualitativen Merkmalen und b) nach quantitativen Werten gefragt wird. Allein die Tatsache jedoch, daß jede dieser Theorien keineswegs nach *den*, sondern *der* Ursache von Revolution fragt, sollte ein Hinweis auf ihren fragmentarischen Charakter sein. Man hat die Beobachtung gemacht, daß es »Stückwerk-Revolutionen« gibt (d. h. einige Bereiche von Staat und Gesellschaft werden revolutioniert, andere nicht). Dasselbe gilt für Stückwerk-Theorien: einige Bereiche werden untersucht, andere nicht. So fragt der marxistische Ansatz nach den ökonomischen Grundlagen, der psychologische danach, wie der Mensch beschaffen sein müsse, der Revolutionen macht, der systemtheoretische nach den Ursachen von Gleichgewicht und Ungleichgewicht im politischen System. Somit finden wir unterschiedliche Erklärungen für Erscheinungen, die uns später als Revolution im 20. Jahrhundert beschäftigen werden.

2.4.1 Marxistische und neomarxistische Ansätze

Weil Karl Marx auch heute noch die Grundlage für die »marxistische« Definition von Revolution liefert, weil er noch heute die Strategie des Marxismus beeinflußt, muß mit ihm begonnen werden, wenn ökonomische Erklärungen für Revolution gesucht werden. Revolution wird als Diktatur des Proletariats zur Erfüllung von geschichtlichem Sinn überhaupt. Die »Waffe der Kritik« wird zur »Kritik der Waffen«. Nicht Menschen machen Geschichte, sondern die Klassen als deren Vertreter. Der allgemeinste Gegensatz des orthodox marxistischen Ansatzes zu den meisten »bürgerlichen« Erklärungsversuchen ist die Zurückdrängung des subjektiven Anteils an den Revolutionen. Das Verhältnis von menschlichem Willen und objektivem Gesetz bleibt aber im letzten unbestimmt.

Die proletarische Revolution ist jedenfalls eine historisch notwendige, von Klassen getragene Revolution. Wie immer Marx die Revolution interpretiert: sie hat als Hintergrund den Zwiespalt zwischen den gesellschaftlich-ökonomischen Machtverhältnissen und der Situation des Proletariats. Die Revolution gibt dem Leben einen neuen Sinn – sie ist damit Prozeß und Ziel zugleich.

Die schwankende Haltung von Marx zum subjektiven Faktor der Revolution richtete sich ursprünglich gegen den voluntaristischen Ansatz im Sozialismus selbst (Blanqui, Bakunin). Denn hier war in jedem Fall der subjektive Wille als auslösender Faktor der Revolution überpointiert: die

Revolution beruhte auf Revolutionären, die zur Revolution bereit waren. Nach Marx aber erforderte jede proletarische Revolution eine wissenschaftlich-theoretische, also objektive Vorarbeit und im Augenblick des Handelns dann nochmals eine Überprüfung, um festzustellen, ob eine Situation für die Revolution »reif« sei. Dies sei im Gegensatz zu neomarxistischen Ansätzen festgehalten.

Für die Analyse der revolutionären Situation sind folgende Aspekte zu untersuchen: 1) Die objektive ökonomische Situation, so zum Beispiel auf der einen Seite der Grad der Verelendung der Arbeiter, auf der anderen der Konzentrationsgrad des Kapitals. 2) Die internationale Situation darf der nationalen Situation nicht entgegenstehen, da die »Konterrevolution« sonst die Revolution zerschlagen könnte. 3) Es ist zu fragen, ob schon eine organisierte Klasse mit Klassenbewußtsein vorhanden ist, um als »Vorhut« der Revolution die anderen Klassen mitzuziehen. 4) Man muß sich darüber klar werden, ob innerhalb der zu zerstörenden Staatsstrukturen schon Zersetzungserscheinungen zu bemerken sind – oder ob etwa die Armee noch voll diszipliniert und loyal zum zu zerstörenden Staat steht.

Erst nach 1850 (1848 war das »Kommunistische Manifest« erschienen) haben Marx und Engels begriffen, daß es nicht allein auf den Stand der Produktionsverhältnisse ankam. Angesichts der ökonomischen Krise von 1847 hatten sie 1848 geglaubt, schon damals sei eine revolutionäre Situation gegeben. Später haben sie ihre Analyse erweitert. Dabei sind sie immer vorsichtiger geworden in ihren Prognosen. Konstant aber blieb in ihrer Interpretation: Die Revolution entsteht gleichsam aus sich selbst. Sie hat ihre Ursprünge dort, wo sich das Bewußtsein von Benachteiligung entwickelt, wo sich das individuelle Bewußtsein zum Klassenbewußtsein erweitert, wo sich die Unterprivilegierten ihrer gemeinsamen Klassenzugehörigkeit bewußt geworden sind. Damit entsteht auch eine Solidarität des Handelns.

Schon im »Kommunistischen Manifest« ist die nationale politische Revolution, die in der sozialen Revolution ihre Fortsetzung und ihren Höhepunkt findet, als Teil einer internationalen Bewegung gedacht. Da der Kapitalismus als weltumfassend gesehen wurde, mußten sich die erwarteten nationalen Revolutionen schließlich auch zu *einer* internationalen Revolution zusammenschließen. Nur: nach Marx wurde sie nicht von entwickelten Staaten den weniger entwickelten injiziert. Denn sie hatte Interventionen gar nicht nötig, sofern erst ein ähnlicher Grad der Industrialisierung, damit ein ähnlicher Grad des kollektiven proletarischen Bewußtseins erreichbar war.

Wenn 1848 die Verelendung, das heißt die Verschärfung der Klassengegensätze, nicht zu einer Revolutionsbereitschaft der Proletarier führte, wie Marx sie glaubte voraussehen zu können, so lag das zwar auch an den »objektiven« Bedingungen (die Konterrevolution war noch zu stark).

Mehr noch aber hatte das seinen Grund darin, daß diese Bedingungen von denen, die betroffen waren, falsch erfaßt wurden. Damit war das Problem des »falschen« Bewußtseins geboren. Eine der Hauptaufgaben kommunistischer Agitation ist es seitdem, den proletarischen Massen ihre »Klassenlage« bewußt zu machen. Das heißt: es muß sowohl die Notwendigkeit wie die Möglichkeit von Revolution erkannt werden. Darin bestand der Versuch Che Guevaras in Bolivien. Er scheiterte ebenso an der CIA wie an der Nichtübertragbarkeit seines Bewußtseins auf die bäuerliche Masse der »Campesinos«. Eine revolutionäre *Situation* war nicht zu erzeugen, weil das revolutionäre *Bewußtsein* nicht geweckt werden konnte.

Marx hat das erkannt. Er schrieb schon 1850: »Eine neue Revolution ist nur möglich im Gefolge einer neuen Krisis. Sie ist aber auch ebenso sicher wie diese.« Doch diese Erkenntnis hielt ihn nicht davon ab, von Jahr zu Jahr darauf zu warten, daß der Kapitalismus für den Sozialismus »reif« sei. Noch 1895 äußerte Engels diese Meinung. Aus diesem Warten wider besseres Wissen zieht Jaroslawski (1973) den Schluß: »Daraus ist ersichtlich, daß die Revolutionstheorie, die sich auf die Analyse der kapitalistischen Produktion stützte, faktisch kein objektives Kriterium lieferte, wonach ein System als reif für eine revolutionäre Umwandlung zu erkennen ist.« Erst als Lenin die Frage nach der *Notwendigkeit* der Revolution in die Frage nach der *Möglichkeit* der Revolution umwandelte, bekamen marxistische Theorie und Praxis wieder einen engeren Bezug.

Soweit in der zweiten Hälfte des 19. Jahrhunderts die Marxisten nicht zu »Sozialdemokraten« wurden, soweit sie also nicht durch die Machtergreifung im Staat (anstatt gegen den Staat) mittels des Wahlzettels ihre Ideen realisieren wollten, haben sie insbesondere zwei Richtungen entwickelt: zum einen zur »Imperialismustheorie« in ihren verschiedenen Ausprägungen, zum anderen zur »technokratischen« Verformung des Marxismus durch Lenin. Für den ersten Punkt stehen Rosa Luxemburg und Lenin, für den zweiten Lenin allein. Rosa Luxemburg interessiert hier an sich weniger mit ihrer Theorie der »Spontaneität«, mit ihrer stärkeren Betonung des subjektiven Faktors im revolutionären Prozeß. Einige Anmerkungen zu ihren Theorien sind an dieser Stelle jedoch schon deswegen angebracht, weil sie die neomarxistische Diskussion der sechziger und siebziger Jahre beeinflußt haben. Luxemburg geht es nicht so sehr um die Mythisierung proletarischer Massen, sondern darum, daß Organisation, Bewußtseinsbildung und Kampfbereitschaft *zusammen* die Voraussetzung für das revolutionäre Gelingen sind. Entscheidend für die Ablehnung durch Lenin und aller ihm folgenden Theoretiker ist ihre Einschätzung der Partei für das revolutionäre Geschehen. Während Lenin die Rolle der Partei als ein fast militärisches Verhältnis von Führung und Unterordnung begriff, legitimierte Rosa Luxemburg die Führung durch die Partei, indem sie diese vor allem als Ausdruck der Massenbasis verstand. Hier wie dort allerdings bleiben Schulung und Bewußtsein – wenn auch auf verschiedener Basis – die Grundlage der revolutionären Theorie. Internationalistisch wird sie in dem Augenblick, in dem sich Moskau als Hauptstadt des internationalen Kommunismus begreift und den Vorbild-Charakter seiner Revolution mittels von ihm abhängiger Parteien durchzusetzen versucht.

Die Rolle der Partei ist vor allem für die inner-marxistische Diskussion wesentlich. Hier interessiert, auf welche Weise Rosa Luxemburg versuchte, die marxistische Theorie an den neuen ökonomischen Bedingungen, die dadurch entstanden waren, daß der Kapitalismus über die Grenzen der Staaten (und Europas) expandierte, zu überprüfen. Denn seit Engels' Tod war es klar geworden, daß der Kapitalismus in absehbarer Zeit nicht mehr zusammenbrechen würde. Dafür galt es nunmehr eine Erklärung zu finden. Rosa Luxemburg suchte sie darin, daß sie eine Ausdehnung des Finanz- und Industriekapitals auf die vorindustriellen Länder annahm, die nunmehr zum wichtigsten Wirkungsfeld für die kapitalistischen Staaten geworden waren. Dadurch hielt sich der Kapitalismus am Leben, zugleich aber wurden die Arbeiter Europas zur »Arbeiteraristokratie«. Da die Territorien der Welt nicht unbeschränkt groß waren, mußte es nach Luxemburg über kurz oder lang zum Streit um Einflußgebiete kommen, also zum imperialistischen Krieg. Auf diese Argumentation stützte sich Lenin (1916) in seiner Schrift »Der Imperialismus als höchstes Stadium des Kapitalismus«. Der Krieg des Imperialismus, der hier als höchstes, zugleich auch als letztes Stadium eines »verwesenden« Kapitalismus definiert wurde, bekam eine neue Dimension: nicht die nationale Expansionskraft sollte als Triebfeder hinter ihm stehen, sondern die Notwendigkeit, Völker auszubeuten und zu unterdrücken, um damit den Kapitalismus am Leben zu erhalten. Von hier aus führt ein direkter Weg zur chinesischen Variante der Imperialismus-Theorie, später zu Frantz Fanon und Régis Debray. Mao Tse-tung wendet sich zwar gegen den Imperialismus, aber in seiner Spätphase auch gegen den Sozialimperialismus der UdSSR. Bedingt ist diese Wendung dadurch, daß der internationalistische Kern des Leninismus mit dem chinesischen Nationalismus verwoben wurde. Die Weltrevolution wird daher vorwiegend als Revolution der ehemaligen Kolonialvölker gegen die westlichen Industriestaaten verstanden. Diese Argumentation mußte in der »Dritten Welt« positiv aufgenommen werden. Denn nunmehr hatten die Kolonialvölker nicht mehr darauf zu warten, daß die entwickelten Industrievölker auch ihnen die Freiheit *geben* würden. Sie nahmen sie sich.

Für unser Thema ist ein anderer Aspekt des Leninschen Denkens ebenso wichtig. Erst die schon erwähnte Kategorie der »Möglichkeit der Revolution« hat praktische Perspektiven eröffnet, die über den Rahmen der nationalen Revolution hinausreichen. Mit ihr wird nämlich die »Imperialismus-These« mit der Forderung nach Selbstbestimmung der Völker verknüpft. Und dies ist im internationalen Maßstab das entscheidende Argument in der Agitation für eine umfassende sozialistische Revolution. Lenin verband sodann Imperialismus-Theorie und Selbstbestimmungsforderung mit einer weiteren These, die besagte, daß die realen Revolutionschancen vom Bewußtseins- wie vom Organisationsgrad der Arbeiter abhingen und erst damit berechenbar würden. »Jetzt bedeutete die Möglichkeit schon soviel wie die aus dem imperialistischen Krieg hervorgehende wirtschaftliche und politische Krise des Kapitalismus.« Wenn man die Bedingungen der Möglichkeit von Revolution kannte, dann war damit der Boden bereitet für die »Herstellung« revolutionärer Situationen. Deren Entstehung war auf dem Boden der permanenten Krise des Kapitalismus zu fördern.

Der Begriff der »revolutionären Situation« ist etwas sehr viel Faßbareres, als es die »Reife« oder die »Unreife« des Kapitalismus als diagnostisches Instrument gewesen war.

Um den Weg, der bisher durchschritten wurde, zu erfassen, ein Zitat von Lenin selbst: »Für den Marxisten unterliegt es keinem Zweifel, daß eine Revolution ohne revolutionäre Situation unmöglich ist, wobei nicht jede revolutionäre Situation zur Revolution führt. Welches aber sind die drei Punkte, die Merkmale einer revolutionären Situation?

1. Für die herrschenden Klassen ist es unmöglich, ihre Herrschaft unverändert aufrechtzuerhalten . . . damit es zur Revolution kommt, genügt es in der Regel nicht, daß die ›unteren Schichten‹ in der alten Weise ›nicht leben wollen‹, es ist noch erforderlich, daß die ›oberen Schichten‹ in der alten Weise ›nicht leben können‹.
2. Die Not und das Elend der unterdrückten Klassen verschärfen sich über das gewöhnliche Maß hinaus.
3. . . . Die Aktivität der Massen (steigert sich erheblich), die sich in der ›friedlichen‹ Epoche ruhig ausplündern lassen, in stürmischen Zeiten dagegen sowohl durch die ganze Krisensituation als auch durch die ›oberen Schichten‹ selbst zu selbständigem historischem Handeln gedrängt werden. Ohne diese objektiven Veränderungen, die unabhängig sind vom Willen nicht nur einzelner Gruppen und Parteien, sondern auch einzelner Klassen, ist eine Revolution in der Regel unmöglich.« (zit. nach Jaroslawski 1973).

Entscheidend wird, daß die »nationale Bourgeoisie«, von den Kleinbürgern zu schweigen, nicht mehr vom revolutionären Prozeß ausgeschlossen, sondern daß ihre Mitwirkung geradezu eine Vorbedingung des Erfolgs ist. Es ist dies ein Muster, wie es in den vierziger und fünfziger Jahren für viele nationale Revolutionen maßgebend wurde. Man könnte sagen, daß Lenin die Fehleinschätzung des Volkes vermieden hat, von der Trotzki meinte: »Die Intelligenz schuf das Volk nach ihrem Ebenbild, und dieser biblische Schöpfungsakt bereitete ihr beim Übergang zur Aktion tragische Überraschungen.« Bei aller Konsequenz des sozialistischen Willens hat es Lenin verstanden, eine Revolution »von unten« und eine Revolution »von oben« miteinander zu verschmelzen. Das Rezept mußte dort wirken, wo sich Nationalismus gegen Fremdherrschaft ausspielen ließ. Von unparteiischer Seite läßt sich, was die Effektivität des Leninschen Modells angeht, dem Urteil John Dunns eigentlich nichts hinzufügen: »Das leninistische Revolutionsmodell, elitär, manipulativ und unbarmherzig opportunistisch, war sowohl eine bequeme Handlungsanleitung wie auch eine weitsichtige Einführung in die Art und Weise, wie sich Revolutionen im zwanzigsten Jahrhundert tatsächlich ereignet haben.«

Hier mischt sich Beobachtung des revolutionären Prozesses mit der Frage, *wozu* dieser Prozeß dienen soll. Schon die leninistische These hat gezeigt, daß das Vertrauen in die Schaffung eines revolutionären Bewußtseins mittels Klassenkampf verloren gegangen war. Das fortgeschrittene Bewußtsein wurde daher in eine elitäre Partei hineinverlegt, die erst in mühsamer, disziplinierter und Disziplin verlangender Arbeit ein Bewußtsein zu erzeugen im Stande war, mittels dessen die Realisierung des Sozialismus möglich schien. Lenins Vorstellung von der Kaderpartei, die die Revolution erzeugt, die ihm schon früh den Vorwurf des »Blanquismus« und des Putschismus eingebracht hat, ist dennoch bis heute das maßgebende sowjetische Modell für marxistische Durchdringung auch in den Entwicklungsländern geblieben. Abgesehen von der chinesischen Variante – die russischen Revolutionäre ergriffen zuerst die Macht in den Städten und erst dann die Herrschaft auf dem Land, die chinesischen Kommunisten zogen sich aus den Städten zurück, eroberten erst das Land und die Städte zuletzt – war von Lenin allerdings die gewandelte Rolle der kolonialen und halbkolonialen Territorien nicht vorauszusehen. Die marxistische Lehre wurde erst nach 1917 sowohl in Südamerika, wie – vom industrialisierten Japan abgesehen – in Asien bekannt. Afrika hatte – außer Südafrika – seine entscheidenden Begegnungen mit dem Marxismus sogar erst nach dem Zweiten Weltkrieg. In diesen Kontinenten mit ihren von Europa völlig verschiedenen Mentalitäten und sozialen Strukturen stellten sich der »Möglichkeit der Revolution« – im leninistischen Sinne – ganz neue Probleme.

Nach dem Zweiten Weltkrieg zentrierten sich die Probleme der Revolution nicht mehr um die »Reife des Kapitalismus«, d. h. um die spezifisch kapitalistischen Produktionsverhältnisse. Wenn auch schon in der Auseinandersetzung zwischen Luxemburg und Lenin die Frage des »revolutionären Subjekts«, d. h. des eigentlichen Trägers einer Revolution, aufgebrochen war, so wurde dieses Problem für die neuen Kontinente zur entscheidenden Frage. Sicherlich hatte Lenin in einem Land eine erfolgreiche Revolution gemacht, in dem die Industriearbeiterschaft, »das Proletariat«, in der Minderzahl war – aber immerhin, es gab diese Industriearbeiterschaft. Nunmehr aber lautete die Frage: wer können die Träger revolutionärer Erhebungen sein, wenn es ein Proletariat im Sinne von Marx in absehbarer Zeit und ausreichender Zahl nicht geben wird? Auf diese Frage suchten Frantz Fanon und Régis Debray – sie stehen hier für andere – eine Antwort zu geben. Aber auch für das höchstindustrialisierte Land der Welt, die USA, stellte sich die Frage neu. Denn die nicht zu übersehende Konzentration von Kapital und wirtschaftlicher Macht hatte dort weder zu einem Proletariat, zu dessen Definition zumindest für die orthodoxen Marxisten auch die Verarmung gehört, noch zu einer revolutionären Arbeiterschaft geführt. Die Antwort darauf gab Herbert Marcuse, der eine neue Schicht von Revolutionären in der fortgeschrittenen Industriegesellschaft fand. Dabei ist es interessant, daß etwa Fanon die Arbeiterschaft der industrialisierten Staaten als revolutionäres Potential ausgemacht hat. Dagegen hofft Marcuse gerade auf die Arbeiter der Dritten Welt, um das in der Ersten Welt verlorengegangene Potential auffüllen zu können. So wiederholt sich im 20. Jahrhundert der gleiche Prozeß wie im 18. Jahrhundert: Der Franzose Montesquieu kam zu seiner Idee der Machtbegrenzung durch Gewaltenteilung, weil er das Spiel der Gewaltenteilung in Großbritannien mißverstand.

In welcher Weise versucht die marxistische Revolutionstheorie, den revolutionären Wandel in den kolonialen oder halbkolonialen Staaten theoretisch in den Griff zu bekommen? Wie lassen sich die nationalen Revolutionen der Entwicklungsländer in das marxistische Klassenkampfschema einpassen? »Es scheint mir«, schreibt ein marxistisch argumentierender britischer Autor, »daß das Herzstück all dieser neuen Theorien, die sowohl den Sieg der sozialistischen Revolution wie den der nationalen Befreiung umkreisen und die daher sowohl eine Kompaßzahl für die Länder der Dritten Welt wie die der fortgeschrittenen kapitalistischen Staaten darstellen, die Frage nach der Rolle der sozialen Klassen in der Revolution ist.« (Woddis 1972). Doch dies ist die vordergründige Sicht eines Orthodoxen. Denn schon bei Lenin ist eine Verlagerung der vorwiegend objektivistischen Revolutionsinterpretation auf subjektive Faktoren festzustellen. Er betonte die Rolle des revolutionären Bewußtseins für die proletarische Revolution. »Der Leninsche ›Voluntarismus der Weltveränderung‹ hat schließlich vor allem in den Ländern der Dritten Welt prägend gewirkt.« (Tetsch 1973). Auch für Mao war mehr das aktive revolutionäre Bewußtsein als die tatsächliche Klassenzugehörigkeit von Bedeutung. Maßgebende Vertreter der Neuen Linken schließlich lösen die sozialistische Revolution von ihrer Klassenbasis und fügen dem klassischen Schema Elemente einer nicht klassenspezifischen revolutionären Spontaneität und anarchistisches Gedankengut hinzu. Ohne allzu starke Vereinfachung läßt sich bei den nicht-sowjetischen Modellen einer sozialistischen Revolution als Gemeinsamkeit feststellen, daß bei ihrer Anwendung auf die Dritte

Welt vor allem der Bedeutungsschwund der Arbeiterschaft, bis dahin einziger Träger der Revolution, zu bemerken ist.

Der Versuch eines Neuansatzes läßt sich zuerst an Frantz Fanon, geboren in Martinique, gestorben im Alter von 36 Jahren an Leukämie, nachprüfen. Was orthodoxe Marxisten an ihm bemängeln, ist die Tatsache, daß er dem afrikanischen Arbeiter eine Führung in den nationalen, anti-rassistischen Revolutionen nicht mehr zutraut, da er in diesen Revolutionen schon allzuviel zu verlieren hat. Nach ihm sind es die unterdrückten, in weiten Teilen auf der Basis der Subsistenzwirtschaft lebenden bäuerlichen Massen, die nichts zu verlieren und alles zu gewinnen haben, die als neues revolutionäres Subjekt in Frage kommen. Sie sind das eigentliche Potential, fähig und willens, die von Fanon mythologisierte Gewalt anzuwenden. Ihr zur Seite stehen in merkwürdiger Komplizenschaft die Stammeshäuptlinge ebenso wie das »Lumpenproletariat«. Die Stammeshäuptlinge deshalb, weil sie für die nationale Tradition stehen (damit für den Kapitalismus nach der Revolution relativ unanfällig sind); das »Lumpenproletariat«, das von der Hand in den Mund lebt, ist seinerseits die »urbane Speerspitze« im Kampf um die Befreiung. Die Bourgeoisie dagegen ebenso wie die Mehrzahl der Intellektuellen sind die eigentlichen Gegner der Revolution; die Bourgeoisie deshalb, weil sie die Nutznießerin ausländischen Kapitals, damit Ausbeuterin der Massen ist; die Intellektuellen deshalb, weil sie in der Mehrzahl an diese nationale Bourgeoisie gebunden sind.

Vom ursprünglich marxistischen Ansatz ist also wenig übriggeblieben. Nicht nur wird die führende Rolle der Arbeiterschaft angezweifelt, auch die Bundesgenossenschaft von Bürgern und Proletariern gegen die Feudalherren, wie sie etwa Lenin für eine politische Revolution als notwendig erachtete, findet kaum Gegenliebe. »Fanon weist die wichtigste revolutionäre Klasse in der modernen Gesellschaft zurück und liefert eine ideologische Decke für die Allianz der Eliten, des Kleinbürgertums, des Lumpenproletariats und der Bauern, gegen die Arbeiter.« (Woddis 1972). Das ist der Hauptvorwurf der orthodoxen Marxisten, die ihre Revolutionsvorstellungen noch immer von Marx und Lenin beziehen. Mag es auch richtig sein, daß die empirischen Grundlagen von Fanons Analysen, die getränkt sind von einem vehement vorgetragenen Antikolonialismus und Antirassismus, auf schwachen Füßen stehen, so ist doch andererseits die Behauptung – »Man kann keinen Bauernsozialismus aufbauen. Sozialismus ... setzt eine ständig größer werdende Arbeiterklasse und eine entsprechende Verringerung der Bauernschaft voraus, setzt Bauern voraus, die nach und nach in die Städte wandern, in die Zentren der Lohnarbeit abwandern und die damit ihre Klassenzugehörigkeit wechseln« – eine Beschreibung der afrikanischen Entwicklung nach westlichem Muster, die vor Lenin wahrscheinlich nicht standgehalten hätte. Daß sie die einzig mögliche These sei, um revolutionären Wandel im Sinne des Sozialismus zu realisieren, ist sehr unwahrscheinlich.

Régis Debray, ein Franzose, in Bolivien gefangengenommen, zu dreißig Jahren Zwangsarbeit verurteilt, 1970 freigelassen, dann ein Freund Allendes, hat insbesondere die Lehre der kubanischen Revolution zu systematisieren gesucht – als dritten Weg nach dem der Sowjetunion und Chinas. Denn diese gelungene Revolution hatte weder eine proletarische Klassenbasis, noch war sie von einer kommunistischen Partei geführt worden. Sie war im Grunde das Produkt von deklassierten Intellektuellen. Auch er sieht die Bauernschaft als zwar ursprünglich passive Kraft, die aber nach entsprechender Aufklärung über ihre wirkliche Lage später den größten Einfluß auf die lateinamerikanische Revolution haben könnte. Die nationale Bourgeoisie spielt bei ihm keine Rolle; die Arbeiterschaft der Städte erscheint auch ihm korrumpiert. Dagegen sind Studenten und Intellektuelle die eigentlich auslösende Kraft, die ihre Einsichten auf die »Campesinos« zu übertragen haben. Das aber ist nicht das eigentlich Originelle an seinen Ideen. Die kubanische Revolution hat für ihn mit dem Sturm Fidel Castros auf die Moncado-Kaserne 1953 begonnen. Die Rolle der kubanischen Kommunisten vor diesem Ereignis dagegen wird kaum erwähnt. Revolution ist für ihn daher vor allem eine Frage der richtigen Strategie. Das Modell dieses Kampfes ist völlig von seiner ökonomischen Basis getrennt. Eher bringt der Bürgerkrieg eine Revolution hervor als umgekehrt. Der Wille des einzelnen dominiert; die Guerilleros werden als Partei in ihrer Anfangsphase gesehen. Der ursprünglich isolierte Guerilla-Kern als »kleiner Motor« erst setzt den »großen Motor« der Massenaktion in Bewegung. Der »foco«, der Brennpunkt der revolutionären Aktion, sind die Guerilleros; sie sind die »Revolution in der Revolution«. Das alles aber heißt: eine kleine revolutionäre Elite ist der Zündfunke für eine Revolution, in der der Waffeneinsatz den eigentlichen Sieg bringt.

Die den Marxisten so wichtige Klassenanalyse, wie sie seit Lenin zum Repertoire jedes kommunistischen Aufstandes gehört, fällt bei Debray fast völlig weg. Damit wird aber auch auf eine tiefer gehende Analyse verzichtet, welche Rolle die in den Aufstand verwickelten Klassen zu spielen hätten. Che Guevaras Tod, Debrays eigene Festnahme haben allerdings erkennen lassen, daß das kubanische Rezept nicht für alle Staaten, nicht einmal für alle südamerikanischen Staaten Gültigkeit haben kann. Völlig unorthodox ist auch, was Debray über Aufbau und Rolle der Partei sagt. Danach hat sie für ihn zwei Voraussetzungen:

1) Die Guerillastreitkräfte sind die Partei im Embryonalzustand.

2) Die Volksarmee wird der Kern der Partei sein, nicht umgekehrt.

Das heißt: Militärischer Erfolg kommt zuerst, dann erst die politische Führung. Es sind dies Gedanken, die einen Marxisten Moskauer Prägung erbittern müssen. Die absolute Nichtachtung, ja geradezu eine Antipathie gegen die Rolle kommunistischer Parteien ist nicht eine Frucht der Lektüre von Rosa Luxemburg, sondern eines gerechtfertigten Mißtrauens gegen etablierte kommunistische Parteien in Südamerika. Debrays Standpunkt ist also der eines Radikalen. Es ist aber auch der originäre Standpunkt Fidel Castros und macht das spätere Mißtrauen Moskaus gegenüber der kubanischen Revolution verständlich.

Tatsächlich schildert Debray nichts anderes als den tatsächlichen Ablauf dieser Revolution. Aus einer nationalen Befreiungsbewegung wurde – allerdings nicht ohne Zutun der USA – ein sozialistischer Staat. Nach seiner Freilassung 1970 hat der Franzose seine Meinungen insofern modifiziert, als er zumindest nunmehr die Rolle des »sozialistischen Lagers« anerkannte (inzwischen hatte sich Kuba der UdSSR zugewandt und Allende war in Chile an die Macht gekommen): »Der einzige Weg, mittels dessen ein halb-koloniales Land seine nationale Unabhängigkeit erhalten und entwickeln kann, ist der, sich auf die Solidarität des sozialistischen Lagers und der weltrevolutionären Bewegung zu verlassen. Die hauptsächliche Unterstützungsbasis für eine nationale Volksregierung müssen die ausgebeuteten Klassen und – auf dem internationalen Feld – die sozialistischen Staaten und die befreundeten oder benachbarten Staaten mit demselben Status sein.« Seine Ablehnung kommunistischer Parteien als dem Auslöser von Revolutionen ist aber auch danach geblieben.

Die jüngste Entwicklung marxistischer Theorie, das neomarxistische Konzept, hat dazu geführt, daß in weiten Teilen die klassische marxistisch-leninistische Revolutionsanalyse verlassen worden ist, daß neue Klassen anstelle des Proletariats gesetzt wurden, daß der subjektive Faktor wieder mehr Gewicht erhielt. Fanon und Debray sind aus zweierlei Gründen interessant: der eine hatte einen bemerkenswerten Einfluß auf afrikanische Intellektuelle, der andere hat versucht, das kubanische Experiment, das für Lateinamerika – wie noch zu zeigen sein wird – im letzten Jahrzehnt eine große Rolle spielte, allgemein anwendbar zu machen.

Was die beiden mit Herbert Marcuse verbindet, ist das Interesse am Problemfeld Dritte Welt. Während Fanon und Debray allerdings deren Kampfbedingungen analysieren, sieht Marcuse hier die eigentlichen revolutionären Chancen, nachdem die von Marx vorausgesagte proletarische Bewußtseinsveränderung in den Industrieländern nicht stattgefunden hat. Auch seine Darstellung weicht – obwohl auf den Bedingungen des Kapitalismus aufbauend – erheblich vom Leninschen Konzept ab. Das erweist sich schon darin, daß er anstelle einer Zweiteilung der Welt in ein kapitalistisches und ein sozialistisches Lager eine Dreiteilung sieht, eine Dreiteilung in eine Erste, Zweite und Dritte Welt.

Diese Konstruktion der Dritten Welt ist eine Konstruktion eines »neuen Unten«, das nicht in die Werte der konkurrierenden Weltsysteme eingebunden ist. Es ist kein Staatssozialismus, den Marcuse im Sinn hat, sondern ein Sozialismus der Kooperation und der Solidarität, in dem Männer und Frauen kollektiv darüber bestimmen, welches ihre Bedürfnisse und ihre Ziele sind, auch die Methoden und die Geschwindigkeit der Modernisierung. Wenn dies das Ziel der Revolution ist, so fragt sich, welches die Instrumente der Revolution sein könnten, wenn die Arbeiter der westlichen Welt ausfallen. Marcuse findet eine Allianz über die kontinentalen Grenzen hinweg: Im Westen sieht er Hoffnung in den von ihm so genannten »Gettos« (das sind die Außenseiter, Arbeitslosen, die Schwarzen und andere unterprivilegierte Minoritäten) der großen Städte, vor allem aber bei den Studenten. Er weiß, daß sie allein nicht die Revolution bewirken können, da sie nur eine Minderheit darstellen. Deshalb gesellt er ihnen das »revolutionäre Proletariat« der Dritten Welt hinzu. Beider Bemühen muß es nach seiner Ansicht sein, die »negierenden« Kräfte in den westlichen Ländern mit den revolutionären Kräften im Ausland zu »synchronisieren«.

Nach 1968, den Pariser Mai-Aufständen, hat er den Studenten die Aufgabe dieses Katalysators zugewiesen. Im letzten sondert dann Marcuse die Jugend als revolutionäre Basis aus, deren Vorhut wiederum die Studenten sind. Damit war ein revolutionäres Subjekt gefunden worden, das 1) nicht mit den Sünden der Vergangenheit behängt werden konnte, 2) fähig war, die wichtigste Aufgabe des 20. Jahrhunderts mit sozialem Wandel zu verbinden: die Integration der Dritten Welt mit der Einführung des »humanen« Sozialismus. Wie bei Debray und Fanon spielt auch bei Marcuse Gewalt als »Gegengewalt« eine wesentliche Rolle. Hier wie dort haben intellektuelle Eliten die verarmten Massen als revolutionäre »Beweger« ersetzt. Hier wie dort hat man für etablierte Parteien – auch kommunistische – nur wenig Sympathie. All das erklärt, warum Marcuse, außer in intellektuellen Zirkeln, kaum Zulauf gefunden hat. Der überzeugte Marxist, für den die Arbeiterklasse, gleichgültig wie immer Automation und technischer Wandel auch deren Arbeitsbedingungen geändert haben mögen, unerschütterlich der »Bronzefels revolutionären Denkens« bleibt, muß sich bei der Betrachtung dessen, was man zusammenfassend Neo-Marxismus genannt hat, mit der grämlichen Bemerkung begnügen: »Es ist die Verantwortung der Revolutionäre, ihr Vertrauen in die arbeitende Klasse zu bewähren, selbst in den Zeiten, wenn diese selbst das Vertrauen zu sich verloren haben . . . Wenn die wirklich schwerwiegenden Fragen des Klassenkampfes auftauchen, sind es die Arbeiter, die – als Klasse – einen unbezähmbaren Mut, Selbstdisziplin, Selbstaufopferung, Organisationsfähigkeit und schöpferische Initiative aufbringen. So ist es immer gewesen. Und so wird es in den kommenden Schlachten von morgen sein.« (Woddis 1972).

Die Übersicht über neuere Strömungen des Marxismus hat gezeigt, daß diese vom Ansatz her internationalistische Ideologie sich zunehmend der

Bedeutung der Dritten Welt für ihren Erfolg bewußt geworden ist. Dieser internationalistische Aspekt war zur Zeit des Spätleninismus/Stalinismus verlorengegangen. Der Neomarxismus ist aber zugleich Antwort auf einen Defekt: Der Spätkapitalismus hat in den entwickelten Industrieländern nicht jene Wirkungen gezeitigt, wie dies nach der Imperialismus- und Konzentrationstheorie zu erwarten gewesen wäre. Allerdings überholt die politische Wirklichkeit auch jetzt wieder die marxistische Reflexion. Wo etwa die linken und rechten Militärdiktaturen in Afrika und Südamerika anzusiedeln seien, bleibt offen. Wichtiger als alle internen Auseinandersetzungen bleibt für Marxisten das stets neu zuwachsende revolutionäre Potential, das immer dort entsteht, wo durch neue Ungleichheiten im globalen Rahmen, zwischen Stadt und Land, zwischen den Klassen, zwischen den entwickelten und unterentwickelten Staaten der Ruf nach Gleichheit, nach Gewalt und Revolution Widerhall findet.

2.4.2 Historisch-genetische Ansätze

Die marxistischen Ansätze sind zugleich historisch-genetische Sichtweisen. Sie versuchen nichts anderes, als aus den zur Inkubationszeit einer Revolution herrschenden Zuständen ihre Folgerungen zu ziehen für künftige Revolutionen. Was die nicht-marxistischen historisch-genetischen Konzepte von den marxistischen Ansätzen unterscheidet, ist insbesondere die Tatsache, daß sie sich a) mit der monokausalen Aussage: die Entwicklung der Produktionskräfte erfordere die proletarische Revolution, nicht zufrieden geben, b) daß sie die Rolle der proletarischen Partei, wie sie Lenin konzipiert hatte, in Zweifel ziehen. Diese Interpretation geht nicht von der Prämisse aus: der gesellschaftliche Fortschritt erfordert nicht nur den gesellschaftlichen Wandel, sondern er erfordert den gesellschaftlichen Wandel mittels »kollektiver Gewalt«. Sie kommt deshalb zu differenzierteren Ergebnissen als die marxistischen Ansätze.

Vor allem wird in Frage gestellt, ob es tatsächlich die notwendige Verelendung der Masse sei, die das revolutionäre Ferment bildet, oder ob nicht andere Motive wie Krieg, wirtschaftliche Rezession oder vorenthaltene Machtpositionen eine ebenso wichtige Rolle spielen. Die Stärke dieser Theorie liegt also im Versuch eines unvoreingenommenen Vergleichs der bisherigen Revolutionen. Ihre Schwäche liegt darin, daß sie dennoch unfähig bleibt, daraus Folgerungen zu ziehen. Sie arbeitet Material auf; aber sie weist nicht in eine notwendige Zukunft. Wie jede Geschichtsschreibung ist sie daher eher »rückwärtsgewandte Prophetie«.

Läßt man die schon vorhandenen Ansätze der klassischen Literatur – etwa bei Aristoteles – beiseite, so muß Alexis de Tocqueville (1969) als der wichtigste und einflußreichste Vorläufer dieser Revolutionstheorie bezeichnet werden. Tocqueville fand heraus, daß die Zeit vor dem Ausbruch der Französischen Revolution 1789 keineswegs die Zeit der größten Verelendung, sondern eher die Zeit der größten Prosperität in der Geschichte Frankreichs war, daß aber gerade dieser zunehmende Wohlstand ein Motiv für die Revolution geworden ist. Das große Publikum stellte sich mehr und mehr gegen jede Institution des »Ancien Régime«, war mehr und mehr unzufrieden; tatsächlich wurde es zunehmend offensichtlich, daß die Nation vor einer Revolution stand. Tocqueville entdeckte damit die Tatsache der »rising expectations«. Das heißt: nicht eine objektive Verarmung wurde zum »Auslöser« der Revolution, sondern die Tatsache, daß die Erwartungen höher waren, als sie das alte Regime erfüllen konnte. Wenn dazu noch – etwa wegen einer Mißernte – ein kurzer Abfall kommt, wird die Revolution geradezu unausweichlich, weil die temporäre Verarmung jetzt dem politischen System in die Schuhe geschoben wird.

Dies sind Thesen, die der marxistischen Theorie widersprechen. Denn hier wird weder Verarmung noch zunehmende innerstaatliche Gewalt konstatiert. Ganz im Gegenteil: die teilweise Liberalisierung schafft erst die Voraussetzungen der Revolution. Hinzu kommt, daß gerade die Verbesserung der ökonomischen Bedingungen und der damit einhergehende höhere Bildungsstandard eine Bewußtseinsbildung breiter Kreise ermöglichen. Schon Tocqueville schrieb über die Wechselwirkung von Intellektuellen und der Rezeption ihrer Ideen durch die breite Masse: »Bücher haben sie mit der notwendigen Theorie versorgt, und sie setzen sie nun in die Praxis um, indem sie die Ideen der Schriftsteller ihrer Lust nach Rache anpassen.« Die Umformung von Ideen in Aktion bleibt aber weiterhin eines der ungeklärten Kapitel des Verhältnisses von Theorie und Praxis.

Aufbauend auf Beobachtungen der »Großen Revolutionen« in England, Amerika, Frankreich und Rußland war es Crane Brinton, der 1938 mit seinem Buch über »Die Revolution und ihre Gesetze« den ersten umfassenden Versuch machte, die Bedingungen für den Ausbruch von Revolutionen allgemeingültig zu formulieren. Mit dieser Fixierung auf die »großen« Revolutionen, ohne Kenntnis des kommenden anti-kolonialen Zeitalters, sind allerdings auch schon seine Grenzen genannt. Brinton hat vier Gesetzmäßigkeiten herausgearbeitet. Merkwürdig ist, daß er Tocqueville nicht einmal nennt. Denn auch er konstatiert: »All diese Gesellschaften (waren) im großen und ganzen im wirtschaftlichen Aufstieg begriffen, ehe die Revolution eintrat.« Brintons Ergebnisse stehen damit im Gegensatz zur marxistischen Theorie. Weiter meint er: »Revolutionen sind wahrscheinlicher, wenn es sich um einander benachbarte Gesellschaftsklassen handelt, sie sind unwahrscheinlicher, wenn sie weit voneinander liegen.« Dies ist sein erstes »Gesetz«. Dem würde die marxistische Klassentheorie völlig widersprechen. Tatsächlich waren es der Adel in Großbritannien, Großbürger in den USA, Bürger in Frankreich und großenteils Intellektuelle in Rußland, die als treibende Kräfte der Revolutionen auszumachen sind.

Als sein wichtigstes bzw. verläßlichstes Indiz für kommende Revolutionen bezeichnet Brinton – zweitens – die Distanzierung der Intellektuellen von dem bestehenden System. Drittens funktioniert die Verwaltung schlecht, was zu zusätzlicher Unzufriedenheit führt, und – viertens – verliert ein Großteil der herrschenden Klasse den Glauben an sich selbst. Heute würde man sagen: sie gerät in eine Legitimitätskrise. Die politische Klasse ist unfähig, noch Gehorsam zu erzwingen. »Keine Regierung wird gestürzt, wenn sie nicht die Fähigkeit verloren hat, angemessen Gebrauch von ihren politischen und militärischen Machtmitteln zu machen.«

Andere Autoren haben seiner Arbeit neue Aspekte hinzugefügt – grundsätzlich blieb seine Aussage jedoch unangetastet. Über die historisch-deskriptive Methode sind Arbeiten – wie etwa die von Samuel P. Huntington (in: von Beyme 1973) – erst in den sechziger Jahren hinausgegangen. Sie sehen Revolutionen im wesentlichen unter dem Aspekt der Modernisierung. Traditionelle Gesellschaften kennen daher keine Revolutionen. Sie sind insbesondere ein Phänomen der westlichen Zivilisation bzw. das Phänomen einer traditionellen Gesellschaft, in die die Elemente der westlichen Zivilisation einzudringen beginnen und die deswegen unter dem Wandel leidet. »Das politische Wesen der Revolution ist die schnelle Ausdehnung des politischen Bewußtseins und die schnelle Mobilisierung neuer Gruppen für das politische Engagement, und zwar mit einer Geschwindigkeit, die es den bestehenden politischen Gruppen unmöglich macht, diese zu assimilieren.«

Revolution wird damit als der extreme Fall der Explosion politischer Partizipation gesehen. Ohne diese Partizipation gibt es keine Revolution. Huntington sieht zwei – nicht ganz einsichtige – Muster von Revolutionen. Das westliche Muster ist gekennzeichnet dadurch, daß erst einmal die Institutionen zusammenbrechen; dann erst folgt die politische Mobilisierung neuer Gruppen. Das östliche beginnt mit der Mobilisierung *neuer* Gruppen und endet mit dem gewaltsamen Umsturz der alten Institutionen. Die englische Revolution als eine bürgerliche Revolution wäre aber dann eher eine Revolution nach »östlichem« Muster, und die russische Revolution ließe sich zumindest *auch* als Revolution nach westlichem Muster erklären. Nützlicher scheint für die modernen Revolutionen eine Unterscheidung zwischen nach »außen« gerichteten Revolutionen (etwa der chinesische Boxeraufstand 1900) und nach »innen« gerichteten Revolutionen (etwa die russische Revolution 1905) zu sein. Sie können sich weiter verbreitern, wie dies die Oktoberrevolution 1917 mit der dann gescheiterten Internationalisierung des russischen Aufstandes getan hat. Auch in den fünfziger und sechziger Jahren dieses Jahrhunderts sind ein Teil der Revolutionen als nach innen und ein Teil als nach außen gerichtet zu definieren. Zuweilen durchdringen sich beide, wie etwa im Falle Kubas.

Wiederum gegen die These von der führenden Rolle der Arbeiterklasse ist die Behauptung Huntingtons gerichtet, daß es einer »mehrfachen Funktionsstörung« bedürfe, damit eine Revolution erfolgreich sei. Eine Schicht allein (also auch nicht die Arbeiter allein) könne dies niemals bewirken; nur eine Kombination von Klassen könne erfolgreich werden. In den Entwicklungsländern müßten danach die städtischen Mittelschichten der Regierung entfremdet sein; zusätzlich hinge viel vom Grad der Entfremdung der Bauern ab, zugleich aber auch von dem Ausmaß, in dem sich Bauern und städtische Mittelschicht entschlössen, »für die gleiche Sache zu kämpfen«.

So wertvoll derartige Einzelbeobachtungen sind – sie täuschen doch nicht darüber hinweg, daß auch damit eine Präzisierung von Revolutionswahrscheinlichkeit kaum möglich ist. Es sind systematisierte Beobachtungen ohne Prognosewert, weil sie die Fragen nicht beantworten, die sie aufwerfen, etwa: wie messe ich den Grad der »Entfremdung« in einer gegebenen Situation?

Diesen Mangel an Präzision sucht Peter Calvert in der umfassendsten Aufbereitung, nämlich einer datenmäßigen Erfassung des Problems, auszugleichen, indem er das, wie er meint, allzu weite und damit auch unscharfe Konzept der Revolution als sozialen Wandel aufgibt. Schon damit setzt er sich in Widerspruch zur marxistischen These. Er faßt Revolution ausschließlich als politisches Phänomen. Innerhalb dieses engeren Kontextes sucht er Zuordnungen, die zum einen etwas zu tun haben mit Führung, Personal, Zielen, Hilfsmitteln, auswärtiger Hilfe und Initiative etc., zum anderen mit dem Verhältnis von Individuum und Revolution. Als ein Nachschlagewerk der Revolutionen von 1900 bis 1969 ist sein Kompendium zwar äußerst wertvoll, in seinen Ergebnissen jedoch dürftig. Eine seiner Schlußfolgerungen lautet: »Es ist klar, daß das 20. Jahrhundert in Zusammenhang mit der Entwicklung der Waffentechnik und – wichtiger noch – mit der Entwicklung moderner Kommunikation, die Entwicklung revolutionären Expertentums erlebt. Das wird durch die geringere Dauer und die enge Begrenzung der einzelnen Felder der revolutionären Aktion bewiesen. Es ist klar, daß die Entwicklung moderner Kommunikationsmittel im großen Maßstab den Prozeß der Absorption fremder Ideen ... beschleunigt hat. Wie jüngste Erfahrung zeigt, gibt es nicht so sehr eine weltweite Verschwörung, um die Macht zu ergreifen, wohl aber haben die, die die Macht ergreifen wollen, nunmehr sehr viel weniger Schwierigkeiten, sich die Erfolge anderer anzueignen.«

In diesem Zusammenhang wird das Leitthema unseres Interesses berührt: die ideologische Intervention von außen als Teil einer nationalen Revolution. Zugleich wird erkennbar, daß die »nationale« Komponente der »Befreiungsbewegungen« der Dritten Welt kaum mehr isoliert gesehen werden kann. Denn sie stehen im Zusammenhang mit einem Emanzipationsprozeß, den die politischen Blöcke versuchen, sich zunutze zu machen. Andererseits ist der Zusammenschluß »nichtgebundener« Staaten vor allem so zu erklären, daß sie sich bemühen, sich in einem neuen Block dem Druck einer bipolaren Welt zu entziehen. Diese Fluktuation prägt heute die Anziehung und Abstoßung von Staaten. Fälle wie die Ägyptens mit seinem Seitenwechsel von der UdSSR zur USA oder Kubas in umgekehrter Richtung deuten allerdings an, daß es in Krisenfällen nicht zur Blockfreiheit kommt, sondern eher zu einer »Schutzmacht-Substitution«. Es muß nicht immer Revolution oder Konterrevolution sein, die auf dem Spiele stehen. Auf die Dauer hängt aber zumindest die Stabilität des Staates von der Geschicklichkeit ab, mit der es gelingt, seine Interessen mit denen eines der Lager in Einklang zu bringen.

2.4.3 Psychologische und sozialpsychologische Ansätze

Jede Revolution ist ein Aufstand von Menschen. Von Menschen werden sie gemacht, auf die conditio humana richten sie sich. Deshalb läßt sich der menschliche Faktor aus der Analyse von Revolutionen niemals ausschalten. Wenn erwähnt wurde, daß für die einen das Elend der Menschen Grund zur Rebellion ist, für die anderen die Freiheit, die Hoffnung auf ein besseres Leben, dann ist damit bereits die Kategorie »Motivation« menschlichen Verhaltens schon in das Gesichtsfeld gerückt. Die psychologischen und sozialpsychologischen Ansätze haben aber mehr im Sinn: sie versuchen ganz oder teilweise, die Revolution aus bestimmten menschlichen Grundbedürfnissen zu erklären, die gestillt werden oder ungestillt bleiben. Es geht hier also in weiten Teilen um eine Theorie der Motivationen.

Man hat revolutionären Wandel erklärt mit neuen Erfahrungen, die die Menschen machten, mit dem Wunsch nach Sicherheit, dem Wunsch nach Anerkennung, als Antwort auf neue Fragen. Dann allerdings stellt sich sogleich das Problem, wo die Grenze zwischen dem Wunsch nach Wandel und der Realität des revolutionären Wandels zu ziehen ist. Konrad Lorenz hat als ein weiteres Motiv die Abwehr einer Aggression gesehen. Seine Annahme unterscheidet sich fundamental von der jener Sozialwissenschaftler (Skinner), die in den gesellschaftlichen Zuständen die Wurzel der Aggression sehen; denn Lorenz nimmt eine angeborene menschliche Tendenz zur Aggression an. So wie sich ein Tier seine Wasserstelle nicht streitig machen läßt, so wehrt sich der Mensch gegen Eingriffe in sein Leben, die ihm materiell bedrohlich erscheinen und die – in einer höheren Form – seine Menschenwürde tangieren. In ihrer populärsten Form ist die Aggressions-Frustrations-These, die in der Konfliktforschung, für die die Revolutionsforschung nur ein Einzelproblem darstellt, eine Rolle spielt. Man kann sich angesichts dieser These natürlich fragen, warum und zu welchem Zeitpunkt das angestaute revolutionäre Potential so anwächst, daß es zur Entladung kommt. Dabei haben die Psychologen gefunden, daß die Verhinderung von direkter Aggression eine Steigerung des Aggressionspotentials bewirkt. Damit würde erklärt, daß es einer bestimmten Stärke von Frustration bedarf, damit sie sich in revolutionäres Potential umsetzen kann. Und so wäre auch zu deuten, daß es in demokratischen Staaten mit ihrer Möglichkeit des Machtwechsels nur relativ selten zu explosiven Entladungen kommt.

Die »Entfremdung« der Intellektuellen vom staatlichen System und dem von ihm verkörperten Wesen ist schon zur Sprache gekommen. Dazu sucht der Psychologe die psycho-dynamische Darstellung solcher Entfremdung zu liefern. Denn mit dem Begriff sind die Ursachen, Formen und Konsequenzen noch nicht beschrieben.

David C. Schwartz (in: von Beyme 1973) hat dazu eine Typologie des Revolutions*prozesses* geliefert. Sie nimmt sich auf den ersten Blick wie eine Verlängerung des Ansatzes von Crane Brinton nach rückwärts als zum Entstehungszeitpunkt hin aus, und sie ist dies tatsächlich auch. Doch ist diese Typologie, anders als Brintons Soziologie, vor allem eine Psychologie abweichenden Verhaltens. Die Entwicklung revolutionärer Gruppen wird aus individuellen psychologischen Dispositionen hergeleitet. Es handelt sich dabei um den folgenden Ablauf:

1) beginnende politische Entfremdung
2) Schaffung revolutionärer Organisationen
3) revolutionäre Appelle
4) Gründung von revolutionären Koalitionen und Bewegungen
5) gewaltlose revolutionäre Politik
6) Ausbruch revolutionärer Gewalt
7) Herrschaft der Gemäßigten
8) Machtergreifung der Extremisten
9) Schreckensherrschaft
10) Thermidor.

Von dem zehnphasigen Modell, das Schwartz aufstellt, lassen wir hier die Phasen 6–10 aus und konzentrieren uns auf die Phasen 1–5. Auf den ersten Blick wird nicht erkennbar, daß der Autor seine »Theorie der Motivation« zumindest in den ersten Phasen nicht auf eine Gruppe, sondern auf das Individuum anwendet: »Revolutionen beginnen mit dem Versuch, die Aufmerksamkeit, effektive Bindung und das Engagement des Individuums und insbesondere des Intellektuellen von der Politik wegzulenken.« Diese Entfremdung sei insbesondere dann zu beobachten, wenn a) der einzelne wesentliche Werte in dem politischen System, in dem er lebt, nicht mehr vertreten sieht, b) wenn er diesen Mangel nicht mehr als einen behebbaren Mangel ansieht, sondern glaubt, daß dies zum Wesen des Systems selbst gehöre. Der einzelne kann dann zweifach reagieren: indem er die Politik meidet (so wie ein Alkoholiker das Gasthaus meidet) oder indem ein Prozeß des Neulernens einsetzt, der dann die Konflikthaltung gegenüber dem politischen System noch verstärkt. Gleichzeitig glaubt der einzelne zu erkennen, daß er zur Behebung der von ihm erkannten Fehler wenig oder nichts zu tun vermag. Folgendes sind dann die Bedingungen, die zur passiven Entfremdung auf dem Gebiet der Partizipation am Staat beitragen:

1) Ein erkanntes Mißverhältnis zwischen bedeutenden politischen Werten und den Maßnahmen und/oder Strukturen und/oder Zielrichtungen der Regierung,
2) ein Gefühl persönlicher politischer Nutzlosigkeit,
3) ein Gefühl systeminhärenter politischer Nutzlosigkeit,
4) ein Syndrom von kollektiver, sich gegenseitig verstärkender Frustration, Aggression, Wut, Bedrohung und Spannung.

Die anfängliche Disposition ließe sich mit den Schlagworten »Fliehen oder Standhalten« (Horst E. Richter) darstellen. Doch müßte sie durch die dritte Möglichkeit Revolution ergänzt werden. Läßt man die Resignation beiseite und ist die Entfremdung zu tief, daß Standhalten, d. h. Reformieren nicht mehr in Frage kommt, dann folgt die Phase 2, die Bildung revolutionärer Organisationen. Rückzug aus der Politik bedeutet nämlich zugleich auch politische Isolierung, bedeutet Verlust der Gemeinschaft, damit aber auch Öffnung für neue Gemeinschaft. »Politischer Extremismus ... hat häufig eine positive Verbindung zu gesellschaftlicher Isolierung.« Es ist ein Prozeß, wie ihn etwa zu Beginn der sechziger Jahre die SDS-Studenten durchgemacht haben, nachdem sie aus der Gemeinschaft der SPD ausgeschlossen worden waren. Die Isolierung muß allerdings »erkannt«, nicht nur »gefühlt« werden, damit es zur Bildung neuer revolutionärer Gemeinschaften kommt.

Dies ist der eine Ansatzpunkt. Der zweite besteht darin, daß reformistische Gruppen, die ebenfalls bestimmte Werte nicht realisiert sehen in der Gemeinschaft, sich langsam radikalisieren, wenn sie bemerken, daß sie mit friedlichen Mitteln ihre Ziele nicht erreichen, ein Beispiel dafür ist das Schicksal der APO: Spaltung nach dem frustrierenden Erlebnis, daß die Gesellschaft »standhielt«, in diejenigen, die in eine der reformistischen Parteien eintraten, und diejenigen, die radikal im Sinne von Terroristen wurden. Innerhalb dieser prärevolutionären Organisation entsteht ein besonders starkes Bedürfnis nach persönlichem Engagement. Es müssen aber auch besondere typologische Voraussetzungen vorliegen; denn Rückzug aus der Politik ist unvereinbar mit einer Wertvorstellung, die politische Partizipation an die erste Stelle rückt. Die Wertvorstellung der Partizipation wird also in den prärevolutionären Bewegungen besonders stark ausgeprägt sein. Wenn nun ein Bewußtsein hinzukommt, daß in und mit der Gruppe etwas erreicht werden kann, wenn ein gewisser gemeinsamer Lebensstil die Verständigung über die Ziele erleichtert, gemeinsame politische Symbole und Mythen aufgebaut werden können, dann wird es zu revolutionären, d. h. aktiven Vereinigungen kommen. Deren Inhalt hängt wiederum davon ab, a) wieweit sie den Revolutionär psychologisch entlasten, b) was möglich und was notwendig ist. Erst solche revolutionären Gruppen sind dann die Neuschöpfungen auf dem Boden des bestehenden Systems. Gleichsam in einer Konvergenzbewegung kommen ihnen, wie oben erwähnt, bisher reformistische Gruppen entgegen. »Alle wahren Revolutionen sind ›vermischte‹ Prozesse, in die revolutionäre Organisationen beider Typen verwickelt sind.« Die Frage, die sich in der dritten Phase stellt, ist die: auf welche Kreise üben die revolutionären Kader Einfluß aus? Dafür kommen nach Schwartz vier Zielgruppen in Frage:

1) Jene, die bereits passiv entfremdet sind,
2) jene, die noch nie ein politisches Bewußtsein hatten (die Präpolitischen),
3) jene, die weiterhin am bestehenden System partizipieren,
4) Personen aus dem zentralen Regime selbst.

Interessant für die deutschen Erfahrungen ist die zweite Gruppe. Denn tatsächlich war es der un- oder antipolitische deutsche Bürger, der die Massenbasis für das Aufkommen der Nationalsozialisten abgegeben hat. Für sie ist daher die »Schaffung eines Gefühls stolzer geschichtlicher Gemeinschaft«, vielleicht auch von »Klassengemeinschaft«, als entscheidender Faktor der Aktivierung von Bedeutung. Für die revolutionäre Entwicklung in der Dritten Welt ist die zweite Gruppe ebenfalls von großer Wichtigkeit. Denn dort sind es die Bauern, die erst dem System entfremdet, dann gewonnen werden müssen, um der Revolution eine Massenbasis zu geben. Hier ist an Debray, in geringerem Maße an Fanon zu denken. Gegen die orthodox-marxistische These, daß es im wesentlichen die Arbeiter seien, die die Revolution zu »machen« hätten, spricht auch hier der Satz Lenins: »Der Revolutionär ist ein praktizierender Koalitionstheoretiker«.

Er ist es deswegen, weil eine erfolgreiche Revolution immer eine Mischung der gesellschaftlichen Gruppen und damit auch eine Mischung der Motive voraussetzt. Die Suche nach Anhängerschaft führt also – Lenin hat das vorexerziert – zur Suche nach Koalitionsmöglichkeiten. Vielleicht kann eine Kerngruppe eine Revolution *machen.* Zur *Behauptung* der Revolution ist jedoch nicht nur eine Koalition sowohl entfremdeter wie auch stark engagierter Revolutionäre, sondern eine Massenbasis erforderlich. Deren Permanenz wiederum wird meist nur durch eine Partei gewährleistet. Es bleibt die Frage, wer in dieser vierten Phase die Macht behält; denn es zeigt sich, daß die Führungspositionen in der Zeit zwischen der dritten und vierten Phase sehr oft wechseln. (Wie überhaupt, da für unser Thema nur am Rande wesentlich, die Frage danach, welcher Typ von Revolutionär sich am Ende durchsetzt, hier nur gestreift werden kann.) »Als eine Regel gilt: je schneller und allgemeiner der Formungsprozeß der

Masse abläuft, um so wahrscheinlicher ist es, daß jener Führer oder jene Gruppe, die sich am Ende der dritten Phase im Besitz der Macht befanden, auch weiterhin die Macht behalten.«

Die Regel, daß die gemeinsame revolutionäre Front zusammenbricht, wenn erst einmal die Macht gewonnen wurde, bestätigt auch die Entwicklung der nationalen Revolutionen der Dritten Welt. Ein Beispiel: Kwame Nkrumah mußte sich nach der Machtübernahme in Ghana der Ashanti-Häuptlinge entledigen, die er zuvor als »unsere nationalen Herrscher« im Sinne von Fanon gepriesen hatte.

An diesem Punkt wollen wir abbrechen, denn der Ablauf der Revolutionen, der oft von einer Herrschaft der Gemäßigten zum Extremismus führt, dann zur Schreckensherrschaft und wiederum zu einer Übertragung der Macht an einen Diktator, der Ruhe und Ordnung gewährt, ist schon oft beschrieben worden. Da der revolutionäre Mythos – wie etwa in Frankreich – oft die Zeit überdauert, als letzte Anmerkung dazu die skeptische Stimme von John Dunn: »Der Unterschied zwischen vorher und nachher ist kein Unterschied zwischen dieser und einer anderen Welt. Nachrevolutionäre Staaten sind oft brutal, korrupt, tyrannisch und unfähig. Und doch ist der Unterschied bisweilen sehr real und außerordentlich wichtig. Revolutionäre geben sich selbst und ihrer eigenen Gesellschaft vor allem ein Bild von Macht, Kontrolle, Gewißheit und Zweckmäßigkeit in einer Welt, in der Ohnmacht, Verständnislosigkeit und der Schrecken schierer Sinnlosigkeit ständige Bedrohungen sind.« Hier wird – gleichsam ex negativo – noch einmal eine Zusammenfassung dessen gegeben, was der psychologische Ansatz, die Psychologie der Revolution, weniger die Psychologie der Revolutionäre, zu deuten versucht.

2.4.4 Systemtheoretische Ansätze

Rückblickend betrachtet haben die bisherigen Ansätze bei aller Verschiedenheit doch eines gemeinsam: sie betrachten weder den stabilen Staat noch die Revolution als den gleichsam »normalen« Zustand, sondern leiten die »Normalität« vom jeweiligen historisch-politischen Zustand einer Gesellschaft ab. Das heißt: weder Stabilität noch Revolution sind »normal«, beide sind (inklusive Reform) jeweils normale gesellschaftliche oder politische Erscheinungsformen in bestimmten historischen Situationen.

Als Gegenpol zum systemtheoretischen Ansatz könnte man unter einem bestimmten Gesichtswinkel die marxistische Theorie betrachten: nach ihrer Auffassung ist Geschichte vor allem Bewegung, Handlung, Fortschritt. Zumindest bis zum Idealzustand der klassenlosen Gesellschaft ist die »permanente Revolution« gleichsam der Normalzustand. Mag das auch für die Realität sozialistischer Staaten nicht mehr in der Praxis gelten, so gilt es doch für die sozialistischen Staaten mit »Nachholbedarf« wie China. Der »Normalzustand« des Staates der Systemtheorie aber ist das Gleichgewicht.

Ebenso wesentlich aber ist auch der allgemeine Ansatz. Chalmer Johnson, der bekannteste Vertreter dieser Schule, glaubt nicht daran, daß die immer noch im argen liegenden Erkenntnisse über das »Gesamtphänomen« Revolution gleichsam durch Addition und Interpretation der Einzelergebnisse, durch ein »interdisziplinäres Gespräch« gefunden werden können. »Was gebraucht wird, ist ein begriffliches Paradigma (= Muster, das modellhaften Charakter besitzt) der funktionalen Gesellschaft, das die Wechselbeziehungen zwischen Werten, ökonomischer Notwendigkeit, akzeptablen Persönlichkeits-Konfigurationen, sozialer Kontrolle und historischem Handeln sichtbar macht.«

Was in den anderen Ansätzen keineswegs vernachlässigt wurde, aber doch nicht im Mittelpunkt stand, wird hier zum Zentrum. Das soziale System ist der eigentliche Betrachtungsgegenstand, wogegen die Revolution nur als eine krampfartige Entartung verstanden wird. Systemtheorie und Revolutionstheorie verhalten sich zueinander wie Physiologie und Pathologie. »Kenntnis der Krankheitszustände von Lebewesen setzt Kenntnis der gleichen Spezies im gesunden Zustand voraus.« Und noch ausdrücklicher: »Das Problem Revolution begrifflich zu erfassen, ist sehr ähnlich dem Problem der begrifflichen Erfassung von Geisteskrankheiten.« Dieser allgemeine Ansatz hat die Systemtheoretiker dem Vorwurf ausgesetzt, ihr Bemühen sei es nicht eigentlich, Verständnis für revolutionäres Verhalten zu wecken, sondern den Herrschenden die Mittel an die Hand zu geben, sich so zu verhalten, daß entweder keine Revolutionen ausbrechen oder wenn schon, daß dann die dafür geeigneten Gegenmittel bereitgehalten werden. Tatsächlich sind hier Elemente des innenpolitischen Krisenmanagements spürbar, Pazifizierungstendenzen, die darauf hinauslaufen nachzugeben, ohne den Bestand des Staates zu gefährden. Ebenso dezidiert ist Johnson der Auffassung, daß Gewalt eine unaufhebbare Bedingung von Revolution sei, eine »gewaltfreie Revolution« sei ein Widerspruch in sich selbst. Allerdings stellt sich dann die Frage, was als Gewalt definiert wird. Wenn er nämlich, im Widerspruch zu anderen, definiert: »Gewalt ist entweder Verhalten, an dem sich andere unmöglich orientieren können, oder Verhalten, das absichtlich darauf gerichtet ist, Orientierung an ihm und Herausbildung fester Erwartungen in bezug auf es zu verhindern«, dann löst sich der angebliche Widerspruch von selbst. So gesehen ist nämlich Revolution Krieg nach innen (Internal war). »Revolution ist eine Form intrasystematischer Gewalt, Krieg eine Form intersystemarer Gewalt.« Nur wenn das System versagt hat, ist die Gewaltanwendung (Ortega y Gasset: »Was ist Gewalt anders als Vernunft, die verzweifelt?«) revolutionär.

Eine gewisse Analogie zu den psychologischen Erklärungsansätzen läßt sich dort erkennen, wo Johnson erklärt, es sei gleichsam das Hauptproblem jedes Staates, immer erneut Menschen zu erzeugen, die das gleiche denken. Denn gerade – anders herum – die Abwendung von den herrschenden Werten stellt ja die Hauptursache der Insurrektion dar.

Die Systemtheorie hingegen vermittelt zwischen den Ansätzen, die die Quelle der revolutionsträchtigen Konflikte darin suchen, daß die von der Autorität des Staates verkörperten Werte nicht mehr allgemein anerkannt werden, und jenen Ansätzen, die die Konflikte aus unterschiedlichen Macht- und Autoritätsverhältnissen ableiten. Werte und sozialer Zwang müssen also in irgendeiner Weise synchronisiert werden, damit auch Autorität ohne Gewaltanwendung anerkannt wird. Daher die Definition: »Der Staat ist die Institutionalisierung der Autorität, und die ist eine Sonderform der Macht.«

Wenn diese Synchronisation nicht gelingt, wenn der bestehende Zwang nicht ohne Gewaltanwendung anerkannt wird, dann gerät das System unter Druck. Daß es aus dem Gleichgewicht gebracht worden ist, zeigt sich – erstens – in der Machtdeflation. Sie drückt sich aus in einer Periode einsetzender Gewalt. Zweitens aber kommt es zu einem Autoritätsverlust. Das hat zur Folge, daß Autorität nur noch durch Gewalt erzwungen werden kann. Derartige »Stabilitätsverluste« sind, so Johnson, aber durchaus nicht abhängig von der Veränderung des empirischen Gesellschaftsbildes. Wertverluste können *synchron* mit Stabilitätsverlusten auftreten. Sie können ihnen aber auch *vorangehen*, oder sie können ihnen *folgen*. In jedem Fall aber ist das Gesamtsystem im Auge zu behalten. Wandel, Spannung und Machtdeflation zusammen sind die Komponenten eines ungleichgewichtigen Systems; Machtdeflation, Autoritätsverlust, dazu ein »Auslöser« sind nach ihm die Ursachen von Revolutionen.

Die gleiche Frage wie an die marxistische Theorie ist aber auch an die Systemtheorie zu stellen: wenn man dort fragen muß, wann denn ein kapitalistisches System »reif« sei zur Machtübernahme des Proletariats, wenn man an die Sozialpsychologie die Frage stellt: wie mißt man Entfremdung?, so hier: wie mißt man »Ungleichgewicht«? Wann sind eine Gesellschaft, ein Staat derart aus dem Lot, daß sie durch Gegengewichte nicht mehr ins Lot gebracht werden können? Da gesteht sich die Systemtheorie wenigstens selbst ihr Ungenügen ein. »Es ist der Natur der Sache nach unmöglich, ein statistisches Meßinstrument zu konstruieren, welches das Eintreten einer Revolution voraussagt.« Die Unterschiedlichkeit der Ansätze wird immerhin darin deutlich, welche Größe die eine wie die andere Theorie zur Messung in Anspruch nimmt. In der marxistischen Theorie ist es im wesentlichen der Grad der Konzentration des Kapitals. Sie wird ergänzt durch die Zahl der Arbeitslosen, das Ungleichgewicht des Einkommens, die Gewaltanwendung, die »Gegengewalt« provoziert. Die

Systemtheorie erfaßt statistisch die steigende Rate von Trunksucht, Bestechlichkeit, die Durchbrechung sexueller Normen oder die Häufung von Selbstmorden, die erhöhte ideologische Aktivität, die militärische Teilnahmequote (d. h. die Stärke der Polizei), die Häufigkeit bestimmter Verbrechen. Damit wird versucht, das Ungleichgewicht, die »Entfremdung« der Individuen mit dem Ungleichgewicht des Systems in Verbindung zu bringen. Hier wird also eine direkte Relation von persönlicher Betroffenheit und revolutionärer Aktivität angenommen. Südafrika, so hat sich etwa gezeigt, verzeichnet für Weiße wie für Schwarze ständig steigende Selbstmordraten (bei den Weißen dreifach so viele wie bei den Schwarzen). Sicherlich zeigt sich hier zusammen mit zunehmender Gewaltanwendung, daß das südafrikanische Gesellschaftssystem aus dem Gleichgewicht geraten ist. Ob es deshalb zu Revolutionen kommt, muß dennoch dahingestellt bleiben. Es ist dies eine Frage der Lernfähigkeit. Außerdem ist das Ungleichgewicht zwischen zwei ethnisch so verschiedenen Bevölkerungsteilen so offensichtlich, daß daraus noch keine allgemein gültigen Schlüsse zu ziehen wären. Hier bewegt man sich also auf schwankendem Boden. Und wahrscheinlich wird Südafrika eher ein Musterbeispiel für unsere These sein, die besagt, daß äußere Einflüsse sehr oft wesentlicher sind, als die innere Entwicklung. Wahrscheinlich wird Südafrika eine gemischte Revolution erleben, in der Ungleichgewichte im Inneren sich in dem Augenblick artikulieren, in dem die Hilfeleistung von außen angemessen stark sein wird.

Ziehen wir das Fazit aus der Darstellung auch nur der wichtigsten der Theorien, so wird man sagen müssen: für die praktischen Aspekte der Revolutionsforschung sind jene Ansätze am brauchbarsten, die auf einem beschränkten Feld belegbare Aussagen machen. Dagegen sind die Ansätze, die für sich in Anspruch nehmen, ausgearbeitete, allgemeine Theorien darzustellen, zwar intellektuell genußvoll zu konsumieren; außerdem haben sie den Vorteil, das Phänomen Revolution unter jeweils neuem Blickwinkel zu beleuchten – jedoch für das, was wirklich geschah und geschehen wird, tragen sie bisher wenig zur Erhellung bei. Hier gilt nach wie vor: Der Vergleich ist für die Sozialwissenschaft das, was für die Naturwissenschaften das Experiment ist. Doch Experimente lassen sich dort deshalb nicht wiederholen, weil die Experimentalbedingungen niemals wiederherstellbar sind. Dies schon deshalb nicht, weil die »Gegenstände« des Experimentes, die Menschen, aus dem Experiment selbst lernen und damit dessen Rahmenbedingungen verändern. Revolutionen wie gesellschaftliche Prozesse sind nicht in der Retorte zu wiederholen. Sie sind immer neu. Daraus beziehen wir das Recht, den empirischen Befunden eine Definition von Revolution und Konterrevolution zu unterlegen, die als primitiv empfunden werden mag und zweifellos prätheoretisch ist. Aber dies entspricht unserer Ausgangslage.

3. Technik und Taktik

Die Darstellung ausgewählter Ergebnisse der Revolutionsforschung hat gezeigt, daß es sich in der großen Mehrzahl um Arbeiten handelt, die sich mit dem innerrevolutionären Ablauf, der inner-revolutionären Psychologie, der inner-revolutionären Systematik beschäftigen und deshalb über die Beziehung von Staaten nicht viel aussagen. Selbst für die weltrevolutionäre Dogmatik des Marxismus gilt in praxi, daß dessen Revolutionen stets von nationalen Akteuren bewerkstelligt werden müssen. Der »Welt-Kommunismus« ist global eine Ideologie, als Machtpolitik bleibt er fragmentiert in Einzelstaaten (bzw. in kommunistische Parteien). China mit seinem geringen Machtpotential hat daraus sogar eine Tugend gemacht.

Dennoch sollten die Ergebnisse nicht ganz ohne Bezug zur internationalen Politik gesehen werden. Tatsächlich ist es etwa für die Vereinigten Staaten nicht nur von Belang, welche ökonomischen Fehlentwicklungen hinter den revolutionären Erscheinungen Lateinamerikas stehen. Es ist – das zeigt etwa die Entwicklung der Counter-Insurgency-Programme – auch notwendig, deren sozialpsychologische Hintergründe zu kennen, um Einfluß im gewünschten Sinne zu nehmen. Andererseits kommt man nicht umhin, bestimmte innenpolitische Stereotype der Vereinigten Staaten zur Kenntnis zu nehmen, um Form, Inhalt und Wandel des Anti-Kommunismus näher bestimmen zu können, mit dem sich Amerika als eine antirevolutionäre Macht (z. B. in Lateinamerika) bemerkbar macht. Die Wandlungen der marxistischen Doktrin, bzw. das Auseinanderklaffen von Anspruch und Erfüllung, ließen eine Überprüfung der marxistischen Grundmuster auch in diesem Kontext sinnvoll erscheinen.

Dennoch wenden wir uns von nun an von den theoretischen Aussagen ab, um uns stärker dem eigentlichen Thema von Darstellung und Analyse zuzuwenden: mit dem internationalen System und den Formen von Einfluß und Penetration, die in ihm zu erkennen sind. Nicht der Frage, wie Revolutionen gemacht oder verhindert werden, soll wieder und wieder nachgegangen werden, sondern: 1) In welchen Formen wird Einfluß auf den sozialen Wandel der Staaten gewonnen? und 2) Warum sind die

Faktoren so unterschiedlich, die in den einzelnen Regionen der Welt die Muster von Macht und Einfluß bestimmen?

Revolution, so hat es Hannah Arendt formuliert, ist ein Phänomen des zwanzigsten Jahrhunderts. In besonderem Maße aber ist Einmischung in Revolutionen ein Phänomen der zweiten Jahrhunderthälfte. Das ist die These dieses Buches. Als allgemeine Erscheinung wird sie bestätigt in einem Satz wie dem von Calvert: »All die sogenannten ›großen Revolutionen‹ sind durch äußere Einmischung geformt worden; wobei allerdings nicht in allen Fällen eine solche Einmischung eine ›große Revolution‹ hervorgebracht hat – weit davon entfernt. Manche haben sogar den ... ›großen Revolutionen‹ den Lebensfaden abgeschnitten ... Der entscheidende Punkt ist da erreicht, wenn ein Einfluß von außen einer Kraft von interner Dimension beizustehen vermag. Ohne diese Kombination ist eine ›große Revolution‹ unwahrscheinlich.« (Calvert 1970). Hier wird schon Grenze wie Größe der Einwirkungsmöglichkeit von außen angegeben. Umgekehrt ließe sich auch behaupten, daß die innere Kraft einer Revolution nicht mehr genügt; es muß eine Kraft von »externer Dimension« hinzukommen. Solch erste Reflektionen vor Augen wundert es, daß dieser »Kombination« bisher so wenig Beachtung geschenkt wurde. Allerdings sind in den letzten Jahrzehnten neue Kategorien gefunden worden, mit denen versucht wird, den gewandelten Techniken der Beeinflussung im internationalen Kontext gerecht zu werden. Solch neue Kategorie hat man z. B. in der »informal penetration« (Andrew S. Scott) angetroffen. In ihr – gleichsam einer schleichenden Durchdringung – glaubte man eine (zumindest in ihren Dimensionen) völlig neue Erscheinung der internationalen Politik erkennen zu können.

Wir leben in einer Zeit äußerster Unruhe und Irritation. Die – sehen wir vom Terrorismus ab – relative Stille in Europa, die auf eine Erschöpfung des Aufstands-Potentials hinzudeuten scheint, kann nicht darüber hinwegtäuschen, daß die Instabilität wächst, damit aber auch die Anlässe zum Aufstand. Sicher reifen sie meist nicht bis zu einer Veränderung der politischen, schon gar nicht der sozialen Grundlagen. Aber es kann kein Zweifel bestehen, daß z. B. in den – wie man gezählt hat – 10 Bürgerkriegen, 51 Staatsstreichen, 51 Militärputschen, 37 Meutereien und 121 Militärverschwörungen in Lateinamerika von 1946–1960 sich nicht nur der Austausch von Eliten manifestierte, sondern tiefergehende Umschichtungen (selbst wenn diese nicht deutlich wurden) sich offenbarten.

Diese Umschichtungen waren in dieser oder jener Weise von außen beeinflußt. Dennoch ist festzuhalten, daß die zunehmende Häufigkeit von intern/extern begründbaren Aufständen umgekehrt proportional gewesen ist zum Auftreten als Gegenstand wissenschaftlicher Untersuchung. Ursache dafür ist die unverständliche Beschränkung auf den Nationalstaat als Handlungseinheit. Entscheidende Einflüsse von außen werden erst dann als entscheidend gekennzeichnet, wenn sie vor aller Augen offen liegen. Der Bürgerkrieg im Libanon 1976/77 ist in der Berichterstattung monatelang als inner-libanesischer Konflikt mit auswärtigen Sympathisanten behandelt worden, bis sich herausstellte, daß die entscheidenden Kräfte für Revolution, Konterrevolution oder Status quo außerhalb des Landes lagen. Nicht Christen, Moslems oder Palästinenser im Libanon hielten das Schicksal des Landes in der Hand, sondern Syrer, Ägypter und Israeli und dahinter die Sowjetunion und die USA. Die UN-»Friedenstruppe« von 1978 schließlich ist der letzte Ausläufer externer Einmischung.

Interventionen sind als solche nichts Neues. Man findet nicht nur Beispiele eines eher automatischen »spill over«-Effekts – die Ereignisse eines Landes wirken sich auf andere Länder aus –, man findet auch früh die gezielte propagandistische Beeinflussung. Die Französische Revolution etwa hat dies mit System getan. Und die Sowjets haben sich 1917 »an Alle« gewandt, damit ihrem Beispiel gefolgt werde. Über die Propagandawaffen im sowjetisch-amerikanischen »Kalten Krieg« muß an dieser Stelle noch nicht viel gesagt werden.

Karl Deutsch hat deshalb darauf aufmerksam gemacht, daß man nur dann von einer »authentischen« Revolution, einem isolierten »inneren Krieg« sprechen könne, wenn einheimische Hilfsquellen, einheimisches Personal und einheimische Motivation im Vordergrund stünden. Falls Soldaten, Motive, Geld und Hilfsquellen von außen kämen, müsse von einem »war by proxy«, einem »Stellvertreter-Krieg« gesprochen werden. Er versteht darunter »einen internationalen Konflikt zwischen zwei ausländischen Mächten, der, verkleidet als Konflikt über eine interne Angelegenheit des betreffenden Landes, auf dem Boden eines dritten ausgefochten wird; dabei werden alle oder ein Teil der Soldaten, der Hilfsquellen und des Bodens dieses Landes als Mittel für das Erreichen von vorwiegend auswärtigen Zielen und auswärtigen Strategien in Anspruch genommen.«[2] In dieser für unsere Zeit kennzeichnenden Konstellation spiegelt sich die Konzentration in »Lagern« wieder, die zum Zustand der Bipolarität geführt hat und die nur gelegentlich durch Aktionen der Dritten Welt aufgebrochen wird. Der Krieg zwischen Somalia und Äthiopien mit seinen Frontwechseln, der »Nach-Krieg« zwischen Vietnam und Kambodscha haben einiges von solchen »proxy-wars« an sich. Dort lassen sich die USA und die UdSSR, hier China und die UdSSR als eigentliche Gegner ausmachen. (Inwieweit sie selbst zu Gefangenen ihrer eigenen Parteinahme werden können, wird an anderer Stelle zu behandeln sein.) Allerdings ist dieses Bild schon wieder zu einfach für alle Strategien in der internationalen Politik: Die Invasion der Kubaner in Angola ist kein Stellvertreter-Krieg mehr, sondern ein Stellvertreter-Stellvertreter-Krieg. Denn Kuba vertritt einerseits fremde Interessen auf afrikanischem Boden, die Interessen der Sowjetunion. Es vertritt aber andererseits auch sein eigenes revolutionäres »Modell«. Die äußerlich so klare Struktur erweist sich daher bei näherem Zusehen als ziemlich kompliziert: Einer nationalen Revolution (die in sich nur ein Fragment der revolutionären Möglichkeiten umfaßt) wird von einer Mittelmacht, die selbst Entwicklungsland ist, im Auftrag einer Großmacht zum Sieg verholfen. Dies deshalb, um die Widerstände in Afrika gegen »Intervention« von außen leichter zu überwinden. Gleichzeitig geht aber die Sowjetunion mit dieser Hilfe durch Kuba das Risiko ein, daß die Verpflichtung des neuen Staates gegenüber der UdSSR nicht so stark sein wird wie bei einem direkten Engagement. Zum anderen muß man davon ausgehen, daß die Interessen Havannas und Moskaus nicht völlig kongruent sind, so daß sich daraus neue Spannungen ergeben könnten. Der »Export« der Revolution ging nicht vom Erzeuger aus, sondern über einen Exporteur, der seinen Gewinnanteil verlangt. (Zum Fall Angola s. S. 158ff.). Wenn auf diese Weise fremde Mächte auf fremdem Boden fremde Interessen vertreten, so mag es andererseits auch sein, daß die Eigeninteressen des betroffenen Landes mit denen des fremden Landes übereinstimmen. Dies geschah etwa mit China und Nordkorea und den USA und Südkorea im Jahre 1950. Meistens ist aber davon auszugehen, daß es in der modernen Geschichte, nicht nur im 20. Jahrhundert, stets Hegemonialmächte gegeben hat, die in der einen oder anderen Weise für »Werte« standen: Spanien und Habsburg im 17. Jahrhundert als Beschützer des katholischen Glaubens, Schweden als Verteidiger des protestantischen Glaubens, das revolutionäre Frankreich im 18. und 19. Jahrhundert als Verteidiger von »Freiheit, Gleichheit, Brüderlichkeit«, die Sowjetunion und die USA im 20. Jahrhundert als Heimatland aller Werktätigen oder als Zitadelle des Liberalismus und des Privateigentums.

Man muß deshalb die Vertretung zumindest eines hegemonialen Teilinteresses auch bei der Unterstützung der nationalen Befreiungskriege in der Dritten Welt voraussetzen. Gleiches gilt von politischen und/oder sozialen Bewegungen in etablierten, aber destabilisierten Staaten. In solchen Fällen wäre überdies zu prüfen, ob die nach außen manifestierte Kongruenz von eigenem und fremdem Interesse auf eine falsche Perzeption von Wirklichkeit zurückgeführt werden kann. D. h. daß diejenigen, die unterstützt werden, andere Handlungsmotivationen haben als diejenigen, die unterstützen, daß etwa das angebliche Interesse am sozialen Modell des Staates nur das Interesse an eigenen Stützpunkten verbirgt. Es hat sich jedenfalls gezeigt, daß ebenso oft gemäßigte wie radikale Befreiungsbewegungen von denselben Kräften im Westen wie im Osten unterstützt wurden. Nicht die politische Substanz der Befreiungsbewegung spielte bei der Unterstützung eine Rolle, sondern angesichts ungeklärter Machtverhältnisse der Wunsch, in keinem Falle auf die falsche Karte gesetzt und dadurch Einfluß möglicherweise vertan zu haben. (So etwa bei den Befreiungsbewegungen in Rhodesien). Schließlich kann es sein, daß sich nach

Klärung einer kritischen Situation neue Perspektiven ergeben, so daß, falls die regionale Kräfteverteilung dies gestattet, ein »renversement des alliances« notwendig und nützlich erscheint. So war es etwa im Falle Indonesiens nach dem kommunistischen Aufstand des Jahres 1964.

Ausgehend von solchen Überlegungen hat man versucht, die Revolution in ihrer Eigenschaft als »innerer Krieg« zu quantifizieren. Seine Zeitdauer und die Anzahl der Beteiligten sind die einfachsten Faktoren, nach denen man suchen kann. Wichtiger aber wäre es, das Ausmaß der Rekrutierung und der Aktivierung innerhalb eines Landes zu bestimmen. Wie entscheidend dies sein kann, zeigt ein Blick auf die Guerilla-Kriegsführung von Mao Tse-tung. Bei ihm spielte die Rekrutierungsrate und die Belastbarkeit der zur Verfügung stehenden Truppen eine entscheidende Rolle. Ähnliches hat man im Amerikanischen Unabhängigkeitskrieg festgestellt. Danach soll etwa je ein Drittel zu den Patrioten, ein Drittel zu den englischen Loyalisten gehalten haben; ein weiteres Drittel sei neutral oder unentschieden gewesen. Die Kräfteverhältnisse waren demnach im Anfang etwa gleich. Entscheidend wurde, daß es den Patrioten gelang, 400000 Mann freiwillig zu den Waffen zu rufen, den Loyalisten aber nur 50000 Mann. Die Aktivierungsraten – beruhend auf einsichtigen Zielen – verändern damit die Ausgangspositionen. Wenn man weiß, daß die Technik des Terrors, mit der eine möglicherweise mit der Revolution nicht sympatisierende Bevölkerung eingeschüchtert werden kann, seitdem verfeinert wurde, dann läßt sich in etwa abschätzen, welche Rolle die Aktivierungsrate (d. h. die Bereitschaft zur Rekrutierung) im Kampf zwischen Süd-Vietnam und Nord-Vietnam gespielt hat.

Die Rekrutierungsrate ist abhängig von der Stärke der Moral und der Motivation auf beiden Seiten. Das gilt zwar auch für Kriege, hier aber könnte sie zur Messung der zumindest potentiellen revolutionären Kraft eingesetzt werden. Dabei wäre es vor allem interessant festzustellen, ob und in welchem Umfang sich das Rekrutierungspotential der beiden Seiten nach ausländischer Intervention verändert hat. Zum Beispiel: Inwieweit hat sich die Kampfmoral der zairischen Truppen im Kampf gegen die Eindringlinge aus Angola gefestigt, seitdem sie der Unterstützung des Auslandes sicher waren? Eine offene Frage bliebe dann immer noch, ob eine besonders rücksichtslose Art der »revolutionären« Kriegsführung demjenigen, der sich ihrer bedient, Vor- oder Nachteile bringt. Karl W. Deutsch etwa meint, der Übergang zu skrupellosen Mitteln bringe zumindest die schwächere Seite noch weiter in die Hinterhand. Dem widersprechen aber eigentlich die Erfolge der Guerillataktik. Denn Einschüchterung ist für sie eine der großen Waffen, um innerhalb eines ländlichen Umkreises, der für orthodoxe Kriegsführung nur schwer zugänglich ist, erfolgreich zu bleiben. Peter Calverts Einschätzung ist schon erwähnt worden, nach der ausländische Interventionen keineswegs allen »großen« Revolutionen zum Sieg verholfen haben. Tatsächlich besteht zwischen solchem Eingreifen und der Erfolgschance von Revolutionen ein dialektisches Verhältnis: Es kann sein, daß das Eingreifen einer fremden Macht der entscheidende Faktor für den Sieg dieser Partei wird. Ob es dazu kommt, hängt von zweierlei ab: a) von den Möglichkeiten und dem Willen des penetrierenden Partners, »seiner« Seite zum Sieg zu verhelfen, und b) von der internen Position der Gegenelite des betreffenden Landes. Grundsätzlich wird man sagen müssen, daß es sowohl notwendig ist, eine solche Gegenelite *im* Lande zu unterstützen, wie andererseits aber auch, sich auf Kräfte zu stützen, die emigrieren mußten. (Ein Großteil der innerafrikanischen Wirren ist darauf zurückzuführen, daß beträchtliche Emigrationsanteile im jeweils konkurrierenden Staat zur Verfügung stehen.) Dies ist deswegen notwendig, weil – wie in der Theorie schon gezeigt – die Schwierigkeit nicht nur darin besteht, die Macht zu *ergreifen*, sondern auch, sie zu *behalten*.

Wenn eine intervenierende Macht mit einer Gruppe innerhalb eines Landes kooperiert, dann ist es notwendig, daß sie für deren Mithilfe auch ihren Preis bezahlt. Umgekehrt gilt das ebenso. Wenn die Gruppe innerhalb des Landes exzessive oder radikale Programme vertritt, die von der Mehrheit der Bevölkerung nicht getragen werden, dann muß diese Gruppe von außen dazu veranlaßt werden, ihr Programm zu ändern oder ihre Forderungen zu reduzieren. Auf der anderen Seite muß die Politik oder das Programm des intervenierenden Staates dem Programm der opponierenden Gruppe angepaßt werden. Wenn es nicht möglich ist, die internen Gruppen von ihren extremen Forderungen abzubringen, dann ist es das beste, sie fallenzulassen und andere Unterstützung zu suchen. Falls andererseits die intervenierende Macht allzu starr auf ihren eigenen Vorstellungen beharrt und keine Anzeichen zeigt, den Forderungen der lokalen Gegenelite zu entsprechen, wird sie innerhalb des Landes ihre eigentlich zuverlässigen Verbündeten verlieren.

Die alles entscheidende Frage aber ist die, wieviel *good will* die Gegenelite im Land oder die Emigranten aktivieren können. Die Invasion kubanischer Emigranten im April 1961 in der Schweinebucht ist vor allem daran gescheitert, daß allzuviele diskreditierte Elemente in ihnen enthalten waren, die keinerlei Vertrauensvorschuß mehr in Kuba besaßen. Ebenso wäre ein Versuch, der etwa von dem früheren dominikanischen Diktator Trujillo, Kuba zu »befreien«, ausgegangen wäre, von vornherein zum Scheitern verurteilt gewesen. Der Erfolg ausländischer Intervention im Zusammenwirken mit den internen Kräften hängt also nicht zuletzt davon ab, wieviel Glaubwürdigkeit solche Kräfte besitzen.

Diese Glaubwürdigkeit und damit die Erfolgschancen sind aber auch abhängig von der Position der opponierenden Kräfte innerhalb des Kräftespektrums des Staates selbst. Für radikale Kräfte wird ausländische Hilfe eher positiv zu Buch schlagen als für gemäßigte Kräfte. Ihre Position am

Rande des politischen Kräftefeldes, sei dies rechts oder links, macht es ihnen leichter, die Notwendigkeit einer Hilfe von außen zu rechtfertigen als für eine in der Mitte angesiedelte, in den Augen der Bevölkerung eher zu Kompromissen geneigte Bewegung. Karl W. Deutsch hat darüber hinaus auf einen weiteren wichtigen Gesichtspunkt aufmerksam gemacht: Die Erfolgschance einer Hilfe von außen nimmt zu, wenn die Entfremdung der kämpfenden Parteien im Innern schon weit fortgeschritten ist. Falls dies geschehen ist, kann der Partei, »die sich schon weiter von ihrem Gegner im Innern entfernt hat als von ihrem von außen kommenden Alliierten«, die externe Hilfe von entscheidender Bedeutung werden. Da ausländische Intervention im nationalstaatlichen Milieu und – wie Prag gezeigt hat – auch im sozialistischen Lager als eine direkte Beeinträchtigung der Souveränität betrachtet wird, ist also vor einer direkten Intervention abzuwägen, ob eine Beeinflussung auch nach der Zeit der direkten Intervention möglich sein wird oder ob bei einer langfristigen Kosten-Nutzen-Analyse die negativen Aspekte des externen direkten Eingreifens überwiegen.

Schließlich sei an eine Form externer Hilfe erinnert, die für eine Reihe von »nationalen Befreiungskriegen« entscheidend geworden ist: Es ist die Bereitstellung eines »sanctuary«, einer »Freistätte« für die im Innern eines Landes kämpfenden Aufständischen. Es sind dies die Operationsbasen, die – da sie jenseits der Grenze liegen – unangreifbar sind. Die Voraussetzung für die Bereitstellung einer solchen Freistätte ist – wie die Beispiele zeigen – die ideologische Identifizierung des Gastlandes mit den Guerillas. So konnten – zum Beispiel – die griechischen Kommunisten 1946–49 nach Jugoslawien und Albanien ausweichen, die indochinesischen Guerillas 1946–54 nach China, die südvietnamesischen Guerillas 1957–75 nach Nordvietnam, die algerischen Aufständischen 1954–63 nach Tunesien. Gleiches gilt von den Aktionen der palästinensischen PLO von Basen arabischer Staaten aus. In diesem Zusammenhang haben die Gegenangriffe der Israeli auf das Territorium von Staaten, mit denen sie sich nicht im Kriegszustand befanden, gezeigt, welch schwerwiegende völkerrechtliche Verwicklungen sich dann ergeben, wenn grenzüberschreitender Kleinkrieg und die Souveränität der Staaten nicht mehr miteinander in Einklang zu bringen sind. Diese Form einer sekundären, indirekten Intervention von außen muß jedenfalls mitgesehen werden, wenn die ganze Breite externer Hilfe veranschaulicht werden soll.

3.1 Die Technik der indirekten Aggression

Großmachtpolitik auch in der zweiten Hälfte des 20. Jahrhunderts kann nicht ausschließlich in den Kategorien von Revolution und Konterrevolution gesehen werden. Denn darunter ist z. B. nicht diplomatische Aktivität innerhalb der Blöcke, wie zwischen Industriestaaten und Dritter Welt, zu subsumieren. Wenn diese *auch* dazu dienen mögen, Märkte (Westen) oder potentielle Revolutionsherde (Osten) offen zu halten – zum größten Teil dienen sie doch dazu, den Status quo zu erhalten, und fallen somit aus unserem Rahmen heraus. Nicht selten aber dienen Aktivitäten, die einer Festigung des Status quo zu dienen scheinen, auf lange Sicht gesehen dazu, sich überhaupt erst die Ausgangspositionen für eine »formelle Penetration« zu schaffen, die in den »offenen Aktionen« externer Hilfe zum Ausdruck kommt.

Tatsächlich sind die indirekten Formen von Aggression zu einer der wichtigsten globalen Umgangsformen der Zeit nach dem Zweiten Weltkrieg geworden. Allerdings ist das, was man »informal penetration« (Deutsch 1964) genannt hat, keineswegs ein Monopol der Nachkriegszeit. Es sei daran erinnert, daß schon im 18. Jahrhundert Geld in Millionenbeträgen ausgegeben wurde, um die damals noch auf wenige Personen zentrierte öffentliche Meinung zu beeinflussen. Und es sei an die sowjetische Politik nach 1919 erinnert. Auch die Auslösung der Sudetenkrise mit ihrem sorgfältig geplanten doppelten Druck, der vom Deutschen Reich einerseits, von der Sudetendeutschen Partei andererseits ausging, deutet darauf hin, in welcher Weise innere und äußere Pression eingesetzt werden können.

»Informal penetration« können alle Maßnahmen eines Staates genannt werden, die zur revolutionären/konterrevolutionären Beeinflussung eines anderen Staates von innen eingesetzt werden, ohne daß diese Ziele offengelegt werden. Darüber hinaus ist ein Staat als Träger dieser Maßnahmen oft nicht zu erkennen. Was als »informelle Durchdringung« so wissenschaftlich klingt, läßt sich als »trojanisches Pferd« bis in die griechische Vorklassik zurückführen und hatte als »Fünfte Kolonne« im spanischen Bürgerkrieg im Oktober 1936 verbal Premiere. Damals sagte der republikanische General Emilio Mola, Franco werde mit vier Marschkolonnen auf Madrid losmarschieren, doch schon zuvor werde der Angriff durch die »Fünfte Kolonne« in der Stadt selbst vorgetragen werden. Auch im Begriff des »Kalten Krieges« steckt einiges von dieser Anschauung. Dennoch interpretiert Andrew M. Scott (1969) das Phänomen als ein typisch modernes; er führt dabei folgende Gründe an: 1) der informelle Angriff kann als Vorläufer für militärische Operationen wie als deren Anhängsel betrachtet werden. Er kann aber ebenso als Ersatz für militärische Operationen benutzt werden. 2) Eine breite Palette von Techniken wird bewußt angewandt. Sie können gewalttätig/nicht gewalttätig, offen oder verdeckt sein. Eine unvollständige Liste würde etwa enthalten: technische Hilfe, wirtschaftliche Hilfe, militärische Hilfe, militärische Ausbildungseinheiten, kulturelles Austauschprogramm, Informations- und Propagandaaktivitäten, finanzielle Unterstützung verschiedener Organisationen im Inneren des Landes, Gebrauch von Mitteln ökonomischer Kriegsführung, Organisation von Guerillakriegen, Sabotage, Streiks, Aufruhr, Errichtung militanter Parteiorganisationen und die Organisation von Staatsstreichen. 3) An den formellen Regierungskontakten nehmen im wesentlichen Diplomaten und Soldaten teil. Die Fächerkombination derer, die an informellen Kontakten beteiligt sind, ist dagegen weit breiter: Entwicklungshelfer, Berater für Wirtschaftshilfe, militärische Berater, militärische Ausbilder, Guerilla- oder Counterinsurgency-Instruktoren, Journalisten, Informationsbeamte, CIA-Agenten, Gesundheitsdienstberater, Techniker, Kaufleute und eine Fülle anderer Berufe. 4) Die Technologie ist auf mannigfaltige Weise in den Dienst des »informellen Zugangs« gestellt worden, insbesondere im Bereich der elektronischen Medien. 5) Die wachsende Komplexität der informellen Operationen wie die wachsende Bedeutung, die man ihnen zumessen muß, haben zu deren Institutionalisierung geführt. Das heißt: Wir haben es nunmehr mit großen Organisationen der »informellen Durchdringung«, mit hohen Budgets und ausgedehnten Programmen zu tun. 6) Die Institutionalisierung hat mit sich gebracht, daß – ob offen oder verdeckt – die Institutionen bekannt sind, so daß die indirekte Beeinflussung anderer Staaten mehr und mehr als ein normaler Vorgang betrachtet wird. 7) Je mächtiger ein Staat ist, desto nachhaltiger ist sein Interesse »to the variety, depth and extent of its informal operation«. Mächte mit globalen Ambitionen, wie die Vereinigten Staaten und die UdSSR, betrachten somit jedes Gebiet der Erde als mögliches Gebiet für ihre informellen Aktivitäten. Der Grund? »Staaten sind gezwungen, da zu kämpfen, wo es ihre Interessen verlangen, dies zu tun; und dies ist nicht notwendigerweise entlang ihrer Grenzen der Fall« (Kitson, 1971).

Uns interessiert vor allem der revolutionäre Aspekt: Wie werden die Waffen der »informellen Penetration« – so der Untertitel der Untersuchung von A. M. Scott – eingesetzt, um Revolution oder Gegenrevolution zu erzeugen? Ein Beispiel wäre Vietnam, ein anderes Chile. Was immer es aber an Feinheiten gibt: die Unterscheidung zwischen technischer und substantieller Erreichbarkeit des zu durchdringenden Staates ist wichtig. Ein Staat, der durch einen anderen von demjenigen getrennt wird, der ihn penetrieren will, kann z. B. technisch perfekt, aber substantiell kaum erreicht werden. Das heißt, man kann wohl durch Radiodienste versuchen, die Stimmung im Lande zu verändern, substantielle Hilfe ist dagegen kaum zu leisten. Es kann andererseits sein, daß die ideologische, die substantielle Affinität eines südamerikanischen Staates zu Chile hoch ist, dagegen die technische Erreichbarkeit sehr gering. Daraus hat Scott (1969) folgendes Schema konstruiert:

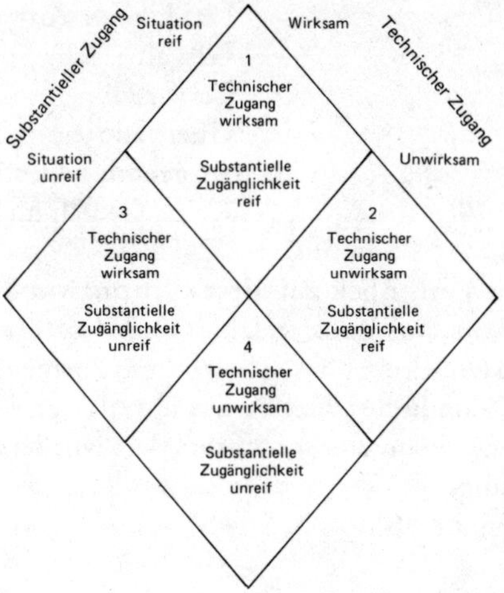

Die hier behandelte »informal penetration« ist eine spezielle Form der Intervention. Vor allem muß sie ein Ziel haben. Dieses Ziel ist in ihrer effektivsten Form die Subversion. Die informelle Penetration und die Subversion verhalten sich zueinander wie das Mittel zum Zweck. Von Subversion wird gesprochen, wenn ein Teil des Volkes Maßnahmen – die noch nicht zur Waffenanwendung führen – ergreift, um eine Regierung zu stürzen oder zu Aktionen gegen deren eigenen Willen zu veranlassen. Dagegen wird mit »Insurgency« ein Zustand bezeichnet, in dem auch Waffen zur Erreichung des gewünschten Zieles eingesetzt werden. Natürlich können Subversion und Insurgency nebeneinander herlaufen. Die beiden Formen haben weitere Untergliederungen erfahren, vor allem mit dem Ziel, die Gegenmaßnahmen besser zu koordinieren. So spricht die britische Armee von »Civil Disturbance, Insurgency, Guerilla Warfare, Subversion, Terrorism, Civil Disobedience, Communist Revolutionary Warfare and Insurrection« (nach Kitson). Demgegenüber stehen die Abwehrformen von »Partisan, Irregular and Unconventional Wars«.

Innerhalb des gegebenen Spektrums steht die gelungene Subversion am Ende einer Skala, die etwa lauten könnte: Infiltration, Desintegration, Subversion. Diese Skala spiegelt sich in allen revolutionären Abläufen wider, soweit sie mit ausländischer Intervention verbunden sind. Es entsprechen ihr etwa die äußeren Einflüsse: Propaganda, militärische Berater, Waffenhilfe. Wenn man »Terror« als Waffe einer Aufstandsbewegung einführt, dann läßt sich das folgende Schema (Thaunton in: Northedge 1974) ausarbeiten:

Phase	*Charakteristikum*
1) Vorbereitung	Noch keine Anwendung von Gewalt
2) Beginnende Gewalt	Terror
3) Ausdehnung	Guerillakrieg
4) Sieg	Konventioneller Krieg
5) Konsolidierung	Keine Gewalt mehr

Die Frage, die sich mit Blick auf dieses Schema vor allem stellt, ist die: welche Hilfe ist von außen in welcher Phase zu erwarten? Es dürfte schwierig sein, den einzelnen Phasen bestimmte Formen äußerer Intervention zuzuordnen. Zumindest vier Arten aber lassen sich unterscheiden (wobei »Subversion« schon zuvor aufgegliedert worden ist):
1) Nichtanerkennung
2) Hilfe für die »Opposition«
3) Subversion
4) Krieg.

Mit dem Krieg hätten wir nun schon die Grenzen der verdeckten Intervention überschritten. Es ist damit aber klar geworden, daß zwischen Subversion und offener Intervention = Krieg zwar ein gradueller, jedoch kein substantieller Unterschied besteht. Die Beeinflussung von außen geschieht mit oder ohne Gewalt.

3.2 Intervention und »Intervention«

Bis zum 18. Jahrhundert gab es neben der gewalttätigen Aneignung von Territorien samt Bevölkerung einen oft beschrittenen, friedlichen Weg, die eigene Machtfülle zu vermehren: Erbschaft. Seitdem diese Möglichkeit ausschied, hat sich eine andere Form von Aneignung etabliert: die indirekte Aggression. Sie ist deswegen notwendig geworden, weil Gewaltverzichtserklärungen nicht nur die westeuropäische Wirklichkeit prägen; auch neu geschaffene Organisationen, etwa die »Organisation für Afrikanische Einheit« (OAU), haben in ihren Statuten festgelegt, daß Grenzen nicht verletzt werden dürfen. Während einerseits der Nationalstaat als Ursache des »organisierten Chaos« der Weltpolitik erkannt wurde, werden andererseits alle Vorkehrungen getroffen, um ihn möglichst unangetastet am Leben zu erhalten.

Natürlich verzichten die Staaten auch weiterhin nicht darauf, ihr Gebiet oder ihr politisches Gewicht auf Kosten des geographischen Nachbarn und (eventuellen) ideologischen Gegners zu vergrößern. Das Prinzip der Unverletzlichkeit der Grenzen hat nämlich keineswegs der Begehrlichkeit der Staaten ein Ende bereitet. So besteht zwischen internationaler Kodifizierung des Gewaltverzichts und einzelstaatlicher Gewaltanwendung weiterhin eine Kluft. Das geht auch aus den Statistiken hervor. Sie führen für die letzten Jahrzehnte etwa fünfzig lokale Kriege auf, doch kaum einer von ihnen war ein sogenannter konventioneller Krieg. Die große Mehrheit sind Bürgerkriege gewesen oder haben zumindest als interne Konflikte oder Erhebungen begonnen, die dann zur Intervention anderer Staaten geführt haben. Wenn wir uns – sofern wir die Ursachen der »inneren Kriege« einmal außer acht lassen – mit Revolution und Gegenrevolution beschäftigen, haben wir damit notwendig zugleich ein Großteil der überhaupt vorkommenden intra- wie zwischenstaatlichen Konflikte angesprochen. Innere Konflikte mit äußerer Intervention scheinen geradezu der Prototyp der modernen Auseinandersetzung zwischen Staaten zu sein. Es ist deshalb das Paradox festzuhalten, daß die völkerrechtliche Unverletzlichkeit der Grenzen die Intervention von außen nicht hemmt, sondern fördert.

Dreierlei hat zu dieser Erscheinung beigetragen: a) Ein gewandeltes Verhältnis zur Autorität des Staates führt zu wachsender Instabilität; damit stieg auch die Wahrscheinlichkeit der Intervention. b) Die nuklearen Waffen verbieten es den Großmächten, sich offen in die Kriege der Klein- und Mittelstaaten einzumischen. c) Die Völker sind sich ihrer Identität bewußter geworden, so daß eine Drohung mit militärischer Gewalt heute nicht mehr denselben Effekt hätte wie die Kanonenboot-Diplomatie zu Ausgang des 19. Jahrhunderts in China oder Ägypten. Die Gefahr des Krieges ist im Zeitalter der Blockpolitik zu groß geworden, als daß man offene Interventionen noch wagen könnte. Damit haben die Waffen ihre Wirkung als Instrument der Außenpolitik weitgehend verloren. Unentbehrlich sind sie vor allem als Mittel der Abschreckung. Diesem Verlust an außenpolitischer Bedeutung steht andererseits gegenüber, daß das Militär im Innern vieler Staaten so an Gewicht gewonnen hat, daß die Zahl der Staaten ständig zunimmt, die von Militärregierungen beherrscht werden.

Militärregierungen sind stets auch Zeichen des Zusammenbruchs eines zivilen (zuweilen auch eines zivilisierten) Staatswesens. Sie sind in den allermeisten Fällen die Folge eines Aufstandes – von 1956–1966 allein hat man 150 in der Welt gezählt –, der wiederum die Folge vorrevolutionärer bis revolutionärer Spannungen war. Es fragt sich sehr oft, ob der Aufstand (im weitesten Sinne) deshalb eine Umorientierung des Staates mit sich brachte, weil ausländische Hilfe und Intervention dies für die neuen Machthaber geboten erscheinen ließen, oder ob die Hilfe von außen kam, weil Geber und Empfänger von Hilfe die gleichen Ziele verfolgten. In den meisten Fällen ist es so, daß die Freiheit, Hilfe anzunehmen, in dem Augenblick in die Notwendigkeit, Hilfe zu erbitten, umschlägt, in der der neue Staat glaubt, seine Unabhängigkeit erworben zu haben.

Dies geschieht oft, wenn ein nationalistischer Führer die Erwartungen, die er erweckte, nicht erfüllen konnte. Er wird dann gezwungen, mit Terror zu reagieren. Dabei hilft ihm zu Beginn die Armee. Diese ist eines

Tages nicht mehr willens, die Exekution der »Opposition« zu übernehmen, gerät aber nach der eigenen Machtübernahme alsbald in denselben Kreislauf. Das Ganze geschieht in Staaten, in denen das mangelnde Kommunikationsnetz dem Teil der Bevölkerung, der nicht im Zentrum des Landes lebt, eine Beteiligung an dem, was geschieht, kaum ermöglicht. So ließen sich etwa in Südamerika, mehr aber noch in Afrika die rasch aufeinanderfolgenden Coups erklären: 1963 etwa wurde die togolesische Regierung von einer Armee-Einheit in der Stärke von etwa 600 Mann gestürzt, im gleichen Jahr in Ghana der diktatorisch regierende Präsident Nkrumah mit Hilfe eines kleinen Teils zentral stationierter Truppen in einer Größenordnung von 500 Mann (von insgesamt 10000).

Soweit Aufstände, Revolten und Revolutionen ausschließlich das interne Leben der Staaten betreffen, fallen sie nicht in den Bereich dieser Untersuchung. Allerdings kann selbst eine Revolte – ganz abgesehen von der folgenden politischen Umorientierung des davon erfaßten Landes – direkte Folgen auf die Nachbarn haben. Daß der neue Regierungschef aus einem anderen Stamme stammt, mag für den Nachbarn – da es eine Umorientierung andeutet – von größtem Interesse sein. Es kann geschehen, daß ethnische und politische Grenzen nicht übereinstimmen. Es ist denkbar, daß Agenten und Flüchtlinge Unruhe in Nachbarländer tragen. Daraus können sich offene Kriege entwickeln. Es kann aber auch sein, daß – wie im Falle von Kambodscha – das Symbol der nationalen Einheit, Prinz Sihanouk, ins Ausland geht, wodurch etwa China die doppelte Aureole des Verteidigers kambodschanischer Unabhängigkeit verliehen wurde, nämlich die der Unabhängigkeit von der reaktionären Klasse wie die der Unabhängigkeit von der externen Aggression.

In den letzten Jahrzehnten ist die Verbindung von Aufstand, Revolution/Konterrevolution und Intervention besonders eng geworden. »Die ernsteste Form des Aufstandes ist die, die verbunden ist mit einer revolutionären Bewegung. Dies nicht wegen der internationalen Verzweigung, sondern weil sie im allgemeinen die Möglichkeit eines Kompromisses ausschließt. Sie schließt auch einen Wechsel in der Zentralregierung aus, die dazu bestimmt ist, den begrenzten Beschwerden einer Religion oder einer ethnischen Gemeinschaft, die sich in Rebellion gegen den Staat befinden, zu begegnen.« (Gühlke in: Northedge 1974). Bis zum Zweiten Weltkrieg gehörte die Intervention einer Großmacht zur politischen Routine. »Traditionsgemäß ist die Intervention als Prärogativ der Großmächte oder einer breiteren internationalen Gemeinschaft betrachtet worden.« Ein typisches Beispiel für neuere Entwicklungen dagegen war die »Friedenstruppe« der arabischen Staaten, die den Krieg im Libanon beenden sollte. Der syrischen Armee allein billigte man diese Funktion nicht zu, da man eine nationale Machterweiterung befürchtete. Erst der Machtbalance mehrerer arabischer Staaten gelang das »peace-keeping«. »Friedensbewahrung« ist ein weiteres Schlüsselwort im Repertoire moderner Zwangsmaßnahmen. Er ist gleichsam der Gegenbegriff zur Subversion: Maßnahmen unterhalb der Schwelle militärischer Gewalt werden ergriffen, um Frieden zwischen Bevölkerungsgruppen oder Staaten zu bewahren. Die UN-Aktionen im Kongo, zuletzt im Libanon sind Beispiele dafür.

Die Einschränkung offener Intervention ist zum einen verständlich, weil die kleinste Veränderung des internationalen Systems eine schwerwiegende Verschiebung des vorhandenen »prekären« Gleichgewichts bewirken kann, zum anderen, um kleineren Staaten keinen Vorwand zu geben, unterhalb der Schwelle des Atomkrieges »klassische« Kriege zu beginnen. Dennoch hat auch die Nachkriegszeit derartige revolutionäre oder konterrevolutionäre direkte Aktionen gekannt: englisch-französisch: Suez 1956, sowjetisch: Ungarn 1956, Prag 1968, amerikanisch: Vietnam/Dominikanische Republik 1965.

Der Gebrauch überlegener militärischer Macht wird zunehmend unpopulär, weil insbesondere die Staaten außerhalb der Einfluß-Sphäre der Supermächte als Gemeinschaft immer empfindlicher auf Anmaßungen der großen Mächte reagieren, so daß sich für diese stärker als je zuvor die Kosten-Nutzen-Frage stellt. Weil das revolutionär aufgeladene Umfeld der Großmächte diese andererseits immer wieder vor das Problem des Eingreifens stellt, wird auch die offene Intervention nie ganz auszuschließen sein. Das amerikanische Eingreifen in Vietnam war das herausragende Beispiel für diese Art von Engagement. Es gewann sein besonderes Gepräge dadurch, daß sich auf diesem Feld nicht nur zwei, sondern drei Großmächte gegenüberstanden. Insbesondere dieser Tatsache hat es nach dem Ende des Krieges Vietnam zu verdanken, daß die gewährte Hilfe nicht in aufgezwungene Hilfe umschlug und die neu gewonnene Unabhängigkeit nicht zu einer neuen Art der einseitigen Abhängigkeit degenerierte.

Wenn also von Intervention mit und ohne Gänsefüßchen geschrieben wurde, so meint dies: die Zeit der offenen Intervention ist so lange nicht vorbei, solange Macht in den internationalen Beziehungen überhaupt eine Rolle spielt. Angesichts der höheren »Kosten«, die unter anderem darin bestehen, daß die Glaubwürdigkeit des Aggressors leidet, ist aber diese Form der Verflechtung von innerer und äußerer Politik nicht mehr diejenige, der unser Hauptaugenmerk gelten sollte. Dafür gibt es noch andere Gründe. Erstens ist Subversion angesichts der Nuklearmächte sozusagen das Schwert der Schwachen, zweitens wird die Instabilität des internationalen Systems durch die wachsende Zahl von neuen Staaten, die ein ausgezeichnetes Ziel für subversive Angriffe abgeben, und durch die Existenz dreier großer Machtzentren vergrößert, die willens und fähig sind, die subversiven Aktivitäten einer großen Zahl von Aktionen zu ermutigen und zu finanzieren. (Ruebensaal in: Northedge 1974). Revolutionäre Situationen vermehren sich in dem Maße, in dem instabile Verhältnisse in den neuen Staaten entstehen (bzw. in dem die unstabilen Verhältnisse, die bei ihrer Gründung vorhanden waren, nicht beseitigt werden können.) Vermehrte revolutionäre Situationen aber vermehren auch die Wahrscheinlichkeit ausländischer Intervention in diesen Staaten.

Offene Intervention wird aber nur noch in den Fällen erfolgen, in denen jedes andere Machtmittel versagt. Denn sie ist stets mit dem Risiko einer Ausweitung in einen großen Krieg behaftet. Die Zukunft gegenseitiger Durchdringung scheint dennoch gesichert. Nur hat Gewaltanwendung andere Formen angenommen.

3.3 Indirekte Aktion und »revolutionärer Krieg«

Vom Beginn dieses Kapitels an befinden wir uns in einem merkwürdigen Zwischenbereich der Politik. Es ist ein Bereich, in dem Gewaltanwendung von außen geleugnet wird, in dem aber diese Gewalt in den verschiedensten Formen permanent nachweisbar ist. Es sind dies Themen, die insbesondere im angelsächsischen Bereich unter der Rubrizierung »Terrorismus« und »Counter-Insurgency« breit behandelt werden. Was diese Untersuchung allerdings von anderen unterscheidet, die sich mit Interventionen und revolutionären/antirevolutionären Techniken beschäftigen, ist vor allem ihre Perspektive. Es interessieren hier in erster Linie Revolution und Konterrevolution als Erscheinungen innerhalb der internationalen Politik; und es wird danach gefragt, mit welchen Mitteln sie von außen verhindert oder gefördert werden. Dies aber bedeutet, daß sich Terrorismus, Guerilla-Kriegführung, Anti-Guerilla-Kriegführung und Revolution wie Konterrevolution nicht mehr säuberlich trennen lassen. Mittel und Ziele sind zuweilen ununterscheidbar geworden. In der revolutionären Technik liegt oft schon die revolutionäre Substanz. So sind auch die Themen Intervention und revolutionäre Strategie eng miteinander verknüpft.

In unserem Zusammenhang sind sie jedoch nachgeordnet dem großen Thema: Einfluß von außen auf politisch-sozialen Wandel im Inneren. Das gilt auch für die »revolutionären Kriege« der Dritten Welt, die keineswegs immer kommunistisch inspiriert sind, wenn auch die sozialistischen Staaten meist als Nutznießer auftreten. »Insbesondere Russland, China und Kuba ermutigen offen die – wie sie diese zu nennen lieben – nationalen Befreiungskriege, das heißt jegliche Form von Subversion und Insurgency, die derart beschaffen sind, daß sie ihren Interessen entgegenkommen. In der Praxis sind es nicht allein die Kommunisten, die derartige Aktivitäten ermutigen . . . Tatsache ist, daß die meisten Staaten, die früher bereit gewesen wären, um eines bestimmten Zieles wegen einen Krieg zu erklären, nun bereit sind, dieses Zieles wegen Subversion und ›Insurgency‹ zu ermutigen, vorausgesetzt sie wissen, wie das zu geschehen hat.« (Kitson 1971).

Man könnte immerhin auf die Idee kommen, daß es sich im Kern auch hier um Bürgerkriege alten Stiles handele. Tatsächlich aber geht es bei diesen »inneren Kriegen« um etwas anderes: »In jedem Falle werden sie um eines lokalen politischen Zweckes willen ausgefochten. Es sind Kämpfe neuer Staaten, die darüber entscheiden, was aus ihnen werden soll und – dies ist das wichtigste – wer sie regieren soll. Sie nehmen die Form von Bürgerkriegen an, doch sind sie tatsächlich Revolutionen.« (Barnet 1968). Somit bleibt trotz des »lokalen politischen Zweckes« das Thema Revolution und Konterrevolution im Rahmen des internationalen Systems nicht ausgespart. Denn die Intervention von außen ist nicht weniger wichtig geworden, sie hat – im Gegenteil – nur ihre Formen verfeinert.

Die »indirekte Aktion« und der »revolutionäre Krieg« sind Formen des nationalen Befreiungskrieges. Zunehmend haben sie nach dem Zweiten Weltkrieg an Bedeutung gewonnen. Dies deshalb, weil angesichts der nuklearen Parität der Großmächte eine bewaffnete Auseinandersetzung zwar nicht ausgeschlossen ist, aber doch auf deren periphere Interessengebiete beschränkt bleiben muß. Die Schwierigkeit, unverhüllt den Gegner anzugreifen, hat – wie gesagt – zu »Stellvertreterkriegen« geführt, vor allem aber zu einer Vergrößerung der »verdeckten« Aktionen (covered actions), weil eben der Handlungsspielraum für »offene« Aktionen immer kleiner geworden ist. Auseinandersetzungen wie die zwischen Israel und den arabischen Staaten sind daher noch zu den alten klassischen Formen zu rechnen. Hier werden zwar Staaten von anderen Staaten unterstützt, doch handelt es sich noch um Formen orthodoxer militärischer Auseinandersetzung.

Da diese nur noch in seltenen Fällen möglich sind, kam es zur Lehre von der »indirekten Strategie« und zur Theorie des »revolutionären Krieges«, die insbesondere in dem französischen General André Beaufre ihren Theoretiker gefunden haben. Beaufre (1973) definiert die »indirekte Strategie« als »die Kunst, den engen Handlungsspielraum, der infolge der atomaren Abschreckung noch gegeben ist, bestmöglich zu nutzen und trotz der zuweilen äußersten Begrenzung der einsetzbaren militärischen Kräfte große und durchschlagende Erfolge zu erzielen«.

Vergleichen wir die Möglichkeiten, die früher sowohl den revolutionären Regierungen wie auch ihren Gegnern offen standen, so ergibt sich: die Besetzung des Territoriums war die wirkungsvollste Form, auch dessen Bevölkerung den jeweiligen politischen Zielen dienstbar zu machen. Diese Möglichkeit ist – sehen wir einmal von den unspezifischen Fällen Ungarn 1956 oder Prag 1968 ab – in der zweiten Hälfte des 20. Jahrhunderts bis auf geringe Reste zusammengeschrumpft. Gleichwohl besteht weiterhin das Bedürfnis, bestimmte Territorien zu beherrschen. Mit der »indirekten Strategie« hat daher der Versuch, größeren Einfluß zu gewinnen, keineswegs abgenommen. »Ihr Kennzeichen besteht darin, daß die Handlungsfreiheit nur sehr wenig von den in der betreffenden Zone geführten Operationen, fast gänzlich dagegen von Faktoren außerhalb dieser Zone abhängt.« (Beaufre 1973).

Die indirekte Strategie besteht aus äußeren und inneren Manövern. Das äußere Manöver dient dazu, die psychologischen Voraussetzungen für die »indirekte Strategie« zu schaffen. Darin waren die Sowjets jahrzehntelang dem Westen überlegen. Das innere Manöver rechnet mit den materiellen wie den moralischen Kräften und der Dauer der Auseinandersetzung. Das Sine qua non solch »moderner Kriegführung« – eine weitere Umschreibung für die hier dargelegten Fakten – ist die Unterstützung durch die Bevölkerung. Damit entfällt de facto die Unterscheidung von Kriegführenden und Nicht-Kriegführenden. Deshalb ist diese »moderne Kriegführung« nicht nur eine spezielle Art, Krieg zu führen, sondern Teil einer »totalen« Kriegführung. (Es sei hier an die Eskalation im Abschnitt über Subversion erinnert.) An die Stelle der Entscheidung ist nun die Ermüdung getreten. »Das führt zum Guerilla-Krieg, der so alt ist wie die Welt, von jeder Generation aber vergessen und dann wieder neu entdeckt worden ist . . . So gesehen, ist der Hundertjährige Krieg (zwischen Frankreich und England) im Grunde genommen nur ein sehr ausgedehnter Guerilla-Krieg gewesen, dessen abschließendes Ereignis das psychologische Wunder der Jungfrau von Orléans darstellte. (Beaufre 1973).

Guerilla-Krieg ist der Verschleißkrieg einer materiell und zahlenmäßig unterlegenen Truppe gegen eine Übermacht. Dieser ununterbrochene, lang anhaltende Verschleiß führt wiederum dazu, daß die Versorgung dieser Truppen ununterbrochene Zufuhr von außen – damit aber auch Pressionsmöglichkeiten von dort – zur Folge hat. Der Kampf der Kurden im Irak etwa war in dem Augenblick beendet, in dem der Iran aus außenpolitischen Gründen die Unterstützung der Rebellen einstellte. Die FNLA war in Angola so lange erfolgreich, weil sie Stützpunkte in Zaire hatte. Hilfe von außen läßt sich auch durch verstärkte Propagandatätigkeit erwirken, wie es im Falle von Biafra (der Sezessionsbewegung von Nigeria) der Fall war. Biafra konnte sich nur deshalb so lange halten, weil die Weltmeinung zum großen Teil auf der Seite der Aufständischen stand.

Jahrelang ging der Westen nicht nur militärisch, sondern auch psychologisch von einer »Politik der Stärke« aus. Anstatt also die schwachen moralischen Punkte der Gegner offenzulegen, vertraute man auf die eigene moralische und weltanschauliche Stärke, ohne die Glaubwürdigkeit, die innere Konsistenz und Relevanz des westlichen Standpunkts für die Länder der Dritten Welt in Frage zu stellen und zu reflektieren. Dies führte dort schließlich teilweise zum Zusammenbruch der ideologischen westlichen Positionen. Es war nicht gelungen, die »psychologische Streitmacht« aufzubauen, die im Rahmen des liberalen westlichen Denksystems den wirtschaftlichen, sozialen und theoretischen Bedürfnissen dieser Länder entgegenkam. Erst die KSZE (1975) mit ihrer Forderung nach Freizügigkeit von Menschen und Ideen hat den Osten etwas in die Defensive gedrängt und den Westen zum erstenmal in der zweiten Hälfte des 20. Jahrhunderts im Angriff gesehen.

Entscheidend bleiben allerdings die politischen und wirtschaftlichen Faktoren. Denn tatsächlich sind Revolutionen nur zu bekämpfen und haben Konterrevolutionen auch nur den Anflug einer Chance, wenn es ihnen gelingt, die sozialen Ungleichheiten entweder zu verhindern oder sie auszubeuten. Man hat daher »Krieg« und »indirekten Krieg« mit Chirurgie und innerer Medizin verglichen. Anstelle des Skalpells sollte hier die Impfung oder Gegenimpfung treten.

Die indirekte Strategie ist nichts anderes als die Grundlage für einen neuen Typus des Krieges: des revolutionären Krieges. Den revolutionären Krieg gab es seit jeher, man nannte ihn nur nicht so, sondern sprach von »Aufstand«. Diese Kriege gehören zum Erscheinungsbild der Dritten Welt. Daß in einem solchen Krieg etwa Nord-Vietnam über die USA siegte, liegt in einem Grundmuster dieser Kriege begründet: die eine Seite kämpft um ein vitales Anliegen (nationale Freiheit, einen menschenwürdigen Lebensstandard), die andere Seite dagegen mehr oder weniger um ihr Prestige. Materielle und moralische Stärke liegen hier im Widerstreit: mit der materiellen Schwäche der einen Seite korrespondiert ihre moralische Stärke und umgekehrt. Die Niederlage der USA war daher weitgehend durch die Tatsache bedingt, daß die Mehrzahl der Amerikaner den Eindruck hatte, nicht nur die »Freiheit« zu verteidigen, sondern zum erstenmal in ihrer Geschichte in eine Auseinandersetzung hineingezogen worden zu sein, in der die amerikanische Sache sich nicht unbedingt mit der »gerechten« Sache deckte. Es ist das, was man die »moralische« Schwäche der amerikanischen Position nennen könnte.

Natürlich ist es ein Unterschied, ob derartige »revolutionäre Kriege« als internationale oder interne Konflikte geführt werden. Aber es kann sich auch zeigen, daß interne Konflikte – wie in Angola – sich gerade in dem Augenblick zum internationalen Konflikt ausweiten, in dem ihre Voraussetzung (die koloniale Beherrschung) entfällt. Immerhin wird man die Phasen revolutionärer Kriege hier wie dort nachweisen können: Propaganda, Terrorismus, Mobilisierung der Bevölkerung, Partisanenkampf und erst dann den Einsatz der herkömmlichen Streitkräfte, denen immer noch die revolutionären Kräfte unterlegen sind.

In all diesen Phasen und unter allen Umständen muß man sich fragen, wie weit die eingesetzten Mittel dem angestrebten Ziel näherbringen. Terrormaßnahmen etwa in einem Stadium, in dem die Bevölkerung sich noch nicht mit den politischen Zielen der Aufstandsbewegung identifiziert hat, wird diese eher gegen die Aufständischen aufbringen als sie aktivieren. Die kubanische Strategie – durch einen kleinen Kern von Revolutionären nicht die Revolution, wohl aber deren Vorbedingungen zu schaffen – ist daher nicht immer anwendbar. Dies zeigt der Fall von Che Guevara. In jedem Fall muß die Unzufriedenheit der Massen durch das Verhalten der Regierung bedingt sein. Deshalb heißt es in einer revolutionären Anleitung: »Es ist notwendig, eine politische Krise in einen bewaffneten Konflikt mittels Gewalttaten so auszuweiten, daß die an der Macht befindlichen Kräfte gezwungen sind, die politische Situation des Landes in einen militärischen Ausnahmezustand zu verwandeln. Es wird sie von den Massen entfremden, die von nun an gegen Armee und Polizei revoltieren, da diese für den Stand der Dinge verantwortlich gemacht werden.« Die Kontrolle über die Bevölkerung ist eine der Vorbedingungen erfolgreichen Terrors. Aus diesem Grunde hatten die Anschläge der deutschen Anarchisten zu Beginn der siebziger Jahre keinen Erfolg. Die Erfahrungen mit Terror in Vietnam und Algerien sind gegenteilig: der Terror verstärkte hier die Kontrolle über die Bevölkerung. Um solche Kontrolle zu erreichen, ist Propaganda notwendig. Das heißt: Erfolge der Aufständischen zu propagieren ist wichtiger noch für die Zone des Aufstandes selbst, als gegenüber dem Gegner, gegen den sich die Maßnahmen richten. Der Aufbau der geheim operierenden revolutionären Partei stützt sich auf solche Propaganda. Sie muß in die Schlüsselpositionen der zu stürzenden Verwaltung oder Regierung einsickern, sie muß fähig sein, die Bevölkerung zu kontrollieren und zugleich unter schwierigen Umständen in der Lage sein, ihre Doktrin durchzusetzen. Diese Besonderheiten machen es der »counter-insurgency« schwer, sich dem Kampfstil eines Gegners anzupassen, von dem man nicht weiß, wo er sich überhaupt befindet. Da sie oft nicht den Organisationsgrad des Gegners kennt, ist sie nicht fähig, sich entsprechend auf ihn einzurichten.

Erst wenn all diese Voraussetzungen erfüllt sind, ist es sinnvoll, zum offenen Kampf überzugehen. Bis es zu diesem Stadium kommt, ist – wie gezeigt – die Unterstützung von außen und die Propaganda von außen von entscheidender Bedeutung. Die vorbereitende Phase bis zum Aufstand ist ausschlaggebend für den späteren Sieg. Denn »low intensity operations« sind nur dann erfolgreich, wenn die Stellung schon unterminiert ist, bevor es zu einem offenen Kampf kommt.

3.4 Moskau und Peking zum »Volkskrieg«

Angesichts solch allgemeiner Züge der »nationalen« Revolution, die Guerillakrieg und Terror einschließt, wird es wichtig, einen Blick auf die Haltung der Sowjetunion und Chinas zu werfen. Seit Stalins Tod gehörte es zur offiziellen Doktrin auch der Sowjetunion, daß nicht jede nichtkommunistische (um nicht zu sagen bürgerliche) Regierung in Ländern der Dritten Welt ein »Lakei« des US-Imperialismus sei. Sie hatte gelernt, zwischen »fortschrittlichen« und »nicht fortschrittlichen« nationalen Bourgeoisien zu unterscheiden. Damit sollten vor allem die bis dahin neutralistischen neuen Staaten langsam in kommunistisches Fahrwasser gebracht werden. Dies ist der tiefere Sinn der Tatsache, daß Moskau seit den sechziger Jahren besonders enge Beziehungen auch zu Staaten unterhielt, in denen kommunistische Parteien verboten waren, etwa Ägypten, dem Irak, Indonesien und Indien. Die Tatsache, daß sie bereit waren, den Kampf gegen »Imperialismus und Militärblöcke« aufzunehmen, das heißt praktisch, sich anti-amerikanisch zu orientieren –, überlagerte die Tatsache, daß sie nicht bereit waren, den »richtigen« Weg nach Moskauer Muster einzuschlagen. »Obwohl sowjetische Ideologen eine Politik zur Unterstützung (meist moralischer Unterstützung) nationaler Befreiungskriege ausgearbeitet hatten, demonstrierte der Kreml wieder und wieder – unter anderem in Algerien, Zypern und Ägypten –, daß er nicht so sehr daran interessiert war, lokale Revolutionen zu ermutigen, sondern Alliierte für Russland zu gewinnen und soweit möglich die russische Einflußsphäre auszuweiten.« (Barnet 1968).

Nur so war es erklärlich, daß – etwa im Falle Indonesiens und des Irak – Moskau Militärhilfe an Länder mit Militärregimes gab, die innenpolitisch die stärksten Widersacher einer kommunistischen Partei sind. Deshalb sind amerikanische Autoren gegen Ende der sechziger Jahre zu dem Schluß gelangt, daß »aufgrund der Bedürfnisse ihrer Außenpolitik die UdSSR zu einer starken Bremse kommunistischer Revolutionen geworden ist.« (Barnet 1968). Eindeutig steht fest, daß in den meisten Fällen kommunistisch inspirierte Revolutionen nicht von Anfang an auf Hilfe der Sowjetunion rechnen konnten. Sie mußten erst einmal einen »Leistungsnachweis« erbringen. Das galt auch für Fidel Castro und Kuba. Deshalb lautet ein Fazit so: »Die Vereinigten Staaten haben meistens nicht die Akkumulation von örtlichem Kapital begünstigt, und die Sowjetunion hat gegen die örtlichen Revolutionäre opponiert.« (Barnet 1968). Dahinter steht nichts anderes als die Behauptung, daß das nationale Interesse der Großmächte vor deren ideologischem Interesse rangiert.

Die Vorsicht der Sowjets, nationale Befreiungsbewegungen zu unterstützen, gründete sich seit Mitte der sechziger Jahre auch auf ihre Konkurrenz zu Peking. Seitdem China zu einem beachtenswerten Konkurrenten im Kampf um die Länder der Dritten Welt geworden war, waren sie niemals ganz sicher, auf welcher Seite sich eine künftige revolutionäre Regierung schlagen werde.

Damit bahnten sich Entwicklungen an, die dahin führten, daß Moskau mit seinen offiziellen Beziehungen zu den Staaten der Welt die Rolle der Gewalt herunterspielte, während Peking – bis zu Beginn der 70er Jahre in weiten Teilen der Welt noch ein »outlaw« – bis dahin die befreiende Rolle der Gewalt besonders herausstellte. Seit der Aufnahme in die UNO, speziell aber seit der Aufnahme diplomatischer Beziehungen zu den USA hat sich dann allerdings eine Parallelisierung zur Entwicklung der Sowjetunion insoweit vollzogen, als auch in der chinesischen Politik der Einsatz direkter Gewalt nicht mehr so im Vordergrund stand wie zuvor.

Nach 1965 hatte Peking von den vier »Widersprüchen« in der Welt – dem Widerspruch zwischen dem sozialistischen und imperialistischen Lager, zwischen Proletariat und Bourgeoisie in kapitalistischen Ländern, zwischen sogenannten unterdrückten Nationen und dem Imperialismus und zwischen den imperialistischen Ländern selbst – zunächst dem »antiimperialistischen« Kampf gegen die USA die höchste Präferenz eingeräumt. Später hat die Auseinandersetzung mit dem »Sozialimperialismus« der UdSSR Priorität bekommen. Peking unterscheidet zwei Arten von nationalen Befreiungskriegen: »Die erste ist eine nationale demokratische Revolution, die vom nationalistischen Bürgertum angeführt wird und deren Ziel es ist, wirkliche Unabhängigkeit von fremder Kontrolle ebenso wie die Abschaffung der sogenannten Feudalstruktur des Landbesitzes zu erreichen. Die zweite ist eine nationale demokratische Revolution, die von Kommunisten angeführt wird und die die erste Phase einer zweiphasigen (erst nationalen, dann sozialistischen) Revolution umfaßt, die im gegebenen Falle dann zum Kommunismus führt.« (Van Ness 1970).

Trotz der Konsolidierung der chinesischen Außenpolitik nach der Kulturrevolution ist die verbale Unterstützung nationaler Befreiungskriege durch Peking geblieben; die tatsächliche Interventionsbereitschaft aber hat sich keineswegs in dem Maße erhöht, in dem sich die Lage Chinas konsolidierte. Allerdings kann die chinesische Doktrin darauf verweisen, daß sie sich im Einklang mit der Praxis befindet. Sie besagt, daß die Befreiung eines Landes nur durch dessen eigene Anstrengung erfolgen kann. Dabei haben die Chinesen das Vorbild ihres eigenen zweiundzwanzigjährigen Kampfes vor Augen, wenn sie sagen: »Macht eure eigene Revolution. Ihr habt unser Beispiel und unsere weiterwährende Ermutigung.« Der frühere amerikanische Außenminister Dean Rusk hat deshalb von einer »Do-it-yourself-Ausrüstung für Revolutionen« gesprochen. Die 1966 geschriebenen Sätze des – später gestürzten – Lin Piao bleiben daher bis heute gültig: »Revolution oder Volkskrieg ist in jedem Land die Angelegenheit der Massen dieses Landes und sollte in erster Linie von ihnen geführt werden; es gibt keinen anderen Weg.« (van Ness 1970). Die vorherrschende Methode, revolutionäre Bewegungen zu unterstützen – damit wird China zum Konkurrenten der UdSSR – war und ist nicht in erster Linie, Pro-Peking Parteien (hierzulande meist maoistische Parteien genannt) zu unterstützen, sondern nationalistische Volksfrontbündnisse, in denen die jeweilige kommunistische Partei ihre Rolle zu spielen hat. Mit ihrer Betonung der Selbsthilfe ist es vor allem Peking gelungen, Außenpolitik und Ideologie bruchlos miteinander zu verbinden. Denn einer Ideologie, derzufolge der interne revolutionäre Kampf die Grundlage für den Sieg der Revolution bilden muß, wird es leicht zu erklären, warum die tatsächliche Unterstützung der Chinesen in nationalen Befreiungskriegen – zumindest im Verhältnis zur UdSSR und den USA – bisher (abgesehen vom Fall Korea) relativ gering geblieben ist.

3.5 Konterrevolution und Counter-Insurgency

Im Licht dessen, was über den revolutionären Volkskrieg (der ein Abnützungskrieg ist) gesagt wurde, stellt sich nun die Frage: Wie ist ihm zu begegnen? Denn das Grundproblem ist hier ganz anderer Art als in jedem »klassischen« Krieg. Es lautet nicht mehr: wie schlage ich meinen Gegner? Vielmehr heißt es: Wie beseitige ich die Gründe für den revolutionären Aufstand? Gegen den Aufstand ist also der »Gegen-Aufstand« zu setzen, in der Fachsprache genannt: Counter-Insurgency. Definiert wird dieser Gegen-Aufstand als »diejenigen militärischen, paramilitärischen, politischen, ökonomischen und zivilen Aktionen, die von einer Regierung unternommen werden, um einen subversiven Aufstand zu bekämpfen«. Die konterrevolutionären Zielsetzungen liegen auf der Hand, selbst dort, wo sich nationalistische und soziale Forderungen durchdringen. Über die Bedeutung der Counter-Insurgency, die sowohl Zweck wie Mittel zugleich ist, ist daher mit Recht gesagt worden: »Counter-Insurgency ist der Grundstein amerikanischer Außenpolitik in der Dritten Welt.« (Mack 1975). Dies bedeutet keine Denunziation der USA, sondern lediglich die Feststellung: die früheren Kolonialmächte (Frankreich, Großbritannien) spielen auf diesem Feld seit den sechziger Jahren nur noch in Ausnahmefällen eine Rolle; die sozialistischen Großmächte sind per definitionem in der Dritten Welt (in ihrem eigenen Machtbereich sieht es anders aus) vorrangig mit der Revolution beschäftigt, so daß nur die USA als konterrevolutionäre Macht mit den dazu gehörigen Macht-Instrumenten übrigbleibt.

Andererseits sollte nicht vergessen werden, daß ein Großteil der frühen Erfahrungen mit Guerilla-Kriegen von den Engländern gemacht worden sind. In Malaya 1948–1960, in Kenia 1952–56 und in Zypern 1955–59 hatten sie es mit Guerilla-Kriegen zu tun, gegen die sie entsprechende Gegenmaßnahmen entwickelten. Insgesamt hat man von 1945–1970 ca. 36 Einsätze der englischen Armee gezählt. Allerdings sind deren Erfahrungen von den Amerikanern in Vietnam aufgrund ihrer materiellen Überlegenheit nur zögernd aufgegriffen worden. »Auf amerikanischer Seite war das Denken ganz wesentlich vom Vorrang des ›Materials‹, auf nordvietnamesischer Seite vom Vorrang des Menschen gekennzeichnet.« War das Eingreifen der Amerikaner gegen die »Groß-Guerilla« erfolglos, so hatte ihre Hilfe gegen die südamerikanische »Klein-Guerilla« mehr Erfolg.

Wo eine Macht Counter-Insurgency als Instrument einsetzt, verfolgt sie damit zugleich Ziele. Dazu gehört die Absicht, marxistische oder kommunistisch inspirierte Revolutionen zu verhindern oder rückgängig zu machen. Was das allerdings sei, bleibt umstritten. Tatsächlich gilt auch heute noch die Beurteilung von Barnet: »Das Wort ›kommunistisch‹ ist derart freizügig und verschwommen auf revolutionäre oder radikale Regimes angewandt worden, daß Regierungen in Gefahr geraten, derart charakterisiert zu werden, wenn sie einen oder mehrere der folgenden Züge annahmen: Nationalisierung der Privatindustrie, insbesondere von ausländischen Gesellschaften, eine durchgreifende Landreform, eine autarke Handelspolitik, Annahme sowjetischer oder chinesischer Hilfe, das Bestehen auf einer anti-amerikanischen oder neutralen Außenpolitik u. a.« (Barnet 1968). Wenn diese Fälle eintraten, schien entweder die amerikanische nationale Sicherheit und/oder Freiheit und Demokratie bedroht. Dies, zusammen mit einer Vorstellung revolutionärer Ansteckungsgefahr, die in der »Domino-Theorie« mündete, hat dazu geführt, daß die USA im Laufe der Jahrzehnte ein ganzes Arsenal von Counter-Insurgency-Maßnahmen ins Auge faßten.

Die Domino-Theorie trat in mehreren Versionen auf. Die schlichteste Variante: wenn ein Land in kommunistische Hände fällt, fallen auch die anderen in kommunistische Hände. So ist ein Satz wie der folgende zu verstehen: »Wir müssen die Kommunisten in Vietnam bekämpfen, sonst werden wir sie an der Küste Kaliforniens bekämpfen müssen.« (zit. nach Mack 1975). Diese Eindämmungstheorie des Kommunismus wurde von amerikanischen »Tauben« während des Vietnam-Krieges mit dem Argument bekämpft, der Begriff der nationalen Sicherheit werde damit derartig überzogen, daß er jeden Sinn verliere. Eine zweite Domino-Argumentation war die: nicht das nationale, sondern das Übersee-Interesse, d. h. vorwiegend das wirtschaftliche Interesse der USA, verlange nach einem »global insurgency«-Programm. Deshalb sei das Vietnam-Engagement unsinnig. Eine »gemischte« Argumentation, für Vietnam gedacht, doch auch auf andere Länder übertragbar, findet sich in den »Pentagon Papers« in einer Ausarbeitung aus dem Jahre 1964. Darin wurden 70 % des Engagements als notwendig angesehen, um den USA eine Demütigung zu ersparen (damit aber zugleich ihre zukünftige Glaubwürdigkeit zu erhalten), 20 %, um Vietnam nicht in chinesische Hände fallen zu lassen, 10 %, um dem Volk Süd-Vietnams ein freieres, demokratisches Leben zu gewährleisten. Wie immer man die Prozentzahlen bewerten mag, so scheint doch auch für das amerikanische Engagement diese gemischte Motivation bezeichnend zu sein, zu der auch ökonomische Interessen (Verlust von Märkten und von strategischen Rohstoffen) und die allgemeine strategische Überlegung zu zählen sind, die Verschiebung des globalen Gleichgewichts von sozialistischem und kapitalistischem Lager.

Es ist festzuhalten, daß militärische Interventionen der USA auch vor 1945 trotz der amerikanischen Isolationismus-Legende stets üblich gewesen sind.

Zwischen 1798 und 1945 zählte man 160 militärische Einsätze. Es ist aber ebenfalls festzuhalten, daß militärischer Einsatz – insbesondere jenseits der eigenen Hegemonialsphäre – immer kostspieliger wurde. Was in Indochina von den 15000 Mann französischer Besatzungstruppen während einer Dauer von fast 100 Jahren kolonialer Herrschaft aufrechterhalten wurde, gelang in den sechziger und siebziger Jahren nicht einmal mehr einer halben Million amerikanischer Soldaten trotz großer materieller Unterstützung; sie konnten das Land nicht halten. Dennoch (oder gerade deswegen) ist das Paradox zu verzeichnen, daß das amerikanische Counter-Insurgency-Potential sich in der Zeit bis 1960 und in der Phase danach wie eins zu zwölf verhielt. Was man »flexible response« nennt, eine militärische Doktrin, die die »massive retaliation« ablöste, hat in der Praxis der sechziger und siebziger Jahre nicht dazu gedient, begrenzte, aber eben konventionelle Kriege abzudecken, wie sie etwa im Nahost-Konflikt und anderswo geführt wurden, sondern im wesentlichen dazu, die Kapazität für die Anti-Guerilla-Kriegführung zu erhöhen. Während in Frankreich das Interesse der Öffentlichkeit am Thema »Kolonialkrieg«, um ein altmodisches Wort zu gebrauchen, mit dem Verlust von Indochina und insbesondere Algerien abebbte, nahm entsprechend die Literatur mit dem zunehmenden Engagement der USA in Vietnam zu. Insbesondere seit der Kennedy-Regierung änderten sich sowohl Begründung wie Umfang der Militärhilfe »von der Verteidigung der Hemisphäre zur inneren Sicherheit, von dem Schutz der Küsten und von der U-Boot-Kriegführung zur inneren Verteidigung gegen castro-kommunistische Guerilla-Kriegführung.« (Mack 1975).

Auf zweierlei Wegen versuchte man, die Aufstandsbewegungen in den Griff zu bekommen, einmal durch eine Verfünffachung der sogenannten »Army Special Forces«, aber auch – was in diesem Zusammenhang ebenso wichtig ist – durch Forschungsprogramme für Sozialwissenschaftler. Mittels ihrer Hilfe sollten sowohl die Gründe für die Revolten der Dritten Welt wie Techniken, sie zu bekämpfen, erarbeitet werden. Zu Beginn der sechziger Jahre ist man nur selten auf die ziemlich einfache Formel gekommen, daß es nämlich für die jeweiligen Machthaber in Asien und Afrika schwierig sein könnte, ein möglichst günstiges Arbeits-, d. h. Investitionsklima für amerikanisches Kapital zu schaffen, zugleich aber auch eine Atmosphäre, die ein Maximum an nationaler Entwicklung (das schließt sozialen Wandel ein) gewährleistet. Immerhin wurde erkannt, daß die militärische Unterdrükkung von Aufständen nur an den Symptomen kurierte, nicht jedoch an den Gründen. Deshalb war die Intention des Projekts »Camelot«, den Gründen für den »Internal war«, der Bedingung für das immer neue Entstehen eines Potentials innerer Kriege nachzugehen. Der entscheidende Unterschied dieses »soft approach« zum rein militärischen Denken lag darin, daß man nun nicht mehr den Versuch machte, etwa die Bauern zu einer Unterstützung der Regierung zu *überreden*, sondern sie von einer Unterstützung der Guerilleros *abzuhalten*. Wie die Entwicklung zeigte, hat aber die militärische Seite der Anti-Aufstands-Doktrin immer wieder gesiegt. »Die Geschichte des Vietnam-Krieges liefert genügend instruktives Beweismaterial für den minimalen Effekt des ›software approach‹, wie es von Sozialwissenschaftlern befürwortet wurde.« (Mack 1975).

Wichtigstes Mittel der Analyse, Steuerung und Bewältigung von Krisen blieb aus den verschiedensten Gründen die militärische Aktion. (Das gilt allerdings nicht mehr, wenn ein kommunistisches Regime schon die Macht ergriffen hatte. Beispiel dafür ist Chile.)

Der entscheidende Grund für die Überlegenheit der militärischen Denkweise ist der, daß immer wieder der Eindruck entstand, man habe keine Zeit zu verlieren. Sozialökonomische Reformen aber, die das revolutionäre Potential verringern könnten, benötigen Zeit. Daran aber scheint es stets zu fehlen (und fehlt es im fortgeschrittenen Stadium des revolutionären Krieges tatsächlich). Der Einsatz militärischer Mittel scheint sich deshalb aus der Sicht der entscheidenden Führungspositionen als einzige Möglichkeit anzubieten. Nicht zuletzt aber werden die intervenierenden Mächte, selbst wenn sie die Notwendigkeit von durchgreifenden Reformen einsehen sollten, erkennen, daß sie auf die Hilfe der herrschenden Schicht angewiesen sind, auf die sie sich im Innern eines Landes stützen. Der ungewisse Ausgang von Reformen ohne eine Unterstützung der herrschenden Klasse aber käme dem sicheren Mißerfolg gleich.

Erst in letzter Zeit ist man auf eine Erscheinung aufmerksam geworden, die in ihrer ganzen Tragweite etwa in den Fällen von Indochina und Algerien im Verhältnis zu Frankreich und im Verhältnis zu den USA erkennbar wurde: der nationale Befreiungskrieg wird nicht nur in der Peripherie, sondern ebenso in den Metropolen ausgetragen. »Es ist ganz wesentlich zu verstehen, daß bei dem Typus von Krieg, der hier diskutiert wird, zwei Schlachtfelder vorhanden sind, das eine blutig und meist unentschieden im Heimatland der Aufständischen, das andere nicht gewalttätig, aber im letzten entscheidend, im Heimatland der auswärtigen Macht.« (Mack 1975). Über diese Art von Gefährdung ist bisher kaum geschrieben worden; aber unleugbar ist, daß der Vietnam-Krieg nicht in Vietnam, sondern in Washington und New York entschieden wurde.

In diesem Zusammenhang muß festgehalten werden, daß antirevolutionäre Aktivitäten zumeist von Staaten ausgehen, die eine demokratische Regierungsform besitzen. So sind diese Staaten von vornherein dem Zwang ausgesetzt, schnell handeln zu müssen. Denn nichts hält die Öffentliche Meinung solcher Staaten weniger aus, als einen Zustand der Spannung, in dem keine Entscheidung fällt. Da aber die Guerilla-Kriegführung auf lange Zeiträume eingestellt ist, wird der Zeitfaktor zu einer weit stärkeren Belastung für eine demokratische Innenpolitik als für die Guerilleros, sofern der nationale Befreiungskrieg noch nicht zur Bildung einer neuen Autorität geführt hat. Sozialistische Staaten, in denen die Bildung einer Öffentlichkeit nur in Ausnahmefällen möglich ist, unterliegen solchem Druck grundsätzlich weit weniger. So erklärt sich der immer wieder festzustellende Rückgriff auf militärische Mittel von seiten der USA (oder der Staaten, die von ihnen indirekt unterstützt werden).

Auf drei Faktoren ist zusammenfassend hinzuweisen:

1) Auf die Unterscheidung von militärischen und politischen Eliten in den westlichen Ländern. Die politische Elite im Heimatland kann – wie im Falle Vietnam – die Aktionen der militärischen Elite angeordnet haben, kann sogar deren Eskalation verantworten und dennoch (als Reflex auf die Reaktionen der öffentlichen Meinung) der Militär-Elite ihre Unterstützung entziehen.

2) Auf den Zeitfaktor, der – wie gezeigt – stets die revolutionären Kräfte begünstigt.

3) Auf die Tatsache, daß die Militärtechnologie das alleinige Mittel zu sein scheint, einen zeitlich unabsehbaren Krieg zu verkürzen. Damit aber wird zugleich jede Möglichkeit abgeschnitten, sozialen Wandel in dem Sinn zu initiieren, daß das Potential für Revolutionen verkleinert wird. Es ist dies ein Teufelskreis, den in den letzten Jahren die amerikanischen Experten durchaus erkannt haben. Ihn zu durchbrechen, ist bisher aber noch kein Mittel gefunden worden.

Was nach Vietnam blieb, war die Erkenntnis, daß mit Bomben keine Konterrevolution zu machen war (»Military forces cannot force«). Wieviel sich in dieser Beziehung innerhalb von acht Jahren geändert hatte, zeigt der Vergleich der amerikanischen Intervention in der Dominikanischen Republik im Jahre 1965 und die amerikanische Rolle in Chile. »Die Maßnahmen, die man benutzte, um die Regierung Allende in Chile zu stürzen, stellt die ausgearbeitetste der ›low-profile‹-Techniken zeitgenössischer amerikanischer Conter-Insurgency-Strategie dar«. (Mack 1975).

Während wir von den Guerilleros gesagt hatten, es sei das Problem ihrer Gegner, erst einmal den Feind zu finden, wird es nun zum Problem, erst einmal die ausländischen Interventionen nachzuweisen. Denn Counter-Insurgency wird meist nicht mehr von dem intervenierenden Land selbst betrieben, sondern von Truppen des Landes, in dem die Guerilleros operieren. So war es im Fall von Che Guevara, der im Oktober 1967 unter der Führung von CIA-Agenten von bolivianischen »Rangers« gefangengenommen und erschossen wurde. (Marchetti/Macks 1974). Die Counter-Insurgency-Techniken haben sich also auf den Wandel der Machtverhältnisse wie auf den Wandel der Weltmeinung eingestellt. Weil es nicht mehr akzeptiert wird, daß Großmächte schon immer kleinere Staaten zu einer Politik gezwungen hatten, die *ihren* und nicht *deren* Interessen entsprach, sind nunmehr auch diese Mächte gezwungen, subversive konterrevolutionäre Techniken einzusetzen, um zu ihrem Ziel zu gelangen. Zwar waren indirekte Techniken schon beim Sturz des iranischen Premierministers Mossadegh 1953 angewandt worden, doch waren damals die »klassischen« Geheimdienst-Techniken, z. B. der Bestechung, sehr viel wichtiger als die wirtschaftlichen Sanktionen, wie sie später bei Allende eine Rolle spielten.

In der internationalen Auseinandersetzung der Staaten hat sich die Strategie geändert. Sie ist als Anpassung auf die veränderte Weltlage und auf eigene Erfahrungen zu verstehen. Mit der Anerkennung der Volksrepublik China ist das offene Bekenntnis zur Revolution noch schwächer geworden. Insgesamt aber haben auch Entspannung, Détente nichts an dem grundsätzlichen Kampf der Systeme geändert. Im Gegenteil: Mit dem zunehmenden Gewicht etwa der afrikanischen Staaten haben sich die Schauplätze der Zahl nach vergrößert. Seit dem Ende der sechziger Jahre ist auch dort in Rechnung zu stellen, was vorher schon für Lateinamerika und Asien galt: Staaten werden zu Exponenten fremder Interessen – und dies alles im Sinne einer Ideologie der Unabhängigkeit von den Blöcken, sprich: von deren Hegemonialmächten.

Ideen können nie über einen alten Weltzustand, sondern immer nur über die *Ideen* des alten Weltzustandes hinausführen.

Karl Marx

4. Die geschichtliche Dimension

Es wäre falsch, wollte man aus den Bedingungen von Revolutionen *heute* (das sind die Bedingungen einer sehr oft »außengeleiteten« Revolution) den Schluß ziehen, es handele sich bei ihnen um eine erst in unseren Jahrzehnten auftretende Mutation des Phänomens Revolution. Tatsächlich sind schon in den großen Revolutionen des 18. und 19. Jahrhunderts gegenseitige Einflüsse und gegenseitige materielle Hilfe festzustellen. »Jede Aufstandsbewegung hat fremde Hilfe gesucht und in den meisten Fällen in dieser oder jener Form erhalten. Lafayette und Kościuszko führten französische und polnische Rebellen zur Unterstützung der amerikanischen Rebellen an. Die Flotte von Admiral de Grasse half den entscheidenden Sieg zu gewinnen. Daß es Benjamin Franklin gelang, von einem absolutistisch regierten Frankreich die entscheidende Hilfe für den amerikanischen Unabhängigkeitskrieg zu erhalten, hat die freiheitlichen Amerikaner keinen Augenblick gestört.«

Was hier für die erste, für die amerikanische Revolution konstatiert wird, gilt für alle weiteren. Neben der neuen Qualität der Revolutionen in der zweiten Hälfte des 20. Jahrhunderts sind auch Eigenschaften zu erkennen, die sie miteinander verbinden (zumindest verbinden könnten), insbesondere soweit es Form und Inhalt ausländischer Einflußnahmen angeht. Nach den theoretischen Kapiteln suchen wir in historischen Fallstudien Antwort auf die Fragen: Ist auswärtige Einmischung in und Einfluß auf Revolutionen ein modernes Phänomen? Oder sind nur die *Formen* neu, mit denen heute versucht wird, Einfluß auf den sozialen Wandel in anderen Staaten zu nehmen? Eine Antwort wird durch Kurzanalysen von Frankreich 1789, Deutschland 1848, Rußland 1917, Deutschland 1918, Spanien 1936 und Prag 1968 zu geben versucht. In ihnen zeigen sich Ansätze von Kontinuität und Wandel des Untersuchungsgegenstandes im Verhältnis zu seinen externen Faktoren. Nicht eine Revolutionstypologie wird dargeboten; es wird versucht, die externen Faktoren dieser Revolutionen und Konterrevolutionen so zu isolieren, daß sie deutlicher aus ihrem Umfeld hervortreten.

4.1 Die Französische Revolution – ein Modell

Die erste der europäischen Revolutionen kann als ein Beispiel für die Verschränkung von Innen- und Außenpolitik, für die Unterstützung von Revolution und Konterrevolution von außen gelten. Sie hat nicht nur Impulse von außen aufgenommen – sie hat auch das revolutionäre Pathos eines »strukturellen Krieges« (Rosenau) verbreitet. Die Französische Revolution wurde so binnen kurzem zu einer europäischen Revolution. »Als es erst zu der französischen Explosion gekommen war, übersprang sie ihre nationalen Grenzen im Krieg von 1792 und trug die revolutionäre Ideologie und die soziale Unruhe in alle Teile Europas. Im Verlauf dieser Ereignisse wurden der Charakter des internationalen Systems und seine Annahmen über Legitimität verändert. Selbst wenn man annimmt, daß diese Welt 1815 ›wiederhergestellt‹ wurde, so war die Welt danach gezeichnet durch einen defensiven, ideologischen Konservativismus und einen heterogenen revolutionären Untergrund in den größeren Staaten Europas.« (Kelly/Miller 1969).

Schon während der prärevolutionären Phase war eine langsame ideologische »Aufwärmung« zu beobachten, die ein sozialrevolutionäres Klima erzeugte. Doch soll hier nur angedeutet werden, daß vieles, was modern erscheint, schon in der zweiten Hälfte des 18. Jahrhunderts zu beobachten war. Voltaire und Rousseau etwa gehören zu denen, die in der vorrevolutionären Zeit im Exil leben mußten, gleichwohl von den Regierungen des – später so genannten »Ancien Régimes« – mißtrauisch beobachtet wurden. Der extreme Einfluß von Emigranten auf die inneren Zustände ihrer Geburtsländer zeigte sich schon damals. Lange vor Metternich und der »Heiligen Allianz« (1815) war man sich in den regierenden Kreisen Frankreichs bewußt geworden, daß die aufklärerische Propaganda, wie sie etwa von der Schweiz und den Niederlanden ausging, zu wirken begonnen hatte. Später überflutete die französische Revolutionsregierung ihrerseits Europa mit billigen Nachdrucken der Schriften Rousseaus und der Aufklärer. Gegen sie setzte England Übersetzungen der Konterrevolutionäre Burke und de Maistre. In beiden Fällen war die Penetration des sozialen Systems das Ziel. Aber auch auf anderen Wegen wurde dieses Ideengut verbreitet. So lieferte der Amerikaner Thomas Paine von Frankreich aus – über den Kanal hinweg – geradezu einen Gedankenkrieg mit Edmund Burke. In ihm manifestierte sich der direkte Einfluß der amerikanischen Entwicklung auf die Revolutionen Europas. Paine, einer der großen Pamphletisten der amerikanischen Revolution, antwortete auf Burkes »Betrachtungen über die Französische Revolution« (1790) mit dem ersten Teil seiner »Menschenrechte« (1791). Er hoffte, damit die Revolution nach England hinüberzutragen, doch die englische Regierung verbot die Schrift. Umgekehrt hatte General Lafayette sich seinen Ruhm neben Washington erworben. Diese französisch-amerikanische Symbiose führte später dazu, daß heimkehrende französische Soldaten die freiheitlichen Ideen in ihr Heimatland zurückbrachten und damit zu Boten des Aufstandes wurden. Für die »Patrioten« Amerikas wiederum war das Eingreifen Frankreichs von entscheidender Bedeutung gewesen, weil die französische Armee – die damit ihre Niederlage gegen die Engländer im Siebenjährigen Krieg wettmachen wollte – ihnen erst die Machtbasis gab, um die Briten zu schlagen. Das heißt: die französische Armee besiegte als Instrument eines dynastischen Staates einen anderen dynastischen Staat; zugleich aber wurde sie damit zum Wegbereiter eines damals revolutionären Nationalstaates, der die Fremdbestimmung ablöste.

In dem anhebenden Krieg zwischen der alten Ordnung und der revolutionären Macht in Frankreich finden wir alle Elemente moderner revolutionärer Erfahrung. Man mag darüber streiten, ob die Organisation der Verschwörung das Werk »der französischen, eine protestantische Politik verfolgenden Freimaurerei« (Beaufre 1973) gewesen sei. Tatsache ist, daß die Anfangserfolge der französischen Truppen nicht zuletzt durch ein Element des Guerillakrieges erklärbar sind. »Fast überall kamen den französischen Truppen starke und sehr aktive ›fünfte Kolonnen‹ – wie wir sie heute nennen würden – zu Hilfe. Die ›Patrioten‹ brachten die Städte zum Aufstand, öffneten die Tore und lähmten den Widerstand der bestehenden Ordnung« (ebda.). Angesichts der Sympathien, die sie erhielt, ernährte sich die französische Armee fast ausschließlich von dem Land, in das sie einmarschiert war. Das ging allerdings nur so lange gut, bis den Bürgern der Unterschied zwischen »rückschrittlicher« Ausbeutung und »fortschrittlicher« Ausplünderung nicht mehr einsehbar war. So mußten die Franzosen Frankfurt aufgeben, weil einheimische Handwerksburschen die französischen Batterien überfallen hatten – »fünfte Kolonnen«, nunmehr in anderer Richtung. Im Inneren Frankreichs wurden die aristokratischen Offiziere der Zusammenarbeit mit dem Feinde verdächtigt; 6000 von ihnen verließen danach das Land. Infiltration und Subversion liegen hier vor – und auch das Beschuldigen von nicht-revolutionären Gruppen wegen revolutionärer Schwierigkeiten. Selbst vom Instrument der »Marionettenregierung« wurde Gebrauch gemacht, ohne daraus eine Theorie zu entwickeln. In Mainz, wo Offizierskorps und Universität schon zuvor zur »französischen«, d. h. der Aufklärung zugeneigten Partei gehört hatten, waren z. B. 1792/93 die französischen Truppen als Vorbild einer besseren Zukunft begrüßt worden. General Custine hatte allerdings weniger die neuen Freiheiten, sondern nationale Interessen, nämlich die Ausweitung Frankreichs auf seine »natürlichen« Grenzen (Alpen–Pyrenäen–Rhein), im Sinne. Weil dieses machtpolitische Interesse allzu offen gezeigt wurde, fanden sich später von 10000 Wahlberechtigten nur noch 375 Einwohner bereit, den Treueeid auf die französische Republik zu leisten.

Trotz dieser kleinen Zahl von Befürwortern, zu deren Überbringer sich Friedrich Forster, Weltreisender und scharfsichtiger Analytiker der Revolution, gemacht hatte, wurde am 30. März 1793 der Mainzer Raum in die französische Republik eingegliedert. Eine Pseudo-Legitimation diente also dazu, die politische Eingliederung in einen revolutionären Staat zu rechtfertigen.

Aufbau und Abwehr revolutionärer Bewegungen lassen sich noch in anderer Hinsicht studieren. Die stärkste Waffe der Revolution gegen die Verteidiger des Ancien Régimes im Innern waren dessen Anhänger im Ausland. Denn die Emigranten wandten sich zwar gegen die Revolution, aber damit – angesichts des Angriffs der »legitimen« Herrscher – auch gegen Frankreich. Die damit gegebene Möglichkeit der Diffamierung nutzte die revolutionäre Regierung zur Stärkung ihrer Stellung ebenso aus wie die Desertion der Offiziere. Die Hinweise auf unpatriotisches Verhalten waren die stärkste Waffe gegen die Konterrevolution. Daraus folgert, daß der revolutionären Sache nichts besser nützt als die Identifikation von Idee und Interesse, von nationaler Sache und politischer Form.

Andererseits führte das Zusammenwirken von Intervention und Gegenrevolution in Frankreich im Sommer 1793 zur bis dahin schwersten Krise der Revolution. In diesem Falle unterstützte insbesondere England die Aktionen der Adeligen, Priester und Bauern im Westen Frankreichs, in der Vendée. Die Stärke dieses anti-revolutionären Widerstandes beruhte darauf, daß sich seine Anhänger mit einer Person identifizieren konnten. Nicht ein System, sondern die Person des Königs stand im Zentrum des Widerstandes. Daß das inzwischen radikal gewordene Regime dennoch überlebte, lag an der zweifach, innen- wie außenpolitisch gespaltenen Opposition. »Es war ein Glück für das Regime der Montagnards in Paris, daß die Anhänger der in der Hauptstadt gestürzten Girondisten sich in ihren republikanischen Zielsetzungen völlig von den Königstreuen in Westfrankreich unterschieden.« (Naujoks 1969). Hinzu kam, daß die britischen und österreichischen Kabinette die Abtretungen französischen Gebiets von den royalistischen Franzosen verlangten, so daß deren moralische Autorität geschwächt war. Und schließlich kam die »levée en masse« hinzu, die – unter dem Schreckensregime geboren – die erste Massenaushebung der modernen Geschichte darstellt, eine Revolutionierung des Kriegsbildes innerhalb der Revolution selbst.

Die interessanteste Phase der Französischen Revolution begann aber zweifellos mit der Errichtung des »Wohlfahrtsausschusses« im Juli 1792 und endete mit dessen Sturz fast genau ein Jahr später. Von Interesse für die Revolutionsforschung ist sie deswegen, weil hier ein scheinbar chaotisches, terroristisches Regime sich doch immer bewußt blieb, nur dann erfolgreich sein zu können, wenn es seine Revolution auch nach außen durchzusetzen vermochte. Nicht so sehr die militärischen Erfolge, bewirkt durch die levée en masse, erforderten daher in unserem Zusammenhang nähere Untersuchung, sondern vor allem die Beziehungen des terroristisch-revolutionären Frankreichs zur Umwelt. Es zeigte sich zum Beispiel, daß die politische Homogenität der legitimen Mächte für ein gemeinsames Handeln unzureichend war. Insbesondere die divergierenden Territorialansprüche standen dem gemeinsamen Interesse im Wege. Die polnische Teilung von 1772 hatte zwar die Stärke der an ihr beteiligten Staaten erhöht, doch die Stärke der Allianz geschwächt. Rußland bedurfte fast all seiner Truppen, um den Territorialgewinn in Polen zu halten; Preußen und Österreich belauerten sich dort gegenseitig, Spanien und Großbritannien schließlich, obwohl in Europa miteinander alliiert, fochten beim Sklavenaufstand von San Domingo aus Gründen der Erweiterung ihrer Einflußsphäre auf getrennten Seiten.

Es stellt sich nun die Frage: Wollte das revolutionäre Frankreich selbst in schwerster Zeit Frieden mit der Koalition? Die Antwort lautet überraschend: Nein. Der Grund ist in der Durchdringung von innerer und äußerer Politik zu suchen. Für Robespierre etwa bedeutete der Krieg eine willkommene, ebenso oft wie gerne benutzte Erklärung dafür, daß der Terror fortgesetzt werden müsse. Die französische revolutionäre Außenpolitik ist aus diesem Grund zu dieser Zeit dem innerfranzösischen Terror untergeordnet. Dieses Grundmuster – der äußere Feind als Vorwand dafür, um den inneren Feind schlagen zu können –, läßt sich immer wieder finden. Ein weiteres solcher Muster findet man in dem Bemühen des Wohlfahrtsausschusses, sich die Nichtkriegführenden als Neutrale zu bewahren. Das galt vor allem für die Schweiz und die Vereinigten Staaten. So berief Paris seinen Abgesandten Genêt aus den USA zurück, da er sich dort durch pro-revolutionäres Gebaren das Mißfallen der amerikanischen Regierung zugezogen hatte. Frankreich ließ auch weiterhin Salztransporte in die Schweiz zu, obwohl dieses, weil Salz in Frankreich selbst knapp war, durch Dekret verboten war. So hat das Verhältnis zur Außenwelt starke Ähnlichkeit mit dem der Bolschewiki: Hier wie dort versuchte man, mit den Nichtkriegführenden einigermaßen normale Verhältnisse aufrechtzuerhalten, um sich dadurch von äußerem Druck zu entlasten. Seit 1794, dem Jahr, an dem die revolutionären Truppen auf ausländisches Gebiet vorgestoßen waren, war Frankreich daran interessiert, durch pro-französische Aufstände den Vormarsch der eigenen Truppen zu erleichtern. Dies allerdings nicht so sehr um die europäische Revolution zu fördern, sondern um die Französische Revolution zu konsolidieren. So war das ehrgeizige Projekt einer allgemeinen »Befreiung Europas« spätestens seit dem Augenblick in den Hintergrund getreten, als in Paris die gemäßigten Girondisten gestürzt worden waren. Die Jakobiner setzten nicht etwa die Revolution Europas mit verstärktem Einsatz fort. Sie richteten ihr Hauptaugenmerk im Gegenteil auf die Vernichtung der innenpolitischen Gegner.

Hieraus ließe sich als vorläufiger Schluß ableiten, daß eine Partei im Bürgerkrieg nur so lange unter dem Druck steht, eine »revolutionäre« Außenpolitik zu entfalten, wie sie von den Radikalen dazu gedrängt werden kann; wenn die Radikalen selbst die Herrschaft übernehmen, fällt dieser Zwang weg. So lehnte es der Wohlfahrtsausschuß ab, der Revolution in Polen Hilfe zu gewähren. Nicht mehr die Hilfe der fremden Revolution war nunmehr das Ziel, sondern die eigenen imperialistischen Ziele der Französischen Revolution zu fördern. Zwischen der revolutionären europäischen Rhetorik und den nationalen revolutionären Zielen Frankreichs wurde daher die Kluft immer größer, je weiter sich die Revolution von ihren Anfängen wegbewegte. Fast anderthalb Jahrhunderte, bevor Trotzki fälschlich glaubte, er brauche nur noch ein paar Dekrete zu unterzeichnen und könne dann das russische Außenministerium »dicht machen«, weil es dann keine Außenpolitik mehr gebe, war auch bei den Revolutionären von 1793 ein starker Zug zu dem festzustellen, was man im zwanzigsten Jahrhundert »informelle Diplomatie« genannt hat. Statt der traditionellen, damals noch stark dem Monarchen und nicht dem Staat verpflichteten Diplomatie, wurde oft mit Sonderbeauftragten gearbeitet. Ihre Aufgabe war es, die offiziellen Vertreter, denen man mißtraute, zu bespitzeln. Als Adressaten dienten nicht die fremden Regierungen, sondern deren Untertanen, vor allem natürlich revolutionär eingestellte »Patrioten«. Insbesondere die Wirtschaftsbeziehungen wurden über informelle Kanäle abgewickelt. Man schloß keine formellen Handelsverträge mehr ab, sondern die französischen Agenten verhandelten direkt mit den ausländischen Handelshäusern. »Vielleicht benutzte der Ausschuß eine informelle Diplomatie auch deshalb, weil sich seine Mitglieder sicherer und mehr zu Hause fühlten, wenn sie mit französischen oder ausländischen Bourgeois verhandelten, also mit Männern der eigenen Klasse, als mit den aristokratischen Diplomaten des ancien régime, die die Höfe und Gesandtschaften Europas schmückten.« Es war nicht neu, daß Revolutionäre Hilfe von außen akzeptierten. Neu war auch nicht, daß sich Höfe und Dynastien der Unterstützung von Handelshäusern bedienten. Neu war vielmehr die Ausschließlichkeit, mit der die traditionellen diplomatischen Kanäle gemieden wurden. »Nur wenn man sie als Ganzes betrachtet, kann diese Außenpolitik als neu betrachtet werden. Denn hier war eine Regierung, die Verträge verabscheute und die französischen wie ausländischen Diplomaten gleichermaßen fürchtete. Hier war eine Regierung, die nur selten Verhandlungen mit anderen Regierungen suchte – seien sie neutral oder feindlich.« (Silverman 1974). Sicher ist das Phänomen der konterrevolutionären Ansteckung noch nicht so ausgeprägt wie in späteren kommunistischen Zeiten. Aber zweifellos spielt der Verlust der revolutionären Reinheit durch Kontakt mit dem Feind auch damals schon eine Rolle.

Inwieweit ist also die erste moderne Revolution ein Modell?

1) Nachweisbar ist der geistige Einfluß (der Aufklärung) von außen in der prärevolutionären Phase.
2) Der Eindruck eines vorhergehenden Aufstandes (der amerikanischen Revolution) vermittelt ein starkes, anziehendes revolutionäres Vorbild.
3) Die revolutionäre Expansion wird durch Sympathisanten in fremden Ländern gesteigert.
4) Direkte ausländische Invasion ist nur dann erfolgversprechend, wenn sie mit Aufstandsbewegungen im Innern verbunden werden kann.
5) Hilfe kann von Emigranten nur dann kommen, wenn diese nicht gezwungen werden, Konzessionen zugunsten fremder Staaten zu machen.
6) Intervention von außen dient zur Legitimation von Terror im Innern.
7) Friedensverhandlungen mit revolutionären Regimes sind nur dann erfolgversprechend, wenn diese schon saturiert sind.

4.2 1848 – eine mißglückte Revolution

Wir können den Streit darüber, ob die deutsche Revolution von 1848 eine eigenständige Revolution gewesen sei oder ob sie nur als Teil eines mitteleuropäischen Aufstandes eine Sonderbedeutung gewinne, mehr oder weniger auf sich beruhen lassen. Dennoch ist zu berücksichtigen, daß in der Revolution der nationale Gedanke mit dem Ideal der bürgerlichen Freiheiten eine unlösbare Verbindung eingegangen ist. Ihre Kraft hat sie wahrscheinlich sogar mehr aus der nationalen Sache bezogen, die von allen Ständen verfochten wurde, als aus der des Parlamentarismus und der liberalen Forderungen, die erhoben worden sind. Zweifellos sind starke Einflüsse von seiten der USA zu bemerken. Doch beziehen sie sich nicht auf den Ausbruch, sondern auf die Ausfüllung der Phase nach gewonnener Revolution. Die Vereinigten Staaten waren zum Symbol für Freiheit geworden, ihre Verfassung galt als Muster, die amerikanische Revolution insbesondere als Vorbild deshalb, weil sie ohne Blutvergießen zustande gekommen war. Die nationale Substanz brach allerdings immer wieder durch; so wurden die »nationalen Ansichten und Bedürfnisse« immer wieder zur Abgrenzung zitiert. Daneben sind die Schweiz – als Organisationszentrum deutscher Revolutionäre – und Frankreich von Bedeutung. Insbesondere die Linke des Frankfurter Parlaments fand in Gesinnung und Aktion in der Französischen Revolution ihre Vorbilder. Diese Stärke war zugleich ihre Schwäche.

Wie die nationale Frage mit den bürgerlichen Freiheiten für diejenigen, die an der Spitze der Revolution standen, zusammenfiel, so wurde von gegenrevolutionärer Seite Kommunismus mit Demokratie identifiziert. Der schlimmste Vorwurf der Gegenrevolution – und ihr wirkungsvollster

– war in einer Zeit, in der die Wellen des Nationalismus hochschlugen, der Vorwurf des Internationalismus. Damit wurde die Revolution diskreditiert. Dabei darf als Tatsache festgehalten werden: »Eine wirklich ernsthafte politische Verbindung hat zwischen den Demokraten auf den beiden Rheinufern viel weniger bestanden als innerhalb des Fürstenkonzerns, der die Volksbewegung bekämpfte.« (Valentin 1970)

In diesem Zusammenhang ist es wichtig, daß die deutsche Freiheitsbewegung mit ihrer Deutschtümelei diejenigen, für die Frankreich als Vorbild galt, mit dem Vorwurf der »Französelei« diskreditieren konnte. »Sie haben allerlei Freiheiten bekommen«, hieß es 1848, »aber vor *einer* Freiheit bewahr uns Gott, vor der französischen.« (Valentin 1970) Das deutsche Selbstbewußtsein schlug in eine Übersteigerung des Nationalgefühls um, »am Ende der Revolutionszeit überwog dieser Haß jede andere Stimmung in Deutschland.«

Auch bei der Revolution von 1848 läßt sich die Durchdringung von Innen- und Außenpolitik nachweisen. Die Russenfeindlichkeit etwa, die darauf beruhte, daß der russische Zar der entschiedenste Gegner jedes Neuen und Freund jedes Alten blieb, schlug sich auch in der generellen Abneigung der deutschen Demokraten nieder. Sie wiederum rechneten mit der Hilfe Frankreichs bei einer Auseinandersetzung mit Petersburg. Dagegen begrüßten Frankreichs Radikale zwar das »Morgenrot der deutschen Freiheit«, erwarteten aber vor allem den Sturz der Fürstenthrone im Nachbarland, die Aufrichtung der Demokratie und damit eine Schwächung der deutschen Fürsten. In Deutschland waren 1848 die Begehrlichkeit Frankreichs nach den linksrheinischen Provinzen, die 1840 zum »Wacht-am Rhein«-Lied geführt hatte, nicht vergessen.

Tatsächlich hatte die französische Regierung zu Beginn der Februarrevolution 1848 zwar von dem »allgemeinen Kreuzzug der Völker gegen die Könige«, vom Ziel der »großen europäischen Republik« gesprochen, in Wahrheit aber – und dies war der Gegensatz zu 1793 – nichts getan, um erneut eine Ausdehnung Frankreichs auf seine »natürlichen Grenzen« zu versuchen. »Es ist höchster Beachtung wert, daß diese 1840 noch so aktuelle Forderung 1848 auf französischer Seite keine Rolle mehr spielt.« (Bücher 1965) Von Anfang an wußte Lamartine, der französische Dichter, den es in das Außenministerium verschlagen hatte, daß die französischen Ideale zwar Begeisterung wecken konnten, aber eben als französische Ideale auch Abneigung hervorriefen. Was Paris 1848 förderte, war die Revolutionierung Deutschlands, nicht jedoch seine Annexion. Das heißt, es verfolgte eine indirekte Strategie der Machterweiterung Frankreichs.

So war die Februarrevolution in Frankreich nicht nur das auslösende Signal für die deutsche Revolution geworden – Frankreich selbst förderte auch die deutschen Revolutionäre finanziell. Karl Marx ist das bekannteste Beispiel für diese Förderung. Schließlich hatten die verschiedenen sozialistischen Richtungen in der deutschen Kolonie in Paris ihre Anhänger gefunden. Anhänger Weitlings, der Bund der Gerechten, Blanquisten hatten sich in ihnen organisiert. Von daher kam zweifellos beträchtliches revolutionäres Potential.

Die Intervention von außen ging daher nicht von Staaten aus, sondern von Klassen. Gerade das »Unbürgerliche«, das Element der Radikalen und Kommunisten, das sich zum erstenmal in diese bürgerliche Revolution als proletarisches Element hineinschob, wenn es auch noch keine strategische Bedeutung gewann, erlaubte es aber der »Gegenrevolution«, das Bürgertum zu spalten. Dieses unbürgerliche Element der Bauern und Arbeiter entwickelte sich ebenso im Inland wie im Ausland. Daß das Potential möglicher Hilfe von außen nicht allzu gering zu schätzen war, geht daraus hervor, daß 1847 allein in Paris mindestens 80000 Deutsche wohnten, von denen allerdings nur 180 Personen als politische Flüchtlinge galten, dagegen über 6000 Spanier und fast 5000 Polen. Die Gefahr, die von Anfang an bestand und die sich nach der März-Revolution auch auswirkte, drohte, daß die liberaldemokratische, ausschließlich als deutsche Revolution faßbare Bewegung als eine vom Ausland gelenkte, ausländische Ziele verfolgende Bewegung verdächtigt werden konnte.

Das zeigte sich vor allem, als die Radikalen der Paulskirche – vor allem Struve und Hecker – im Badischen zu den Waffen griffen. Sie wollten sich nicht mit einer konstitutionellen Monarchie begnügen, sondern eine Republik ausrufen. Am 16. März, drei Tage nach der Abdankung Metternichs, hatte der demokratische Club in Paris seinerseits beschlossen, daß sich 5–6000 deutsche und polnische Arbeiter an der badischen Grenze als Kern einer Invasions-Armee sammeln sollten. Die französische Regierung verhielt sich abwartend. Jedenfalls wurde der gesamte Südwesten von einer Panik ergriffen, die als »blinder Franzosenlärm« vom 25./26. März 1848 in die Geschichte einging. »Es hieß, die Franzosen seien massenhaft über den Rhein gegangen, um Deutschland wie vor Zeiten mit Brand, Raub und Mord heimzusuchen. Der Ursprung des Gerüchts scheint auf württembergische Regierungskreise zurückzugehen – ein solcher Schreck vom Ausland her schien manch hoher Obrigkeit und manchem unbeschäftigten Veteranen der Freiheitskriege willkommen, um freiheitslüsternen Untertanen den Glauben an Ordnung und Disziplin wieder beizubringen.« (Valentin 1970) Hier ist es die *mögliche* Intervention von außen, die zu faktischen Gegenreaktionen führen kann.

Auch in New York hatte sich ein »deutscher Revolutionsverein« gebildet, der später mit Geld die Patrioten unterstützte. Wesentliche Grenzverletzungen aber kamen eigentlich nur aus der Schweiz; allein im Bereich von Basel lebten damals 27000 Deutsche. Im Kanton Bern ließ man die Deutschen Waffenübungen abhalten; der Kanton Waadt lieferte sogar deutschen Republikanern Gewehre zum billigen Preis von 28 Gulden. Als jedoch am 12. April der Aufstand losbrach, sammelten sich im Schwarzwald zuerst nur 800 Mann. Man schätzt, die Zahl der Freischärler habe insgesamt 6000 nie überschritten. Als am 20. April der Zusammenstoß erfolgte, ließen sich die regulären Truppen, wie die Aufständischen erhofft hatten, nicht auf deren Seite herüberziehen. Der Anführer der Aufständischen, Hecker, wollte die »Deutsche Legion« des Dichters Herwegh nicht rufen. Als diese schließlich am 23. April doch über den Rhein setzte, war es zu spät. Am 27. April wurde die Legion aufgerieben. Mit ihr aber wurden auch französische Staatsangehörige gefangengenommen – ein nur allzugerne gesehener Beweis dafür, daß Frankreich hinter dem Aufstand stehe. Das war schließlich entscheidend: »Die Volksbewegung wurde mit demokratisch-sozialistischen Ideen gespeist; ihre Gegner suchten diese Ideen dadurch zu kompromittieren, daß sie ihren angeblichen oder tatsächlichen französischen Ursprung nachwiesen.«

Während der deutschen Revolution 1848 läßt sich eines der wichtigsten Muster revolutionären wie konterrevolutionären Verhaltens beobachten: Die Verleumdung des Gegners, dem Zusammenarbeit mit dem – wirklichen oder nur vorgegebenen – Feind nachgesagt werden kann. Dieses Diffamierungsmodell ist erst möglich, seitdem sich die nationalen und die ideologischen Beweggründe für Revolutionen nicht mehr decken. Während die Ideen der Französischen Revolution als Ideale der Menschheit, zumindest als gemeineuropäische Ideale angeboten und aufgenommen wurden, können von nun an bestimmte Vorstellungen als nicht-deutsch diskreditiert werden.

Damit bekommt die Strategie der Revolution eine neue Dimension. Sie hat sich insbesondere während der nationalen Befreiungskriege der Dritten Welt entfaltet. Da sich hier Kapitalismus und westliche Welt amalgamiert haben, bedarf es im Kampf der nationalen Befreiungsbewegungen um die Macht nur des Hinweises, eine dieser Bewegungen (wie etwa in Angola) sei vom Westen gesteuert, um sie nicht nur für das eigene Volk, sondern für die Dritte Welt im allgemeinen unglaubwürdig zu machen.

Da nationale Befreiung – als Befreiung vom westlichen kapitalistischen Imperialismus – und Sozialismus oft gleichgesetzt werden, verstärkt dies den positiven Effekt, soweit nicht neutralistische Ideen vorherrschen.

Mögen die Linien damit auch sehr weit ausgezogen worden sein – es bleibt die Tatsache, daß der seit 1789 virulente Nationalismus, der 1848 als ein gesamteuropäisches Phänomen sichtbar wurde, Grundlage für Vorgänge unserer Jahrzehnte außerhalb Europas geworden ist. Es ist deshalb nicht abwegig, bestimmte revolutionäre Vorgänge von damals als Erklärungsmodell für Vorgänge von heute heranzuziehen.

4.3 1917/1918 – Nationalismus und Internationalismus

In den Revolutionen zu Beginn des 20. Jahrhunderts lassen sich die Elemente einer Dialektik von Revolution und Konterrevolution besonders einprägsam nachweisen. Eine wirklich »moderne« Revolution mit den Verästelungen von ideologischer und Machtpolitik, mit der Erweiterung der politischen zur sozialen Revolution, mit einer Entwicklung, deren konterrevolutionäre Aspekte heute ebenso greifbar wie umstritten sind, mit einem gesamteuropäischen revolutionären Aspekt –, dies alles war die russische Oktoberrevolution des Jahres 1917.

Angesichts einer überwältigenden Fülle von Augenzeugenberichten und Sekundärliteratur wird darauf verzichtet, noch einmal das Panorama dieser Revolution nachzuzeichnen. Faszinierend aber bleibt, wie die folgenden fünf Aspekte der russischen Revolution ineinandergreifen und sich gegenseitig bedingen:

1) Die Agitation von Revolutionären außerhalb des zu revolutionierenden Landes.
2) Die Hilfe eines Staates für Revolutionäre, deren Ziel es ist, eben den Staatstyp zu zerstören, der ihnen die Möglichkeit zur Revolution im Heimatlande gibt.
3) Die Intervention von Mächten westlich demokratischen Typs, die versuchen, einen autokratischen Staat zu retten, dem sie selbst fernstehen.
4) Die Niederlage der konterrevolutionären Kräfte in- und ausländischer Herkunft.
5) Gleichzeitig und auch zeitlich versetzt: die Verbreitung der revolutionären Ideen durch Parteien, die in Staaten mit liberal-demokratischer Verfassung tätig werden.

Dies alles geschieht in einer – so scheint es – fast zwangsläufigen Abfolge, die von einer Klassenkampfideologie, die sich zu einer Ideologie des globalen Klassenkampfes weiterentwickelte, getragen wird.

Stellen wir fest: Die erste Phase der russischen Revolution fand ohne Mitwirkung der späteren Sieger dieser Revolution statt: Lenin, der seit 1916 in Zürich lebte, erfuhr am 15. März 1917 vom Sturz des Zaren. Einen Tag später schrieb er, dieser ersten Etappe der russischen Revolution würden weitere folgen. Um sie in Gang zu setzen, mußte er nach Rußland gelangen. Doch England ließ ihn nicht passieren; von Deutschland erwartete er vorläufig nichts. In diesem Augenblick ergab sich eines der merkwürdigsten Zusammenspiele konterrevolutionärer und revolutionärer Kräfte. Zweifellos wußten die mit der Materie befaßten Männer im Auswärtigen Amt in Berlin, wen sie nach Rußland brachten. Der Gesandte in Kopenhagen, Graf Brockdorf-Rantzau, etwa schrieb an sein Ministerium, daß man in Petersburg »so viele erstklassige Agitatoren wie möglich brauche« (Zeman 1958). Lenins Reisegesellschaft wurde vom Staatssekretär des Auswärtigen Amtes, Zimmermann, als »russische Revolutionäre« beim deutschen Gesandten in Stockholm angekündigt. Daß Ludendorff später (1937) erklärte, er habe nicht gewußt, wem er 1917 die Durchfahrt genehmigte, ist zwar eine Randglosse der Geschichte, entspricht aber zumindest nicht dem Kenntnisstand der verantwortlichen Diplomaten.

Wie kam es dazu? Lenin war als Person und auch als Führer des radikalen Flügels der russischen Sozialdemokraten den deutschen Behörden kein Unbekannter. Schon Anfang März 1915 hatte Dr. Alexander Helphand-Parvus ein Memorandum geliefert, in dem detailliert über revolutionäre Möglichkeiten in Rußland referiert wurde. Später erhielt er 2 Millionen Mark, um damit die russische revolutionäre Propaganda zu unterstützen. Geld spielte vor und nach der russischen Revolution eine große Rolle. Kleinere Summen wurden ständig an russische Revolutionäre bezahlt. Im April 1917 wurden 5 Millionen Mark genehmigt, schließlich wurden – nach der Oktoberrevolution – 40 Millionen Mark dem deutschen Botschafter in Moskau, Mirbach, zur Verfügung gestellt, um die schwankende Herrschaft der Bolschewisten zu stützen. Es war dies notwendig geworden, weil die Sozialrevolutionäre, die stärksten Konkurrenten der Bolschewisten, finanziell von der Entente unterhalten wurden; man nahm zudem an, daß ein Teil der russischen Flotte von ihr bestochen worden sei.

Lenin und die Bolschewisten waren gerade von dem, neben Rußland, illiberalsten europäischen Staat dafür ausersehen worden, dort deutsche Interessen zu vertreten. (Die bolschewistische Bewegung, so hieß es im November 1917, hätte ohne die deutsche Hilfe niemals das Ausmaß und den Einfluß erreicht, die sie nunmehr hätte.) Der Grund dafür war einfach: Allein die linken Sozialdemokraten traten in Rußland für einen Frieden ohne Bedingungen und ohne Annektionen, also für einen schnellen Friedensschluß ein. Dagegen hatte die liberale Regierung Kerenski, die aus der Februarrevolution 1917 hervorgegangen war, unverständlicherweise die Weiterführung des Krieges in ihr Programm aufgenommen. Das deutsche Oberkommando mußte daher ein Interesse daran haben, für die Anfang Februar geplante Westoffensive im Jahre 1917 den Arm frei zu bekommen. Lenin hatte seinerseits jedes Interesse daran, persönlich in die in Gang befindliche Revolution einzugreifen. Um dies zu erreichen, war ihm jede Hilfe und jeder Helfer recht. Tatsächlich wurde er später in einem für ihn kritischen Moment als »deutscher Agent« verdächtigt.

Die deutsch-bolschewistische Liaison beinhaltete folgendes: Die Revolutionäre verbündeten sich eine Zeitlang mit dem Feind, der offen die Abtrennung der Ukraine, Litauens, Finnlands, Estlands und Lettlands forderte. Sie sagten sich von den bisherigen Verbündeten los, die die Aufrechterhaltung des Krieges forderten, wie dies in drei Abkommen der vorhergegangenen Jahre formuliert worden war, die damit aber zugleich die nationale Unversehrtheit Rußlands garantierten. Anders herum gedacht war der Entschluß Lenins dennoch verständlich: Deutschland hatte kein Interesse an der Aufrechterhaltung eines großrussischen Reiches, damit aber auch kein Interesse an der Aufrechterhaltung der zusammenhaltenden Klammer einer russischen Monarchie. Denn wie die Intervention der Entente-Mächte seit 1918 zeigte, verbanden sich deren Kriegsziele mit der Aufrechterhaltung der legitimen Herrschaft. Das mußte aber automatisch Kampf gegen die Bolschewiki bedeuten.

In welchem Maß Geld und Bestechung bei Revolutionen eine Rolle spielen, hat sich vom Anfang bis zum Ende der russischen Revolution gezeigt (selbst wenn es sich zuweilen nur um Gerüchte gehandelt haben sollte, denn auch Gerüchte konnten zu finanzieller Hilfe führen). Auf die Nachricht vom 16. Mai 1918, daß die Matrosen der russischen Flotte und die Soldaten des früheren Preobrashensky-Regimentes von der Entente bestochen sein sollten, kam schon zwei Tage später die Weisung aus Berlin nach Moskau, es sollten größere Summen ausgegeben werden, um die Bolschewisten an der Macht zu halten.

Ausschließlich die Friedensbereitschaft der Fraktion Lenins wie auch deren Kontrolle der Situation hat die Oberste Heeresleitung und das Außenministerium veranlaßt, ihr nicht die Unterstützung zu entziehen. Sie wurde durchgehalten, obwohl bei den Militärs immer wieder der Wunsch wach wurde, sich auf die russischen Monarchisten zu stützen, was eine groteske Fehleinschätzung der Lage gewesen wäre. In diesem Sinne schrieb etwa Ludendorff am 9. Juni 1918 an den Staatssekretär im Auswärtigen Amt. Dieser aber erwog andere Lösungen. Man müsse, so war seine Ansicht, die Konsolidierung Rußlands soweit wie möglich verhindern. Daher sei es anzuraten, die am weitesten links stehenden Parteien zu unterstützen.

So wird eines deutlich: von zwei völlig unterschiedlichen Ansatzpunkten her hatten die deutsche Außenpolitik und die Bolschewiki ein hohes Interesse an möglichst ungeklärten und chaotischen Zuständen. Die Deutschen versuchten nach Brest-Litowsk, einen Wiederaufbau der Militärmacht Rußlands zu verhindern, die Bolschewisten waren sich darüber im klaren, daß nur eine weitgehende Zerrüttung der etablierten Gewalten – des Parlaments (der Duma) etwa und der Regierung – ihr den Weg von einer Minderheit zur herrschenden Partei bereiten könne. Im November 1917, also nach der Oktoberrevolution, hatte Kurt Riezler in einer klugen Analyse der Ereignisse geschrieben, daß selbst dann, wenn kein Waffenstillstandsabkommen erreicht werde, die Bolschewisten Rußland innerhalb weniger Wochen in einen solchen Zustand des Chaos versetzt haben würden, daß es aufhören werde, in den militärischen und ökonomischen Kalkulationen, soweit sie den Weltkrieg beträfen, eine Rolle zu spielen.

Schon bevor es aber zum Frieden von Brest-Litowsk kam, war sich die deutsche Regierung darüber klar geworden, daß sie es mit einer neuen Art von Diplomatie zu tun hatte. Die unmäßigen Forderungen des Deutschen Reiches an Rußland, die dazu führten, daß ein russischer Sozialrevolutionär schon damals einen weiteren deutsch-russischen Krieg innerhalb von 30 Jahren prophezeite, lassen sich nicht entschuldigen, aber erklären: »Der gewichtigste Grund war der Kontrahent: ein abgrundtief dem deutschen Kaiserreich entgegengesetzter Gegner, dessen erklärtes Ziel die Weltrevolution war« (Hölzle 1963).

Allerdings wurden die Bolschewisten nach Gesprächen mit Erzberger und Scheidemann im Dezember 1917 zu der falschen Annahme verführt, sie könnten gleichsam über den Kopf der deutschen Regierung hinweg mit den Mehrheitssozialisten im Reichstag einen Frieden verhandeln. Diese doppelte Ebene von Staats- und Parteibeziehungen charakterisiert von nun an die internationalen Beziehungen der UdSSR. Partei und Staat können im geeigneten Moment äußerlich unabhängig voneinander handeln.

Ende 1917 waren die Depeschen an die deutsche Delegation in Moskau – wo Vorverhandlungen über den abzuschließenden Waffenstillstand stattfanden – voll von Beschwerden darüber, daß sich die Sowjets über die Regierung hinweg immer wieder an die Völker gewandt hätten. Dahinter stand deren Hoffnung, daß sich ihre Revolution zu einer europäischen Revolution ausweiten könne. Im Dezember 1917 berichtete der Gesandte in Stockholm, Trotzki werde damit einverstanden sein, in Brest zu verhandeln, »solange zumindest die äußeren Züge der bolschewistischen Verhandlungsmethoden, die auch für ihn bindend sind, gewahrt bleiben«. Allerdings wurde auch zu dieser Zeit von den Sowjets noch immer »breiten Verhandlungen zwischen den Völkern« der Vorzug gegeben.

Es deutete sich damit zum ersten Male eine revolutionäre Außenpolitik an, die später versuchte, mittels der »Komintern« Zweigleisigkeit nicht nur einzuleiten, sondern auch durchzuhalten: Klassische Diplomatie zur Durchsetzung der russischen Machtinteressen, Komintern-Politik zur Unterstützung der kommunistischen Parteien und gleichzeitigen Unterminierung der Staaten, mit denen man diplomatische Beziehungen unterhielt. Die Vorgänge 1917/18 gaben daher einen ersten Hinweis darauf, was nach vollendeter bolschewistischer Revolution künftig unter revolutionärer Außenpolitik zu verstehen sei. Daß es sich um etwas ganz anderes handelte als das, was Diplomaten bis dahin gewohnt waren, zeigte sich in dem Satz des englischen Außenministers Balfour, der im April 1918 an den Rand eines Aktenstückes schrieb: »Wir müssen die Bolschewisten möglichst dazu bringen, das antibürgerliche Jahrtausend solange zu vertagen, bis sie und wir die Deutschen geschlagen haben.« (Hölzle 1963)

Eben dies war es, was die Bolschewisten nicht mehr wollten: sich zu Trägern einer Politik machen zu lassen, deren Fundamente sie nicht mehr mittrugen. Was sich vor und nach Brest-Litowsk von seiten der sowjetischen Regierung und ihrer Unterhändler abspielte, läßt sich mit dem kennzeichnen, was sich später unter dem Stichwort »Propaganda-Diplomatie« eingebürgert hat. Es ist dies vom Verfahren her das Gegenteil von dem, was klassische Diplomatie anstrebte: statt der Diskretion im kleinen Kreise der Regierungen eine möglichst breite Plattform zur Ansprache an die Völker, von denen man annahm, daß sie für die eigenen Ideen empfänglich seien.

Am 11. Januar 1918 wurde dem deutschen Außenministerium gemeldet, der englische Botschafter in Petersburg habe seinen Posten als gebrochener Mann verlassen. Meldungen über die Abreise des französischen Botschafters waren zu dieser Zeit noch verfrüht. Großbritannien und Frankreich hatten mehrfach Konzessionen an Rußland gemacht, um dessen Kriegswillen zu stärken: die erste schon vor dem Londoner Pakt vom September 1914, mit der die Tripel-Allianz begründet worden war. Am 12. März 1915 hatten Rußland und England einen Geheimvertrag unterzeichnet, mit dem Petersburg die Kontrolle über Konstantinopel und die Meerengen zugestanden wurde, und mit dem sogenannten Syke-Picot-Abkommen waren Rußland die armenischen Provinzen der Türkei und das nördliche Kurdistan zugesprochen worden.

Derartige Konzessionen waren ein Zeichen dafür, welche Bedeutung die westlichen Mächte der Tatsache zumaßen, daß Rußland auch weiterhin im Kriege blieb. Deswegen begrüßten sie es 1917 mit großer Erleichterung, daß die Kerenski-Regierung den Krieg gegen die Mittelmächte fortsetzen wollte. Damit aber war schon der Keim des Untergangs gelegt. Denn die russischen Truppen waren nicht mehr bereit zu kämpfen; auch im Innern Rußlands hatte die Auseinandersetzung um die Weiterführung des Krieges zwischen russischen Kadetten und Sozialrevolutionären einerseits und linken Sozialrevolutionären und Bolschewisten andererseits begonnen. Obwohl eine inter-alliierte Delegation seit Januar 1917 in Petersburg, also im Zentrum des Geschehens, stationiert war, war sie unfähig, eine realistische Beurteilung der Lage zu geben. Der Ausbruch einer Revolution vor Beendigung des Krieges lag nicht in ihrem Gesichtsfeld. Als es schließlich doch dazu kam, waren die Alliierten, ohne eine angemessene realistische Perspektive zu bewahren, überrascht und bestürzt.

Wie emotional die westliche Öffentlichkeit reagierte, läßt sich aus einem Leitartikel der sonst zurückhaltenden Londoner »Times« entnehmen: »Die Alliierten wissen ..., daß die Maximalisten (Bolschewisten) eine Bande von Anarchisten und Fanatikern sind ... Sie wissen, daß Lenin und Konsorten Abenteurer deutsch-jüdischen Blutes sind und in deutschem Solde stehen ... Solange Bolschewiki als Führer des Staates geduldet werden, kommt eine alliierte Hilfe für Rußland nicht in Frage«. (Fischer 1970) Doch nicht nur Hilfe kam nicht mehr in Frage – mit zunehmender

Konsolidierung der bolschewistischen Herrschaft stellte sich die Frage nach alliierter Intervention. Das hieß also: Intervention von außen durch Unterstützung der »weißen« Konterrevolutionäre von innen. Vor allem galt dies seit dem Augenblick, an dem Lenin am 21. November 1917 angeordnet hatte, Verhandlungen über einen Waffenstillstand mit den Mittelmächten zu beginnen.

Schon seit dem Juli 1917 war alliierte Hilfe für Rußland in Aussicht genommen worden. Doch nur Amerikaner und Japaner hätten Truppen zur Verfügung gehabt. Schließlich landeten dann alliierte Truppen in Murmansk, Japaner und Amerikaner in Sibirien, die »tschechische Legion«, aus tschechischen Kriegsgefangenen rekrutiert, bemächtigte sich der trans-sibirischen Bahn und besetzte Wladiwostok, England, landete im Kaukasus, französische Truppen auf der Krim; die Kosaken am Don wurden ebenso unterstützt wie General Denikin im Süden Rußlands. Dies alles hatte den doppelten Sinn, die Gefechtskraft Rußlands wiederherzustellen und damit die Entente vom Osten her erneut zu entlasten.

Die alliierte Intervention war – sowohl was die Unterstützung der konterrevolutionären Kräfte anbetrifft wie als direkte Intervention – ein völliger Fehlschlag. »Die Roten wußten, wofür sie kämpften; die alliierten Truppen taten dies nicht, und es ist unmöglich abzuschätzen, wie erfolgreich ein Feldzug auf solcher Basis gegen einen entschlossenen Gegner ist, ob nun der Kommandeur einige tausend Truppen oder eine halbe Million Mann unter seinem Befehl hat.« (Jackson 1972) Die von Karl W. Deutsch vertretene Annahme, daß an der Mobilisierungsfähigkeit der spätere Erfolg einer Gruppe, die mit einer anderen in Konflikt steht, abzulesen sei, bestätigt sich hier: Weder mit Geld noch guten Worten war der Großteil der russischen Bevölkerung von den »Weißen« zum Kampf zu bewegen. Die Identifizierung mit einem überlebten Regime, das Fehlen einer zukunftsweisenden Perspektive außer der einer Restauration machte es den zaristischen Generalen (die sich seit der Ermordung der Zarenfamilie nicht einmal mehr auf den Zaren beziehen konnten) unmöglich, gegenüber dem größer werdenden sowjetischen Druck längerfristig Widerstand zu leisten.

Das gleiche galt für die alliierten Interventionskräfte: Die Donkosaken etwa kämpften für ihre Autonomie; die Alliierten wollten jedoch vor allem, daß sie gegen die Bolschewisten kämpfen sollten. Wenn auch beides zusammenzufallen schien, so war es von der Motivation her doch ein entscheidender Unterschied. Großbritannien befürchtete, daß mit Rußland auch Indien fallen könne. Es befürwortete daher ein Eingreifen Japans in Rußland. Die Amerikaner widersetzten sich diesem Drängen, da sie Rußland als natürlichen Verbündeten gegenüber der expandierenden asiatischen Großmacht Japan betrachteten. Im übrigen widersprach es der Selbstbestimmungs-Doktrin Wilsons, die bolschewistische Regierung aus der Gemeinschaft der Staaten von vornherein auszuschließen. Japan seinerseits war mit dem Ausbau der eigenen Machtstellung in China derartig beschäftigt, daß es nicht viel Interesse hatte, durch eine Intervention in Rußland Aufmerksamkeit auf sich zu ziehen. Es machte seine Intervention daher von der amerikanischen Zustimmung abhängig. Sie kam schließlich, weil Wilson glaubte, sonst würden die Japaner selbständig handeln (was diese gar nicht vorhatten). Mit amerikanischer Beteiligung sollte zugleich die definitive Ausdehnung Japans in Sibirien verhindert werden.

Folgende Aspekte der November-Revolution seien hier herausgearbeitet: Von 1917 bis 1920 ist das grundsätzlich Neue an der russischen Revolution weder von den alliierten Politikern noch von den Militärs begriffen worden. Noch immer hatte man das Bild eines »renversement des alliances« vor Augen, eines Seitenwechsels, wie er in der diplomatischen und militärischen Geschichte der Welt oft vorgekommen war, wenn sich die »balance of power« verschoben hatte. Die völlige Diskreditierung des Staates, seines Herrschaftssystems und seiner Herrschaftsziele war als Tatsache nicht begriffen worden, obwohl man zumindest die Erfahrungen von 1789 zur Hand hatte. Bolschewismus wurde als Seuche betrachtet. Die Offiziere der alliierten Interventionsarmee befürchteten, ihre Soldaten könnten von ihr ergriffen werden wie von einer Krankheit. Dabei waren die Soldaten – wenn das Wort damals schon einen Sinn hatte – fast anti kommunistischer als ihre eigenen Offiziere. Jedenfalls wurden die tieferen sozialen Ursachen des russischen Zusammenbruchs nicht analysiert. Man trat ihnen von seiten der westlichen Kabinette mit Gleichgewichts-Modellen gegenüber, in denen die Einheiten weiterhin die souveränen Staaten waren. Immerhin hätte es in den westlichen Hauptstädten stutzig machen sollen, daß weitreichende revolutionäre Erfolge erzielt worden waren, obwohl von den bolschewistischen Machthabern Opfer gefordert wurden, die weit über das hinausgingen, was menschlich ertragbar schien. Daß eine Unterstützung der Gegenrevolution von außen – wie schon im Falle der Französischen Revolution bemerkt – für ihr Schicksal verhängnisvoll sein kann, wenn der externen Einmischung nicht ein internes politisches Potential entspricht, zeigte der Verlauf der alliierten Intervention nach der Revolution. Schon 1921 kam eine Untersuchungskommission zu dem Ergebnis, »daß die militärische Intervention der Alliierten in Rußland dazu beitrug, der Sowjetregierung Stärke und Festigkeit zu geben; dadurch erreichte sie gerade das Gegenteil dessen, was sie vorhatte zu tun.«

Auch die Bolschewisten selbst träumten von anderen Bedingungen der Revolution als von Entbehrung und Mißerfolg. Die Fehleinschätzung der gegnerischen Stärke ist eine der Hauptursachen für viele Kriege. Sie kann aber auch die Ursache für Friedensschlüsse sein. Dies war der Fall im Falle des deutsch-sowjetischen Friedensschlusses von Brest-Litowsk. Denn er beruhte auf einer doppelten Fehleinschätzung der sowjetischen Regierung. Die erste lautete so: »Über Amerika und das militärische Potential Amerikas unzureichend informiert, das Stehvermögen des Westens unterschätzend glaubten die sowjetischen Führer, der Viererbund werde die englisch-französisch-amerikanische Koalition besiegen, und zwar glaubten sie das nicht nur während der Zeit von Brest-Litowsk im ersten Quartal des Jahres 1918, sondern noch im September 1918, zwei Monate vor der deutschen Kapitulation.« Die zweite war die: Die Bolschewiken glaubten, sie könnten einen Friedensschluß deswegen beruhigt wagen, weil die bolschewistische Revolution international sich derartig ausbreiten werde, daß diese Revolution »die ungeschützte Stirn des Riesen treffen und ihn erschlagen würde«. – »Trotzki wie Lenin suchten mit Feldstechern den westlichen Horizont ab – und sie sahen, was sie sehen wollten: die Revolution, die ihnen die Rettung bringen sollte; diese rettende Revolution war die Mutter der Politik« (Fischer 1973).

4.3.1 Die deutsche »Revolution«

An dieser Stelle verzahnen sich die russische Revolution, die als internationale Revolution weitergeführt werden sollte, und die deutsche Revolution, die sich dem sowjetischen Modell verweigerte. Denn am 5. November 1918 war es die sozialdemokratische Regierung Scheidemann, die als eine ihrer ersten Maßnahmen die Beziehungen zur Sowjetunion abbrach, weil bei einem der sowjetischen Kuriere Flugblätter gefunden worden waren, »die die deutschen Arbeiter und Soldaten zu blutigem Umsturz aufforderten« (Ritter/Miller 1968). Die Bolschewisten hatten geplant, mit Hilfe der deutschen Truppen, insbesondere in der Ukraine, ihre Isolierung zu durchbrechen. Sie gingen sogar so weit, eine russisch-deutsche Einheitsfront in Betracht zu ziehen. Schon am 11. November 1918 erging ein Telegramm der Sowjetregierung »An alle Arbeiter-, Soldaten- und Matrosenräte Deutschlands«, in dem es nicht nur hieß: »Laßt euch keine Nationalversammlung aufschwatzen: Ihr wißt, wohin euch der Reichstag gebracht hat«, sondern auch: »In Rußland gibt es in der Ukraine, am Don, im Kubangebiet genug Brot für uns und euch ... Wollt ihr Brot haben, dann gilt es schnell zu handeln, bevor die Engländer es wegschnappen.«

Am 14. November 1918 wurde der Friede von Brest-Litowsk von den Sowjets gekündigt. Sie erklärten, dies sei die Antwort darauf, daß die Räterepublik »vertrieben« worden sei. Es sei die Antwort der Arbeiter und Soldaten Deutschlands: »Der Frieden von Brest-Litowsk, dieser Friede der Gewalt und Plünderung, fiel ... unter dem vereinigten Schlage der revolutionären Proletarier Rußlands und Deutschlands.« (ebda.) Angesichts der Hoffnungen, die sich die Bolschewisten für den Fall gemacht hatten, daß das kaiserliche Reich fiele, hat das Gespräch, das der für die

Auswärtigen Angelegenheiten verantwortliche Volkskommissar Haase per Fernschreiber am 14. November mit Tschitscherin, dem russischen Volkskommissar des Äußeren, führte, einen Zug von Tragikomik. Denn die Gesprächspartner redeten aneinander vorbei. Die Antwort der Reichsregierung auf die von den Sowjets aufgeworfenen Fragen war klar und bestimmt: »Die Deutsche Reichsregierung kann nicht umhin, in dieser Aufforderung (der Aufforderung nach einer Räteregierung), eine bestimmte Regierung zu bilden, den Versuch einer Einwirkung auf innere Verhältnisse Deutschlands zu erblicken, der unter den gegebenen Umständen eine schwere Schädigung des deutschen Volkes zur Folge haben kann.« Von dem Internationalismus, wie ihn Lenin und Trotzki erträumten, war in den Gedankengängen des Rates der deutschen Volkskommissare keine Spur zu finden. Allerdings drückte sich hierin auch ein deutsches Dilemma aus. Die Entente war nur so lange bereit stillzuhalten, wie die linksbürgerliche Regierung Ebert/Scheidemann bestehen blieb. Rätedemokratische Aktionen hätten Interventionen von seiten der Entente zur Folge gehabt. Die Ablehnung des sowjetischen Modells wie das Eingehen auf die Wünsche der Alliierten bildeten daher eine Einheit.

Wenig später, am 30. Dezember 1918, erklärte schließlich Karl Radek als Abgeordneter der sowjetischen Regierung auf dem Gründungsparteitag der KPD: »Die beste Verteidigung besteht darin, der deutschen Arbeiterklasse zur Macht zu verhelfen . . . Wir bieten den Scheidemann und Ebert keinen Waffenbund an. Die Herren irren, wenn sie meinen, wir möchten mit ihnen eine Kampfgemeinschaft schließen: diese Leute sind für uns nicht bündnisfähig.« In der Rückblende bedeutete dies: Während der Vorverhandlungen zum Waffenstillstand von Brest-Litowsk ist der Versuch eines Zusammenspiels der Bolschewisten mit den deutschen Sozialisten über die Köpfe der Reichsregierung hinweg zu beobachten. Die Perspektive der Sozialdemokraten hat sich jedoch seit dem Augenblick, in dem sie zur Regierung gelangt waren, völlig geändert. Überdies katapultierte sich die KPD durch ihre Weigerung, mit den Sozialdemokraten überhaupt zu verhandeln, selbst aus dem Kampf um die Revolutionierung des nach-kaiserlichen Deutschlands. Damit blieb ihr auch die Möglichkeit verschlossen, weitreichenden Einfluß zu nehmen.

Von Lenins Abschiedsbrief an die Schweizer Arbeiter, in dem es hieß: »Das deutsche Proletariat ist der treueste, zuverlässigste Verbündete der russischen und internationalen proletarischen Revolution«, war 1918 in der Realität nicht mehr viel geblieben. Daher gehen alle Rekonstruktionen des Revolutionsverlaufs davon aus, daß die direkte Wirkung der Oktoberrevolution (im Gegensatz zur russischen Februar-Revolution) auf die deutschen Ereignisse gering geblieben sei. Die »Zauberwirkung« der Friedensbotschaft des Petersburger Soldatenrates beruhte vor allem darauf, daß er auch Deutschland den Frieden zu bringen schien. Was die Organi-

sation der Revolution anbetraf, blieb man in Deutschland – vom linken Flügel um Liebknecht und Luxemburg einmal abgesehen – tief mißtrauisch. Dennoch wurde diese Wirkung indirekt insofern wichtig, weil mit ihr die seit langem diskutierte Theorie zur Praxis geworden war. Aber gerade an dieser Praxis schieden sich dann die Flügel der Arbeiterbewegung – deren rechter Flügel die Oberhand behielt. Damit wurde aber auch der Begriff der Revolution zugunsten des Begriffes der Evolution von der SPD zurückgedrängt. Das historische Fazit: »Der Begriff Bolschewismus wurde im Laufe des Jahres 1918 fast zu einem Synonym für Anarchie, Chaos und Unterdrückung . . . So wurde der Anti-Bolschewismus schließlich zu einer Art neuer Integrationsideologie der Partei.« (Tormin in: Neubauer 1968) Immerhin hätte der »Spartakus-Bund« als entschlossene revolutionäre Minderheit sich die erregte Massenstimmung zunutze machen können. Aber auch das war ihm nicht möglich. So kommt auch Erich Matthias zu dem Ergebnis, daß der sowjetische Impuls trotz hohen Agitationsgrades, trotz sowjetischer Emissäre im Grunde keinen bewegenden Einfluß auf die deutsche Revolution gehabt habe: »Der Ausbruch der November-Revolution (war) nicht auf eine von der revolutionären Minorität inszenierte Initialzündung zurückzuführen, sondern auf eine spontane Bewegung der kriegsmüden Soldaten und Arbeitermassen.« (ebda.) Daß innerhalb dieser »spontanen Bewegung« bolschewistische Gedankengänge umgingen, ist erwiesen. Ebenso erwiesen ist aber auch, daß die von der Petersburger Regierung ausgehende Propaganda – materielle und militärische Hilfe war ihr angesichts der eigenen Abwehrlage sowieso nicht möglich – zwar lautstark, aber im Effekt nicht nennenswert war. Die Hoffnung revolutionärer Initialzündung hatte getrogen; Interventionsmöglichkeiten waren nicht gegeben. Die deutsche Revolution und Gegenrevolution waren weitgehend auf sich selbst angewiesen. Zwar war in Rußland der Beweis erbracht worden, daß eine soziale Revolution realisierbar sei, sie wäre jedoch nicht erfolgreich gewesen, wenn man dort nicht zuvor die Autorität des Zarenreiches zerbrochen hätte. Daß trotz solch eines beispielgebenden Verlaufs ihr Einfluß in Deutschland gering blieb, lag daran, daß sich das Bewußtsein der deutschen Arbeiterführer schon vorher in ganz anderer Richtung als das der russischen bewegt hatte. Die Agitation der sowjetischen Abgesandten hatte daher auf die Mehrzahl der deutschen Arbeiter eine eher abstoßende Wirkung. Man empfand die Demütigung der Niederlage trotz der Ablehnung der Monarchie und der herrschenden Klasse eben doch *auch* als »deutsche« Niederlage. Ihr wollte man ebenso eine deutsche und – nicht eine von außen importierte – Lösung entgegensetzen.
Zugespitzt ließe sich formulieren, daß die Erbschaft der ersten großen Revolution, der französischen, die Ausbreitung der zweiten großen Revolution, der russischen, in Europa verhindert hat. Der Nachholbedarf an *politischer* Revolution war in Deutschland nicht mit der von den Sowjets

initiierten ersten erfolgreichen *sozialen* Revolution zu amalgieren. Die Interventionsmöglichkeiten der Sowjets blieben beschränkt – die Frage bleibt, wie weit sich das verallgemeinern läßt –, weil die Vorteile der Lösung, die sie brachten, für die deutschen Arbeiter nicht offensichtlich waren. Denn einen Teil ihrer Stärke hatte die deutsche Arbeiterbewegung schon stets daraus gezogen, daß sie sich zwar im wilhelminischen Reich als Außenseiter fühlte, aber doch auch als selbstbewußten Außenseiter. Die Revolution traf auf eine zwar potentiell revolutionäre Klasse, die aber weder diese Revolution als Verzweifelnde noch die Revolution als Selbstzweck suchten. Sie forderten für sich den eigenen Platz in einem Staat, der ihnen nunmehr die vollen politischen Rechte zuzubilligen bereit war. Dazu bedurfte es aber nicht der Zerstörung des Staates bis auf die Fundamente. In Stärke, Tradition und Ziel, in Organisation und Lebensbedingungen unterschieden sich die deutschen von den russischen Arbeitern, die allerdings selbst nur eine Minorität im revolutionären Prozeß gewesen waren. In dieser Unterschiedlichkeit aber lag schließlich auch das Scheitern der bolschewistischen Hoffnungen, soweit sie Deutschland betrafen, begründet.

4.4 Spanien 1936 – die faschistische Intervention

Der spanische Bürgerkrieg, den sowjetische Autoren den spanischen »Krieg« nennen, hat in unserem Zusammenhang zwei aktuelle Bezüge: aus westlicher Sicht trägt die Polarisierung, in der er die Welt versetzte, starke Merkmale des Vietnam-Syndroms, das kennzeichnend war für das Ende der sechziger/Anfang der siebziger Jahre. Das heißt: Die kämpfenden Parteien standen für Prinzipien. Für das kommunistische Geschichtsbild nimmt dagegen der spanische Bürgerkrieg »heute nahezu den gleichen Rang ein wie die Pariser Kommune«. (Schieder in: SuDG 1972) Dies allerdings erst seit der sowjetischen Befürwortung einer Politik der friedlichen Koexistenz. Sie verlieh dem spanischen Bürgerkrieg neue Bedeutung. »(Er) ließ sich nämlich als eines der wenigen historischen Beispiele für eine sowjetische Unterstützung nationaler Befreiungsbewegungen anführen, als deren Protektor sich die Sowjetunion unter den neuen weltpolitischen Bedingungen aufwarf . . . Je besser der militärische, diplomatische und wirtschaftliche Einsatz für die Republik dokumentiert werden kann, desto eindringlicher vermag sich die UdSSR den nationalen Befreiungsbewegungen der Dritten Welt zu empfehlen.« (ebda.)

Über diese aktuellen Bezüge hinaus gewinnt der spanische Bürgerkrieg dadurch an Bedeutung, daß er – allerdings anders als dies später zur Routine wurde – als »Stellvertreterkrieg« angelegt war. Anders deshalb, weil sich ein ursprünglich innerspanischer Konflikt zu einem internationalen Konflikt ausweitete. Es wurde versucht, die Großmächte in die innerspanischen

Auseinandersetzungen »hineinzuziehen«; sie drängten sich nicht auf. Die kämpfenden Parteien waren nicht von Anfang an »Stellvertreter« intervenierender Mächte, sondern sind dies erst im Laufe des Krieges geworden. Der Sieger des Bürgerkriegs, Franco, hat sich später nur locker an die ihn stützende Seite angeschlossen. Als »Stellvertreter« hat er doch nie seine Handlungsfreiheit verloren. Anders gesagt: Die Erhöhung der intervenierenden Mächte, also insbesondere Deutschlands, Italiens und der Sowjetunion (verdeckt auch Frankreich), zu Symbolen, die für Demokratie und Humanismus auf der einen Seite, für Faschismus und Terror auf der anderen Seite standen, machten den spanischen Bürgerkrieg zu einem Paradigma für die internationale Konstellation vor Ausbruch des Zweiten Weltkrieges. Nicht so sehr die Tatsache, daß Spanien als Erprobungsfeld neuer Waffen benutzt wurde, sondern das Faktum, daß sich von 1936 bis 1939 in der Dreierkonstellation sozialistischer-demokratischer-faschistischer Staaten neue Koalitionen anbahnten (am 1. November 1936 wurde die Achse Berlin-Rom von Mussolini proklamiert), gibt der Intervention der europäischen Mächte ihre historische Dimension. »Die neue Partnerschaft ist nicht als Bündnis alten Stils, sondern als Ausdruck einer ideologisch-politischen Solidarität präsentiert worden. Tatsächlich lief sie auf eine gemeinsame Kriegserklärung an den Status quo hinaus.« (Graml 1969)

Es handelte sich bei diesen Interventionen zwar um »offene«, doch nicht um »offizielle« Eingriffe in die Souveränität Spaniens. Jeder der Staaten hatte Grund dafür, seine Unterstützung für Revolution und Gegenrevolution zumindest zeitweise zu verschleiern. Hitler trug damit der eher formalen Tatsache Rechnung, daß auch Deutschland sich dem Nichteinmischungs-Abkommen vom August 1936 angeschlossen hatte. Es war von Frankreich betrieben worden, das sich, zu dieser Zeit innenpolitisch gespalten, den europäischen Auseinandersetzungen nicht mehr gewachsen sah. Erst seit 1939 wurde der Mythos der »Legion Condor« aufgebaut und der wahrscheinlich zutreffende Anspruch erhoben, daß ohne die deutsch-italienische Hilfe Franco nicht gewonnen hätte. Stalin dürfte sich darüber klar gewesen sein, daß eine offene sowjetische Unterstützung – gerade waren die Säuberungsprozesse in Moskau angelaufen – der Seite der Republikaner nur schaden konnte (zumal auch interne Abrechnungen zwischen den marxistischen Gruppen während des Bürgerkriegs stattfanden). Die Sowjetunion erschien jedenfalls damals gerade dem liberalen und demokratischen Bürgertum »mehr denn je als finstere und unheimliche Bedrohung«. Frankreichs Volksfront-Regierung mußte ihre offizielle Hilfe bald einstellen. Denn sie befand sich in einer Situation, in der bei aktiver Teilnahme der Bürgerkrieg ins eigene Land hineingetragen worden wäre. »Man hätte Spanien nicht befreien können, sonst wäre Frankreich faschistisch geworden«, sagte später Leon Blum, Regierungschef der französischen Volksfront-Regierung. (Graml 1969)

Insgesamt sehen wir uns also einem europäischen Krieg ohne Kriegserklärung gegenüber. Dabei waren die Einsätze auf allen Seiten beträchtlich: Die Legion Condor soll zwischen 5000 und 15000 Soldaten gestellt haben (die Zahlen schwanken, da die Angehörigen der Legion nach einiger Zeit abgelöst wurden); die italienischen Streitkräfte haben sich auf etwa 50000 Mann belaufen. Die sowjetischen »Freiwilligen« wurden über Werbestellen der Komintern rekrutiert. Sowjetische Autoren sprechen von wesentlicher materieller Unterstützung, so zum Beispiel von 23 Waffentransporten in der Zeit vom Oktober 1936 bis September 1937. Tatsächlich erfolgte die sowjetische Unterstützung weit weniger bedingungslos als die der Achsenmächte. Als sich der Zusammenbruch der Republikaner abzeichnete, zog sich Stalin rasch von seinem Engagement zurück.

So eindeutig die Motivation für die Parteinahme der intervenierenden Mächte zu sein scheint, so umstritten ist sie doch auf den zweiten Blick. Klar ist nur, daß Francos Militärrevolte am 17. Juli 1936 nicht auf Veranlassung der Achsenmächte ausbrach. Selbst die Tatsache, daß Hitler tatsächlich an einem schnellen Sieg Francos interessiert gewesen sei, wird bestritten. Joachim Fest schreibt etwa: »Der eigentliche Nutzen, den Hitler aus dem spanischen Bürgerkrieg ziehen konnte und, geschickt steuernd, tatsächlich auch daraus zog, lag in der Turbulenz, die er in die verfestigten europäischen Verhältnisse brachte.« Diesem Argument: Schaffung einer Atmosphäre, in der die jeweiligen Hauptziele der Kontrahenten besser gedeihen konnten, entspräche eine andere Argumentation, die davon spricht, auch Stalin sei an einer schnellen Beendigung des Krieges deshalb nicht interessiert gewesen, weil dadurch die faschistischen Kontrahenten in ihrem offensichtlichen Expansionsdrang gehemmt worden seien. Er hatte dabei allerdings übersehen, daß die sowjetische Hilfe neuen Zusammenschluß schuf. »Einen internationalen Faschismus mit einem suggestiv ausstrahlenden Machtzentrum hat es erst seit dieser Zeit gegeben. Zugleich gewann erstmals die Mächtekonstellation des Zweiten Weltkrieges ihren Umriß.« (Fest 1974)

Wenn von bewußt angestrebten Hauptzielen die Rede war, dann war dies für Hitler eindeutig das ideologische Ziel der Eindämmung des Kommunismus. Er äußerte jedenfalls die Auffassung: »Es handelt sich um einen langen harten Kampf um eine Weltanschauung.« Er befürchtete darüber hinaus auch, zwischen der Sowjetunion im Osten und Frankreich und Spanien mit ihren Volksfront-Regierungen eingekeilt zu werden. Es war daher für ihn die Gefahr nicht auszuschließen, daß nach einem Sieg der Republikaner die sowjetisch unterstützten Kommunisten, die an und für sich bis dahin eine geringfügige Rolle gespielt hatten, die Macht ergreifen konnten – und daß dieser Sieg bis nach Frankreich ausstrahlte. »Hitler ging es . . . vornehmlich darum, die Entstehung eines kommunistisch gelenkten spanisch-französischen Blocks zu verhüten, der ein entscheidender negativer Faktor in Hitlers Planung von Angriffskriegen im Osten hätte sein müssen.«

Auch das war eine kurz- bis mittelfristige Überlegung. Dahinter stand die Überzeugung, für die künftige »Neuordnung« Europas günstige Ausgangspositionen erwerben zu können. Hinter der defensiven Fassade aber verbarg sich der Aggressor, denn darüber war Hitler sich völlig klar, daß »Bodenerwerb ... immer mit Machteinsatz« (Abendroth in: Funke 1976) verbunden ist. Damit sind weitere Sekundäreffekte – die militärische Erprobungsmöglichkeit wurde schon erwähnt – nicht ausgeschlossen. Einer der wichtigsten mochte sein, sich Rohstoffbasen für einen künftigen Krieg zu sichern.

Trotz der nach außen hin ideologisch aufgeladenen Atmosphäre, die in den Internationalen Brigaden der Republikaner (die bis zu 35 000 Mann umfaßten) ihren Ausdruck fand, blieb also selbst im spanischen Bürgerkrieg die machtpolitische Komponente entscheidend für die Intervention. Das gilt auch für die Rhetorik Mussolinis, für den das Bündnis mit Deutschland nun zu einer schieren Notwendigkeit geworden war. Denn mit seiner Einmischung im spanischen Bürgerkrieg hatte er sich gegen England, vor allem aber gegen Frankreich gestellt. Sie »manövrierte ihn in eine Situation, in der das Bündnis mit Berlin nicht mehr eine verlockende Möglichkeit zur Verstärkung der eigenen Politik darstellte, sondern eine bare Notwendigkeit zur Verhinderung der völligen Isolierung und des schmählichen Abbruchs der Intervention«. (Graml 1969)

In diesem Zusammenhang bleibt die Haltung der Briten erwähnenswert, denn sie nimmt das Verhalten der USA vorweg. Die Engländer glaubten zu diesem Zeitpunkt noch, sie könnten ohne Rücksicht auf die Machtverhältnisse in Europa die spanische Krise – das Wort war noch nicht erfunden – »managen«. Ihre Politik der Nichteinmischung entsprang der Absicht, nach dem Kriege in jedem Falle mit dem Gewinner zusammenarbeiten zu können. Ob es bei ihnen schon um »wohlwollende Neutralität im Falle eines europäischen Krieges« ging, sei dahingestellt. Jedenfalls verpaßten sie, als der Sieger feststand, die Chance, ihre Beziehungen zu Franco zu festigen, der dringend Geld für den Neuaufbau des verwüsteten Landes benötigte. So »trieben die Engländer den Caudillo durch ihre Bemühungen, ihm die Geldmärkte des demokratischen Europa zu verschließen, nur noch tiefer in das Lager der Diktatoren«. (Abendroth in: Forndran/Golczewski/Riesenberger 1977)

Andererseits lassen sich Ansätze einer Psychologie der Intervention erkennen, wenn etwa Churchill gegenüber seinem Außenminister Eden im Jahre 1944 eine Beseitigung des Franco-Regimes durch – direkte oder indirekte – Intervention ablehnte. Es ist ein ernster Schritt, sagte Churchill damals, »sich eindeutig in die Innenpolitik eines anderen Landes einzumischen, mit dem wir keinen Krieg geführt haben und das uns während des Krieges mehr geholfen als geschadet hat ... Eine Einmischung in die inneren Angelegenheiten eines anderen Landes wird schon seit langem als gefährlich angesehen, und die Gefahren werden noch verstärkt, wenn eine Einmischung ideologisch motiviert ist«. Daß die Einmischung Deutschlands, Italiens und der UdSSR vor allem machtpolitisch begründet war, dürften wir gezeigt haben. Dennoch ist das Zögern, aus »ideologischen« Gründen zu intervenieren, sicher bei weltanschaulich stark motivierten Staaten geringer als bei Staaten mit einer pluralistischen Innenpolitik. Jedenfalls ließe sich so diese Äußerung des britischen Premiers verstehen. Daß diese Regel im Vietnam-Krieg vergessen wurde, hat nicht zuletzt zum Debakel der USA beigetragen.

Insgesamt gesehen lassen sich im spanischen Bürgerkrieg starke Elemente des Kalten Krieges nach 1945 erkennen. Eine intensive ideologische Aktivierung erlaubte es, jeweils eine Seite des Bürgerkriegs für sich im Namen übergreifender Ideale in Anspruch zu nehmen. Der propagandistische Erfolg zählte am Schluß mehr noch als die Veränderung der machtpolitischen Balance, obwohl im Endeffekt das machtpolitsche Kalkül stärker war als die Ideologie. Wiederum diente diese dazu, die Staaten zu polarisieren. Vor und kurz nach dem Bürgerkrieg hat sich zwar noch nicht die Landkarte Europas verändert, wohl aber zeichnen sich die zukünftigen Koalitionen ab. Insoweit ist der spanische Bürgerkrieg ein Beispiel, an dem gezeigt werden kann, daß ideologische Präferenzen noch keine Garantie für künftige Koalitionen abgeben. Wohl aber kann die Abkoppelung von anderen Optionen, verbunden mit einer aggressiven Außenpolitik, Alternativen derart beschneiden, daß die Wahl praktisch keine Wahl mehr ist, sondern zum Zwang wird. Das gilt für Spanien, Italien und – wenn auch hier noch nicht in einem so ausgeprägten Maß wie später – für Deutschland.

4.5 Budapest 1956/Prag 1968 – Konterrevolution der Revolutionäre

Bewaffnete Interventionen der UdSSR sind in ihrem Kern etwas anderes als bewaffnete Interventionen der USA. Die USA intervenieren in eigenem Auftrag (wenn auch unter der Fahne der »Freiheit«); die UdSSR dagegen intervenieren im Namen des Weltkommunismus. Zumindest galt das bis zum Jahre 1968. Denn die UdSSR ist nicht nur militärisch eine Weltmacht, sie nimmt für sich selbst in Anspruch, das Haupt einer säkularen Kirche (mit den dazugehörigen Ketzern) zu sein.

Deshalb ist es ein Paradox sowjetischer Interventionen, daß sie stets da stattfanden, wo sie nach den Gesetzen des Marxismus eigentlich gar nicht hätten stattfinden dürfen: in sozialistischen Staaten. Allerdings läßt sich, solange die Welt noch in das revolutionäre und das konterrevolutionäre Lager geteilt ist, stets argumentieren, daß der Klassenfeind noch immer fähig sei, die Revolution rückgängig zu machen. Sowjetische Interventionen sind daher stets als Akte der Wachsamkeit im Namen des Weltkommunismus zu verstehen, de facto allerdings als eine Auftragsarbeit ohne Auftrag.

Das ist der ideologische Aspekt: Die Bewahrung der Revolution macht die Intervention in ihrem Namen notwendig. Der Erscheinungsform und der realen Zielsetzung nach unterscheiden sich allerdings die Interventionen kaum von denen der anderen Großmächte. Es sind systemerhaltende Aktionen oder zumindest als solche intendiert. Es sind Aktionen, in denen der stabilisierende Effekt durch die vorgeschobene Begründung eher verdrängt wird. Die UdSSR intervenierte und interveniert auch weiterhin in sozialistischen Staaten, um eine prekäre Stabilität, die ins Wanken geraten ist, wieder zu konsolidieren. Allerdings gerät die UdSSR dabei stets in einen Zwiespalt. »Der Kommunismus besitzt nicht zuletzt deshalb eine so starke Anziehungskraft, weil er eine Welt ohne Krieg und ohne Waffen verheißt.« Nach Ungarn und der ČSSR, in einem geringeren Maße auch nach der DDR 1953 mußten sich die kommunistischen Ideologen »künftig mit der Frage beschäftigen, ob Kriege im sozialistischen Weltsystem vermeidbar oder unvermeidbar sind.« (Brahm 1968)

Es ist nicht unsere Sache, die Geschichte der ungarischen Revolution mit nachfolgender Intervention und der tschechoslowakischen Intervention ohne vorausgehende Revolution nochmals zu schreiben. Wohl aber sind die Vorstellungen zu prüfen, die die UdSSR von sozialem Wandel hat und welche Folgerungen sie aus ihnen zog. Denn tatsächlich wandten sich beide Vorgänge in Satellitenstaaten der UdSSR nicht gegen den Marxismus, sondern gegen dessen Orthodoxie. Beide Male führten unterschiedliche Voraussetzungen zu Folgen, die der UdSSR unakzeptabel erschienen. Über der Tatsache der Intervention sollten daher die Unterschiede beider Abläufe nicht vergessen werden.

In beiden Fällen korrelierten zwei Ebenen – die ideologische und die wirtschaftliche. In beiden Fällen hat es sich gezeigt, daß die sozialistische Planwirtschaft, zumal dann, wenn sie den wirtschaftlichen Interessen Moskaus unterworfen wurde, nur mangelhafte Lebensbedingungen für die von ihr abhängige Bevölkerung erbrachte. Es war und ist eine Bevölkerung, die – anders als die Gesellschaft der Sowjetunion – in ihrer großen Masse Nationalismus und Sozialismus nicht identifizierte. Zwar läßt sich argumentieren, daß Ungarn eine direkte Frucht der Entstalinisierung, die ČSSR deren letzter Ausläufer war. Aber während der Antrieb zur Selbstbefreiung der Ungarn (nach dem 20. Kongreß der KPdSU) aus der UdSSR kam – also ein falsch verstandener Einfluß von außen –, kam der Antrieb zur Reform in der ČSSR vor allem von innen.

Der ungarische Ministerpräsident Imre Nagy, der später fast wider Willen zum Helden des ungarischen Aufstandes wurde, hatte zwischen 1953 und 1955 Reformen eingeleitet mit dem Ziel, anstelle des forcierten Aufbaus der Schwerindustrie die Konsumgüterindustrie zu bevorzugen und damit den Lebensstandard der ungarischen Bevölkerung zu erhöhen. Sein Sturz war mit dem Sturz Malenkows im April 1955 verbunden. Der Rücktritt des tschechoslowakischen ZK-Sekretärs Novotny im Januar 1968 war ebenfalls primär auf eine langwährende wirtschaftliche Stagnation zurückzuführen. In beiden Fällen war eine schwierige wirtschaftliche Lage die Ursache für weitergehende Forderungen nach Demokratisierung und Meinungsfreiheit.

Die Gründe für die Interventionen lagen dann allerdings auf ideologischem Gebiet. Auch hier scheinen sich Parallelen zu ergeben. Doch liegen sie in dem einen Falle stärker auf dem Gebiet des äußeren Blockzusammenhalts, in dem anderen Falle in der Rolle der kommunistischen Partei nicht allein als führendem, sondern vor allem als dominierendem Faktor innerhalb des Staates. Tatsächlich waren die Forderungen der ungarischen Demokraten sehr viel weitgehender als später die des »Prager Frühlings«. Das spricht einerseits für eine zunehmende Verfestigung im Sowjetblock (sprich: monopolistische Machtdurchsetzung seitens Moskaus), andererseits für eine stärkere Flexibilität der sowjetischen Führung, die inzwischen ihre sehr verschiedenartigen, aber immer als Häretikertum verstandenen Erfahrungen mit Jugoslawien, Albanien, China und Rumänien gemacht hatte.

Sowohl die Entstalinisierung in Moskau wie die Ergebnisse des polnischen Parteitages (der sowjetische Marschall Rokossowsky trat als Oberbefehlshaber der polnischen Streitkräfte zurück, der Nationalkommunist Gomulka trat an die Spitze seines Landes) hatten in Ungarn Erwartungen erweckt, die weit über das hinausgingen, was die UdSSR zuzugestehen bereit war. Denn in Warschau blieb es »ein kommunistischer Weg in enger Verbindung mit der Sowjetunion und innerhalb des kommunistischen Blocks« (IP 1956). Diese Grenze war schon überschritten, als sich in Budapest Ende Oktober 1956 eine Vier-Parteien-Regierung bildete. Endgültig aber glaubte sich die Sowjetunion zum Eingreifen gezwungen, als am 1. November 1956 Nagy den Warschauer Pakt aufkündigte und die Neutralität Ungarns proklamierte. Die Sowjetunion hatte dann das »Glück«, schon am 4. November eine »Gegenregierung« unter Janos Kadar, dem Parteisekretär der KPU, vorweisen zu können. Sie rief die UdSSR um Hilfe an, um »die finsteren Kräfte der Reaktion und der Konterrevolution« zu zerschlagen. Während die Ungarn der sowjetischen Intervention bewaffneten Widerstand entgegensetzten, zogen die Tschechen und Slowaken angesichts einer Übermacht von fünf Staaten des Warschauer Paktes und angesichts auch der Lehren aus dem ungarischen Aufstand den stilleren »zivilen« Widerstand vor, doch hatte andererseits Moskau 1968 keinen völkerrechtlich abgesicherten Vorwand, keinen Hilferuf von innen, der zum Eingreifen aufforderte.

Am 21. August 1968, dem Tag der Intervention, hieß es zuerst »Persönlichkeiten der Partei und des Staates der ČSSR« hätten sich an die Sowjetunion um Hilfe, »einschließlich der Hilfe durch bewaffnete Kräfte«, gewandt; später war noch von einer »Gruppe von Mitgliedern des ZK, der Regierung und des Parlaments« die Rede, dann von »einigen Persönlichkeiten der Partei und des Staates der ČSSR«, schließlich ließ man das Argument ganz fallen. Es war seitdem nur noch von der »unhaltbaren Situation« die Rede, die »den Sozialismus in der ČSSR, damit aber auch den Frieden in Europa gefährdeten« (IP 1968, S. 365).

Die Intervention in der ČSSR hatte also ihr eigenes Muster. Mit Recht ist geschrieben worden: »Als Stalin in der Sowjetunion als untragbar galt, waren die Sowjets bereit gewesen, den Stalinismus in der ČSSR zu dulden. Sie intervenierten jedoch, als man in Prag daran ging, den Sozialismus von allen Relikten des Stalinismus zu befreien.« (Brahm 1968) Der Unterschied zu Ungarn lag in der Tat darin, daß die Reformer der ČSSR nicht die Absicht hatten, den Sozialismus abzuschaffen. Sie hielten auch an der führenden Rolle der Partei fest. Doch sollte diese führende Rolle nicht mehr auf monopolistischer Beherrschung der Gesellschaft gegründet sein, sondern auf deren Leistung für die Gesellschaft. Zweifellos war es der Eindruck der Führung der UdSSR, daß KP-Sekretär Dubček insbesondere die reformistisch gesinnten Intellektuellen nicht mehr im Griff habe, der zur Intervention in der ČSSR führte. Hier spielte das Dokument der »Zweitausend Worte« eine entscheidende Rolle. Überdies hatten die Besuche von Tito (9.–11. August) und von Ceaucescu in Prag (vom 15.–17. August) zu der Befürchtung geführt, daß sich in Südosteuropa nunmehr eine nationalkommunistische Achse anbahne. Sie stellte insbesondere in einem Augenblick eine Gefahr dar, in dem sich die UdSSR anschickte, mit dem Westen in Verhandlungen über eine »Friedensordnung in Europa« einzutreten. Einerseits hatte die bewegliche Ostpolitik der deutschen Bundesregierung die Sowjets in eine schwierige Lage gebracht, denn Prag schien willens, sich angesichts mangelnder finanzieller Unterstützung aus Moskau Bonn zu nähern. Andererseits sah sich die UdSSR angesichts dieser Ostpolitik einer dreifachen Herausforderung gegenüber. »Sie mußte ihre verschiedenen Klienten bei der Stange halten, sie mußte es vermeiden, durch ihre zwei konservativsten (DDR und ČSSR) Satellitenstaaten in ihren Bemühungen paralysiert zu werden, und sie mußte ihre eigenen Standpunkte neu definieren, damit es der westdeutschen Initiative nicht gelang, die sowjetischen Interessen in Ost-Zentraleuropa zu unterspülen.« Während die Vorverhandlungen als Intrablock-Verhandlungen multilateral geführt wurden, scheint die endgültige Entscheidung als einsamer Entschluß des ZK der KPdSU am 19. August 1968 gefallen zu sein.

Seit 1956 hatten sich allerdings auch die Verhaltensweisen der UdSSR verändert. Vor der Intervention in Ungarn hatten auf Regierungsebene keinerlei Verhandlungen zwischen der Sowjetunion und der Regierung in

Budapest stattgefunden. Die Entwicklung von 1968 kann man dagegen als eine Eskalation von der Überredung über die Verhandlung zur Intervention kennzeichnen. »Vier internationale und intrablock-kommunistische Konferenzen – in Dresden, Warschau, Cierna und Preßburg – kamen und gingen im Frühjahr und Sommer 1968, bevor die sowjetischen Führer tatsächlich soweit waren, sich für eine bewaffnete Intervention in die ČSSR zu stählen.« (Rothschild in: Spiegel/Waltz 1971) Die innere Unsicherheit der sowjetischen Führer war unübersehbar. Die Moskauer Verhandlungen vom 23.–25. August 1968 aber bewiesen auch, daß es die unterschiedlichen Vorstellungen über die Position der Partei innerhalb eines sozialistischen Staates waren, die zur Intervention der UdSSR führten. Denn die Führer der ČSSR mußten, damit ihnen wenigstens für die folgenden Monate ihre beschränkte Souveränität wieder gewährt wurde, insbesondere versprechen, die Kontrollfunktion der KPC erneut zu sichern und die Zensur wieder einzuführen.

Entscheidend für die künftige Entwicklung war die Ausarbeitung der Doktrin der »beschränkten sozialistischen Souveränität«, kurz Breschnew-Doktrin genannt, mit der sich die UdSSR für alle kommenden Fälle die Berechtigung für eine Intrablock-Intervention sicherte. Während im Falle Ungarns noch mit der Begründung gearbeitet wurde, die Hilfe der Sowjetunion für die »gesunden Kräfte der ungarischen Nation« habe »lediglich einen Akt der Erfüllung der Bundespflicht gegenüber einem Teilnehmerstaat des Warschauer Paktes dargestellt, der auf Ersuchen der legitimen ungarischen Regierung erfolgte« (Frenzke in: Meissner/Uschakow 1975), war das vor und nach Prag nicht mehr möglich. Die Breschnew-Doktrin ist somit der außergewöhnliche Fall einer Doktrin, nach der weder eine Reform noch eine Revolution in der Revolution erlaubt ist.

Angesichts dieser Doktrin läßt sich – die völkerrechtlichen Aspekte werden anschließend erörtert – die Bemerkung nicht vermeiden, daß ein sozialer Wandel überhaupt nicht mehr möglich ist, sofern er von der Sowjetunion nicht gebilligt wird. Realität werden kann ausschließlich ein von ihr kanalisierter sozialer Wandel, der in sich dem Begriff der Revolution widerspricht. Eine Revolution in der Revolution ist hier – von der permanenten Revolution gar nicht zu reden – nicht mehr möglich. Die Aufstände zugunsten des Westens wurden – als konterrevolutionäre Ereignisse – oft von außen initiiert. Die Ereignisse von Budapest und Prag zeigen, daß diese Aufstände gegen ein versteinertes System im Innern entstanden und von außen unterdrückt wurden.

Betrachtet man die Voraussetzungen von Einmischung oder Nichteinmischung innerhalb des von der Sowjetunion beherrschten Blocks, so läßt sich folgendes feststellen: 1) Der aktzeptierte Wandel in kommunistischen Systemen Osteuropas darf nicht der führenden Rolle der kommunistischen Partei in den inländischen Systemen entgegenwirken. 2) Die

Nichteinmischung in die inländischen Systeme (oder die inneren Angelegenheiten) der ›sozialistischen Bruderländer‹ hängt davon ab, inwieweit sie eine Auswirkung auf das sowjetische Nationalinteresse haben. 3) Die Reaktion der Sowjetunion auf einen Wandel im kommunistischen System Osteuropas ist proportional zu und abhängig von der Stabilität der sowjetischen Führungsschicht zur Zeit des Ereignisses.

Wenn dies die Regeln sind, nach denen die Revolution in der Revolution verhindert werden kann, so ist damit noch nichts über deren Berechtigung gesagt. Wir haben schon darauf hingewiesen, daß die Sowjetunion strikt jede Einmischung in die inneren Angelegenheiten eines anderen Landes ablehnt. In der Theorie geht sie noch sehr viel weiter als jeder andere Staat. Denn sie rechnet auch ideologische und wirtschaftliche Sanktionen zum Themenbereich »Intervention«, brandmarkt den Abbruch diplomatischer Beziehungen als Verletzung der Souveränität eines Staates. In der Folgezeit der KSZE wurde sogar der freie Austausch von Meinungen als eine Einmischung in die Souveränität der Staaten bezeichnet.

Nicht nur Eingriffe in die Innenpolitik werden also abgelehnt; auch außenpolitische Aktivitäten eines Staates werden als völkerrechtswidrig disqualifiziert. Diese extreme Empfindlichkeit legte die Sowjetunion allerdings erst an den Tag, seitdem sie sich voll in die internationalen Beziehungen integriert hatte und sich dabei ihrer eigenen Verletzlichkeit bewußt geworden war. 1923 bzw. 1936 bezeichnete ein führender sowjetischer Völkerrechtler die Intervention »unter gewissen Umständen als ein äußerst wichtiges Instrument des Fortschritts, als einen chirurgischen Eingriff, der die Geburtswehen einer neuen Welt erleichtert«. Sie sei »vom rechtlichen Standpunkt aus betrachtet für das Rechtsbewußtsein der Übergangszeit akzeptabel, da der Klassenkampf ... die normale Form der Wechselbeziehungen zwischen den beiden in der internationalen Arena einander gegenüberstehenden Welten« (Korovin, zit. nach Frenzke in: Meissner/Uschakow 1975) sei. Zehn Jahre später – Stalin hatte seine Zwei-LagerTheorie formuliert – wurde dann aber erklärt, daß die »Sowjetregierung sich in ihrer Außenpolitik fest an das Prinzip der Nichteinmischung« halte.

Daraus darf ohne Vergewaltigung der sowjetischen Interpretationen der Schluß gezogen werden: »Je nach dem außenpolitischen Interesse des sowjetischen Staates wurden die Verbote der Intervention und Gewaltanwendung wie auch der begrifflich benachbarten Aggression verworfen, akzeptiert oder in der einen Art interpretiert und abgegrenzt. Richtschnur war dabei jeweils allein der Vorteil des eigenen Staates.« (Frenzke in: Meissner/Uschakow 1975)

Die Methoden, mit denen man die extrem ausgeweiteten Definitionen zu stützen suchte, waren bis 1968 vor allem darin zu sehen, daß man 1) die Beschreibung der Ereignisse selbst im gewünschten Sinne umbog, d. h. verfälschte, 2) die unterschiedlichen Gesellschaftsordnungen benutzte, um eine »Einmischung« – nach der KSZE der freie Fluß der Meinungen – zu konstruieren, 3) Prag 1968 zum Anlaß nahm, ein besonderes sozialistisches Völkerrecht zu proklamieren. Sein Hauptinhalt ist »die regionale Außerkraftsetzung der wichtigsten Grundsätze des allgemeinen Völkerrechts und der UN-Satzung«. Die Einheiten der sozialistischen Staatengemeinschaft werden nämlich damit einem besonderen »inter-sozialistischen« Völkerrecht unterworfen. Dieses »Völkerrecht« ist überhaupt nur so zu begründen, daß die Sowjetunion die Meinung vertritt, Nichteinmischung sei von den betroffenen Staaten nur in diejenigen ihrer Angelegenheiten zu verlangen, die in ihre »interne Kompetenz gehören und nicht den internationalen Frieden und die Sicherheit gefährden« (Piradov/Starušenko zit. nach Frenzke in: Meissner/Uschakow 1975). Das heißt: Einer ungeheuren Ausweitung des Interventions- und Aggressionsbegriffes auf der einen Seite steht andererseits eine Einschränkung gegenüber, deren Interpretation es erlaubt, die jeweilige Souveränität der Staaten soweit einzuschränken, wie es der Sowjetunion für richtig erscheint. Damit wurde schließlich auch die Intervention gerechtfertigt, von der es in einer TASS-Erklärung vom 21. 8. 1968 hieß, es seien »Interessen der Sicherheit der Staaten der sozialistischen Gemeinschaft« gefährdet gewesen.

Es ist hier nicht die Hauptfrage, wie die Intervention von Prag völkerrechtlich zu rechtfertigen sei. Aber es muß doch festgehalten werden, daß schon die »Schöpfung« dieses Völkerrechts für einen Teil des sozialistischen Lagers auf schwachen Füßen steht. »Vor allem gehören zur Neuschöpfung von Völkerrecht mindestens zwei Staaten. Ein Staat allein, und habe er auch so viele Raketen wie die UdSSR, kann kein neues Völkerrecht erzeugen.« Staaten also, die diese Einschränkung der Souveränität, wie sie von der Sowjetunion vorgebracht wird, nicht akzeptieren, sind nach den völkerrechtlichen Grundsätzen auch an diese Einschränkungen nicht gebunden. Machtpolitisch nutzt ihnen allerdings dieses Recht, soweit sie im Machtbereich der UdSSR liegen, nur wenig.

Das führt wiederum zurück auf die politische Kernfrage dieses Kapitels: Wie erfolgreich waren die Interventionen von Budapest und – besonders – von Prag für die Sowjetunion? Wenn wir die sowjetischen Aggressionen als konterproduktiv kennzeichnen, so muß eine Einschränkung gemacht werden: ob sie als produktiv oder konterproduktiv für die Sowjetunion angesehen werden, hängt davon ab, unter welcher Perspektive man die UdSSR betrachtet: als Weltmacht oder als Zentrum des Weltkommunismus. Denn diese duale Funktion Moskaus haben wir von Anfang an im Auge gehabt. Als Weltmacht hat sie zweimal die Lage konsolidiert; sie hat in Ungarn 1956 letzte Reste »bürgerlicher« Parteien liquidiert; sie hat sich im Jahre 1968 mit Prag die Hände freigemacht für Verhandlungen mit dem Westen. Als Zentrum des Weltkommunismus hat sie allerdings weitgehend an Kredit verloren.

Was der Kreml gewann, verlor der Weltkommunismus – auf diese einfache Formel läßt sich das Ergebnis der sowjetischen Interventionen 1956 und 1968 bringen. Vier Wochen nach der Intervention in Prag z. B. hatte sich selbst nach sowjetischen Angaben erst die Hälfte der 88 von Moskau anerkannten kommunistischen Parteien mit der Intervention einverstanden erklärt. Und es bleibt noch immer die Frage, von welcher Bedeutung diese kommunistischen Parteien sind, denn sicherlich gibt es einen Unterschied zwischen der Costa Ricas und der Frankreichs. Im Juli 1968 jedenfalls waren führende Mitglieder der KPI und der KPF nach Moskau geflogen, um vor den Folgen einer Intervention zu warnen. Angeblich ist ihnen damals versichert worden, es werde nicht an ein militärisches Eingreifen gedacht. Die europäischen kommunistischen Parteien wollten zu dieser Stunde noch als Vermittler auftreten – der Kreml zeigte jedoch daran kein Interesse. »Anfang August wußte die KPdSU 21 Parteien hinter sich, für die KPC hatten sich, wenn auch nicht immer prononciert, 19 Parteien ausgesprochen. Der Kreml war gewarnt« (Brahm 1968). Dennoch war das hegemoniale Interesse der UdSSR zu stark, als daß es zugunsten der Einheit des Weltkommunismus auf ihre Demonstration der Stärke hätte verzichten können oder wollen. Selbst von der italienischen und französischen kommunistischen Partei zuerst meist nur in euphemistischen Wendungen (»tragischer Irrtum«, »unzulässige Abweichung«) verurteilt, vertiefte die ČSSR-Intervention den Abstand nicht nur zu Jugoslawien und China, sie wurde danach zur Geburtsstunde des Eurokommunismus. Dies ist das tiefgreifende Ergebnis der sowjetischen Intervention gewesen; das Ergebnis erlaubt es, von einer starken Konterproduktivität der sowjetischen Intervention zu sprechen. Denn es wurde mit ihr deutlich gemacht, daß sich keine der kommunistischen Parteien auf die »Erklärung der 81« zurückziehen konnte, mit der im Jahre 1960 auf dem zweiten Moskauer »Konzil« die Unabhängigkeit jeder kommunistischen Partei garantiert worden war. Den europäischen Parteien in Frankreich, Italien und auch Finnland (wo die KPs zwischen 20 und 27 % der Stimmen gewonnen hatten) verbaute das sowjetische Verhalten fürs erste den Weg zur Macht, sofern sie sich nicht eindeutig von Moskaus Verhalten abgrenzten. Ihre Reaktion war daher sowohl taktisch national wie kommunistisch international bestimmt. Zieht man das Fazit von Gewinn und Verlust noch einmal, so wird man in der Rubrik der Gewinne anführen können:

1) Die »Glaubwürdigkeit« der UdSSR hat im eigenen Hegemonialbereich zugenommen.
2) Dies ist erreicht worden, ohne a) einen ungarnähnlichen Aufstand in der ČSSR oder gefährliche Unruhen bei den Nachbarn zu provozieren, b) ohne das fortgesetzte Interesse der USA an Détente mit der Sowjetunion abreißen zu lassen und c) ohne eine bemerkenswerte Neukonsolidierung der NATO in die Wege zu leiten.

Dagegen stehen als Verluste:

1) Die Aufspaltung des Weltkommunismus kam im wesentlichen China zugute.
2) Prag wurde 1968 zur eigentlichen Keimzelle des Eurokommunismus. Was an machtmäßiger Glaubwürdigkeit gewonnen wurde, ging an ideologischer Glaubwürdigkeit mehr als verloren.
3) Nach Ungarn konnten nunmehr auch die tschechischen und rumänischen Truppen als fast »neutralisiert« d. h. als nur bedingt einsatzfähig gelten.
4) Die Angst vor der Unberechenbarkeit sowjetischer Politik nahm wieder zu.

Ungarn und Prag waren militärische Aggressionen, um der »ideologischen Aggression« zu begegnen. Sie demonstrierten einen neuen Typus von Intervention: die Intervention »revolutionärer« Staaten gegen revolutionäre Staaten. In ihren Auswirkungen zeigten sie allerdings Ähnlichkeiten mit den Interventionen der USA: sie vermehrten eher die Schwierigkeiten, als daß sie sie verminderten. Und es zeigte sich zwischen 1953 und 1968: die politischen Kosten einer militärischen Intervention sind à la longue auch für die UdSSR sehr viel höher geworden.

5. Regionen und Strukturen

Die Geschichte hat gezeigt, daß das Einmalige so einmalig nicht ist. Die Strenge der Definitionen wiederholte sich nicht immer im Puzzle der historischen Erscheinungen. Dennoch lassen sich seit dem 18. Jahrhundert Grundmuster nachweisen, die heute noch auftauchen. In der Gegenwart muß sich nun wiederfinden lassen, was die Theorie als Problem erkannt hat. Phänomene globalen Ausmaßes – die Guerilla-Bewegung, die Militärregierungen – erhalten in der regionalen Ausformung ein wechselndes Profil. Export und Import von Revolution, die Ansteckung durch und die Immunisierung gegen revolutionäre Ideologien werden nur dann greifbar, wenn die unterschiedlichen regionalen Bedingungen beachtet werden. Vor dem Hintergrund einer Phänomenologie, die globale Tatbestände ins Auge faßte, sollen nun Panoramen erarbeitet werden, die keinen Anspruch auf allumfassende Gültigkeit erheben.

Die Einflußstrukturen der Erdteile spielen in den regionalen Panoramen ebenso ihre Rolle wie der traditionell bedingte Herrschaftsaustrag der Kontinente. So versteht es sich von selbst, daß beispielsweise die Kraftlinien von revolutionärem Aufstand und konterrevolutionärer Beharrung in Lateinamerika anders verlaufen als in Afrika. Denn dort steht der Aufstand gegen eine Hegemonialmacht im Vordergrund, hier haben wir es mit einer noch »offenen« Staatengemeinschaft zu tun. Es ist dies eine Gemeinschaft, deren Teilnehmer weder materiell noch geographisch, weder ethisch noch ideologisch saturiert sind. Daher die unterschiedlichen Verhaltensweisen der Weltmächte: dort die Vormachtstellung der USA (die auch von der UdSSR nur vorsichtig unterlaufen wird), hier die Konkurrenz nicht nur der Weltmächte, sondern auch Chinas und – immer noch – der Mittelmächte Großbritannien und Frankreich. In Afrika heißt das: Machtzuwachs durch Gewinn potentieller Klienten. Und nicht nur diese Perspektiven zählen, sondern auch der Einsatz von arabischen Ölgeldern.

Davon abgesetzt sind wiederum die Verhältnisse in Asien. Dort fallen innerhalb eines Dreiecksverhältnisses, in dem China auf lange Sicht die Oberhand gewinnen könnte, die Entscheidungen darüber, ob, wo und wann revolutionäre Kräfte sich in einem Staat durchsetzen werden. Solche vorgegebenen Kraftlinien bedingen die Art des Einsatzes von Macht, von propagandistischer, ökonomischer, militärischer Verfügungsgewalt. Ob diese Macht direkt eingesetzt wird oder indirekt, ob Hilfe gegeben wird, weil für die Klientenstaaten damit die Wahlfreiheit verloren geht, oder ob sie gegeben wird, weil deren Wahlfreiheit so groß ist, daß die Verweigerung einen Wechsel ins andere weltpolitische Lager bedeuten könnte – das ist im Einzelfall zu prüfen. Ebenso spielt es eine Rolle, ob Einfluß gesucht wird, um Machteinbußen zu verhindern oder um eigene Maximalziele durchzusetzen. Dies alles muß nun auf dem Hintergrund einer Dynamik gesehen werden, die es notwendig macht, das Gewicht der Akteure immer wieder neu zu bestimmen. Die Analyse kann deswegen nicht Gesetze zutage fördern, sondern bestenfalls mittelfristige Trends innerhalb des Umfeldes eines Kontinents.

Das heißt: Die folgende analytische Beschreibung wird sich auf Schwerpunkte stützen. Sie erhebt nicht den Anspruch auf Vollständigkeit für die dargebotenen Fakten. So blieben spektakuläre Fälle ausgespart: der Nahost-Konflikt, die Lage im südlichen Afrika, soweit es das Südafrika-Problem betrifft, auch der Vietnam-Krieg. Dies zum einen deshalb, weil sie zum Teil vom Begriffspaar Revolution/Konterrevolution her nicht zu fassen sind, vor allem aber deshalb, weil über sie eine umfangreiche (und leicht zugängliche) Spezialliteratur vorliegt.

Diese Darstellung wird zu prüfen haben, welche Art von Konflikten in Afrika den Vorrang haben, warum die »Stellvertreterstaaten« der Großmächte zu dem geworden sind, was sie sind. Sie wird den Einfluß von Militärregierungen in Lateinamerika u. a. und deren Einfluß auf die Großstaaten, also im wesentlichen den militärischen Aspekt zu untersuchen trachten, und sie muß sich darüber im klaren werden, in welcher Weise der übermächtige Druck Chinas in Asien wirksam wird und welche Gegengewichte eine allzuschnelle Ausbreitung der chinesischen Macht verhindern. All dies schließt ein, daß man sich auch über die Rolle der Militärputsche in Afrika äußert oder über die Rolle Chinas im schwarzen Erdteil. Es läßt sich deshalb auch nicht vermeiden, daß da und dort kontinentale Vergleiche in das vorgezeichnete Bild mit einfließen. Erst im abschließenden Kapitel soll der Versuch gemacht werden, noch einmal eine Bewertung vorzunehmen, die dann wieder die Welt als Ganzes betrachtet.

5.1 Afrika – das kontinentale Versuchsfeld

Angola 1976 ist Lichtjahre vom Kongo 1960 entfernt

Newsweek 26. Februar 1976

Insbesondere in Afrika ließen sich in den letzten Jahren das Ausmaß wie die Fragwürdigkeit einer allzu strengen Auslegung revolutionärer oder »revolutionärer« Entwicklungen von Konflikten beobachten. Die detaillierte Beschreibung des Kongokonflikts, der ja nichts anderes war, als die erste Illustration zum Thema politische Instabilität in unabhängigen Staaten Afrikas, wird Hinweise darauf liefern, wie wenig die herkömmlichen Maßstäbe geeignet sind, Begriffe wie Demokratie, Staatswerdung (nation-building), Intervention, Bürgerkrieg, Rezession, Militärregierung in ein System zu pressen. Sie entstammen einer westlichen Begriffswelt, die zu ihrer Entwicklung Jahrhunderte gebraucht hatte.

Der diffusen Ausgangslage entspricht das unsichere Lavieren, mit dem insbesondere die Großmächte versucht haben, Einfluß auf die innere Entwicklung der neuen, seit Ende der fünfziger Jahre entstehenden Staaten zu nehmen. Doch auch nach zwanzig Jahren darf mit Berechtigung geschrieben werden: »Das ›nachkoloniale‹ balkanisierte Afrika kann benutzt werden – und wird benutzt –, um Prestige zu gewinnen, den eigenen ›Glauben‹ zu verbreiten, Gegenspielern in Ost und West Schwierigkeiten zu bereiten, relativ feste Fronten, wie sie in Europa und im Mittelmeerraum bestehen, von den Flanken her zu erschüttern« (NZZ 27. 3. 1977). Bei diesem Versuch hat jede der Großmächte ihr Lehrgeld bezahlen müssen.

Schon in der Frühphase zeigte sich die Ambivalenz des Interesses für Afrika. Ein eher diffuses Interesse ging einerseits einher mit einer neuen Bewertung der afrikanischen Staaten als Träger bestimmter politischer Tendenzen, andererseits mit dem Versuch, weltpolitisch bedeutsame Kommunikationszentren und Waffenbasen in diesem Erdteil zu gewinnen. Der Tribalismus, der die Nationwerdung hemmte, die in vielen Fällen »offenen«, da historische Besiedlungen mißachtenden Grenzen, die instabilen politischen Strukturen machten es oft unmöglich, Tradition und Innovation miteinander sinnvoll zu verbinden. Als die weiterwährende Kapitalschwäche der afrikanischen Staaten immer offenkundiger wurde, machte sich ausländischer Einfluß mehr und mehr bemerkbar, der auf ideologischem, ökonomischem wie militärischem Sektor wirksam wurde (und sich oft gegenseitig durchdrang).

Die Kongo-Krise war für alle Beteiligten ein wesentlicher Einschnitt dieser Politik. Mehr noch als ihr Ausgang prägte ihr Verlauf die zukünftigen Perspektiven der Afrikapolitik. Dabei zählte nicht so sehr das Ausmaß des Engagements, das oft überstürzt eingegangen werden mußte, sondern die daraus resultierenden Einfluß-Muster. (Tatsächlich überstieg das verbale Engagement die materiellen Interventionen der beteiligten Mächte bei weitem). Für Moskau wurde die Kongo-Krise Anlaß dafür, seine bisherige, auf einflußlose kommunistische Parteien gestützte Politik zu revidieren. Dabei muß in Betracht gezogen werden, daß die UdSSR 1954 erst *einem* Staat der Dritten Welt – Afghanistan – Entwicklungshilfe gewährt hatte und daß die ersten Unabhängigkeitserklärungen – von Ghana etwa und vom Sudan – von Moskau keineswegs enthusiastisch begrüßt worden waren. Die Unabhängigkeit des Kongo, vor allem aber die Folgeerscheinungen der Krise, wurde zu einem Wendepunkt in den sowjetisch-afrikanischen Beziehungen. »Eine fruchtbare Zusammenarbeit zwischen der Sowjetunion und vielen afrikanischen Staaten wurde zum Bestandteil der internationalen Reaktion auf den Kongo-Krieg; sie bereitete den Grund für weniger auffällige und dafür praktikablere Aktivitäten der UdSSR, die seitdem zu beobachten sind« (Stevens 1976).

China, für das Afrika zu einem ersten Prüfstein seines gewandelten Verhältnisses zur UdSSR wurde, entwickelte zum gleichen Zeitpunkt eine eigene afrikanische Domino-Theorie, die eine völlige Fehldeutung der realen Situation erkennen ließ. So hieß es in einer zeitgenössischen Lagebeurteilung: »Wenn nur ein oder zwei der unabhängigen afrikanischen Staaten eine wirkliche nationale Revolution machen . . ., dann wird die Wirkung groß sein, die Zeit wird dann reif sein für die Aktion, die revolutionäre Welle sein, den ganzen afrikanischen Kontinent zu überschwemmen, und die 200 Millionen und mehr Afrikaner werden in das Rampenlicht der Welt rücken« (Hutchison 1975). Hier diente die eigene revolutionäre Tradition als Maßstab der Lagebeurteilung.

Die Andersartigkeit der ideologischen Ausgangspositionen zeigte sich zum Beispiel in der Stellungnahme der afrikanischen Staaten zu den kommunistischen Parteien. Gerade Regimes, die sich »links« gebärdeten, sahen in der Existenz von kommunistischen Parteien stets eine Gefahr für ihre »Identität« und für ihre Souveränität. In einer Hinsicht allerdings waren sich die elitären Parteien Moskauer Prägung und die meisten Parteien Afrikas stets einig: sie dulden keine Opposition. Und sie dulden schon gar nicht, daß ihnen eine Opposition entgegensteht, die ihren eigenen Weg als grundsätzlich falsch bezeichnet.

Eines der markantesten Beispiele dieser Einstellung – sehen wir von dem Fall Ägypten ab – war die Vernichtungsaktion des sudanesischen Staatschefs Numeri nach dem mißglückten, von den Kommunisten unterstützten Militärputsch von 1971. Damals ließ er den Generalsekretär der sudanesischen Gewerkschaften und Leninpreisträger Achmed Sheik (zusammen mit zwei anderen führenden Kommunisten und elf Offizieren) aufhängen. Er tat dies ungeachtet der Tatsache, daß er die mit etwa 6–7000 Mitgliedern stärkste kommunistische Partei der arabischen Welt im eigenen Lande hatte, ungeachtet der schon lange währenden militärischen Unterstützung Moskaus und ungeachtet der zu erwartenden Proteste. Was aber zu diesem Zeitpunkt noch auffälliger war: Kairo, damals noch Moskaus wichtigster Klient im Mittleren Osten, sandte über eine Luftbrücke 2000 sudanesische Soldaten, die am Suezkanal stationiert waren, zurück, um Numeri zu unterstützen. Und Oberst Ghaddafi, der libysche Diktator, zwang ein britisches Flugzeug über Libyen zur Landung, in dem zwei der wichtigsten Gegenspieler Numeris saßen (s. dazu auch S. 180ff.).

In dem sudanesischen Vorfall fanden sich wie in einer Nußschale alle Elemente zusammen, die eine afrikanische »Revolution«, afrikanisches revolutionäres Verhalten, von Revolutionen sowohl chinesischer wie sowjetischer Prägung unterscheiden: Araber wie Schwarzafrikaner sind in den meisten Fällen nicht bereit, sich den weltrevolutionären Zielen fremder Staaten zu unterwerfen. Sie sind auch nicht bereit, sich Freiheitsvorstellungen des Westens zu unterwerfen. Sie akzeptieren Millionenbeträge von Moskau wie von Washington – aber sie dulden meist keine kommunistischen Parteien im eigenen Land. Die Tatsache, daß sie sich vom Westen abgewandt haben, bedeutet nicht, daß sie sich damit dem Osten zugewandt haben. Das gilt auch umgekehrt: die Tatsache, daß sich ein Staat vom Osten abwendet, ist keine Garantie dafür, daß er sich dem Westen verbunden fühlt. Man habe es, so hat ein Kenner der Szene gesagt, in solchen Fällen »not with a revolution but with a revulsion«, nicht mit einer Umwälzung, sondern mit einem Umschwung zu tun. Dabei bleibt der Staat in seinen Strukturen intakt, er wendet sich nur für mehr oder weniger lange Zeit einem anderen Bundesgenossen zu. Dies scheint eine gute Kennzeichnung jener Bewegungen zu sein, die sich derzeit in Afrika vollziehen. Selbst die »Blockfreiheit«, der »Neutralismus« der fünfziger und sechziger Jahre, hat in dieser Beziehung eine deutliche Umgewichtung erfahren. Der Umschwung richtet sich – ob in Schwarzafrika oder in Arabisch-Afrika – gegen jede Art weißer Vorherrschaft (und oft auch gegen die Domination von Schwarzafrikanern durch Araber). Die Bewahrung der »Identität«, also auch der Tradition, zugleich mit der ungeduldigen Sucht, einen sozialen Wandel herbeizuführen, gibt der afrikanischen »revolutionären« Szenerie ihr besonderes Profil. Der Unterschied des islamisch inspirierten Sozialismus, der hier nur als ein Beispiel stehen soll für eine Reihe anderer Unterschiedlichkeiten zu westlich inspirierten Revolutionen und Konterrevolutionen, gewaltsamem Wandel und gewaltsamer Beharrung, läßt sich aus dem schlicht klingenden Satz des Obersten Ghaddafi ablesen, der einmal sagte: »Der Grund dafür, daß der arabische Sozialismus sich vom Kommunismus unterscheidet, ist der, daß unser Sozialismus an Gott glaubt, während der Kommunismus atheistisch ist« (Time 8. 3. 1971).

Daß es zu einfach wäre, sämtliche Formen von Intervention, die sich den großen Mächten global anbieten, über einen Kamm zu scheren, zeigt sich schon beim oberflächlichen Vergleich der »Befreiungsbewegungen« in Afrika und der Guerillabewegungen in Lateinamerika, ungeachtet der Tatsache, daß es von der OAU offiziell akzeptierte Befreiungsbewegungen und von ihr abgelehnte Befreiungsbewegungen gibt.

Die afrikanischen Bewegungen zeichnen sich durch einige markante Eigenheiten aus:

1) Sie richteten sich und richten sich gegen Regierungen, die als Fremd-

herrschaft angesehen werden (bis 1975 Portugal) oder die den Afrikanern die gleichen Rechte vorenthalten, also »rassistisch« sind.

2) Sie führten und führen ihren Kampf zum Teil von der Hauptstadt eines anderen Landes aus: etwa im Falle von Angola und Mozambique, nunmehr von Rhodesien.
3) Fast immer sind mehrere Befreiungsbewegungen zu beobachten, deren unterschiedliche Ausrichtung weniger ideologisch als ethnisch bedingt ist.
4) Ihre Programme tragen fast durchweg nationalistische, kaum sozialrevolutionäre Züge. Selbst bei einem sozial-revolutionären Grundton ist abzuwarten, wie das Programm schließlich in die Wirklichkeit umgesetzt wird.
5) Die Intellektuellen, die etwa in Lateinamerika eine große Rolle in der Führung der Befreiungsbewegungen spielen, sind in Afrika von geringerer Bedeutung; schon deshalb, weil sie angesichts ihrer kleinen Zahl vorher durchweg in die Ränge von Militär und Verwaltung aufgenommen worden waren (nach IP 1968/69, 1974).

Sieht man die Bewertung vor dem Hintergrund Lateinamerikas, so fällt der Mangel an sozial-revolutionärer Programmatik und damit die Vernachlässigung des Kampfes gegen Unterprivilegierung in der eigenen Gesellschaft ebenso auf, wie die unterschiedliche Rolle bürgerlicher Eliten. Dies hat nicht zuletzt seinen Grund darin, daß das Ferment der städtischen Bevölkerung mit einem relativ hohen intellektuellen Standard in Afrika erst langsam gewachsen ist.

Der schnelle Wandel in Afrika hat in den sechziger Jahren die Großmächte vor Probleme gestellt, denen ihre diplomatische »Technik« in kaum einem Falle nachkam. Die Explosivität dieses Wandels läßt sich einfach so illustrieren: Libyen gewann 1951 seine Unabhängigkeit, 1956 kamen drei weitere Staaten hinzu, 1957 Ghana, 1958 Guinea. Während des Kongo-Konflikts hatten also erst sechs afrikanische Staaten die Möglichkeit, aktiv dort einzugreifen.

Es folgten im Jahre 1960 siebzehn neue afrikanische Staaten und bis 1968 waren weitere vierzehn hinzugekommen. 1975 waren es schließlich Angola und Mozambique, die die Rolle Afrikas als Faktor der internationalen Politik deutlicher machten. Inzwischen waren 42 afrikanische Staaten im Verbund der »Organisation Afrikanischer Einheit« zusammengeschlossen. (Diese Organisation war 1963 gegründet worden.) Der Ost-West-Gegensatz ist deshalb zu diesem Zeitpunkt nur noch *eine* Form des Konfliktaustragens.

Als Belgisch-Kongo 1960 seine Unabhängigkeit gegeben wurde, schien dies der Auftakt zu einem Wettrennen der Weltmächte um neue, unbestrittene Einflußsphären. Es war aber der Auftakt zu einer weit komplizierteren Entwicklung.

5.1.1 Testfall Kongo

Die Lage: Die Fragwürdigkeit dieses Falles wird deutlich schon im Versuch, den Revolutionsbegriff auf ihn anzuwenden. Denn die Revolution, um die es sich hier handelt, ist nicht die eines tiefen sozialen Wandels, der in allen Entwicklungsländern als Folge der Industrialisierung und der Einebnung traditioneller Lebensformen zu verzeichnen ist. Es ist nicht einmal eine politische Revolution, sondern eine Revolution durch Unabhängigkeit von der Kolonialmacht. Befreiung von Fremdbestimmung ist die Definition einer souveränen Nation. In den Staaten des Westens war dieser Zustand im 17. Jahrhundert im allgemeinen erreicht. Für die Kolonien der europäischen Mächte kam er erst als Folge des Zweiten Weltkrieges in den Bereich der Möglichkeit. Damit wurde eine Entwicklung eingeleitet, die sich nur selten in den *Formen* von Revolution abspielte (in der herkömmlicherweise dem Element der Gewalt eine große Rolle zukommt), die dennoch eine tiefgehende Umwandlung aller staatlichen und sozialen Verhältnisse zur Folge hatte.

Revolution durch Unabhängigkeit – so läßt sich die große Dekolonialisierungswelle der beginnenden sechziger Jahre darstellen. Es sind in den meisten Fällen keine »Befreiungskriege«, mittels derer die neuen Nationen ihre Unabhängigkeit gewinnen. Und doch werden wir später dem Phänomen des »revolutionären Krieges« Aufmerksamkeit widmen müssen. Denn es wäre nachzuweisen, daß die Entwicklungsländer von Anfang an ihre völkerrechtliche »Unabhängigkeit« gegen Versuche verteidigen mußten, den neuen Status gegen eine verdeckte Abhängigkeit einzutauschen. Eine verdeckte Abhängigkeit konnte schon mit der Frage beginnen, ob und wie es der früheren Kolonialmacht gelang, die künftigen nationalen Führer einzusetzen.

Die komplizierteste Form der Machtübertragung fand im Kongo statt. Die Ereigniskette, die vom 30. Juni 1960 bis zum Jahre 1965 reicht, hatte fünf Ursachen:

1) Die Übergabe des riesigen Kolonialgebietes (fast so groß wie Indien) erfolgte durch einen Kleinstaat, Belgien, der als Machtfaktor nicht sehr viel mehr einzusetzen hatte als die traditionellen Beziehungen zu den Kongolesen.
2) Es wurde ein Gebiet übergeben, dem – im Gegensatz etwa zur britischen Übung – auch nur die geringsten Ansätze einer personellen einheimischen Infrastruktur fehlten.
3) Die Übergabe des Gebietes geschah zu einem Zeitpunkt, in dem sich die Schauplätze des Kalten Krieges von Europa wegbewegten, die Machtkämpfe der Supermächte in die machtleeren Kontinente verlegt wurden. Verschiebungen der Machtbalance konnten nur noch dort erfolgen und wurden dementsprechend wahrgenommen.

4) Die USA und die UdSSR spielten in Afrika eine Sonderrolle, da sie als nicht-koloniale Mächte galten. Afrika bedeutete für sie damit zugleich Chance wie Risiko.
5) Die Kongo-Krise war die letzte größere Krise, in der es den USA gelang, die Vereinten Nationen im wesentlichen nach ihren Vorstellungen einzusetzen. Wenig später finden die Anti-Kolonialismus-Resolutionen, die zuerst von der UdSSR eingebracht wurden, ihre Mehrheiten durch die Unterstützung der neuen Staaten.

Der Ablauf: Das Drama der Kongo-Krise begann im Januar 1959, als bei ersten blutigen Aufständen, geführt von dem späteren kongolesischen Ministerpräsident Patrice Lumumba, 70 Menschen getötet wurden. Zu diesem Zeitpunkt entschloß sich die belgische Regierung, das riesige Kolonialgebiet nicht mehr mit Gewalt zu halten, wohl aber den Versuch zu machen, ihre wirtschaftlichen Interessen auch weiter dort zu wahren. Vor 44 kongolesischen Delegierten erklärte sie im Februar 1960, daß das Land zum 30. Juni 1960 seine Unabhängigkeit erhalten solle. Der entscheidende Passus (Artikel 6) des künftigen Grundgesetzes für den Kongo lautete: »Der Kongo stellt innerhalb seiner gegenwärtigen Grenzen einen unteilbaren und demokratischen Staat dar.« Diesem Passus stimmten auch die Vertreter von Katanga zu, der reichsten Provinz des Kongo, die 10 % der Weltkupferproduktion beherbergte, 60 % des Nationaleinkommens des Kongo repräsentierte und durch ihre Uraniumvorräte (die USA als Hauptabnehmer) auch strategisch wichtig war. Katanga selbst nahm auch an den Wahlen teil, mittels derer im Mai 1960 ein Parlament für den gesamten Staat Kongo gewählt wurde. In welch naiver Weise die amerikanische Regierung die Ursachen des bald ausbrechenden Chaos unterschätzte, zeigte sich in der Argumentation, mit der der amerikanische Delegierte Henry Cabot Lodge jun. die Aufnahme des Kongo in die Vereinten Nationen befürwortete. »Der Kongo«, so sagte er, »ist groß und vielgestaltig. Die Vereinigten Staaten sind ebenfalls groß und vielgestaltig, und unser eigener Erfolg hat daher einige Bedeutung. Wenn es 70 größere ethnische Gruppen im Kongo gibt, so gibt es fast ebenso viele in den Vereinigten Staaten, darunter 20 Millionen Amerikaner von afrikanischer Abstammung« (BoDS Nr. 1102 25. 7. 1960).

Wie völlig anders die Dinge in einem Land gelagert waren, in dem es weder einen einheimischen Arzt noch einen einheimischen Techniker, noch einen einheimischen Architekten gab, zeigte sich schon eine Woche nach der Unabhängigkeitserklärung. Sogar in der Staatsspitze, bei dem »gemäßigten« Präsidenten Joseph Kasawubu, der sich später durch alle Fährnisse hindurch bis zum Jahre 1965 behauptete, und seinem radikalnationalistischen Premierminister Patrice Lumumba, waren unterschiedliche Staatsauffassungen vertreten. Der erstere bevorzugte eine föderative Lösung, der zweite setzte auf einen zentralisierten, populären Nationalismus, mittels dessen er die aufflammenden Stammesfehden unterdrücken wollte. Kasawubu wurde auf weite Strecken hin von den Westmächten gehalten. Er, dessen »Fraktion« (von Parteien zu sprechen wäre irreführend) mit 12 von 137 Sitzen im kongolesischen Parlament vertreten war, hatte deshalb vom belgischen »Minister Resident« die Würde des Staatspräsidenten erhalten. Für Lumumba war Kwame Nkrumah, der diktatorisch regierende Präsident von Ghana, das Vorbild.

Ob die zentrale Regierung die neue Ordnung aufrechterhalten konnte, hing weitgehend davon ab, ob die 25 000 Mann der früher belgisch befehligten »Force Publique« (bis dahin das einzige Machtzentrum) willens war, sich der neuen Regierung unterzuordnen. Dies war nicht der Fall. So begann die Entwicklung mit drei Ereignissen, die die Zukunft prägten:

Zum ersten meuterten am 5. Juli die Truppen Lumumbas; sie konnten erst dadurch zufriedengestellt werden, daß sie alle befördert, zugleich die belgischen Offiziere ihrer Ämter enthoben wurden.

Zum zweiten setzte eine Jagd auf die etwa 150000 Weißen im Kongo ein. Als Antwort darauf wurde zum ersten Mal eine ausländische Intervention erkennbar: Belgien setzte Fallschirmjäger, insbesondere in Katanga ein, um – wie es hieß – die Weißen zu schützen. Rhodesien alarmierte seine Truppen, um die Rückzugslinien für die Weißen des Kongo freizuhalten. In dieser Situation ging Lumumba die UN um Hilfe an; doch bevor diese gewährt werden konnte, hatten sich belgische Truppen Leopoldvilles, der Hauptstadt des Kongo, bemächtigt. Der Versuch Lumumbas und Kasawubus, sich der belgischen Übermacht zu entziehen, wurde von den Belgiern vereitelt. Darauf kabelte Lumumba nach Moskau, eine westliche »Verschwörung« bedrohe sein Leben, eine »Intervention« Moskaus sei möglicherweise notwendig. Chruschtschow warnte den Westen, die Hände vom Kongo zu lassen; ein polnischer Frachter mit 500 Tonnen Kriegsmaterial war schon im Anmarsch. Damit hatte sich die erste Großmacht ins Spiel gebracht.

Zum dritten aber erklärte sich Katanga am 11. Juli für unabhängig. Katangas Ministerpräsident Moise Tschombe hatte ausdrücklich die Hilfe der belgischen Fallschirmjäger erbeten, um sich gegen die kongolesische Armee verteidigen zu können. Daß diese Sezession vor allem auf Betreiben Brüssels zustandegekommen war, lag auf der Hand. Belgier bildeten die »Berater« des Premiers; erstes Ziel war die Wiedereröffnung der Kupferminen der belgischen »Union Minière«. Überdies hatte Tschombe erklärt, der Grund für seine Abspaltung sei es gewesen, daß es sich bei der Lumumba-Regierung um eine »kommunistische« Regierung handele. Dies war sozusagen die ideologische Basis der Sezession.

Wenn es Belgien gelang, Katanga zu halten, hätte es auf diese Weise den Verlust des Rest-Kongo verschmerzen können. Obwohl hier nur 1,6 Millionen (von insgesamt 14 Millionen Einwohnern) wohnten, produzierte die Provinz den Großteil des Nationaleinkommens. Wenn es andererseits den Vereinten Nationen nicht gelang, die nationale Einheit des Kongo wiederherzustellen, war es von vorneherein klar, daß der neue Staat nicht lebensfähig sein werde. Von daher ist die nun einsetzende Unterstützung der Zentralregierung durch die USA zu verstehen, vor allem, nachdem Lumumba aus dem Amt getrieben werden konnte. Washington forcierte diese Unterstützung, während Großbritannien und Frankreich sich lange Zeit auf seiten der abtrünnigen Provinz hielten.

Mitte Juli 1960 lag die Gefahr eines Bürgerkrieges, der nicht mehr ohne fremde Hilfe ausgefochten werden konnte, vor aller Augen. Doch nicht so sehr dieser Bürgerkrieg erschreckte die westlichen Staaten, sondern die Tatsache, daß mit Hilfe Lumumbas die Sowjetunion im Herzen von Afrika Fuß fassen könne. Insbesondere die Rolle der USA geriet damit ins Zwielicht: sie hatten ausdrücklich die Unabhängigkeit des Kongo begrüßt, mußten jetzt jedoch bemüht sein, daß diese Unabhängigkeit nicht zu vermehrtem Einfluß der Sowjetunion führte, die bis dahin auf dem Kontinent praktisch nicht präsent war. Damit war die Rolle der Vereinten Nationen vorgegeben; sie wurden zum Vehikel für den von Washington angestrebten »contained change« im Kongo. Am 13. Juli nahm der Sicherheitsrat der UN eine Resolution an, die den US-Generalsekretär Dag Hammerskjöld autorisierte, »die notwendigen Schritte zu ergreifen ..., um militärische Hilfe im Kongo zu leisten«, bis die kongolesische Regierung selbst die Ordnung aufrechterhalten könne. Zwischen dem 14. und 21. Juli flog allein die US-Luftwaffe 3500 Soldaten aus drei afrikanischen Ländern und einem europäischen Land in den Kongo ein. Anfang August waren 6000 Mann Truppen aus Ghana, Guinea, Marokko, Tunesien, Äthiopien, Irland und Schweden im Kongo stationiert. 6000 weitere folgten. Ihre erste Aufgabe war es, die Sicherung der öffentlichen Ordnung von den Belgiern zu übernehmen. Da dies nicht völlig gelang, wandte sich Lumumba erneut an Moskau. Zugleich weigerte sich Tschombe, in Katanga UN-Truppen hereinzulassen.

Immer deutlicher wurde es, daß die zwei Aspekte der Situation – die interne Meuterei der Truppen und der Zusammenbruch der Verwaltung – nicht mehr voneinander zu trennen waren. Und ebenso ergab sich zwangsläufig, daß die UN bemüht waren, dem internen Chaos vorzubeugen, während die Regierung Lumumbas vor allem die UN-Truppen zur Bekämpfung der ausländischen (belgischen) »Aggression« eingesetzt sehen wollte. In diesem Augenblick waren die grundsätzlichen Positionen im »Kalten Stellvertreter-Krieg« in Afrika bezogen. Anders als die USA war in ihm die UdSSR von allen Rücksichtnahmen frei. Ihr einziges Ziel war es, nicht nur dem Kongo, sondern allen zentralafrikanischen Staaten zu beweisen, daß deren Ansprüche allein durch das sozialistische Lager befriedigt werden könnten. »Internes Chaos im Kongo war etwas, was sowohl für oder gegen den Vorteil der UdSSR ausschlagen konnte; aber in jedem Fall stellte die Gelegenheit, die Perfidie des Westens darzustellen und dadurch das Vertrauen der Regierung in Leopoldville zu gewinnen, eine Chance dar, die man nicht auslassen konnte« (Stevens 1976). Deshalb forderte die UdSSR im Sicherheitsrat nicht nur – wie der Generalsekretär –, daß die UN-Truppen zur Aufrechterhaltung der Ordnung und der Unabhängigkeit des Kongo eingesetzt würden, sondern daß Katanga als »antikommunistischer« Vertreter westlicher Interessen unter den Willen von Leopoldville gezwungen werde.

Aus dieser Lage wiederum entwickelte sich eine weitere Krise: Lumumba wie auch andere afrikanische Staaten forderten nunmehr, daß die UN-Truppen zurückgezogen würden, da die angebliche Hilfe nichts anderes sei, als ein »Komplott« der westlichen Staaten. Damit wiederholte er sowjetische Angriffe, die von »der aggressiven Realität des Militärblocks der Imperialisten« im Kongo gesprochen hatten. Andererseits setzte westlicher Druck auf Belgien ein, die Landung von UN-Truppen zuzulassen. Tschombe war Mitte Juli von Belgien ermutigt worden, die Unabhängigkeit Katangas zu proklamieren. Mitte August fand er sich von der belgischen Regierung verlassen. Was er erreicht hatte war immerhin dies: die UN-Truppen würden ihn nicht zwingen, sich der Regierung in Leopoldville bedingungslos zu unterwerfen. Diese erste seiner Anschlußerklärungen, die ihm bis zum Jahre 1964 die faktische Unabhängigkeit erlaubten, gab er zur gleichen Zeit ab, als in zwei weiteren Provinzen Sezessionsbewegungen einsetzten.

Die Zentralregierung in Leopoldville verfügte zu dieser Zeit über weniger und weniger Machtmittel. Die Soldaten waren zu großen Teilen desertiert. Ihr Oberbefehlshaber General Mobutu hatte begonnen, eigene Pläne zu schmieden. Ein Versuch Leopoldvilles, Anfang September durch eine afrikanische »Gipfel«-Konferenz das eigene Prestige aufzubessern, schlug fehl. Von 23 afrikanischen Staaten nahmen nur 9 teil. Sie alle waren mit Lumumba der Meinung, daß die Belgier das Land zu verlassen hätten, doch ebenso – gegen Lumumba –, daß die Vereinten Nationen das geeignete Instrument seien, dies zu erreichen. Ihnen erschienen die UN als einzige Autorität, die es verhindern konnte, daß sich die Weltmächte auf dem Umweg über Waffenhilfe für eine der Parteien in Afrika engagierten. Während sich die Unterstützung Lumumbas durch die UdSSR verstärkte, nahm die Unterstützung durch die afrikanischen Staaten ab. Insbesondere seine rüden Attacken gegen UN-Generalsekretär Hammerskjöld kosteten ihn dort Sympathien. Das Ergebnis der Gipfelkonferenz von Leopoldville war daher für ihn ein Desaster. In einer Resolution unterstützten 13 afrikanische Staaten die Anstrengungen der UN und forderten den Kongo zur Zusammenarbeit mit der Weltorganisation auf. Dennoch blieb Lumumba dabei: »Wir wünschen keine neue Okkupation.«

Dieser Wendung gegen die UN entsprach die neue sowjetische Haltung im Sicherheitsrat. Moskau unterstützte daher mit Flugzeugen und anderen Transportmitteln den Kampf der Zentralregierung gegen die Sezessionisten. Dennoch war Mitte September endgültig klar geworden, daß weder die Zentrale der *politischen* Macht noch der *militärischen* Machtausübung in Leopoldville lag. Die kongolesische Armee war bis dahin von 25 000 auf 17 000 Mann zusammengeschmolzen; bis zum Februar 1961 blieben von ihr schließlich nur noch 7000 übrig. Ihre Loyalität war geteilt, vor allem (aber nicht nur) zwischen Lumumba und Kasawubu. Die Katanga-Armee, die wenige Wochen zuvor erst einige hundert Mann gezählt hatte, war auf eine Armee von 5000 Mann, ausgebildet von belgischen Unteroffizieren und Offizieren, angewachsen. Ihnen standen fast 19 000 UN-Soldaten aus 19 Nationen gegenüber, die allerdings durch Rückzug von 6 Kontingenten bis Februar 1961 wiederum auf nur noch 13 000 Mann reduziert wurden.

Am 5. September 1960 entließ Präsident Kasawubu seinen Premier Lumumba mit dem Hinweis: »Lumumba wurde abgesetzt, denn er ist mit seiner Anzettelung eines Bürgerkriegs, mit seiner Unverantwortlichkeit eine Gefahr für das Land.« UN-Truppen besetzten Radio Leopoldville und Flugplätze, um die Landung von sowjetischen Flugzeugen, die Lumumba hätten zu Hilfe eilen können, zu verhindern. Am 14. September übernahm die Armee unter General Mobutu die Macht; am 17. September wurden die sowjetische und tschechische Botschaft geschlossen. Sowjetische Berater verließen das Land. Zugleich bat Präsident Kasawubu die UN, im Land als stabilisierende Kraft zu bleiben und Flugplätze wie Rundfunkstationen besetzt zu halten. Es konnte kein Zweifel bestehen, daß die Aktion der UN zumindest in diesem Augenblick gegen zusätzliche und unkontrollierbare Waffentransporte durch die UdSSR gerichtet war, die zu einer Ausweitung des Bürgerkrieges geführt hätten. Dennoch blieb Lumumba, der sich unter den Schutz von ghanaischen und guinesischen Truppen begeben hatte, die populärste Figur im Lande.

Danach stürzte der Kongo in einen Zustand der Anarchie mit Regierungen, die keinerlei Autorität mehr besaßen. Die Vereinten Nationen hatten ihrerseits ihr Prestige zu verlieren, zugleich aber den Druck des Ostblocks auszuhalten, der seit dem Sturz von Lumumba in den Aktionen der UN die pro-westliche Ausrichtung brandmarkte. Moskau lehnte es daher ab, sich an den UN-Aktionen zu beteiligen. Für die afro-asiatischen Staaten schien der neue »Kolonialismus« einer de facto UN-Kolonie noch schwerer erträglich, als eine pro-kommunistische Ausrichtung, wie sie bei Lumumba vermutet worden war. Wenn es bisher die Politik der UN war, erstens die Ordnung wiederherzustellen und zweitens, sich aus den inneren kongolesischen Auseinandersetzungen herauszuhalten, so erwies sich jetzt endgültig, daß beide Forderungen miteinander nicht zu vereinen waren. Die Dichotomie zwischen den internen und externen Elementen der Krise erschien nun unüberbrückbar. Anfang November 1961 ging deshalb die UN, deren Streitkräfte wieder auf 20000 Mann aus 14 Nationen unter einem indischen Oberbefehlshaber angewachsen waren, dazu über, eigene Politik zu machen.

Die Wiederherstellung der Ordnung – a) durch strikten Befehl an die kongolesische Armee, in ihren Kasernen zu bleiben, b) durch eine eindeutige Erklärung an das abtrünnige Katanga, daß die UN-Truppen nicht aus dem Lande abziehen würden und c) mit der Aufforderung an die Belgier, die aufständischen Stämme nicht weiter zu unterstützen –, war nur ein erster Schritt. Weiter blieb die entscheidende Frage offen, wer schließlich Gesamt-Kongo vertreten sollte. Denn immer deutlicher schälte sich heraus, daß die künftige Richtung des Kongo von *dem* Manne bestimmt würde, der sich schließlich durchsetzte.

Entscheidende Aktionen zu einem Zeitpunkt, an dem mehr als 200 Kongolesen pro Tag verhungerten, brachte die Weltorganisation aber nicht zustande. Die Sowjetunion legte ihr Veto ein gegen die Forderung Hammarskjölds, ihm die notwendigen Machtmittel zu geben, damit den Befehlen der UN-Truppen auch Folge geleistet würde. Moskau hatte sich auf die Forderung versteift, Lumumba als rechtmäßig gewählten Regierungschef wieder in seine Rechte einzusetzen. Diese Forderung verfiel ihrerseits dem Veto des Westens. Damit war ein Patt erreicht. Ein halbes Jahr nach dem Ausbruch der Krise zeigte sich in den Vereinten Nationen die Trennungslinie des Kalten Krieges schärfer als je zuvor. Erstmals wurde 1960 erkennbar, daß die machtpoilitische Realität der Welt und die Realität der UN nicht mehr übereinstimmten. Die Konstruktion: ein Staat – eine Stimme, hat daher seitdem dazu geführt, daß kleine und kleinste Staaten zwar nicht diese machtpolitische Realität der Welt verändern, wohl aber die politische Weltorganisation zur Unfähigkeit verurteilen konnten.

Der lange Arm Moskaus wurde sichtbar, als die nationalistischen Befürworter der Einheit des Kongo begannen, sich selbst als Separatisten zu betätigen. So erklärte der frühere Stellvertreter von Lumumba, Antoine Gizenga, die Provinz Orientale zum Kern eines »kongolesischen Staates«, Stanleyville statt Leopoldville zur neuen Hauptstadt. Es war eine Forderung, die er mit einer Armee von 6000 Mann stützen konnte. Der Anerkennung des neuen Staates diente Anfang 1961 ein afrikanisches, vor allem von »Neutralisten« bestimmes Gipfeltreffen. Hier aber zeigte es sich auch, daß die afrikanischen Führer uneinig waren. Kwame Nkrumah aus Ghana und König Mohammed aus Marokko beschlossen gegen den Willen von Ägypten und Guinea, ihre Streitkräfte unter UN-Kommando zu belassen. Erkennbar wurde ebenfalls, daß – solange Lumumba lebte – eine Lösung des Kongo-Problems ohne ihn bzw. seinen Statthalter Gizenga nicht möglich war. Im Verlauf von sieben Monaten hatte der Kongo sieben verschiedene Regierungen gesehen (davon drei gleichzeitig), vier Separationen, drei Bürgerkriege und zwei angebliche Invasionen (die eine durch die Sowjets und die andere durch die Belgier).

Angesichts dieser ebenso ausweg- wie zukunftslosen Situation revidierte die US-Regierung zu Beginn des Jahre 1961 ihre bisherige Politik. Während sie bis dahin mehr oder weniger auf das Instrument UN vertraute, suchte sie von nun an eigene Wege, eine Regierung zustande zu bringen, die ihren Vorstellungen entsprach. Es war ihr Plan, daß Lumumba »eingebaut« werden sollte in eine Koalition von Kasawubu und Tschombe. Weil diese Politik nicht als »made in USA« realisierbar war, suchte sie Unterstützung bei afrikanischen Mächten, etwa Nigeria, die der amerikanischen Haltung nicht unfreundlich gegenüberstanden. Diese Pläne wurden durchkreuzt, als Mitte Februar 1961 von den Behörden von Katanga erklärt wurde, Lumumba, der ihnen von Kasawubu übergeben worden war, sei bei einem Fluchtversuch erschossen worden. Der ehemalige Ministerpräsident war am 1. Dezember 1960 von Mobutu-Truppen gefangen genommen worden, in der Zwischenzeit schwer mißhandelt und später von Kasawubu seinen Todfeinden von der Katanga-Regierung übergeben worden. Durch ein Gespräch des US-Botschafters Stevenson mit dem sowjetischen Vertreter Sorin ließ sich ein neuerlicher Ausbruch des Kalten Krieges in Afrika vermeiden – das Wiederaufleben des Bürgerkrieges aber hatte schwere Rückwirkungen auf die afrikanischen Staaten selbst.

Zweifellos war die Ermordung Lumumbas der Wendepunkt für die Regierung Tschombes in Katanga, wenn auch noch nicht für die Karriere Tschombes selbst. Hatte er zuvor schon die offene Unterstützung der Belgier verloren, so wurde er nunmehr auch von den UN nicht mehr geschont. »Westliche Diplomaten betrachteten Lumumba als einen gefährlichen Fanatiker, aber sein Tod versetzte Tausende in Afrika und Asien in Wut, die in ihm einen Märtyrer des ›Imperialismus des weißen Mannes‹ sahen. In einem Augenblick, in dem eine Großmacht, die USA, versucht hatte, den Lauf der Dinge in die eigenen Hände zu nehmen, war sie – die sich nicht als Kolonialmacht empfand – in eine Reihe mit den früheren Kolonialmächten gestellt worden.« Die andere Großmacht, die UdSSR, verstärkte ihren Druck auf die UN, lehnte es ab, überhaupt noch mit dem Generalsekretär zu verhandeln, kündigte die volle Unterstützung von Gizenga an und verlangte, daß sämtliche UN-Truppen binnen eines Monats den Kongo zu verlassen hätten. Die USA erklärten ihrerseits an die Adresse Moskaus gerichtet, sie seien bereit, in jedem Fall auf eine sowjetische Intervention im Kongo zu antworten. Ihr Botschafter Stevenson erklärte vor den UN warnend: »Afrika den Afrikanern heißt Afrika den Afrikanern und nicht Afrika als Jagdgründe für fremde Ambitionen.« Allerdings war eine sowjetische Intervention nicht mehr zu erwarten, seitdem sich Chruschtschow eingestehen mußte, daß die afrikanischen Staaten noch größere Angst vor einer Intervention der Großmächte empfanden als vor dem Chaos im Kongo. Der indische Premierminister Nehru erklärte: »Sollten die UN aus dem Kongo herausgehen, so wäre dies eine Katastrophe.« In der folgenden Debatte zeigte es sich, daß die afro-asiatischen Staaten die sowjetische Haltung – der Kongo den Kongolesen – als das geeignete Rezept dafür betrachteten, im Kongo eine interne Kopfjägerei zu provozieren. Der Delegierte von Nigeria drückte die überwiegende Meinung aus, als er sagte: »Wenn man Kopfschmerzen hat, schneidet man nicht den Kopf zur Heilung ab.«

Angesichts dieser Sachlage sah sich die amerikanische Regierung nun gezwungen, direkte Kontakte mit den afrikanischen Führern aufzunehmen. Die indirekte Diplomatie – über die Kanäle der UN – hatte versagt. Washington befand sich zu diesem Augenblick in direkter Konfrontation mit Marschall Tito, einem der anerkannten Führer der »Blockfreien«, der sich auf eine Reise zu 17 afrikanischen Staaten begeben hatte, aber auch mit Moskau, dessen damaliger Präsident Breschnew Marokko, Ghana und Guinea besuchte. Mehr als alles andere war dies ein Zeichen dafür, daß die Bedeutung des afrikanischen Kontinents südlich der Sahara weltpolitische Dimensionen angenommen hatte.

Da sich im Kongo die Blutbäder nach Lumumbas Tod häuften, gelang es Dag Hammarskjöld, die weitreichendste UN-Friedensaktion seit Korea im Sicherheitsrat durchzusetzen. Die Resolution forderte, »alle geeignet erscheinenden Maßnahmen zu ergreifen, um den Ausbruch eines Bürgerkriegs im Kongo zu verhindern.« Darin eingeschlossen waren Arrangements für eine Feuereinstellung, der Stop aller militärischen Aktionen, die Verhinderung von Zusammenstößen und, wenn notwendig, die Anwendung von Gewalt. Angesichts der explosiven Lage erklärte sich insbesondere Indien, das am Schluß vierzig Prozent des gesamten Kontingents stellte, bereit, neue Truppen in den Kongo zu entsenden. Die USA, die 1960 praktisch die gesamten Kosten (49 Millionen Dollar) der UN-Aktion bezahlt hatten, waren auch weiterhin bereit, mit Schiffen und Flugzeugen die Transferierung von Truppen und Material zu ermöglichen. Moskau hätte gern sein Veto eingelegt, wagte dies aber nicht, um nicht die afroasiatischen Staaten zu verprellen, die dafür gestimmt hatten. Kongolesische Warnungen vor »ausländischer Einmischung« brauchten deshalb nicht mehr ernst genommen zu werden. Als die 3700 Mann Verstärkung der UN eintrafen, rührten die kongolesischen Soldaten keine Hand.

Damit war klargeworden, daß nur durch den vereinten Willen, insbesondere der Staaten der Dritten Welt, eine gemeinsame kongolesische »Nation« erzwungen werden konnte. Dieser Zwang wurde in einer fast burlesken Weise schließlich sogar auf die Mitglieder des Parlamentes ausgedehnt. Man schickte sie praktisch sieben Tage lang in Klausur. Das Resultat war eine gemeinsame Regierung der verfeindeten Strömungen, geführt von dem gemäßigten, auf der Linie von Präsident Kasawubu liegenden Cyrille Adoula, der wiederum als seinen Stellvertreter Antoine Gizenga wählte. Es war eine Wahl, die von den UN, doch stärker noch von der US-Botschaft in Leopoldville beeinflußt war. Nur Katanga war außerhalb der neuen Einheit geblieben. Präsident Kasawubu erklärte daher, es sei von nun an das gemeinsame Ziel, der Sezession von Katanga ein Ende zu bereiten. Wenige Tage später, Anfang September 1961, sechs Monate, nachdem der Sicherheitsrat angeordnet hatte, aus dem Kongo hätte jede Art von Militär zu verschwinden, arretierten UN-Truppen jeden weißen Söldner, den sie in Katanga finden konnten. Tschombe gab danach schnell auf. Er widerrief alle Ämter, die er Weißen verliehen hatte, entließ seinen Außenminister und verließ sein Land mit einer »leichten Herzaffektion«. Einen Aufschub bekam jedoch Tschombes Regime durch die nie ganz aufgeklärte Flugzeugkatastrophe, bei der Dag Hammarskjöld – er war auf dem Wege zu einem Treffen mit Tschombe in Rhodesien – den Tod fand. Trotz der 7000 Mann UN-Truppen in Kantanga mißlang es bis zum Jahre 1962 zweimal, die Provinz wieder mit Leopoldville zu vereinen. Schon im Juli 1961 hatte die belgische »Union Minière« angekündigt, sie werde nicht für immer die Sezession unterstützen. Wie schnell die Minengesellschaft auf die neuen politischen Weichenstellungen reagierte, war schließlich an der Tatsache erkennbar, daß sie schon eine Woche vor der endgültigen Niederlage Katangas, im Januar 1963, ihre Bereitschaft erklärt hatte, ihre gesamten Abgaben wieder an die Zentralregierung zu entrichten.

Durchgehend befanden sich die USA von 1961–1963 im Zwiespalt zwischen Anti-Kommunismus und Anti-Kolonialismus. Da sie glaubten, daß es ihnen gelungen sei, eine gemäßigte prowestliche Regierung im Kongo zu installieren, brach bei ihr bald der traditionelle anti-kolonialistische Affekt wieder durch. Deshalb versuchten sie, ihren zögernden Verbündeten Maßnahmen gegen das Tschombe-Regime schmackhaft zu machen, deren Einsatz fast einer militärischen Intervention gleichkam; Boykotte, Handelsblockaden und Druck auf die Union Minière, ihre Abgaben von Katanga auf Leopoldville zu transferieren. Als sich Mitte September 1962 die UN zu wirtschaftlichen Maßnahmen aufrafften, um der Sezession ein Ende zu bereiten, war dies der UdSSR nicht genug. In der für sie typischen unflexiblen Weise hatte sie eine Politik durchgehalten, die wohl dem Kalten Krieg, der in diesem Augenblick in Kuba Höhepunkt und Ende fand, entsprach, kaum aber ihren wohlverstandenen Interessen. Starrsinnig forderte sie auch diesmal, die UN-Truppen sofort aus dem Kongo zurückzuziehen. Daß Katanga als sezessionistischer Staat so lange überleben konnte, ist daher erstens seinem Reichtum zuzuschreiben, doch zweitens der Tatsache, daß Tschombe für den Westen der politisch einzig zuverlässige Politiker im Kongo war.

Die endgültige Lösung der Kongo-Krise dauerte fünf Jahre. Sie kann hier nur noch skizziert werden. Hauptaugenmerk wurde auf eine neuartige Art von Intervention gelegt, die Intervention durch eine internationale Organisation. Erst als Ende 1963 Truppen der UN in die wichtigsten Städte Katangas einmarschierten, gab Tschombe auf. Doch die Beruhigung, die damit eingetreten war, blieb nur so lange erhalten, bis die Truppen der UN im Juni 1964 aus dem Kongo abzogen. Fast zur gleichen Zeit wurden die chinesischen Botschaften zu Keimzellen neuer Aufstandsbewegungen, die nun tatsächlich auf die Errichtung kommunistischer (nicht mehr nationalistischer) Teilregierungen im Kongo ausgingen. »Es steht fest, daß Peking damals ... ernsthaft versucht hat, aus der kongolesischen Rebellion einen Volkskrieg zu machen.« (Ansprenger 1975). Von den chinesischen Botschaften in Burundi und Kongo-Brazzaville aus wurden die Guerilleros unter der charismatischen Führung Muleles unterstützt. Diese Intervention ist eine der best dokumentierten direkten Eingriffe Pekings in nationale Volkskriege der Dritten Welt geblieben. Sie hat sich als ein Fehlschlag erwiesen. Denn nicht nur konnten die »befreiten« Zonen nicht gehalten werden, auch bekamen die übrigen afrikanischen Staaten Angst vor dem chinesischen revolutionären Potential, so daß 1964 Burundi, Dahomey und die Zentralafrikanische Republik ihre diplomatischen Beziehungen, die sie gerade erst mit China aufgenommen hatten, wieder abbrachen. Wie sehr danach die Rivalität zwischen der UdSSR und China im folgenden Jahrzehnt die Afrikapolitik Pekings bestimmte, zeigte sich nicht zuletzt, als 1977 China das Regime Mobutus gegen die Aggression aus Angola unterstützte. Es ist dies ein weit »reaktionäreres« Regime als das von Kasawubu, von dessen Einsetzung Mao-Tse-tung gesagt hatte: »Die US-Aggression ist auf den heldenhaften Widerstand des kongolesischen Volkes gestoßen und hat die Empörung der Völker Afrikas und der ganzen Welt entzündet.« Damals war das eine Fehleinschätzung. Die Invasion Shabas 1977 und 1978 und die Reaktion der Großmächte zeigte, wie Machtpolitik in Afrika die Ideologie dominiert.

Im Sommer 1964, als sich zwei Fünftel des Landes in der Hand von Aufständischen befand, wurde in Verkehrung aller bisherigen Fronten Tschombe, der sich im spanischen Exil befunden hatte, von Präsident Kasawubu (gleichsam als »Föderator«) in einer äußerst angespannten Situation zum Ministerpräsident berufen. Mit ihm flossen zwar die Ausbildungshilfen und Materialgelder für die kongolesische Armee von westlicher Seite wieder reichlicher. Doch mußte er weiße Söldner aus Südafrika und Rhodesien zur Bekämpfung der Aufständischen anwerben, ein Umstand, der wiederum die Anerkennung des Kongo durch die OAU erschwerte. Angesichts der russischen, chinesischen wie der amerikanischen Unterstützung für jeweils Teile des Kongo vermochte sich allerdings auch die OAU zu keiner einheitlichen Haltung durchzuringen.

In den ersten Monaten des Jahres 1965 wurden die Aufständischen geschlagen. Die Rechtmäßigkeit der Zentralregierung in Leopoldville (heute Kinshasa) konnte nicht mehr bestritten werden; mit der internationalen Anerkennung gewann die Zentralregierung auch an Prestige. Tschombe hatte nunmehr auch für Präsident Kasawubu seine Schuldigkeit getan, er hatte den Kongo endgültig auf einen gemäßigten Kurs gebracht. Am 13. Oktober 1965 wurde er für abgesetzt erklärt. Wenige Wochen später aber zeigte sich auch im Kongo, daß das Militär zum entscheidenden Faktor der neuen Staaten geworden war: am 25. November 1965 setzte das Oberkommando der kongolesischen Nationalarmee, die ihre Einsatzfähigkeit in den letzten Jahren nicht zuletzt durch west-europäische und amerikanische Hilfe erlangt hatte, Kasawubu und den amtierenden Regierungschef ab. An seine Stelle wurde Generalleutnant Mobutu, neben Kasawubu einer der personellen Konstanten des fünf Jahre währenden Konflikts, zum Staatspräsidenten eingesetzt.

In der Person Mobutus verknüpft sich die Intervention durch die UN im Juni 1960 mit der darauf folgenden »Konterrevolution« und sie wieder mit der nationalen Revolution der Jahre 1975/76 in Angola.

Falls die Lumumba-Regierung an der Macht geblieben wäre, hätte dies wahrscheinlich den nationalen Befreiungsbewegungen an den Grenzen zum späteren Zaire einen explosiven Auftrieb gegeben. So aber gewann vor allem Südafrika Zeit, seine Abwehrstruktur, die überraschend geschwächt worden war, erneut zu konsolidieren.

Im Interesse der USA, die als nicht-koloniale weiße Macht in eine zwiespältige Rolle – zum einen gegenüber den schwarzen Regierungen, zum anderen gegenüber Frankreich, Großbritannien und Belgien – geriet, lag zwar Wandel, aber nur in begrenztem Umfang. Stabilisierung der Lage war ihr Stichwort. »Die USA wünschten das, was sie schließlich bekamen: ein politisch stabiles, ökonomisch konservatives Regime in Zaire, dessen einziges Interesse in Angola darin bestand, Hilfe für die Etablierung eines Regimes zu leisten, das ebenso beschaffen war« (Wallerstein in: Arkhurst 1978). Da dies wenig später Widerstand gegen die als »gefährlich« betrachtete MPLA bedeutete, kann die Kongo-Krise schon hier mit dem angolanischen Bürgerkrieg 1975/76 (s. S. 158ff.) und der kubanischen Intervention verbunden werden. Eine Analyse der kongolesischen Krise wird aber sowohl die Einmaligkeit der Ausgangslage wie den Wandel der internationalen Aspekte im Auge behalten müssen.

Fazit: Der interne Konflikt im Kongo wurde international von der Rhetorik des Kalten Kriegs genährt; diese wiederum wurde von der Machtpolitik der beiden Supermächte überlagert. Die Kongo-Krise zeigt beides zugleich: neben dem Korea-Konflikt den Augenblick der höchsten Wirksamkeit der UN und zugleich den abrupten Beginn ihrer Wirkungslosigkeit. Daß sich die Weltmächte, vor allem die USA, zuerst des Umwegs über die UN bedienen mußten, war die Folge neuer Muster der internationalen Politik. Bei Interventionen außerhalb der Blöcke hatte man es von nun an nicht mehr generell mit einem Staat der »grauen« Machtzone zu tun, sondern die »grauen Zonen« des bis dahin machtleeren Raumes entpuppten sich als ein Teil der Dritten Welt, die wiederum selbst zum Machtfaktor wurde.

Die Zurückhaltung, mit der die Weltmächte ihre direkten Machtmittel einsetzten, die Vorsicht auch, mit der sie es schon damals im Sicherheitsrat vermieden, die afrikanischen Staaten vor den Kopf zu stoßen – all dies war vor allem bedingt durch die Einsicht, daß die zukünftigen weltpolitischen Reaktionen dieser Staaten vom Ausgang der Entwicklungen im Kongo abhingen. Die Staaten Afrikas hatten zwar ihre koloniale Abhängigkeit nicht vergessen (und damit ihre Aversion gegen Kolonialmächte), waren sich aber andererseits darüber klargeworden, daß eine Waffenhilfe, von welcher Seite auch immer, sich selbständig machen könne. Eine Eskalation der Interventionen war von ihnen nicht mehr zu kontrollieren. Dies vor allem in einem Augenblick, in dem eine Waffenhilfe zur »Befriedung« Afrikas Größenordnungen überschritt, die über dem Budget der UN oder auch mittlerer Staaten lagen.

Der Fall des Kongo ist der Fall eines »Nation-Building« von außen; und das heißt eigentlich, daß es sich hier um einen extremen Fall von Intervention in einen revolutionären Prozeß handelt. Denn was könnte es Revolutionäreres geben, als einen neuen Staat mit einem neuen Souverän zu schaffen? Dies war der Kern der Kongo-Krise.

5.1.2 Die Großmächte in Afrika

Wenn mehr als ein Dutzend Staaten unabhängig *werden*, so versetzt dies die Großmächte in Schwierigkeiten. Mehr noch aber gilt dies, wenn diese Staaten unabhängig *sind*. In jedem Fall hatten sie die neuen Staaten in einen wechselnden geographisch-politischen Kontext einzuordnen; sie hatten sich deren Traditionen zu vergewissern, aber auch ideologische Zuordnungen vorzunehmen. Die spezifischen Eigenheiten der politisch-diplomatischen Landschaft Afrikas lassen sich so zusammenfassen: »Erstens war sie geprägt von den Abhängigkeitsbeziehungen der afrikanischen Staaten in ihrem Verhältnis zur Weltwirtschaft . . . Die Heterogenität der afrikanischen Gesellschaft und die damit einhergehende Verwundbarkeit der Regime gegenüber Subversion und politischer Kriegführung stellten einen zweiten relativen Fixpunkt in der afrikanischen diplomatischen Landschaft dar . . . Drittens . . . sind die afrikanischen Außenpolitiken auf die Abfolge von sich überschneidenden Konflikten im südlichen Afrika gerichtet gewesen.« (Mayall 1975)

Jede der Groß- und Mittelmächte ging dabei von ihren eigenen Voraussetzungen aus: Großbritannien und Frankreich als die einst führenden Kolonialmächte mit den damit gegebenen Belastungen wie Einflußmöglichkeiten, die USA in ihrer zwiespältigen Rolle als Verfechter von Unabhängigkeit und Menschenrechten, zugleich aber auch als Vormacht des Westens, die Sowjetunion als revolutionäre Vormacht, die ihre Entfaltung durch China gestört sah, die einzige Macht wiederum, die »farbig« wie revolutionär zugleich war. Für die Sowjetunion war Afrika bis zum Zweiten Weltkrieg eine »terra incognita« gewesen; für die USA galt ähnliches. Deren Afrikapolitik war bis in die siebziger Jahre ein Reflex auf politische Ereignisse in Europa oder Asien. Man kann daher einerseits von sowjetisch-amerikanischen Parallelen sprechen: beide glaubten, unbelastet von kolonialer Vergangenheit, sich schnell in Afrika durchsetzen zu können, beide erlebten ihre Enttäuschungen. Den frühen Enttäuschungen beider folgte daher eine Phase einer eher abwartenden Haltung, bis der Bürgerkrieg in Angola wiederum eine Intervention zur Folge hatte, wie sie von seiten der Sowjetunion außerhalb ihres eigenen Machtbereichs noch nicht zu verzeichnen gewesen war. Nach Interventions-Enthusiasmus und skeptischer Zurückhaltung läßt sich die Zeit nach 1975 als dritte Phase der Afrikapolitik der Weltmächte kennzeichnen, eine Phase, die noch nicht abgeschlossen ist und die endgültig erst abgeschlossen sein wird durch die Entkolonialisierung von Rhodesien und Südafrika.

Diese Zurückhaltung ist allerdings nicht nur die Folge von Lernvorgängen der Großmächte. Sie ist bedingt auch durch das Streben der Afrikaner nach einer afrikanischen »Unabhängigkeit«, die über die Souveränität der Einzelstaaten hinausgeht. Diesem Bemühen gelang es 1963, die schon damals auseinanderstrebenden »gemäßigten« und »radikalen« Staaten unter dem Dach der »Organisation Afrikanischer Einheit« (OAU) zu vereinen. Seit dieser Zeit haben die direkten Zugriffe der Großmächte deutlich abgenommen. Derartige Interventionen durch französische Truppen fanden 1960 und 1963 zum Beispiel in Kamerun statt, in Kongo-Brazzaville im Jahre 1960, in Gabun und Kongo-Brazzaville (nach einem Fußballspiel mit nachfolgenden Unruhen), im Tschad verschiedene Male zwischen 1960 und 1963, nochmals zwischen 1968 und 1971, dann wieder 1978, in Niger im Dezember 1963, in Mauretanien 1963. In jedem dieser Fälle – das verbindet sie bei aller sonstigen Unterschiedlichkeit – ging es darum, die erschütterte Autorität der Machthaber zu stärken oder wiederherzustellen. Das heißt: es handelte sich stets um stabilisierende Maßnahmen. Insgesamt intervenierte Frankreich zwischen 1960 und 1968 nach eigenem Eingeständnis mindestens zehnmal. Manchmal kamen solche Maßnahmen zu spät, so im Falle der Ermordung des ersten Präsidenten von Togo, Silvanus Olympio, im Jahre 1963. Ähnliches gilt für Großbritannien, das 1964 mit Waffengewalt in Kenia, Uganda und Tanganjika eingreifen mußte. In keinem der Staaten des früheren Britisch-Afrika hat übrigens die Demokratie westlichen Stils die Unabhängigkeitserklärung mehr als einige Jahre überlebt. Überall sind dort Einparteiensysteme und/oder Militärregierungen an ihre Stelle getreten. Die früheren Kolonialmächte, ob nun in der Communauté Française oder im Commonwealth mit ihren früheren Kolonien verbunden, zudem oft durch Beistandsverträge verpflichtet einzugreifen, nahmen die Gelegenheit meist gerne wahr, Regierungen fernzuhalten, die ihren eigenen Interessen schadeten. Solche Interessen konnten und können unterschiedlicher Art sein.

Hierzu ein die französische Kolonialpolitik betreffendes Beispiel: Mit dem Ende des Krieges in Algerien und mit der Gewährung der Unabhängigkeit im Jahre 1962 verloren die schwarzafrikanischen Staaten viel von ihrem Wert für die Sicherheitsinteressen Frankreichs. Denn ein Hinterland für Algerien war nicht mehr notwendig. Der dramatische Wandel zeigte sich nicht zuletzt in den Truppenreduzierungen. Von 1960 bis 1964 wurden die französischen Truppen südlich der Sahara von 77000 auf 36000 verringert, bis zum Juli 1965 dann weiter auf 6600. Nur noch drei Stützpunkte verblieben. Dennoch täuscht die abnehmende militärische Präsenz. Denn es war ein weiterwirkendes politisches Interesse an Schwarzafrika zu bemerken.

Wenn das militärische Sicherheitsinteresse Frankreichs abgenommen hat, was begründet dann die französische Präsenz in Afrika? Da sind z. B. die Uranvorkommen in Gabun, Niger und der Zentralafrikanischen Republik (seit 1977 Kaiserreich), die französischen Engagements einen Grund liefern. Aber das war und ist nicht entscheidend: »Der wichtigste Grund für das französische militärische Engagement in den früheren Kolonien in Afrika südlich der Sahara war begründet in anderen, nichtmilitärischen Interessen« (Spero 1973). Diese Interessen sind weder primär militärischer noch wirtschaftlicher Art. Sie beruhen vielmehr darauf, daß durch Einfluß in Afrika die französische Unabhängigkeit selbst wieder betont werden kann (oder zumindest die Illusion der Unabhängigkeit erhalten bleibt). So ist die französische Afrikapolitik und ihre Neigung zu Interventionen, die sich zuletzt in der Unterstützung Mobutus in Zaire 1977 wie 1978 gezeigt hat, die wiederum mit Hilfe der USA zustande kam, nicht zuletzt die Realisierung einer Unabhängigkeitsideologie, die weder in der NATO noch in der EG zum Tragen gekommen war.

Diese Politik gibt der französischen Regierung zumindest auf diesem Kontinent den Charakter einer Weltmacht, verleiht »Prestige« und »Grandeur« auf zweierlei Weise. »Erstens: durch seine Hilfe diesen Staaten gegenüber stellt sich Frankreich als der führende Lieferant uneigennütziger Hilfe für die Dritte Welt dar . . ., zweitens: man erwartet, daß die Führungsrolle im Afrika südlich der Sahara zu Frankreichs Prestige und Grandeur beiträgt, indem sie Frankreich eine weltweite Rolle verschaffte« (ebda.). Die Dominanz-Dependenz-Beziehungen, wie sie zwischen Frankreich und seinen ehemaligen Kolonien auch heute noch bestehen, wird also zugunsten Frankreichs ausgenutzt, um politische Ambitionen zu verwirklichen, die anderswo nicht zu verwirklichen wären. Schließlich aber wird eine starke französische Stellung in den afrikanischen Staaten auch als ein Weg gesehen, um das internationale System zu verändern. Diese Bevorzugung Afrikas durch Frankreich hat ihre Entsprechung in der jahrzehntelangen Vernachlässigung durch die USA.

Während Frankreich hier in beschränktem Rahmen eine Rolle zu spielen vermochte, die es in anderen geographischen Feldern längst nicht mehr zu spielen imstande war (seine Rolle in Asien war 1954 mit der Niederlage in Indochina beendet), glaubten sich die USA diese wohlwollende Vernachlässigung erlauben zu können. Andere Felder erschienen und erscheinen ihr wichtiger als dieser Kontinent – eine Vorstellung, die Mitte der siebziger Jahre mit einem jähen Erwachen endete.

Aus alldem ist unschwer zu erkennen, daß die Zuordnung sowohl der Großmächte zu den Staaten Afrikas wie die Einordnung dieser Staaten in die Einflußbereiche dieser Großmächte Schwierigkeiten bereitet. Das Ost-West-Schema als Interpretationsmuster ist in dieser Beziehung kaum mehr aussagekräftig. Selten war die internationale Lage so klar, daß gleichsam unreflektiert hätte entschieden werden können, auf welcher Seite die eigenen Interessen am besten gewahrt werden. Das gilt für die Sowjetunion, das gilt für China ebenso wie für die westlichen Staaten. Eines der aufsehenerregendsten Beispiele für eine komplizierte Situation, in der die Großmächte mit vielen Kugeln zu jonglieren hatten, war der Bürgerkrieg in Nigeria im Jahre 1967. Er ist deswegen von Bedeutung, weil er alle Beteiligten vor grundsätzliche Fragen stellte, die ebenso grundsätzliche Antworten erforderten. Die wichtigste war: wann ist die Autorität eines Staates so geschwächt, daß der Rebellion gegen ihn völkerrechtliche Anerkennung nicht mehr versagt werden kann?

5.1.3 Großmacht-Engagement in Nigeria

Nigeria ist mit seinen 40 Millionen Einwohnern (und 400 ethnischen Einheiten) ein Gigant unter den afrikanischen Staaten. Es wurde angesichts seiner natürlichen Reichtümer auch als einer der potentiell stabilsten angesehen.

Die Krise hatte ihren Ursprung darin, daß die Fundamente, auf denen der multi-ethnische Staat beruht, in den Jahren 1962–1965 unterminiert worden waren. Dazu gehörten die politische Autonomie der Regionen, zugleich aber auch der regionale Ausgleich zwischen den großen Stämmen innerhalb des Zentrums in Lagos. Ähnliche Bedingungen haben im Sudan zu einem 16jährigen Bürgerkrieg geführt. Gegen Mitte der sechziger Jahre war es dem Norden gelungen, die Macht in der Hauptstadt an sich zu reißen. Betrügerische Wahlen erschütterten das Vertrauen der Ostprovinz in den Staat. Der Zusammenbruch der verfassungsmäßigen Ordnung wurde durch einen Militärcoup am 15. Januar 1966 markiert. Das Ergebnis dieser Militärrevolte waren Maßnahmen, die ihrerseits von der Bevölkerung der Nordprovinzen als Bedrohung empfunden wurden. Sie vertrieben die Ibos, also ursprünglich Bewohner des Ostens, aus ihren Regionen. 10000 bis 20000 von ihnen wurden getötet. Hunderttausende emigrierten in die Ostprovinzen. Nachdem General Ironsi, der Oberbefehlshaber, im Juli 1966 ermordet worden war, übernahm Generalleutnant Gowon, ein Mann aus dem Norden, das Kommando. Er befahl, daß das Militär jeweils in seinen Ursprungsregionen stationiert werden sollte.

In diesem Augenblick weigerte sich Oberstleutnant Ojukwu, Militärbefehlshaber von Ost-Nigeria und ein Ibo, die Autorität Gowons anzuerkennen. Damit war nach dem Zusammenbruch der verfassungsmäßigen Einheit auch die Einheit des militärischen Zentrums zusammengebrochen. Nach vergeblichen Versuchen, regionale und zentrale Verwaltung zugleich sicherzustellen, proklamierte Biafra, also das östliche Nigeria, am 30. Mai 1967 seine Unabhängigkeit. Daraus entwickelte sich ein dreißig Monate währender Bürgerkrieg.

»Der Ausgang des Konflikts hing von zwei fundamentalen Faktoren ab: der Natur der inneren Politik beider Seiten, und der Natur der internationalen Politik, in die sie einbezogen waren. Beide sind relevant für Charakter und Führung eines Krieges und seines späteren Ergebnisses in der bedingungslosen Kapitulation von Biafra am 14. Juni 1970« (Nixon in: Spiegel/Waltz 1971). In diesem Zitat wird die internationale Perspektive des Konflikts angesprochen. Sie interessiert hier vor allem – ungeachtet der interessanten Frage, ob Stammesinteressen, ökonomische Motive oder gar nur der Egoismus zweier Militärs zu diesem bedeutendsten afrikanischen Bürgerkrieg der Nachkriegszeit führten. Im Biafra-Konflikt zeigt sich wie später in Angola, daß die Konkurrenz der Großmächte wenn nicht die eigentliche Ursache der Bürgerkriege, so zumindest doch die Ursache für deren Verlängerung sein kann.

Großbritannien, die frühere Kolonialmacht, nahm zu Beginn der Kämpfe, die im Juli 1967 ausgebrochen waren, eine abwartende Stellung ein. Erst als sich die Sowjetunion schon im gleichen Monat entschloß, die Zentralregierung zu unterstützen, wechselte London seine Haltung und wurde von nun an zum ersten Lieferanten von Lagos. Damit traten Großbritannien und die Sowjetunion in Konkurrenz um die Gunst des späteren Siegers. Offizielle Schätzungen gehen dahin, daß 75 bis 80 Prozent des Militärmaterials, das für eine Erweiterung der nigerianischen Armee von 7000 auf 100000 Mann notwendig war, von Großbritannien geliefert wurden. London war zu diesem Schritt gezwungen, da es sonst Moskau den Weg zu seiner ehemaligen Kolonie geöffnet hätte. Die Parteinahme der UdSSR war ihrerseits ohne jedes Risiko. Sie beruhte auf der Annahme, daß sich die »Organisation Afrikanischer Einheit« für die Zentralregierung und gegen Biafra entscheiden werde. Somit hätte sie durch die Unterstützung von Lagos zugleich die Unterstützung der Mehrheit der afrikanischen Staaten gewonnen. Diese Annahme erwies sich als richtig. Selbst wenn sich Biafra von Nigeria abgespalten hätte, wäre das Risiko für die Sowjetunion gering gewesen, da Nigeria auch ohne Biafra als Staat weiterhin existiert hätte. Die sowjetische Entscheidung für »ein Nigeria« beruhte aber auch auf einer Überzeugung, die die »Iswestija« am 11. Oktober 1968 so formulierte und die mehrfach wiederholt wurde: »Wenn man sich die gegenwärtige Krise in Nigeria vom einzig richtigen Standpunkt aus ansieht, so kann man mit aller Sicherheit sagen, daß die Sezession Biafras allein den Imperialisten Vorteile bringt.« Der Einsatz für Nigeria wurde also von Moskau nicht zuletzt als Mittel betrachtet, den Einfluß der westlichen Mächte in Afrika zu schwächen und damit die sowjetischen Interessen stärker ins Spiel zu bringen.

Damit schlägt auch ein revolutionäres Moment durch. Denn es wäre falsch, hier nur »klassische« Interventionen (etwa zum Zwecke von Gebietserweiterungen) zu sehen. Ebenso wie von seiten Großbritanniens ist der Konflikt von den kämpfenden Parteien zweifellos als eine Auseinandersetzung um die künftige Orientierung Nigerias verstanden worden. Diese Auseinandersetzung bekommt einen spektakulären Charakter dadurch, daß die zwei wichtigsten in den Konflikt verwickelten Staaten auf dieselbe Karte setzten; sie gaben ihre Unterstützung der Zentralregierung. Diese Konstellation, die sich seit 1975 für einige Zeit auch in der gleichzeitigen Unterstützung des revolutionären Äthiopiens nach Haile Selassie wie des sozialistischen Somalia durch die Sowjetunion wiederfindet, ist im Krisenfalle die Ausnahmeerscheinung. Entweder wird im Konfliktfall eine der beiden nationalen Seiten gestützt oder aber – wie in Angola – jede der beteiligten Großmächte setzt auf verschiedene interne Akteure, um ihnen ein späteres Übergewicht zu sichern. Es ist dies eine Frage der Lagebeurteilung, die eine Einschätzung der eigenen Interventionsmöglichkeiten einschließt.

Für Großbritannien standen neben seinen politischen Motiven und neben dem politischen Zugzwang, unter dem London stand, besonders seine wirtschaftlichen Interessen im Vordergrund (53 Prozent aller ausländischen Investitionen in Nigeria), die es veranlaßten, Partei für die Zentralregierung zu ergreifen. Die Motive, die dazu führten, daß London seine ursprüngliche Neutralität aufgab, sind einsehbar. Gleiches gilt nicht für die Position Frankreichs. Neben der Unterstützung Portugals, das zuerst seinen Flughafen auf Sao Tome, einer Insel vor der nigerianischen Küste, für die biafranischen Versorgungsflugzeuge öffnete, war es die französische Hilfe für Biafra, die den Bürgerkrieg verlängerte. Welches die eigentlichen Motive dafür waren, blieb bis zum Schluß unklar. Neben humanitären Motiven, auf die aber kaum Waffentransporte zurückgeführt werden können, war es das Recht auf Selbstbestimmung, das den Franzosen am Herzen lag. Aber auch dies kann nicht entscheidend gewesen sein. Deshalb scheinen zweierlei »realpolitische« Ziele eine größere Rolle gespielt zu haben. Erstens glaubten de Gaulle und sein Nachfolger Pompidou wohl, daß Lagos den Krieg nicht gewinnen, daher Paris bei einem Erfolg Ojukwus den Briten Schwierigkeiten bereiten, selbst aber das eigene Ansehen vergrößern könne. Zweitens aber war Paris wohl der Meinung, daß die unverhältnismäßige Größe Nigerias bedrückend auf die ehemaligen französischen Kolonien wirke. Zu einer solchen Ansicht muß man kommen, wenn man weiß, daß außer Haiti nur Tansania, Gabun, die Elfenbeinküste und Sambia Biafra diplomatisch anerkannt haben. Diese Gleichschaltung der politischen Stellungnahmen schwarzafrikanischer frankophoner Staaten machte es Frankreich leicht, sich einerseits eindeutig auf die Seite Biafras zu stellen, zum anderen aber eine diplomatische Anerkennung zu vermeiden und damit Tatsachen zu schaffen, die nicht rückgängig zu machen waren. Zum dritten konnte es über Gabun Biafra Waffen zukommen lassen, die es dann wieder ersetzte. Wir treffen hier auf die Agententätigkeit afrikanischer Staaten für Großmächte, auf die noch einzugehen sein wird. Diese Agententätigkeit bedeutet, daß sich die Großmächte ihre Optionen nach außen offenhalten, obwohl sie in einem bestehenden Konflikt eindeutig Stellung nehmen.

Im Gegensatz zu den anderen Großmächten wahrten die USA eine konsequent neutrale Haltung. Allerdings heißt das nicht, daß diese neutrale Haltung nicht dennoch politische Wirkungen zeigte. Sie waren allerdings nur negativ zum umschreiben. Da Washington sich nach beiden Seiten offenhielt, fühlten sich beide kämpfenden Seiten von den Amerikanern mehr oder weniger verlassen. Vier Tage nach dem Ausbruch der Feindseligkeiten hatte Washington erklärt, daß es an keine der beiden kriegführenden Seiten Waffen liefern werde. Diese Haltung wurde damit begründet, daß »die Vereinigten Staaten grundsätzlich gegen die Einmischung in die internen Angelegenheiten anderer Staaten« seien. Ganz abgesehen davon, daß etwa in Lateinamerika oder Vietnam von solcher grundsätzlichen Haltung nichts zu spüren war, verlor die amerikanische Begründung dadurch an Glaubwürdigkeit, daß sich die USA weitere vier Tage danach gezwungen sahen, drei Transportflugzeuge (C 130 Herkules) mit 150 Mann Personal und 45 Fallschirmjägern nach Zaire zu senden, um Präsident Mobutu in seinem Kampf gegen Rebellen zu unterstützen. In diesem Falle war von Nicht-Einmischung in innere Angelegenheiten ebenfalls keine Rede.

Die Amerikaner zogen sich dann auf eine zweite Argumentationslinie zurück. Es handele sich, sagte Washington, im Falle Nigerias um eine »britische Verantwortlichkeit«. Das afrikanische Land hörte dies nur ungern. Trotz des Drucks einer starken Pro-Biafra-Lobby, deren Stärke zunahm, je länger der Bürgerkrieg dauerte, hielten die USA dann im wesentlichen eine Haltung durch, die darin bestand, sich militärisch aus dem Konflikt herauszuhalten und politisch die Zentralregierung weiter anzuerkennen. Ihren Grund hatte diese Haltung darin, daß sich die amerikanischen Investitionen in Nigeria allein in den vorhergegangenen vier Jahren verdoppelt hatten. 1959 hatten die USA nur für 16 Millionen Dollar investiert, diese Kosten waren hingegen bis zum Jahre 1965 auf 160 Millionen gestiegen.

Obwohl die Amerikaner nicht in die Kämpfe eingriffen, war jedoch die amerikanische Hilfe auf dem Gebiet humanitärer Hilfeleistung beträchtlich; sie betrug für Biafra und Nigeria zusammen 50 Millionen Dollar. Allerdings konnte sie – wie schon erwähnt – nicht verhindern, daß damit keine der beiden Seiten zufriedengestellt war. Das amerikanische Sicheraushalten aus dem Konflikt hatte daher für das Prestige der USA eher negative Folgen. Vor allem aber zog Biafras Staatschef Ojukwu die falschen Folgerungen aus dem schwankenden amerikanischen Verhalten. Bis zuletzt glaubte er, Beweise in den Händen zu haben, daß Washington sich im gegebenen Moment offen für Biafra erklären werde. Er zog nicht in Betracht, daß die USA sich damit gegen Großbritannien hätten wenden müssen. Natürlich trug das amerikanische Verhalten zur Verlängerung des Bürgerkrieges bei. Denn der direkte Kontakt der Amerikaner mit biafranischen Stellen stärkte die Stellung Biafras völkerrechtlich, gab aber auch der Pro-Biafra-Lobby immer wieder Möglichkeiten zum Intervenieren.

Dennoch war auf die Dauer die internationale Position Nigerias sehr viel einfacher als die Biafras. In Lagos konnte man weiterhin normale Beziehungen mit dem Ausland unterhalten, während Biafra, trotz hervorragender Public Relations im westlichen Ausland, von diesen internationalen Kontakten ausgeschlossen blieb. Seine Abgesandten blieben in den Vorzimmern der Macht stecken; die Vereinten Nationen beschäftigten sich nicht mit dem Bürgerkrieg. Sie betrachteten ihn zuerst als eine interne, dann als eine regionale Angelegenheit, die von der OAU betreut wurde. Es gehörte deshalb zu den wichtigsten Erfolgen der nigerianischen Regierung, daß es ihr gelang, die OAU dafür zu gewinnen, die territoriale Integrität von Nigeria als anzustrebendes Ziel zu verteidigen. Der Grund für eine solche Stellungnahme der meisten Staaten lag offen: Ebenso wie Nigeria waren sie multi-ethnische Gebilde, in denen derselbe Konflikt wie in Nigeria virulent war.

Hier wird eines der wenigen Grundmuster innerafrikanischer Beziehungen sichtbar, das zehn Jahre später ebenso gültig geblieben ist wie 1967/70: viele Staaten wußten genau, daß die Sezessionsbewegung Biafras, sofern sie erfolgreich gewesen wäre, sie selbst in Schwierigkeiten bringen würde. Die weitere »Balkanisierung« Afrikas wiederum erweckte die Assoziation eines Afrikas, das durch diese Fragmentierung nochmals an

Einfluß verlor. Diese Befürchtung der OAU wirkte wiederum auf die Großmächte zurück. Wenn sie sich auf Seiten der Zentralregierung stellten, waren sie damit auch der Unterstützung eines Großteils der afrikanischen Staaten sicher. In letzter Instanz wird also davon auszugehen sein, daß trotz des de facto geringen Einflusses der OAU deren generelle Haltung für den Sieg Nigerias entscheidend geworden ist.

Die direkte Einflußnahme der Akteure allein genügt nicht, um zu erklären, warum auf dieser oder jener Seite eingegriffen wurde. Es kommen verdeckte Motive hinzu, die die vordergründige Rhetorik kaum bemäntelt.

Nigeria ist damit ein Testbeispiel, aber auch ein Sonderfall. Seine Eigenart liegt zum Beispiel darin, daß das Zerreißen des wichtigsten und letzten Bindegliedes nationaler Einheit, der militärischen Einheit, einen Konflikt von einer Tragweite heraufbeschwor, wie er bisher in Afrika einmalig gewesen ist. Militärputsche »zweiter Generation« sind oft Putsche innerhalb der Führung des Militärs gewesen. Nigeria stellt allerdings insofern eine Besonderheit dar, als sich nicht nur die militärische Elite ohne Ansehen der Stammeszugehörigkeit ihre Machtkämpfe lieferte, sondern Ost-Nigeria die Machtbasis für eine Sezession darstellte, in der ethnische, politische und militärische Revolten sich vereinigten.

Es ist schwierig, hier nicht von einer »nationalen Revolution« zu sprechen; ebenso schwierig aber ist es auch, die Sezession Biafras zu verteidigen. Zumindest zeigt es sich, daß »Selbstbestimmung« und deren Verweigerung keine eindeutigen Kategorien sind, mit denen solche Revolutionen gefaßt werden können. Die Reaktionen der Großmächte jedenfalls waren rein pragmatischer, wenn nicht opportunistischer Natur. Eine Zuordnung zu Wandel oder Status quo, Revolution und Konterrevolution ist kaum möglich.

5.1.4 Anwendungsformen von Macht

Kriege sind nach 1945 – abgesehen von der Eroberung Goas durch Indien oder Tibets durch China – praktisch nicht mehr geführt worden, um neues Territorium zu gewinnen. Damit ist ein »klassischer« Kriegsgrund entfallen. Von den bis ca. 1970 fünfzig lokalen Kriegen war kaum einer noch ein »konventioneller inter-staatlicher« Krieg. »Die große Mehrheit waren Bürgerkriege oder haben als interne Konflikte oder Aufstände begonnen, die zur Intervention anderer Staaten geführt haben« (Guelke in: Northedge 1974). Der Grund dafür lag nicht zuletzt in der Drohung mit atomaren Waffen. In den Staaten der Dritten Welt kam noch etwas anderes hinzu: Großbritannien und Frankreich mußten sich eingestehen, daß sie unfähig waren, mit militärischen Mitteln ihre Kolonien zu halten. Nach deren Verlust kam es zu neuen Entwicklungen; nunmehr wurde militärisch interveniert, sofern dies von den Machthabern der neuen Staaten gewünscht wurde. Aber auch das erwies sich als zunehmend konterproduktiv; denn der Aufwand wurde im Verhältnis zum mittel- und langfristigen Erfolg immer größer. Angesichts der zunehmenden Empfindlichkeit der Länder der Dritten Welt lohnte sich eine Intervention nur noch, »wenn ihr selbst ein Minimum an Publizität gegeben werden kann, wie es der Fall bei der französischen Intervention im Tschad war, und wenn die zu erfüllenden Aufgaben schnell erledigt werden können, bevor viele Menschenverluste auftreten, so etwa als Großbritannien 1964 in Ost-Afrika eingriff.« (Taylor in: Northedge 1974). Diese Voraussetzungen sind immer fraglicher geworden. Blicken wir einen Moment über Afrika hinaus, so brachte die amerikanische Intervention 1958 im Libanon keine Befriedung. Auch die französischen Truppen mußten bei ihrem Einsatz im Tschad 1972 abziehen, ohne die Rebellen besiegt zu haben; gegen die Polisario, die Befreiungsbewegung in der West-Sahara, wagte Paris 1977 überhaupt nicht mehr offen vorzugehen. Es war also für die großen Mächte immer weniger ratsam, ihre eigenen Truppen in der Dritten Welt einzusetzen. Das Unabhängigkeitsgefühl dieser Staaten macht es nötig, neue Techniken zu entwickeln, will man dennoch den externen Einfluß zur Geltung bringen. Es sind diese neuen Techniken, die das Bild in Afrika – *nach* Angola noch stärker als *vor* Angola – bestimmen. Eine der wichtigsten Formen individueller Beeinflussung, soweit es Militärhilfe betrifft, ist die Funktion der »Berater« oder »Techniker«. Sofern heute »Berater« in einem Staat der Dritten Welt auftauchen, darf man sicher sein, daß dieser Staat auch der politischen Beeinflussung durch das beratende Land unterliegt. Jahrelang war etwa bekannt, daß kubanische Berater in einer Reihe afrikanischer Staaten tätig waren. Man maß dieser Tatsache jedoch nur relativ geringe Bedeutung bei. Der Einfluß der Kubaner in Afrika, die von dem früheren US-Botschafter Daniel P. Moynihan »die Gurkas des russischen Empire« genannt wurden, zeigt sich deshalb auch in der Anzahl von »Technikern«, die in anderen afrikanischen Staaten tätig sind: neben 4000 Beratern und 12000 Soldaten in Angola sind dies zivile und/oder militärische Berater: im Kongo (Brazzaville) 2000, in Sierra Leone 200 bis 300, in Guinea 300 bis 500, in Äquatorialguniea etwa 300, in Guinea-Bissau 300, in Mozambique 500, in Tansania 500, in Somalia 650 und schließlich in Uganda 100 (1977).

Solche Beratung hat einen mehrfachen Effekt: Die Ausbilder können die Auszubildenden indoktrinieren; sie können die auszubildenden Armeen auf die von ihnen gewünschten Waffen programmieren und damit die militärische Abhängigkeit verstärken. Schließlich können sie damit den Einsatz von eigenem Personal einsparen. Dabei ist die Linie zwischen Beratung und Einsatz nicht immer klar zu ziehen. Amerikanische Truppen haben Vietnam in einem frühen Stadium ebenso trainiert wie ihren Einsatz geleitet; Sowjets sollen im März 1977 den Einmarsch von Angola aus nach

Zaire angeführt haben. Allerdings gibt der Einsatz von Beratern keine Sicherheit dafür, daß damit auch der beratene Staat oder zumindest dessen Armee endgültig gewonnen sei. Allzu große ausländische Kontingente in einem Land der Dritten Welt erwecken Neid und Konkurrenzangst. Beide Seiten haben daher Enttäuschungen dieser Art hinnehmen müssen; die Amerikaner etwa in Uganda, die Sowjets bei der Ausweisung ihres Personals aus Ägypten im Jahre 1972.

Die »Lieferung« von Beratern und die Lieferung von Militärmaterial hängen eng zusammen. Und von der Art dieser Lieferung hängt wiederum die mögliche Art der Kriegführung ab. Denn die anzuwendenden Strategien sind eine abhängige Variable des Kriegsmaterials. So wird die Verfügbarkeit von leichten Waffen stets zu begrenzten Kriegen und in den meisten Fällen zu Formen von Guerillakriegen führen. Andererseits ist der vermehrte Wunsch nach Waffen in der Dritten Welt oft eine Folge von bestehenden Konflikten. Das heißt: Nicht die Waffen erzeugen die Konflikte, sondern die Konflikte erzeugen den Wunsch nach Waffen. Die Lieferung von Waffen kann allerdings Kriege verlängern, wie am Beispiel des nigerianischen Bürgerkrieges zu erkennen war. Der Aufbau von Waffenarsenalen wie in Äthiopien und Somalia z. B. ist eine Folge des Streites über das 1962 von Äthiopien annektierte Eritrea (und von Ogaden). In solchen Konflikten dienen Waffenlieferungen der Großmächte dazu, den Sieg *der* Seite, die jeweils favorisiert wird, zu sichern. Das wiederum kann zu Schwierigkeiten führen, falls sich die allgemeine politische Ausrichtung eines Staates verändert. So war es jahrzehntelang eindeutig, warum die UdSSR das »sozialistische« Somalia gegen das »reaktionäre« Äthiopien stützte. Die Revolution in Äthiopien im Jahre 1974 hat die Auseinandersetzung zwischen den beiden Staaten keineswegs zum Schweigen gebracht. Für Moskau war es seit dieser Zeit zunehmend schwieriger, eine Balance zwischen beiden Staaten zu halten. Schnell zeigte es sich – diesem Fall werden wir uns noch ausführlicher zuwenden –, daß Somalia durchaus fähig war, sich von der Sowjetunion abzuwenden.

Allerdings sind Waffen nicht nur Kriegsinstrumente, sie vergrößern auch das Prestige. Dies insbesondere in Staaten, in denen das Militär herrscht oder in denen das Militär eine Art »Schiedsrichterrolle« im Kampf der zivilen Machteliten übernommen hat. Hier wird die Befriedigung von Waffenwünschen der Militärelite oft zu einer Überlebensfrage der regierenden Partei. Waffenhilfe wird in zunehmendem Maße in Afrika nicht allein von militärischen Notwendigkeiten bestimmt – obwohl dies z. B. bei den »Frontstaaten« um Rhodesien auch weiterhin der Fall sein kann –, sondern ebenso von innenpolitischen Gegebenheiten erzwungen.

Damit wird der Zusammenhang zwischen Revolution und Stabilisierung und externer Waffenhilfe noch einmal betont. Ökonomische Motive spielen eine große Rolle bei Waffenlieferungen (Frankreich etwa ist nur dadurch fähig, seine Produktion von Flugzeugen und schwerem Gerät aufrechtzuerhalten, daß es Waffen in die Dritte Welt verkauft) – entscheidend bleibt dennoch das politische Motiv. Wenn es den Großmächten *politisch* geraten erscheint, Waffen zu liefern, so geschieht dies zu besonders günstigen Bedingungen oder auch ohne Berechnung. Freilich bedeutet Waffenhilfe – ebenso wie die Versorgung mit Beratern – nicht für alle Ewigkeit politischen Einfluß. So wurde die amerikanische Basis bei Asmara in Äthiopien innerhalb eines Jahres von 4500 auf 29 Mann Besatzung »verdünnt«, nachdem der Putsch der sozialistischen Militärs gegen Kaiser Haile Selassie stattgefunden hatte. (Inzwischen ist sie aufgelöst). Aber auch die sowjetischen Waffenlieferungen für Ägypten an den Irak (oder, aus einer anderen Region, Indonesien) haben nicht zu einer permanenten Umsetzung in politischen Einfluß geführt. Daraus ist die Folgerung gezogen worden, daß »Waffen eine zweifelhafte Quelle von Einfluß und ein unsicheres Mittel sind, um sich die Gunst von bestehenden Regierungen zu gewinnen. Es ist eher so, daß Waffenverkäufe bestehende politische Präferenzen widerspiegeln, als daß sie diese verändern« (Taylor in: Northedge 1974).

Abstrahiert man noch weiter vom Einzelfall, so lassen sich die Aktivitäten der Großmächte in der Dritten Welt, insbesondere in Afrika als dem Kontinent mit dem breitesten Fächer von Einflußmöglichkeiten, dreifach untergliedern; Großmächte intervenieren:

1. um eine bestehende Regierung zu schützen, ihren Bestand zu bewahren (Frankreich im Tschad, England in Ost-Afrika),
2. um zum Sturz bestehender Regierungen beizutragen (die USA in Ghana, Moskau in Zaire),
3. um eine Regierung zur Änderung ihrer Haltung zu veranlassen (so verkaufte etwa Frankreich 1967 Waffen an Libyen und den Irak, um eine Änderung der arabischen Haltung gegenüber Paris zu bewirken).

Die erste Form von Großmacht-Aktivität wiederum – die Aktivitäten von westlich bezahlten Söldnern zum Zwecke des Umsturzes bestehender Regierungen, etwa in Guinea, können andererseits nicht ganz außer acht gelassen werden – ist diejenige, die insbesondere die westlichen Mächte in Aktion sieht. Die Bedrohung des Status quo in einem Staat kann wiederum auf dreierlei Weise erfolgen, die einen unterschiedlichen Einsatz von Mitteln erfordert. Zum ersten könnte der Staat durch Intervention von außen bedroht sein. Gegen eine solche Gefahr könnte die zu unterstützende Macht durch Waffenlieferungen gestärkt werden, deren Zusammensetzung wiederum von der Art der Invasion abhängt. Zum zweiten könnte ein Staat durch revolutionäre Kräfte gefährdet werden, deren militärische Bekämpfung allein nicht genügt. Hier wäre außer einem gut entwickelten geheimen Nachrichtendienst vor allem notwendig, sich die Loyalität der Streitkräfte zu erhalten. Neben speziellem Gerät (etwa Hubschraubern) wäre es daher die wichtigste Aufgabe fremder Hilfe, die Zufriedenheit der Streitkräfte zu erhalten, ihr Prestige innerhalb der Gesellschaft zu stärken. Das kann zur Vorbereitung der Machtübernahme des Militärs führen. Dieser Fall gehört zur dritten Form der Bedrohung: dem plötzlichen Coup oder Putsch. Entweder organisieren die Großmächte – wie dies von Seiten der USA in Lateinamerika und im Nahen Osten der Fall war, doch kaum in Afrika – selbst einen solchen Putsch, oder aber ihre Nachrichtendienste funktionieren so gut, daß vorweggenommene Maßnahmen (Pakte mit den Kräften, die den Putsch ausführen werden) der vorzeitigen Aufgabe gefährdeter Regimes gleichkommen.

Wie in den meisten Fällen der internationalen Politik verbietet sich auch hier eine Einfaktoren-Analyse und damit für die Handelnden eine »Einweg-Handlungsweise«. Zumeist wird man es mit einer Mischung von Motiven und entsprechenden Handlungsmustern zu tun haben, die nicht nur auf die Reaktion des angezielten Staates, sondern ebenso auf die Reaktionen des regionalen Umfeldes wie der internationalen Politik Rücksicht nehmen. Ein typisches Beispiel dieser Art sei im folgenden dargelegt; es zeigt, wie sich die Motive der Partner verzahnen, die wiederum von einer völlig unterschiedlichen Sicht des Umfeldes ausgehen: »Frankreich stimmte im Jahre 1970 dem Verkauf von 110 Mirage-5-Flugzeugen zu, weil es darin ein Geschäft sah (der Verkauf erbrachte 145 Millionen Dollar), weil es davon insgesamt bessere Beziehungen mit den arabischen Staaten erwartete und weil es die nicht sehr plausible Chance sah, daß damit die Machtbalance zwischen Israelis und Arabern, durch die bis dahin die Israelis begünstigt wurden, verändert würde. Libyen kaufte die Waffen, weil sie, wie es hoffte, sich als militärisch bedeutsam erweisen würden, weil sie der Ghaddafi-Regierung Prestige brachten und weil Frankreich als Lieferant politisch akzeptierbarer war als andere potentielle Lieferanten. Denn: Die UdSSR hatten eine atheistische Anti-Moslem-Regierung, die USA unterstützten die Israelis, und Großbritannien hatte Schwierigkeiten mit Libyen wegen Waffenkontrakten, die mit dem Vorgänger Ghaddafis, der Regierung Idris, abgeschlossen worden waren« (Taylor in: Northedge 1974).

Doch das wäre noch zu statisch gesehen. Die Dynamik der internationalen Beziehungen kommt noch hinzu. Was etwa Libyen im Jahr 1970 richtig schien, konnte sich im Jahre 1974 ganz anders darstellen. Nur so ist die sowjetisch-libysche Annäherung seit dem Jahre 1974 zu verstehen: die UdSSR versorgte Libyen mit einem modernen Luftabwehrsystem und lieferte Waffen im Gesamtwert von 1,2 Milliarden Dollar. Der militärische Aspekt reicht aber wiederum nicht hin, die neue Freundschaft zu begründen. Sie ist auf dem Hintergrund der ägyptisch-sowjetischen Entfremdung seit 1972 zu sehen. Sie ging mit einer libysch-ägyptischen Entzweiung über die arabische Haltung im israelisch-arabischen Konflikt einher. Zugleich fanden die USA damit erneut eine Chance, sich dem arabischen Lager zu nähern. Die Stärkung der ägyptischen Position entsprach einer Schwächung Libyens. Dem folgte notwendig eine Annäherung an Moskau. Die UdSSR hat somit einen neuen Brückenkopf im arabischen Lager gefunden, der allerdings noch unstabiler erscheint, als es Ägypten je gewesen war. Sollten die USA eines Tages zum Waffenlieferanten der Libyer aufsteigen, so müßte eine weitere Motivkette zu suchen und zu finden sein.

In jede Art von Hilfe mischen sich ökonomische, psychologische und politische Motive, die sowohl außen- wie innenpolitisch bedingt sein können; die Lieferung von 110 Kampfflugzeugen an Libyen beispielsweise wäre zu diesem Zeitpunkt den USA innenpolitisch nicht möglich gewesen. 1970 kamen im Falle der UdSSR ideologisch-religiöse Motive hinzu, die im Jahre 1974 keine Rolle mehr spielten. An diesem Beispiel wird erkennbar, daß die jeweilige Konstellation nicht allein von den Großmächten definiert wird. Deren Rückhalt ermöglicht den Staaten Afrikas erst ihre Manövrierfähigkeit, andererseits sind sie oft nur Profiteure innerafrikanischer Verwerfungen, damit eher reaktiv als aktiv.

Der aufsehenerregendste Fall von externer Beeinflussung eines in einen »internal war« übergehenden »nationalen Befreiungskrieges« war Angola 1975/76. Die Konturen dieses Kampfes um Einfluß lassen sich so scharf herausarbeiten, daß er zum *Prototyp eines Konfliktaustrags* mit externer Hilfe im letzten Viertel des 20. Jahrhunderts wird.

5.1.5 Dekolonisierung in Angola

Weltpolitische Entspannung läßt sich als ein Waffenstillstand zwischen Revolution und Konterrevolution verstehen. Ein Waffenstillstand ist kein Friede. Im Falle von Angola zeigte es sich, daß die Sowjetunion ihr Bestreben, das »Gleichgewicht der Kräfte« zu verändern, in solchen Fällen nicht aufgegeben hat, in denen es ohne Risiko für den Weltfrieden veränderbar erschien. Für Henry Kissinger, den damaligen Außenminister der USA, stellte sich das, was der weltpolitische Konkurrent damals unternahm, so dar: »Angola ist der erste Fall in der Zeit nach dem Zweiten Weltkrieg, in dem die Sowjets militärisch einen Langstrecken-Einsatz begonnen haben, um einem Land ein Regime nach ihrer Wahl aufzuzwingen.«

Die portugiesische Kolonie hatte als Folge der Revolution in Lissabon vom 24. Mai 1974 am 11. November 1975 ihre Unabhängigkeit erhalten. Die USA schienen weltpolitisch gelähmt. Sie waren noch dabei, ihre Vietnam-Erfahrungen zu verarbeiten; die Enthüllungen über die CIA hatten Öffentlichkeit und Kongreß erbittert; die Wahrscheinlichkeit war groß, daß Forderungen der Regierung Ford (in ihrem letzten Amtsjahr) auf Militärhilfe in Afrika kaum die Billigung des Kongresses finden würden. Zugleich wurde die Funktionsfähigkeit der Organisation für afrikanische Einheit (OAU) auf die Probe gestellt. Zwar war sie zum Symbol für Blockfreiheit, Entkolonialisierung und Nicht-Einmischung in afrikanische Angelegenheiten geworden. Tatsächlich aber hatte sich die Organisation mit ihren 47 Mitgliedern (1976) stets nur auf anti-kolonialistische Verurteilungen einigen können. Darüber hinaus war sie in sich gespalten geblieben. Wo es um Abhängigkeit und Unabhängigkeit in komplizierten Verhältnissen ging, war die OAU niemals zu einem Ergebnis gelangt. Auch im Falle Angola blieb ihre Haltung zwiespältig: Solange Gelder von den Großmächten gegeben worden waren, um die Befreiungsbewegungen gegen Portugal zu unterstützen, wurden sie dankbar akzeptiert. Sobald diese Gelder dazu benutzt wurden, um eine bestimmte Staatsform (und damit Affiliation an die Blöcke) zu fördern, hing die Haltung der Mitgliederstaaten davon ab, welche Orientierung sie selbst gesucht hatten. Im Gegensatz zum Kongo-Konflikt, in dem trotz aller Schwankungen die afrikanische Unabhängigkeit fast unreflektiert das Hauptmotiv für die Stellungnahmen der afrikanischen Staaten abgegeben hatte, war dieses Unabhängigkeitsmotiv 15 Jahre später in sich gebrochen. Zum einen waren sich die afrikanischen Staaten zwar ihrer ökonomischen Abhängigkeit von den Industriestaaten, besonders nach den Ölpreiserhöhungen von 1973, bewußt; andererseits hatten sie erkannt, daß sie als Kontinent eine beträchtliche politische Potenz in der internationalen Politik darstellten. Dies unterschied die Lage im Kongo 1960 von der Lage in Angola 1976.

Geblieben aber war ein Problem des Kalten Krieges: Der neu zu errichtende Staat würde sich *der* Seite zuwenden, der die siegreiche Seite unterstützt hatte. Das hieß paradoxerweise nicht, daß der neue Nationalismus Afrikas für die Großmächte eine Warnung davor war, sich in die inneren Angelegenheiten des Kontinents zu verstricken, sondern er war geradezu eine Aufforderung, mit Menschen, Material und Finanzen die »richtige« Seite auszuwählen. »Die Internationalisierung von internen Problemen und die Durchlässigkeit von souveränen (besonders kleinen und schwachen) Staaten schuf die Möglichkeit für ein Großmacht-Engagement in Afrika von einem Ausmaß und einer Reichweite, wie das selbst während des Kalten Krieges unbekannt gewesen war.« Was in Angola in den Jahren 1975/76 kulminierte, ist nicht ein Beispiel für den oft beschriebenen ›Stellvertreter-Krieg‹ – ein Krieg also der Klientel der Weltmächte – sondern ein ›Stellvertreter-Bürgerkrieg‹. Die Klientel aber war nicht vorgegeben, sondern hatte sich erst durch die Ereignisse entwickelt.

Die abrupte Intervention der UdSSR mit Hilfe Kubas in der letzten Phase hat eine Vorgeschichte, die bis in die frühen sechziger Jahre zurückreicht. Allerdings waren die Mächte zu dieser Zeit eher symbolisch als faktisch auf dem afrikanischen Kontinent präsent. Kuba etwa unterstützte schon seit einem Jahrzehnt die MPLA, war aber nur mit etwa 100 »Beratern« in Afrika vertreten. Die USA gaben als Beitrag zur »Selbstbestimmung« der FNLA Holden Robertos die geringfügige Summe von etwa 10000 bis 20000 Dollar im Jahr. Selbst diese Zahlungen setzten sie im Jahre 1970 aus, weil die Regierung Nixon, die auf ihre Stützpunkte auf den Azoren angewiesen war, das NATO-Mitglied Portugal nicht verprellen wollte. Überdies hatten amerikanische Expertisen noch im Jahre 1969 erklärt, die afrikanischen Befreiungsbewegungen seien zum Scheitern verurteilt. Es ist dies nur *ein* Beispiel für die Fehleinschätzung von Kräfteverhältnissen. Sie wird nur dadurch verständlich, daß sich der Status der Kolonialmacht Portugal so dramatisch verändert hatte.

Erst als am 15. Januar 1975 die neue portugiesische Regierung mit den drei um die Macht in Angola kämpfenden Guerilla-Fraktionen einen Vertrag abschloß, nach dem Angola die Unabhängigkeit zum 11. November 1975 gegeben werden sollte, unterstützte Washington auf das Anraten des »40 Committee« die FNLA plötzlich mit 300000 Dollar, um der von ihr favorisierten Gruppe einen Vorsprung zu sichern. Daß diese erhöhten Zuwendungen der UdSSR nicht unbekannt bleiben konnten, ist sicher. Allerdings hatte auch Moskau zu dieser Zeit schon begonnen, Waffen nach Angola zu transferieren, um die MPLA im Entscheidungskampf zu stärken.

Daß es sich bei den Guerilla-Fraktionen nicht notwendig und ideologisch bedingt um die Klientel von Ost und West handeln mußte, beweist ihre Entstehungsgeschichte. Denn die Gruppen, die später als pro-westlich oder pro-östlich gekennzeichnet wurden, operierten vor allem auf der Grundlage der verschiedenen Stämme in Angola. »Jede einzelne von Angolas drei großen ethno-linguistischen Gemeinschaften hatte eine große Befreiungsbewegung mit eigener Armee und unterschiedlicher auswärtiger Unterstützung hervorgebracht« (Marcum 1976). Die MPLA hatte ihre Hauptstützpunkte bei den Mbudu-Stämmen in der Mitte Angolas, die etwa 25 Prozent der Bevölkerung ausmachten, die FNLA bei den Bakongo im Norden mit 20 Prozent Bevölkerungsanteilen und die Unità bei den Ovimbudu-Stämmen im Süden, mit 40 Prozent Bevölkerungsanteil die größte der ethnischen Gruppen. Richtig ist allerdings auch, daß zusätzliche Faktoren die Orientierung bestimmten. Bei der MPLA spielte der hohe Anteil von Mestizen, aus denen sich die politische Elite Angolas rekrutierte, eine Rolle. Bei der FNLA ist die Unterstützung durch Zaire bemerkenswert. Die Unterstützung der Unità in der Endphase durch portugiesische Siedler und später durch Südafrika kostete sie einen großen Teil der afrikanischen Sympathien.

Die FNLA, geführt von Holden Roberto, einem emigrierten Bakongo, der im Belgischen Kongo seine Ausbildung erhalten hatte, war lange Zeit gleichsam ein ausführendes Instrument der Politik von Zaire, früher Belgisch-Kongo. Sie war eine rassistische Bewegung ohne ausgeprägte ideologische Basis. Ihre Stärke war von Anfang an weniger ihre ideologische Geschlossenheit als ihre militärischen Aktionen. Von 1973 an hatte die FNLA materielle Hilfe wie auch Ausbildung durch China erhalten. Diese nach eigener Aussage nicht-sozialistische Gruppe erhielt insbesondere seit Mitte 1974 Hunderte von Tonnen chinesischen Kriegsmaterials, früher jedenfalls, als die UdSSR ihre Lieferungen an die MPLA wieder aufnahm. Dank der Hilfe von Zaire wie von China besetzte die FNLA die nördlichen Provinzen Angolas und zwang frühzeitig die Rivalen von MPLA und Unità, sich aus diesem Gebiet zurückzuziehen.

Im Jahre 1964 hatte sich die FNLA gespalten. Dabei entstand unter anderem die Unità unter der Führung des in der Schweiz aufgewachsenen Jonas Savimbi. Die Unità hatte von Anfang an Schwierigkeiten mit Zaire, so daß sie ihre Operationsbasen außerhalb von Angola verlor und sich seit 1967 auf interne Guerilla-Taktiken stützen mußte, die von den Chinesen übernommen worden waren. (Savimbi selbst war 1964 von Mao Tse-tung empfangen worden.) Da die Hilfe Moskaus an die MPLA ging, stützte sich die Unità bewußt auf chinesische Hilfe. Vor allem entwickelte sie die chinesische Taktik, die benötigten Waffen vom »Feind« selbst zu erbeuten. Als die portugiesische Kolonialmacht zusammenbrach, nahm Savimbi, der auf die Hilfe der Portugiesen angewiesen war, da die materielle Hilfe Pekings minimal war, eine gemäßigte Haltung ein und verzichtete auf die maoistische Rhetorik. Die Hilfe der einheimischen Portugiesen überbrückte aber nur solange den Mangel an äußerer Hilfe, wie eine zentrale Autorität in Angola vorhanden war. Mit dem Verschwinden des größten Teils der portugiesischen Siedler und dem Ausfall fremder Hilfe ging die Unità geschwächt in die entscheidende Auseinandersetzung.

Die MPLA hatte den Vorteil, die Hauptstadt zu halten. Geführt wurde sie von Agostinho Neto, der in Portugal erzogen worden war. Die Wendung nach Moskau ergab sich folgerichtig aus der Tatsache, daß der MPLA Operationsbasen in Zaire stets verwehrt worden waren. Ihr militärisches Potential innerhalb des Landes war deshalb bis zur entscheidenden Auseinandersetzung gering. Im Gegensatz zu den beiden anderen Bewegungen umfaßte die MPLA sowohl städtische wie ländliche Rekrutierungsgebiete. Auch die MPLA hatte unter Abspaltungserscheinungen zu leiden. Aus diesem Grunde hatte die UdSSR ihre Waffenhilfe für die MPLA kurzzeitig eingestellt, die sie erst im Spätjahr 1974 wieder aufnahm. Wie Holden Roberto verdankte Neto also sein Überleben – neben der Ausbildung durch sowjetisches und ost-europäisches Personal – auswärtiger Militärhilfe. Entscheidend war aber seine Verbindung zur portugiesischen Linken. Denn nach dem portugiesischen April-Aufstand hatte er eine bevorzugte Stellung sowohl bei den putschenden Soldaten wie bei den nun wieder hervortretenden Sozialisten und Kommunisten. Zu dieser Zeit befehligte Neto etwa 3000 Guerilleros.

Die Lage stellte sich Anfang 1975 für die USA etwa so dar: sie mußten, wenn Angola nicht zu einer Einladung für ausländische Interventionen werden sollte, eine Spaltung des Landes verhüten. Eine Möglichkeit wäre gewesen, die OAU zu ermuntern, als Vermittler aufzutreten, um die Eskalation der internen Kämpfe zu verhindern. Statt dessen aber trugen die USA selbst zu ihrem Aufleben bei, indem sie begannen, der FNLA erneut Geld zukommen zu lassen. Außenminister Kissinger führte die im März 1975 ausbrechenden Kämpfe zwischen MPLA und FNLA auf die erste große Lieferung sowjetischer Waffen zurück; es kann aber ebenso die zu erwartende amerikanische Hilfe gewesen sein, die die FNLA zum Angriff ermunterte. Das Motiv der neuerlichen amerikanischen Unterstützung war dies: Wenn die beiden anderen Bewegungen von Moskau bzw. Peking unterstützt wurden, bedurfte es der »eigenen« Bewegung, um sich in Angola zu halten. Mit amerikanischer Hilfe trug die FNLA einen Angriff von zairischem Gebiet aus vor, der im Juli zusammenbrach. Zur gleichen Zeit verstärkten sich die sowjetischen Waffenlieferungen. Experten vertreten die Ansicht, dies sei zu dieser Zeit nicht allein deswegen geschehen, um den Amerikanern, sondern vor allem, um den Chinesen zuvorzukommen. Mitte Juli 1975 schließlich hatte sich die militärische Situation so zugunsten der MPLA gewandelt, daß nunmehr die pro-westlichen Staaten Zaire und Sambia fürchteten, einen sowjetisch-dominierten neuen Staat an ihren Grenzen zu sehen. Sie wandten sich deshalb an die USA um Hilfe. Washington antwortete auf dieses Drängen – es standen auch 800 Millionen Dollar Investitionen in Zaire auf dem Spiel – mit einer geheimen Militärhilfe für FNLA und Unità, die sich nunmehr auf 30 Millionen Dollar belief. Geheim deswegen, weil sich die amerikanische Regierung bewußt war, daß der Kongreß neuerliche Mittel für amerikanisches Engagement in Entwicklungsländern nicht genehmigen würde. Im August 1975 erschienen erstmals Kubaner in Angola, im späten Oktober die ersten größeren Kontingente. Die amerikanische militärische Hilfe bewirkte somit das Gegenteil von dem, was sie bezwecken sollte: anstelle der Stärkung von FNLA und Unità provozierte sie eine russisch-kubanische Intervention, der ein moralisch geschwächtes Amerika letzten Endes nichts entgegenzustellen hatte.

Entscheidender als die amerikanische Fehlkalkulation war im späten Oktober das Eingreifen Südafrikas an der Seite der Unità. Hier sehen wir den Fall einer »Hilfe«, die sich konterproduktiv für diejenigen auswirkt, denen geholfen werden soll. Denn das regionale »Environment« Angolas hatte eine solche Bedeutung gewonnen, daß das südafrikanische Engagement als der eigentliche Wendepunkt im angolanischen Konflikt bezeichnet werden mußte. Zwar wurde die MPLA mit Hilfe der Südafrikaner im Süden und im Zentrum des Landes zurückgetrieben, die moralische Autorität der Unità aber hatte entscheidende Einbußen erlitten. Als am 11.

November 1975 der portugiesische Hohe Kommissar seine Flagge einholte und das Land sich selbst überließ, war der Ausgang nicht mehr eine Frage des sozialen Modells, das die einzelnen Fraktionen anstrebten, sondern nur noch eine Frage der Waffen – und damit ausländischer Intervention. Zwar versuchten gerade jetzt die USA die OAU zu bewegen, auf einen Verhandlungsfrieden zuzusteuern, und selbst die UdSSR schien für einen Augenblick die Chancen für ihre eigene Intervention zu überdenken: Sie stoppte ihren Airlift vom 9. bis zum 24. September. Aber diese verspätete amerikanische diplomatische Aktivität blieb nunmehr vollends hinter den Realitäten zurück. »Die OAU-Verhandlungen schleppten sich hinter der afrikanischen Meinung her. Für viele Afrikaner war die Angelegenheit nicht mehr länger eine Sache Angolas oder gar einer Einigung der Supermächte: Es war der Imperativ, der weit verhaßteren Einmischung Südafrikas zu widerstehen, einer Einmischung, die als eine unakzeptable Ausweitung der weißen Rassendiskriminierung über die Grenzen des weißen Sprungbretts angesehen wurde. Von dem Augenblick an, an dem die südafrikanischen Truppen die Grenzen überschritten hatten . . ., von dem Augenblick an, als sie in einen Kampf mit schwarzafrikanischen Soldaten verwickelt waren, bekam alles einen symbolischen und unversöhnlichen Charakter« (Skurnik 1976).

Daß der amerikanische Versuch diplomatischer Vermittlung zu spät kam, zeigte sich auf doppelte Weise: 1. Auf der OAU-Gipfelkonferenz am 13. Januar 1976 sprachen sich 22 der 44 anwesenden Mitglieder für eine Anerkennung der MPLA als Regierung von Angola (zu der diese sich schon im Oktober 1975 selbst ernannt hatte) aus. 22 Mitglieder unterstützten eine Resolution, in der alle fremden Truppen aufgefordert wurden, sich zurückzuziehen. Aber auch von ihnen wurde eine »Verurteilung« Südafrikas und der sofortige Rückzug aller Truppen Prätorias gefordert. 2. Nach der Erklärung Angolas zur Volksrepublik am 11. November 1975 hatte eine massive Luftbrücke über Luanda und Brazzaville Tausende von Tonnen sowjetisches Militärmaterial inklusive T 34 und T 54 Tanks und Raketen, nach Angola gebracht. Will man das Ganze auf eine einfache Formel bringen, so hatte die amerikanische finanzielle Hilfe in Höhe von nur 300000 Dollar diese Welle in Bewegung gesetzt. Entscheidend war schließlich der Einsatz von 11000 Mann kubanischer Truppen, deren Kampfmoral weit über das hinausging, was man von südamerikanischen Armeen bis dahin gewohnt war. Die US-Regierung hatte all dem nichts entgegenzusetzen; im Dezember hatte der Senat mit der klaren Mehrheit von 54 gegen 22 Stimmen jede weitere Hilfe für Angola untersagt; ihm folgte das Repräsentantenhaus mit 323 gegen 99 Stimmen im Januar 1976. Die Möglichkeit eines »verhandelten« Friedens in Angola war damit endgültig begraben; die Unità wurde in den Dschungel zurückgeworfen, die FLNA floh in ihrer Mehrheit nach Zaire. Es ist hier nicht die Frage, warum die USA ihre damaligen Drohungen nicht wahrgemacht haben, bei anhaltender Intervention nicht weiter über Salt II zu verhandeln und keinen Weizen mehr an die UdSSR zu verkaufen – Tatsache ist, daß die UdSSR richtig kalkuliert hatte, als sie die amerikanischen Drohungen nicht ernst nahm. Insoweit die Drohung der Amerikaner dahin ging, ihre Seite verstärkt zu unterstützen, hatte das den gegenteiligen Effekt: sie de-eskalierte nicht den Konflikt, sondern heizte ihn an, weil sie Moskau veranlaßte, mit verstärkter Waffenlieferung zu kontern. Wie komplex und ausladend die internationale Politik in der Zwischenzone von Revolution und Konterrevolution geworden war, zeigte sich zugleich in den Beziehungen zu China. Die Vereinigten Staaten fürchteten, die Beziehungen zu Peking könnten sich trüben, da sie – ein Zeichen der Schwäche – die »Ausbreitung« des sowjetischen Kommunismus in Afrika zugelassen hatten.

Fazit: Revolution und Konterrevolution sind im Falle Angolas weder als Prozeß noch als Faktum klar zu definieren. Erst der Ausgang definiert nachträglich die Stellung der Akteure. Hätte Savimbi mit Hilfe Pekings den Bürgerkrieg gewonnen, wären er und die Unità heute die Revolutionäre, die MPLA die Konterrevolutionäre. Zu einem geradezu klassischen Fall von nicht gewollter Gegenwirkung wurde die Verbindung von Unità und Südafrika. Hier zeigte sich, daß militärische Intervention von außen keineswegs den politischen Erfolg garantiert. In revolutionären Prozessen ist die Rolle entscheidend, welche die Partei im Bürgerkrieg spielt. Eine radikale Guerilla-Organisation hätte möglicherweise die zeitweise Unterstützung Prätorias ertragen; für eine gemäßigte Organisation, die zudem in Verdacht stand, sich der Unterstützung der Portugiesen vergewissert zu haben, war die Verbindung mit Südafrika tödlich. Das amerikanische »Krisenmanagement« schien in Afrika die Lehren der Kuba-Krise vergessen zu haben: *Dort* war Drohung mit Entspannungszeichen verbunden worden, die beide vom Kontrahenten ernst genommen werden mußten. *Hier* verband man Verhandlungsangebote mit Drohungen, von denen der große weltpolitische Gegner wußte, daß sie nicht realisierbar sein würden. Angola wurde so zu einer Einladung zur Aggression ohne Reue. Es war dies der Grund dafür, daß die Sowjetunion unter Zuhilfenahme kubanischer Truppen zum erstenmal seit dem Korea-Krieg wieder offen interveniert hatte.

Andererseits hat die Machtübernahme durch die MPLA in Angola die USA endgültig davon überzeugt, wieviel für sie in Afrika auf dem Spiel steht: Die späteren Reisen Kissingers nach Südafrika, sein Vermittlungs-Versuch im Rhodesienkonflikt hätten wahrscheinlich nicht stattgefunden, wenn Angola nicht so verlaufen wäre, wie es verlaufen ist. Zweifellos hat dieser »innere« Konflikt sowohl die Klärungsprozesse in Rhodesien wie in Namibia beschleunigt; die Isolierung Südafrikas ist seitdem offenkundig geworden. Auch in der »neuen« Afrikapolitik der USA wird unterschieden zwischen »gemäßigten« und »radikalen« Staaten – und diese wiederum danach, woher sie ihre auswärtige Hilfe beziehen. Man stützt Zaire, um Angola in Schach zu halten, Kenia, um Uganda keinen Vorwand zum Angriff auf Kenia zu geben und Sambia keinen Anlaß zu aggressiven Handlungen gegenüber Äthiopien.

Es muß zuletzt darauf hingewiesen werden, daß selbst die Rolle des »Stellvertreters« Wandlungen unterworfen sein kann: Die Aufnahme diplomatischer Beziehungen zwischen den USA und Kuba wurde 1977 von dem amerikanischen Wunsch begleitet, Kuba möge seine Truppen als »stabilisierenden Faktor« in Afrika belassen. Anlaß zu dieser aufsehenerregenden Kehrtwendung der Regierung Carter war die Tatsache, daß sich Fidel Castro hier als Sprecher der Dritten Welt betrachtete, während es Moskau vor allem auf den eigenen »Geländegewinn« ankam. Daraus haben sich Konstellationen ergeben, in denen die Kubaner den USA eine Zeitlang eher als Beeinträchtigung denn als Förderung sowjetischen Einflusses erscheinen. Die Rollenverteilung zwischen Kubanern und Sowjets im äthiopisch-somalischen Konflikt hat allerdings diese Einschätzung der kubanischen Rolle als allzu optimistisch erwiesen. Tatsächlich müssen Fidel Castros Truppen als Prätorianergarde der Sowjets gelten. Sie allein definieren die Art des Einsatzes.

5.1.6 Die Rolle des Militärs in Afrika

Die Machtübernahme des Militärs gibt dem innen- wie außenpolitischen Geschehen in Afrika seit den sechziger Jahren das Gepräge. Dabei teilen die militärischen Machthaber mit ihren Vorgängern den fundamentalen Glauben an die Fähigkeiten des Menschen, Unterentwicklung mittels rationalen Verhaltens, mittels eines bis in die Einzelheiten gehenden ökonomischen, sozialen und politischen »engineering« zu überwinden. Mehr als vierzig Militärputsche ließen sich bis zum Jahre 1977 zählen. Ein Drittel aller Staaten ist heute von Militärs beherrscht. Zwei Phasen sind zu unterscheiden: In den sechziger Jahren die Ablösung der zivilen Regierungen durch Militärregierungen, seit den siebziger Jahren zunehmend die Ablösung von Militärregierungen durch andere Militärregierungen, zunehmend auch die Verfestigung der Militärregierungen durch »Juntas« zu Militärdiktaturen. Die Zentralafrikanische Republik etwa oder, noch bekannter, Uganda unter Idi Amin sind die Beispiele mit der größten Publizität, obwohl andere, etwa Somalia und Tansania, weniger farbig, dafür aber repräsentativer wären.

Diese Entwicklung läßt sich auch als eine Form von »Entideologisierung« begreifen. Sie macht es den betroffenen Ländern leichter, ihre Allianzen derart zu suchen, daß nicht mehr die ideologische Ausrichtung des unterstützenden Landes von Bedeutung ist, sondern im wesentlichen dessen Lieferkapazität und Lieferbereitschaft. Die Stabilität eines Militärregimes beruht nicht auf der Zustimmung des Volkes, sondern in den meisten Fällen auf ihrem Waffenmonopol. Allerdings ist damit noch nicht verständlich, wieso eigentlich immer das Militär zur Hilfe gerufen wird, wenn die zivilen Regierungen versagt haben. Deshalb gilt es, eine Psychologie der Machtergreifung in afrikanischen Ländern zu entwickeln, weil damit zugleich auch die Psychologie der Machtbehauptung und indirekt die Technik der Machtbehauptung behandelt werden kann. Es muß das Phänomen erklärt werden, daß man in Afrika (wie in Lateinamerika) die politische Macht als Herrschaftstechnik durch die militärische Macht als Herrschaftsbasis ersetzt hat.

Die Gründe für eine solche Machtübernahme sind vielfältig. Sie lassen sich auf einige Grundmuster zurückführen, die allein oder in Kombination für eine Machtübernahme durch das Militär maßgebend geworden sind. Zu diesen Grundmustern gehören: Die Unfähigkeit der zivilen Eliten, die unzweifelhaft fast unlösbaren wirtschaftlichen Schwierigkeiten afrikanischer Staaten zu steuern; die anfänglichen gesellschaftlichen Spannungen, die mit jeder staatlichen Entwicklung einhergehen und die man in den Griff bekommen muß; Korruption; die mangelnde Effektivität der Regierungstätigkeit und intensive Spannungen unter den Eliten selbst. Daß es zu Militärputschen kommt, ist für manche Theoretiker nichts anderes als die unvermeidliche Folge aus einer ungenügenden politischen Institutionalisierung, mangelhafter politischer Kultur und eines nicht vorhandenen Konsensus über das, was in entwickelten Staaten das »nationale Interesse« genannt wird.

Dies wiederum führt dazu, daß in einem solchen Staat die bereits organisierten Gruppen einen überdimensionalen Einfluß ausüben. Die von den Kolonialmächten organisierten Armeen gehören zu diesen Gruppen. Es ist deshalb nicht zu Unrecht gesagt worden, die Armeen seien in den Staaten Afrikas »die bestorganisierten Gewerkschaften des Landes«.

Deshalb drängt sich die Vermutung auf, daß hinter den verschiedenen Putschen der Militärs gar nicht die edlen Ziele liegen, die man ihnen eine Zeitlang zuschrieb. In der Regel werden als Ziele vorgegeben, die Korruption zu beenden, die Verschwendung aufzuheben, ein asketisches Lebensideal zu verwirklichen. Mehr und mehr kommt man zu der Überzeugung, es stünde dahinter vor allem eine Haltung, die erst dann aus der Reserve heraustritt, wenn persönliche, egoistische Interessen bedroht werden. Solche Motive sind bei Ugandas Staatschef Idi Amin im Jahre 1971 und bei dem Staatschef der Zentralafrikanischen Republik »Kaiser« Jean Bedel Bokassa unschwer zu finden. Idi Amin mußte zur Zeit seines Putsches fürchten, daß seine Absetzung als Befehlshaber der Armee durch Präsident Obote unmittelbar bevorstehe. Von Bokassa wird gesagt, der »wichtigste Grund« für seinen Coup sei sein persönlicher Ehrgeiz gewesen (Decalo 1976). In diesen Fällen wie auch in den Staaten Kongo-Brazzaville, Ghana,

Dahome und Togo traten die Armeen nicht als Retter des Vaterlandes vor ziviler Korruption, an der sie übrigens früher selbst partizipiert hatten und an der sie später wieder teilnehmen, sondern in Vertretung ihrer eigenen Interessen auf.

Wann und warum die Staatsführung von Militärs übernommen wird, ist bisher einer allgemeinen Theorie nicht zugänglich gewesen (Zolberg in: Bienen 1968). »Es ist unmöglich, Variablen herauszuarbeiten, die es ermöglichen, als eine Klasse von Staaten diejenigen Staaten zu unterscheiden, wo Militärcoups stattgefunden haben, von solchen, die bisher davon verschont geblieben sind«. Entscheidend mag es in den meisten Fällen sein,
1. daß dem Militär keine sozialen Gegenkräfte gegenüberstanden,
2. – was mir wichtig erscheint – daß der ursprüngliche Impetus der zivilen Staatsführung in Verfolgung ihrer Ziele erlahmt, daß Stillstand eingetreten war.

Die Tatsache, daß eine große Anzahl der originären Coups seit der Mitte der sechziger Jahre bis zu Beginn der siebziger Jahre stattfand, scheint diesen Sachverhalt zu bestätigen. Die »Revolution der wachsenden Erwartungen« machte auch vor den afrikanischen Staaten nicht halt. Hier war der Erwartungshorizont, der durch die ersten Regierungen oft nicht ausgefüllt werden konnte, durch die Unabhängigkeit gegeben. Nur wo »Führer« mit einem starken Charisma und oft einer entsprechenden Skrupellosigkeit am Werke waren – zum Beispiel Sekou Touré in Guinea, in Kenia Kenyatta oder Julius Nyerere in Tansania – blieb das Land von erfolgreichen Militärputschen verschont.

Das lange Zeit positive Bild von der Armee als der ehrenhaften, disziplinierten, unparteiischen, sich selbst verleugnenden Schicht innerhalb der Gesellschaft, die das Gemeinwohl gegen korrupte Zivilisten verteidigt, müßte deshalb in den meisten Fällen schnell fallengelassen werden. Nicht nur, daß das Militär der Notwendigkeit sozialen Wandels in den Staaten meist ablehnend gegenüberstand – die Beispiele Amins, Bokassas, aber auch Mobutus zeigten, daß persönliche Machterhaltung und Bereicherung schnell an die Stelle der vorgegebenen Ziele treten können. Da die Obersten und »Generäle« auf Massenunterstützung verzichten mußten, suchten sie nicht selten ihre »Prätorianer-Garden« dadurch an sich zu binden, daß sie die Armeen mit höheren Gehältern bedachten. Das war in den sechziger Jahren in Brazzaville durch den 1977 ermordeten Obersten Ngouabi ebenso wie etwa in Benin oder in Obervolta der Fall. »Einmal an der Macht, war ein interner Kontoausgleich innerhalb der Armee, eine Vergrößerung des Militärbudgets und Beförderung für die wesentlich am Putsch Beteiligten, fast durchweg zu beobachten«. Da die Militärs aus eigener Kraft ihre Rüstungsanstrengungen nicht bezahlen konnten, führte dies – bei stagnierender Wirtschaft – meistens dazu, die Hilfe des Auslands in Anspruch zu nehmen. Auf diese Weise wurde der Eindruck genährt, daß sich ein Staat nach der einen oder anderen Seite hin orientiert und daß die Einflußmöglichkeiten ausländischer Staaten sich bei Machtübernahme durch das Militär verstärkten. Darauf werden wir noch zurückkommen müssen. Wie krass sich ein solcher Umschwung auswirken kann, zeigt etwa ein Vergleich des Budgets nach dem Sturz Kwame Nkrumahs im Jahre 1966. Einer Zunahme von 5 Prozent für militärische Solderhöhungen und 41,4 Prozent für sonstige Militärausgaben standen Kürzungen für Landwirtschaft und Industrie zwischen 28 Prozent und 78 Prozent gegenüber (Decalo 1976). Der Putsch von 1972, der den jetzigen Staatspräsidenten Archeampong an die Regierung brachte, war auch deshalb zustande gekommen, weil die Zivilregierung es gewagt hatte, das Militärbudget zu kürzen und Privilegien der Armee anzutasten. In Benin wurde nach dem Coup von Ngouabi eine Solderhöhung zwischen 20 und 40 Prozent bekanntgegeben. In Libyen verdoppelte Staatspräsident Ghaddafi die Gehälter der Armee. Solche Maßnahmen dienen dazu, die Kontrolle über das wichtigste Instrument der Macht zu bewahren und zu verstärken. Wenn ein Staat andererseits einen unverhältnismäßig großen Anteil seiner Einnahmen in Rüstungsausgaben steckt, ist er stärker von ausländischen Geldgebern abhängig als ein anderer Staat. Seine Handlungsfreiheit wird dadurch beschnitten, daß er sich von seinen Lieferanten abhängig macht. Das gilt insbesondere in der Dritten Welt. Es ist eine Abhängigkeit, die allerdings in Afrika dadurch verringert wird, daß die Großmächte, inklusive Frankreichs, Großbritanniens und insbesondere Chinas, um jeden einzelnen der Staaten, die keineswegs endgültig ihre Flagge zeigen, zu kämpfen haben.

Das Waffen-Monopol der Militärs hat auch noch eine andere Seite: Da in den meisten Staaten eine Öffentliche Meinung und Diskussion angesichts des weitgehenden Analphabetismus wie des Meinungsmonopols der Regierung gar nicht erst entsteht, wird das Waffen-Monopol praktisch zu einem politischen Monopol. Da es an konkurrierenden Herrschaftszentren fehlt, tendiert das militärische Herrschaftszentrum dazu, seine Herrschaft zu monopolisieren. Zeigt sich die militärische Führungsschicht nicht willens, die Herrschaft zu teilen, werden die auf den ersten Militärcoup folgenden Militärcoups zu nichts anderem als zu Putschen innerhalb der herrschenden militärischen Elite. Jedenfalls hat bisher erst ein Militärdiktator, General Abboud im Sudan, seine Herrschaft im Jahre 1964 an eine zivile Regierung abgeben müssen, die aber auch dann vier Jahre später gestürzt wurde.

In der Anfangsphase scheint es von Bedeutung gewesen zu sein, daß die Militärs, die meist aus den niederen Rängen der Kolonialarmee stammten, erst langsam lernten, um wieviel schwächer die nationalen afrikanischen Regierungen im Verhältnis zu ihren kolonialen Vorgängern waren. Dies erkannt, war die Intervention in die inneren Angelegenheiten der Staaten nicht mehr weit. Dabei läßt sich eine Eskalation der Intervention erkennen. Das Spektrum reicht von »Streiks« und Befehlsverweigerungen zu Schiedsrichter-Eingriffen und schließlich zu Regierungsübernahmen. Der Kongo im Jahre 1960 etwa erlebte die erste solcher Verweigerungen und zugleich eine Schiedsrichterfunktion sowohl im Streit Lumumba/Kasawubu 1960 wie Kasawubu/Tschombé 1965, aus der der jetzige Staatschef Mobutu als Sieger hervorging. Im allgemeinen treten die Interventionen des zweiten Typs später als die des ersten auf: als Schiedsrichter zwischen konkurrierenden Eliten traten die Armeen etwa 1963 in Kongo-Brazzaville, in Ober-Volta 1966 und in Benin zwischen 1963 und 1966 mehrfach auf.

Die militärischen »Machtübernahmen« sind im allgemeinen noch später anzusetzen. Ausgehend von Algerien (Juni 1965) und Zaire (Oktober 1965) lassen sich zwischen November 1965 und Februar 1966 allein sechs Militärputsche zählen. Man hat für Westafrika sogar von einer Art Anstekkung aufgrund persönlicher Bekanntschaften gesprochen, da sich Oberst Bokassa von der Zentralafrikanischen Republik, Oberst Lamizana von Ober-Volta und General Soglo von Benin aus dem Vietnamkrieg der Franzosen gekannt hätten. Eine 1966 erschienene Studie konnte allein Ghana als Beispiel für eine Machtübernahme der Militärs nennen. Heute lassen sich (je nach dem Begriff von Militärregierung) zwölf bis sechzehn Militärregierungen in Afrika zählen, Staaten also, in denen das Militär an der Macht ist, darunter seit 1974 Äthiopien, seit 1966 Burundi, seit 1968 Kongo-Brazzaville, seit 1971 Niger, seit 1973 Ruanda, seit 1969 Somalia, seit 1969 Sudan, seit 1975 Tschad, seit 1971 Uganda, seit 1966 die Zentralafrikanische Republik (1977: »Kaiserreich«) und schließlich seit 1968 Nigeria. Die großen und maßgebenden Staaten Afrikas sind also fast alle von Militärregierungen beherrscht.

Die außenpolitische Orientierung der militärischen Machthaber erwies sich zumeist als »gemäßigter« als die ihrer Vorgänger. Eine Überprüfung von Äußerungen militärischer Führer, die in die Politik intervenierten, ergab zu einem frühen Zeitpunkt, daß das Phänomen der Militärputsche fast völlig frei von einer »Ideologie« in dem Sinne ist, daß sie die Politik des Regimes auf dem Feld der ökonomischen Entwicklung oder der internationalen Beziehungen zu beherrschen sucht. In der Zwischenzeit hat sich dies zumindest teilweise (etwa in Kongo-Brazzaville, Benin oder Somalia) geändert. Bestehen blieb aber die Tatsache, daß auf keinen der Fälle militärischer Machtübernahme eine »nationalistische« Politik folgte. »Die akute Armut der meisten dieser Staaten . . . zwingt sie dazu, an die finanziellen Schürzenbänder der metropolitanen Staaten und den Westen gebunden zu bleiben, womit eine neokoloniale Beziehung geschaffen ist . . . Wenn auch manche Juntas radikale internationale oder interne Haltungen einnehmen mögen, so berühren sie doch ihre Beziehungen mit dem metropolitanen Staat nur sehr wenig. Und im allgemeinen impliziert es jenseits des Gebrauchs von leeren Slogans überhaupt nichts – möglicherweise sind sie eine Manifestation von Überzeugungen und langfristigen Erwartungen, aber sonst bar jeder praktischen Bedeutung« (Decalo 1976).

Deshalb sollte man nicht allein die »sozialistische« Ausrichtung der Staaten dafür verantwortlich machen, daß sie im Durchschnitt die höchste »Mobilisierung« der Bevölkerung auf militärischem Gebiet aufzuweisen haben. So hat etwa Benin ein Verhältnis von Bevölkerung zu Soldat von 20:1, Somalia von 76:1; sie werden damit nur von Libyen mit 86:1 übertroffen. Abgesehen davon, wäre jeweils der Aufwand pro Soldat zu untersuchen, der wiederum davon abhängt, ob ein Berufsheer oder allgemeine Wehrpflicht die Regel sind. Von den schwarzafrikanischen Staaten zahlt etwa die Elfenbeinküste am meisten pro Soldat, Madagaskar am wenigsten; auch ist die innerafrikanische Situation nicht außer acht zu lassen. Hier treten neben unausgetragenen territorialen Ansprüchen auch internationale Kraftfelder ins Blickfeld. Daß die »Frontstaaten« zu Rhodesien einen erhöhten Militäraufwand haben, ist ebenso selbstverständlich wie der noch weit höhere Aufwand Rhodesiens oder Südafrikas. Große Kosten hat Äthopien für seinen Streit mit Somalia und seinen Bürgerkrieg wegen Eritrea, Zaire wegen der angespannten Verhältnisse an der Grenze zu Angola; selbst die Nachbarschaft eines pro-westlichen Staates wie Gabun (Relation Bevölkerung zu Soldat 260:1) zur »Volksrepublik« Benin erklärt höhere Verteidigungsausgaben. Insgesamt wird man sagen dürfen, daß Militärregierung und sozialistische Ausrichtung *zusammen* eine verstärkte Militarisierung des Landes zur Folge haben. Dies schon deshalb, weil diese Staaten im allgemeinen bevorzugt von der Sowjetunion behandelt werden, während die USA keine derart ausgesprochenen »Klienten« in Afrika besitzen. Moskau konzentrierte z. B. 1975/76 seine Hilfe, abgesehen von den Mittelmeerländern Arabisch-Nordafrikas, auf die seestrategisch besonders wichtigen Länder Somalia und Guinea (Conakry), auf sechs »Staaten mit sozialistischer Orientierung« und sieben weitere Staaten mit »nicht-kapitalistischer Entwicklungstendenz«, schließlich aus besonderen Gründen auf Nigeria und Uganda. Die Staaten mit »sozialistischer Orientierung« sind Algerien, Guinea, Tansania, die Volksrepublik Kongo und Somalia. Dazu kommt Ägypten, zumindest ist es noch nicht ganz abgeschrieben. Die sieben anderen Staaten sind Ghana, Volksrepublik Benin, Äthiopien, Madagaskar, Guinea-Bissau, die Volksrepublik Mozambique und Angola (nach SU 1975/76).

Eine solch eindeutig ideologische Zuordnung läßt sich bei den USA nicht in gleicher Weise feststellen. Allerdings konzentrieren sie ihre Wirtschafts- und Militärhilfe fast noch eindeutiger auf nur wenige Staaten. Von den 400 Millionen Dollar, die 1975 an die mehr als fünfzig Staaten und Territorien Afrikas verteilt wurden, entfielen 250 Millionen, also weit über die Hälfte, auf acht Staaten: Algerien, Äthiopien, Mali, Niger, Sudan,

Tansania, Tunesien und Zaire. Es fällt auf, daß drei Staaten sich in der sowjetisch-amerikanischen Spitzengruppe überschneiden. Es sind dies Algerien, Äthiopien und Tansania. (Inzwischen fiel Äthiopien aus dieser Gruppe aus). Allerdings ist diese Einstufung, zumindest was Algerien und Äthiopien anbetrifft, schon von der Größe und Bedeutung der Staaten her gerechtfertigt; Tansania kann nicht fallengelassen werden, da es das Tor zum Roten Meer darstellt. Der Sudan und Tunesien andererseits sind eindeutig westlich orientierte Staaten, deren Einstufung seitens der USA sowohl aufgrund ihrer politischen Orientierung wie wegen ihrer Bevölkerungen verständlich wird. Daß allerdings der Zahl nach die Militärregierungen und die zivilen Regierungen praktisch zur Hälfte bedacht werden, läßt den Schluß zu, daß sich nach anfänglicher »Neutralität« bei den Militärregierungen – ebenso wie in Lateinamerika – eine Tendenz zur sozialistischen Wirtschaftsform zeigt, die mit Sympathien zu Ländern mit planwirtschaftlichen Strukturen sozialistischer Prägung einhergehen könnte. Das hat wohl auch zu tun mit dem Verhältnis des Militärs zu militärischen Organisationsformen und damit zu Planung. Eine Vorentscheidung zu marxistischen Gesellschaftsformen im engeren Sinne ist damit allerdings ebensowenig gegeben wie im Falle der muslimischen Staaten, die auch zugleich Militärdiktaturen sein können. Im übrigen wird man aber, um ein richtiges Bild der Hilfe zu bekommen, ebenso die britischen und französischen Hilfen mit in den Blick nehmen müssen; denn insbesondere Frankreich betrachtet sich in Afrika nicht nur als mittleren Staat, sondern als Großmacht, die noch eine beträchtliche Klientel in den frankophonen Staaten Afrikas besitzt. 70 Prozent seines auswärtigen Kulturetats etwa fließt nach Afrika.

5.2 Risse im afrikanischen Subsystem

Es ist unmöglich, die jeweiligen bi- und multilateralen Beziehungen von 49 afrikanischen Staaten in ihrer ganzen Verwobenheit darzustellen. Aufgegliedert werden kann nur nach »Typen« von Konflikten, damit aber auch nach der unterschiedlichen Wertigkeit von innerem und äußerem »Environment«, dem Verhältnis der ideologischen Basis zur auswärtigen Unterstützung.

Wenn das Verhältnis von Revolution und Status quo in den Blick genommen wird, zeigt schon der erste Eindruck, daß es die vielbeschworene afrikanische Einheit nicht gibt. Eine realitätsgerechte Beurteilung afrikanischer Machtverhältnisse darf nicht von einem Gesamtsystem, sondern muß von einer Anzahl von Subsystemen ausgehen. Zum Beispiel bestehen fundamentale Unterschiede zwischen den arabischen Staaten und den Staaten südlich der Sahara mit ihren rassischen Unterschieden und ihren teils christlichen, teils animistischen Religionen. Es zeigt sich etwa, daß in Afrika das Gefühl panarabischer Einheit die panafrikanische Einheit überschattet. Andererseits dringt der Einfluß des mittleren Osten in den afrikanischen Kontinent hinein. Die arabische Einheit selbst ist keine feste Größe. Gemäßigte stehen gegen radikale Staaten, aber auch Ölländer gegen Nicht-Ölländer. Einheit kann deshalb meist nur dann demonstriert werden, wenn es gegen Beeinflussung von außen geht. Die gemeinsame Antwort auf die Außenwelt ist das einzige Band, das die ansonsten auseinanderstrebenden Glieder Afrikas zusammenhält. Dies ermöglicht den Großmächten Interventionen, denen nach dem panafrikanischen Credo eigentlich der Boden entzogen sein müßte. Auf diesem Wege bilden sich dann Konstellationen, die *so* nur in einem Kontinent voll ideologischer Verschwommenheiten möglich sind. Wenn etwa bei dem Einfall nach Zaire auf der einen Seite Angola, Kuba und die Sowjetunion stehen, so könnte man hier eine revolutionäre Komponente spüren. Wenn aber auf der anderen Seite das moslemisch-sozialistische Ägypten, das maoistische China, das feudalistische Marokko neben Frankreich als Verteidiger der Integrität Zaires auftreten – ganz abgesehen von der Organisation Afrikanischer Einheit –, dann ist hier eine Interessenkoalition zu fassen, deren einziges gemeinsames Ziel darin besteht, das Mächtegleichgewicht ohne Rücksicht auf die Qualität des zu verteidigenden Regimes nicht antasten zu lassen. Wenn man darüber hinaus weiß, daß ein Großteil der Invasionsarmee mehr als 10 Jahre zuvor die Interessen des Westens in Katanga vertrat, dann die Interessen der FNLA in Angola gegen die später siegreiche MPLA und nun wieder von Moskau eingesetzt wird, um Zaire, einem westlich orientierten Staat, politische Schwierigkeiten durch ökonomische Amputation zu bereiten, so zeigt dies, daß ein Teil der afrikanischen Akteure eher dem Typ der mittelalterlichen Söldner als dem Typ einer Nationalarmee entspricht. Dieses jüngste und bizarrste Beispiel innerafrikanischer Einmischung (mit ausländischer Unterstützung) vorangestellt, sollen im folgenden drei Variationen innerafrikanischer Auseinandersetzung detaillierter behandelt werden. Sie entsprechen drei Konfrontationsmustern, die auch anderswo auftreten können:

1. Die Auseinandersetzungen von afrikanischen Staaten und die Verschiebungen von Grenzen, die als Folge der kolonialen Grenzziehungen entstanden sind.
2. Die Auseinandersetzungen innerhalb eines Staates, die als Folge des multi-ethnischen Charakters eines Staates entstanden sind.
3. Die Auseinandersetzungen zwischen zwei afrikanischen Staaten, die als Folge der Aufteilung eines Gebietes entstehen, dessen Zugehörigkeit völkerrechtlich noch nicht definiert ist.

Als Beispiel zu 1.: Die Auseinandersetzung zwischen Äthiopien und Somalia. Zu 2.: Der Bürgerkrieg und die damit einhergehenden außenpolitischen Umorientierungen im Sudan. Zu 3.: Die Auseinandersetzung zwischen Algerien, Libyen und Marokko um die West-Sahara.

Es wird sich dabei herausstellen, daß keine dieser regionalen Konflikte tatsächlich »regionale« Konflikte sind, sondern entweder internationale Verflechtungen als Voraussetzung oder zur Folge haben. Natürlich ist der Konflikt zwischen Rhodesien und den fünf »Frontstaaten« Botswana, Sambia, Malawi, Tansania und Mozambique der gegenwärtig spektakulärste Fall von innerafrikanisch/internationaler Verflechtung. Er aber hat eine solch weltweite Resonanz (und ein entsprechendes Maß von öffentlicher »Aufklärung« gefunden), daß der Versuch, neue Fakten oder auch nur neue Variationen der Analyse zu finden, in diesem Zusammenhang ins Leere läuft. Dagegen liefern die drei anderen Fälle in ihren Details oft unbekanntes oder vergessenes Anschauungsmaterial für die Durchdringung von nationalen Aspirationen und die globalen Ziele der Großmächte.

5.2.1 Äthiopien gegen Somalia

Der Konflikt zwischen Äthiopien und Somalia um die Provinz Eritrea, dann um den Ogaden, der seit dem Beginn der sechziger Jahre in immer neuen Anläufen von Guerilla-Aktionen und offenen Kriegen seinen Ausdruck findet, hat seinen Ursprung im Mittelalter (Touval in: Spiegel/Waltz 1971). Zu dieser Zeit stießen die mohammedanischen Somalis auf die christlichen Amharas in Äthiopien (und auch auf Bantu-Stämme in Kenia). Als Britisch-Somaliland und das italienisch verwaltete Somalia ihre Unabhängigkeit erhielten, schlossen sie sich 1960 sogleich zur Republik Somalia zusammen. Seitdem ist es das Bestreben des Staates, alle Somali-Stämme zu einem »Groß-Somalia« zu vereinigen. Dieser Anspruch ist auch in der Verfassung niedergelegt. Eritrea, der Ogaden, der nordöstliche Grenzbezirk Kenias und Djibouti – seit Juni 1977 unabhängig – gehören in den Kreis der somalischen Begehrlichkeit. Damit würde sich die Einwohnerzahl Somalias von 3 auf 5 Millionen erhöhen. Zwei Begründungen stehen hinter den somalischen Ansprüchen: einmal die liberal-europäische von der Selbstbestimmung der Völker, zum zweiten die afrikanisch-antikolonialistische, die besagt, daß die Staaten, die auf kolonialer Ordnung beruhen, revolutionär verändert werden dürfen.

Der Konflikt war also vorprogrammiert. Denn mit seinem Drängen nach Groß-Somalia bedroht Somalia seit langem die territoriale Integrität Kenias, das ein Drittel, insbesondere aber Äthiopiens, das ein Fünftel seines Staatsgebietes verlieren würde. Dieses Drängen hat andererseits Einfluß auf das innere Gefüge des somalischen Staates: nur Regierungen, die den Eindruck vermitteln, daß sie etwas für die »nationale« Sache tun, sind auf die Dauer imstande, sich zu halten. Der Putsch somalischer Offiziere im April 1978, die nach dem von den USA und der Sowjetunion erzwungenen Rückzug aus dem Ogaden die Regierung in Mogadischu stürzen wollten, war daher fast voraussehbar.

Da dem Einfluß der Somalis Grenzen gesetzt sind, wechselten die Regierungen schnell: sie scheiterten an der regionalen Situation am Horn von Afrika. Denn Äthiopien (und Kenia) waren und sind nicht bereit, sich auf das somalische Drängen nach Expansion einzulassen. Die ständige Konflikthaltung hatte wiederum zur Folge, daß sich Äthiopien zum einen die USA, dann, seit 1975, die UdSSR als Verbündete suchte. Die amerikanische Unterstützung betrug bis zum Staatsstreich gegen Haile Selassie jährlich 150 Millionen Dollar Wirtschaftshilfe und 100 Millionen Dollar Militärhilfe. Damit gehörte Addis Abeba in die absolute Spitzengruppe der amerikanischen Hilfe-Empfänger. Nach dem Ausfall der amerikanischen Unterstützung haben Waffen aus der Türkei, aus Jugoslawien, der CSSR und in den letzten Jahren insbesondere aus der UdSSR die Verluste mehr als ausgeglichen. Somalia lehnte sich zuerst an China an, dann seit 1963 vor allem an die UdSSR, dann an die USA, zuletzt – im April 1978 – hatte es den Anschein, als ob die Enttäuschung über die mangelnde Unterstützung durch Washington Mogadischu wieder in die Nähe Moskaus drängte.

Im Kampf um die Unterstützung der afrikanischen Staaten hatten Kenia und Äthiopien mehr Erfolg. Ein zeitweises Einlenken von seiten Somalias seit dem Jahre 1967 war deshalb unter anderem darauf zurückzuführen, daß es sich innerhalb der OAU isoliert fühlte. Denn wie im Falle Biafra war im Falle Somalia die Angst der OAU zu groß, durch Unterstützung der somalischen Forderungen die Büchse der Pandora zu öffnen und afrikanische Freiheitsorganisationen, die gegen afrikanische Bruderstaaten kämpften, zu unterstützen. Das galt bis in die Jahre 1977/78, als die »Westsomalische Freiheitsfront« (WSLF) große Teile der Ostprovinz Äthiopiens eroberte. Auch hier blieb Mogadischu innerhalb der OAU isoliert. Einzelne Staaten waren allerdings stets in Einzelaktionen engagiert. So zeitweise Ägypten, zuletzt 1978, der Sudan seit 1974, Tansania nach 1975 und Ghana bis 1966. Alle hatten verschiedene Motive. Ägypten fand in Somalia eine traditionsreiche Einflußzone: die Nilquellen und den südlichen Eingang zum Roten Meer. Der Sudan unterstützte Somalia angesichts seiner Spannungen mit Äthiopien (er vermutete, daß Addis Abeba die süd-sudanesischen Rebellen unterstützte), und Tansania unterstützte Somalia zu einer Zeit, als es zu Spannungen mit Kenia gekommen war. Ghanas Unterstützung bis 1966 (dem Jahr des Sturzes Nkrumahs) wiederum beruhte auf gemeinsamen Vorstellungen über afrikanische Einheit. Das heißt: jede dieser Unterstützungen basierte auf Gründen, die nicht den Basiskonflikt berührten, jederzeit reversibel waren. Auf der anderen Seite liehen Mitte der sechziger Jahre Tansania und Uganda den beiden Rivalen Somalias, Äthiopien und Kenia, ihre Hilfe. 1977 unterstützten der Südjemen und Libyen, die durch Waffenlieferungen aus Moskau gebunden sind, das »revolutionäre« Regime in Addis Abeba, 1978 wurde bekannt, daß Israel Waffen an Addis Abeba geliefert hatte und Kenia erklärte, es sei ein »unfreundlicher Akt«, falls ein Staat Somalia unterstütze.

Typisch für die Großmächte (insbesondere Großbritannien, die USA und die UdSSR) war lange Zeit ihre *politisch* neutrale Haltung. Sie wurde de facto aufgehoben durch ihre *militärischen* Lieferungen. Schon um das Jahr 1950 waren die USA zum Hauptlieferanten Äthiopiens geworden. Der chinesische Premierminister Tschu En Lai besuchte auf einer vielbeachteten Afrika-Reise im Jahre 1964 auch Somalia. Großbritannien wurde dort zum Hauptlieferanten von Wirtschaftshilfe. Seit dem Jahre 1963 geriet Somalia dann angesichts der sowjetischen Militärhilfe stark unter den Einfluß Moskaus. »Auf diese Weise ermöglichte ausländische Hilfe einserseits eine verwegene Politik und sie verschaffte, auf der anderen Seite, Äthiopien und Kenia die Mittel für ihre militärischen Erfolge« (Touval 1971).

Die kurze Zeit der »Entspannung« Mitte bis Ende der sechziger Jahre war – wie gesagt – darauf zurückzuführen, daß Somalia sich diplomatisch isoliert fühlte. Zudem litt es ökonomisch unter dem Grenzdisput derart, daß es die Rebellen in Eritrea nicht mehr aktiv zu unterstützen vermochte. Schließlich war die Tatsache, daß die Araber trotz sowjetischer Hilfe so schnell im Sechstage-Krieg zusammenbrachen, für Somalia ein Schock. Da der äthiopisch-somalische Streit (1964 hatte Somalia mit relativ schwachen Kräften zum erstenmal versucht, den Ogaden zu erobern) der Sowjetunion erst die Möglichkeit eröffnet hatte, sich in Somalia festzusetzen, war Washington schon zu dieser Zeit Anhänger einer Entspannung zwischen den beiden ost-afrikanischen Staaten.

Bis zum Jahre 1974 hatte für die Großmächte das Problem aber auch aus anderen Gründen ein gegensätzliches Profil: der absoluten, westlich orientierten Monarchie Haile Selassies, die im Jahre 1950 mit Eritrea eine Föderation eingegangen war, im Jahre 1962 Eritrea als Provinz annektiert hatte (3 Millionen Einwohner, davon 50 Prozent Moslems, 35 Prozent Christen), stand bis zum Jahre 1969 in Somalia ein parlamentarisches Regierungssystem gegenüber. In diesem Jahr wurde es durch einen unblutigen Putsch der Armee gestürzt. Seitdem hatte sich der »Oberste Revolutionsrat« einem »wissenschaftlichen Sozialismus« verschrieben. Mit ihm ging die Akzeptierung sowjetischer Hilfe und eine allgemeine Hinwendung zum Ostblock einher. Das heißt, daß der machtpolitsche Konflikt bis dahin das Aussehen eines auch ideologischen Gegensatzes hatte. 1974 aber wurde Haile Selassie gestürzt; in Äthiopien am 20. Dezember desselben Jahres ein sozialistischer Staat ausgerufen. Es standen sich daher von nun an zwei »sozialistische« Staaten mit gleichbleibenden Gebietsforderungen gegenüber.

Das Geburtsjahr der blutigen Auseinandersetzungen zwischen den beiden Staaten läßt sich auf 1962 datieren. In diesem Jahr entstand die ELF (Eritrean Liberation Front), eine Sezessionsbewegung, die von Somalia unterstützt wurde, aber aus eigenem Recht ihre Existenz behauptete. Zu den großsomalischen Träumen Mogadischus trat nun ein weiteres Argument. »Wir sind«, sagte die ELF »ein afrikanisches Land, das durch ein anderes afrikanisches Land kolonisiert wird.« Eritrea war bis 1977 für Somalia der wichtigste Streitpunkt in der Auseinandersetzung mit Äthiopien. Moskau hatte sich bis zu dieser Zeit auf die Seite der eritreischen Guerillas gestellt und belieferte sie mit Waffen. In Somalia selbst sollen bis 1976 5000–6000 sowjetische Berater tätig gewesen sein. Sie trainierten die somalische Armee bis zur Ebene der Kompanien; die Sowjetunion benutzte den Hafen Berbera am Roten Meer als Marinestützpunkt; sowjetischer Waffenhilfe verdankt es Somalia, daß es mit 23 000 Mann aktivem Personal, 300 Panzern und 40 Mig-Kampfflugzeugen lange als stärkste Militärmacht (neben Uganda) im ost-afrikanischen Raum gelten konnte.

Die somalische Führung hatte nach dem Sturz Haile Selassies die – wie sich herausstellte: vergebliche – Hoffnung, man könne mit den neuen Machthabern in friedliche Verhandlungen über die Gebietsansprüche eintreten. Denn die nationalistischen Interessen hatten auf beiden Seiten weiterhin Vorrang vor der nur äußerlich gemeinsamen Ideologie. Moskau begann also im Dezember 1975 an Äthiopien Waffen zu liefern. Auf einem letzten Treffen der Staatschefs von Somalia und Äthiopien im April 1977 in Aden erklärte Mengistu, es gebe keine territorialen Probleme zwischen Addis Abeba und Mogadischu. Doch nicht erst im Jahre 1977, nachdem der sowjetische Staatschef Podgorny auf seiner Afrika-Tour auch Addis Abeba besucht hatte, waren sich die somalischen Machthaber darüber klargeworden, daß sie als Statthalter sowjetischen Einflusses in Ost-Afrika ausgespielt hatten. Diese Hoffnung durften sie lange Zeit haben, denn sie waren es, die 1974, neben Ägypten, als erste in Afrika mit Moskau einen Beistands- und Freundschaftsvertrag abgeschlossen hatten, dem erst 1975 Angola, 1977 Mozambique folgten. Schon im Juli 1975, als die »Revolution« in Äthiopien sich auszubreiten begann, hatten sie den Vereinigten Staaten das Angebot gemacht, daß auch deren Kriegsschiffe in somalischen Häfen aufgetankt werden könnten. Es war dies eine vorweggenommene Geste, lang vor den Reisen Podgornys und des kubanischen Staatschefs Fidel Castro (kurz nach der Ermordung von zwischen 2000 und 4000 äthiopischen »Oppositionellen« durch die Militärjunta); der Besuch des Kubaners im Frühjahr entwickelte sich 1977 zu einer offenen Liebeserklärung in Addis Abeba für das äthiopische revolutionäre Militärregime.

In völliger Verkennung der regionalen wie internationalen Lage, aber auch unter dem Eindruck falsch interpretierter Hilfsversprechungen der USA marschierten im Juli/August 1977 Truppen der Westsomalischen Befreiungsfront im Ogaden ein. Die Folge war, daß die Sowjetunion die

Waffenlieferungen an Somalia stoppte. Zugleich stabilisierten ihre wachsenden Waffenlieferungen Äthiopien, das zu diesem Zeitpunkt auseinanderzubrechen drohte. Als sich somit herausstellte, daß Moskau seinen bisherigen Verbündeten in einer Frage von höchster nationaler Priorität im Stich gelassen hatte, erklärte der somalische Staatschef Siad Barre: »Rußland unterscheidet sich nicht von anderen Großmächten, die Fremde in diesem Gebiet sind und hier ihre eigenen Großmachtinteressen verfolgen« (NZZ 4. 8. 1977). Der Einmarsch der Somalis in den Ogaden führte zur – zeitweisen – Niederlage der Äthiopier, die der Belastung eines Kampfes an mehreren Fronten trotz ihrer zehnfachen Einwohnerzahl nicht mehr gewachsen waren. Schließlich aber wurde der Aufbau einer von sowjetischen Generalen befehligten kubanischen Streitmacht entscheidend dafür, daß sich Somalia Mitte März 1978 aus dem Ogaden zurückziehen mußte. Die rapide Verstärkung in diesem Gebiet wird aus den Meldungen erkennbar. Sie sprachen im November 1977 von 400, Anfang Februar 1978 von 3000 und Mitte März 1978 von 800 bis 10000 kubanischen Soldaten. Endgültig war es zum Bruch zwischen Somalia und der Sowjetunion gekommen, als Mitte November 1977 der sowjetisch-somalische Freundschaftsvertrag gekündigt und die sowjetischen »Berater« aufgefordert wurden, das Land zu verlassen.

Die Bedeutung des Konflikts Addis Abeba/Mogadischu geht geographisch sowohl über das Interesse der betroffenen Staaten wie über das der Großmächte hinaus. Nehmen wir Eritrea als Beispiel: Äthiopien, das durch Eritrea eine Küstenlinie von mehr als tausend Kilometern Länge am Roten Meer besitzt, befürchtet, daß dieses Rote Meer ein »arabisches Meer« werden könnte, falls Eritrea unabhängig und damit Mitglied der arabischen Liga würde. Das Interesse der arabischen Staaten an Eritrea ist deshalb mindestens ebenso groß wie das der Großmächte; Syrien bildet Offiziere für die ELF aus, Libyen versorgt die ELF mit Geld, Saudi-Arabien liefert Geld und Material. (Umgekehrt ist das Interesse Israels an Äthiopien: Es unterstützt Addis Abeba – trotz dessen Schulterschluß mit Moskau –, weil es eine ägyptische Beherrschung der Meerengen fürchtet.) Das aber bewirkt nicht nur Spannungen zwischen den arabischen Ländern, sondern zwischen den arabischen Staaten und den anderen Staaten der OAU. Diese sind enttäuscht, daß sie zwar im israelisch-arabischen Konflikt die arabischen Staaten unterstützten, nun aber, angesichts der gestiegenen Ölpreise, die sie besonders treffen, allein gelassen werden. Diesem Eindruck suchten die arabischen Staaten im Jahre 1974 wiederum durch die Gründung eines Fonds entgegenzuwirken, der ausschließlich für schwarzafrikanische Staaten bestimmt war. Saudi-Arabien machte Somalia Avancen für den Fall, daß es sich von den Bindungen mit Moskau lösen könne und wolle. Insbesondere garantierte es seine Ölversorgung. Schließlich lieferte es Waffen im Konflikt mit Äthiopien.

Wie sieht das vorläufige Fazit eines afrikanischen Konfliktes aus, in den ethnische, religiöse, Nahost- und Weltmachtinteressen hineinspielten? Für eine Zeitlang schien es, als habe die UdSSR im Vertrauen auf ideologische Gemeinsamkeiten und mit der schweren Hand, die ihrer Außenpolitik oft eigen ist, ihre Karte – wie in Ägypten – nicht nur in Somalia überreizt, sondern auch die Fähigkeit zur Selbstverteidigung Äthiopiens überschätzt. Denn ihre langjährige Waffenhilfe für Somalia war kein Freibrief, die nationalistischen Gefühle eines afrikanischen Staates zu verletzen und den Bogen seiner Empfindlichkeit zu überspannen. Die »revolutionäre« sozialistische Gemeinsamkeit erwies sich schnell als brüchig. Als Trumpf der Sowjets erwies sich dagegen die unterschiedliche Einschätzung regionaler Erfolge und globaler »Entspannung« durch die beiden Weltmächte. Während die USA weiterhin auf das Prinzip der »kompetitiven Koexistenz« vertrauten, sah die UdSSR keinen Anlaß, aus strategischen Gründen auf taktische Geländegewinne zu verzichten. So prekär sich ihre Lage in den Jahren 1975/77 darstellte – es erwies sich, daß sie die Risiken eines überregionalen Konflikts realistisch eingeschätzt hatte, als sie mit massiver Waffenunterstützung eine neue Lage am Horn von Afrika schuf. Die Frage, die noch offen blieb, war die nach der Funktion der kubanischen Truppen: War Fidel Castro aus eigenem Entschluß aktiv geworden, oder waren seine Soldaten de facto zu »Söldnern« unter sowjetischem Oberbefehl herabgesunken?

Angesichts der Schwierigkeiten, denen sich Moskau in den Jahren 1975–1977 gegenübersah, wäre es zu erwarten gewesen, daß sich die USA die sowjetischen Schwierigkeiten zunutze gemacht hätten. Doch die Politik des Westens, insbesondere der USA, litt an ihrer Inkonsistenz. Zweifellos hatte der somalische Ministerpräsident Siad Barre fehlkalkuliert, als er die gleiche Außenpolitik der »schweren Hand« bei den Vereinigten Staaten vermutete, wie er es seit 1969 von den Sowjets gewohnt war. Deren positive Kehrseite aber war ihre Unbeirrbarkeit. Dagegen ließ die amerikanische Regierung, belastet sowohl durch Vietnam wie durch Angola, alle Welt von Anfang an im unklaren darüber, wie weit sie in ihrem neuen Engagement gehen würde. Sichtlich war Washington bestrebt, die gemäßigten arabischen Staaten, insbesondere Saudi-Arabien, als seine »Stellvertreter« aufzubauen. Saudi-Arabien aber hatte an einem kriegerischen Konflikt, an dem die Großmächte beteiligt waren, kein Interesse. Da die USA heute 40 Prozent ihres Ölbedarfs aus dem Nahen Osten importieren, bleiben sie in ihren Interventionsmöglichkeiten an die Wünsche der arabischen Staaten gebunden. Andererseits aber konnte Washington nicht ganz untätig bleiben. Es unterstützte gegen die sowjetischen »Klienten« Libyen und Äthiopien den Sudan in der Hoffnung, daß damit Somalia entlastet würde. Diese finessenreichen Gedankengänge angesichts des klaren Standpunkts der UdSSR haben sich als unfruchtbar erwiesen. Sie zeigen aber, daß sich am Horn von Afrika die Energieprobleme des mächtigsten Staates der Welt mit dessen sekundären Sicherheitsinteressen – Somalia ist nicht lebenswichtig –, Nahost mit Afrikainteressen verknüpfen.

Zweifellos hatte Somalia darauf spekuliert, daß sich die USA ihren »Schutzmacht«-Verpflichtungen gerade dann nicht würden entziehen können, wenn sie gezwungen würden, für eine Seite klar Stellung zu nehmen. Washington vermied aber diese Stellungnahme von Anfang an. Schon seit Mitte Juli 1977 ging die Regierung Carter äußerst behutsam zu Werke. Wichtiger als der Klient Somalia war Washington die Sympathie Saudi-Arabiens. Zwar hatte Washington schon im Verlauf des Sommers 1977 Waffenhilfe versprochen, doch dies nur unter der Bedingung, daß das somalische Territorium bedroht sei. Dann setzte es Somalia unter Druck, als die Äthiopier Anfang März 1978 begannen, mit Hilfe der Sowjets zum Gegenangriff anzutreten. Man werde, so hieß es, Somalia Abwehrwaffen nur dann liefern, wenn es sich bereit erkläre, die besetzten äthiopischen Gebiet zu räumen.

Auch in diesem Fall wurde das Zusammenspiel der Großmächte deutlich. Denn der amerikanischen Initiative waren Gespräche mit den Sowjets vorausgegangen. Sie führten schließlich zu der Aufforderung des amerikanischen Präsidenten, daß, neben den somalischen Truppen, auch die sowjetischen »Berater« und die Kubaner aus dem Kampfgebiet abgezogen werden sollten.

Zweierlei stand hinter der amerikanischen Haltung: Zum einen war Washington bestrebt, auf diese Weise den Konflikt wieder zu »afrikanisieren«; zum zweiten wurden damit die Hoffnungen wachgehalten, durch die Beilegung des Konflikts könne das SALT II-Abkommen erfolgreich abgeschlossen werden. Somalia, so hieß es in »Le Monde«, sei auf dem Altar der Realpolitik der Großmächte geopfert worden. Richtig daran war, daß – wie schon in Angola – die afrikanische Regionalpolitik den globalen Sicherheitsinteressen der USA untergeordnet wurde. Doch interessanter war eine andere Bemerkung. Die amerikanische Initiative sei zu einem »diplomatischen Sieg« umgemodelt worden, »der von den Vereinigten Staaten dank der kubanischen Soldaten und der sowjetischen Berater davongetragen wurde« (Le Monde 11. 3. 1978). Tatsächlich erlitten die USA, nachdem sie schon Äthiopien verloren hatten, einen bemerkenswerten »Gesichtsverlust«. Denn die sowjetische Afrikapolitik hatte sich damit eine Ausgangsposition am Horn von Afrika geschaffen, die den westlichen Mächten – Europa zeichnete sich auch hier dadurch aus, daß es überhaupt keine Politik hatte – zu schaffen machen wird. Obwohl es so aussah, als sei nach dem Rückzug Somalias nur der Status quo ante wiederhergestellt, waren doch tiefgreifende Veränderungen die Folge. Nunmehr geriet die Eritreische Befreiungsbewegung zunehmend unter den Druck der Zentralregierung in Addis Abeba, da diese – neben einem verstärkten Machtpotential – freie Hand auch in Eritrea hat. Es ist die Sowjetunion, die – falls es dazu kommt – die Bedingungen zumindest beeinflussen kann, die zwischen Addis Abeba und Somalia ausgehandelt werden.

Im Rennen um die Einflußsphäre am Indischen Ozean könnten die konservativen arabischen Staaten dennoch auf die Dauer die lachenden Dritten sein. Sie haben die materiellen Möglichkeiten, den Staaten am Roten Meer zu helfen. Mit arabischer Hilfe wären in Mogadischu entsprechend orientierte Regierungen auf längere Zeit fähig, sich dem Erwartungsdruck der Volksmassen vor allem dann zu entziehen, wenn es ihnen gelänge, einem Groß-Somalia durch Föderierung mit Djibouti näherzukommen. Der Nordjemen verzichtete schon 1976 auf sowjetische Waffenhilfe, der Südjemen, obwohl aktiv gegen Somalia tätig, zugleich weitgehend auf seine revolutionäre Agitation.

Die Manövrierfähigkeit der Großmächte wird in peripheren Gebieten, dort also, wo relativ geringe Mittel relativ große Wirkung auszulösen vermögen, durch die Entstehung weiterer Machtzentren beschränkt. Der Konflikt zwischen Äthiopien und Somalia ist ein Beispiel dafür. Zumindest für die westlichen Staaten scheint sich hier sogar eine Umkehrung der Abhängigkeitsverhältnisse anzubahnen, die so lautet: »Durch die geballte politisch-ökonomische Kraft Saudi-Arabiens, die sich in konzentrischen Kreisen über die Nahost-, Rotmeer- und Hornregionen erweitert hat, wächst auch das Druckpotential Saudi-Arabiens gegen den Westen. Es wächst der Raum, in dem Amerika und Europa nach der saudischen Pfeife tanzen müssen – ob sie es wollen oder nicht. Es wächst die Gefahr, daß Europa in peinliche neokoloniale und Amerika in riskante neovietnamesische Expeditionen verwickelt werden, die vielleicht im saudi-arabischen, aber nicht im westlichen Interesse liegen« (Die Zeit 5. 8. 1977). Risse im afrikanischen Subsystem bekämen damit eine Dimension, die möglicherweise schon in das 21. Jahrhundert weist, in eine Zeit, in der über Revolution und Konterrevolution in Gebieten außerhalb Europas entschieden wird.

5.2.2 Interventionen im »inneren Krieg« – Sudan

Der Sudan ist – fünfmal so groß wie Frankreich – flächenmäßig der größte Staat Afrikas. Seine Einwohnerzahl beträgt 18 Millionen. Der Bürgerkrieg, der ihn heimsuchte, ist niemals so bekannt geworden wie der in Biafra, Bangla Desh oder Nordirland. Dennoch sucht er an Bitterkeit und Brutalität seinesgleichen; er währte 16 Jahre und kostete weit mehr als 100000 Menschen das Leben. Zwar ist die Auseinandersetzung des arabischen Nordens mit dem schwarzen Süden hier nicht das Thema. Doch lassen sich die außenpolitischen Kehrtwendungen des Sudan nicht verstehen, wenn nicht zugleich seine inneren Konfliktherde mit in Betracht gezogen werden. Nationale, pro-westliche, nationalistische, panarabische, sozialistische, marxistische und mohammedanische Strömungen vereinigten sich hier zu einem komplizierten Puzzlespiel.

In seiner Intensität ist der Fall Sudan das beste Beispiel dafür, in wie starkem Maße sich die äußere Politik eines Entwicklungslandes nach den Möglichkeiten richten muß, die sich aufgrund seines inneren Zustandes bieten. Anders gesagt: Bestimmte politische Orientierungen er- oder verschließen dringend benötigte Hilfskanäle. Die Freilassung palästinensischer Terroristen z. B. läßt zumindest zeitweise ein amerikanisches Hilfsprogramm versiegen.

Der Bürgerkrieg hatte schon begonnen, bevor der Sudan die Selbständigkeit erhielt. Im Juli/August 1955 sollten schwarze Soldaten in der Nähe der Provinzhauptstadt des Südens, Jube, entwaffnet werden. Sie gingen in den Sumpf des Oberlaufs des Nils und führten von dort aus einen Sezessionskampf. Er verbreitete sich rasch, da die Zentralregierung in Khartum praktisch ausschließlich von arabischen Nord-Sudanesen gestellt wurde. Nach der Wahl von 1958 putschte dann die Armee zum erstenmal. Eine brutale Repressions-Kampagne des Militärdiktators Marschall Abboud im Südsudan 1958 bis 1964 kam einem Genozid gleich. Zugleich fand ein Großteil der politischen Elite des Südens in den benachbarten Staaten Unterschlupf. Von dort aus bekam die Sezessionsbewegung immer neuen Nachschub. Der Kaiser Haile Selassie von Äthiopien galt für die Schwarzen des Südens, die die Araber nicht nur wegen ihrer Religion, sondern auch als frühere Sklavenjäger fürchteten, nachgerade als eine Art Schutzheiliger ihrer Unabhängigkeit. Umgekehrt beschuldigte Addis Abeba jahrelang Khartum, die Eritreische Befreiungsfront zu unterstützen. Zudem brachte Idi Amin von Uganda gegen den Sudan vor, er unterstütze seinen Vorgänger Milton Obote, der dort im Exil lebte.

Durchwegs werden die Aufstandsbewegungen der afrikanischen Staaten durch die Existenz von Exilgruppen außerhalb der Grenzen des betreffenden Landes genährt. Dies ist dadurch bedingt, daß die Grenzen der Staaten nicht mit den ethnischen Grenzen übereinstimmen. Ethnische Loyalitäten sind deshalb oft stärker als staatliche Loyalität. So schätzte die UNO 1970 die Zahl der süd-sudanesischen Flüchtlinge auf über 50000 in Zaire, 20000 in Äthiopien, 72000 in Uganda und 25000 in der Zentralafrikanischen Republik. Andererseits unterstützte Ägypten, das am Schicksal des Sudan schon immer großes Interesse gezeigt hatte, die Zentralregierung. Im Jahre 1970 sollen etwa 10000 ägyptische Soldaten im Süden gestanden haben. Nicht die konkreten Zahlen von Guerilleros, Exilierten und Truppen sind von Belang, sondern vor allem die Tatsache, daß ein Konflikt wie der im Süd-Sudan stets auch eine zumindest regionale Bedeutung hat; er berührt empfindlich die Lebensinteressen der benachbarten Staaten.

Die in vielen Fällen »unideologische« Haltung Moskaus gegenüber Staaten der Dritten Welt zeigte sich schon zur Zeit der Militärdiktatur des Marschall Abboud. Die Sowjetunion hatte sogleich nach der Unabhängigkeitserklärung diplomatische Beziehungen in Khartum aufgenommen und unterstützte die rechte Militärdiktatur des Generals mit größeren Krediten. 1964 stürzte dann das erste und wohl bisher einzige Mal ein Militärregime, das dann von einer zivilen, gemäßigt linken Regierung ersetzt wurde. Abboud war es nicht gelungen, Ruhe im Süden des Sudan zu schaffen; daran scheiterte auch seine Regierung. Die folgende Zivilregierung verschliß sich in Kämpfen pro- und anti-ägyptischer Parteien; es war die große Zeit des von Nasser geprägten Nationalismus. Auch ihr gelang es nicht, den Bürgerkrieg zu beenden. Möglichen Föderationsversuchen bereitete das Militär durch Massenexekutionen im Süden jeweils ein schnelles Ende.

Nach der Übernahme der Regierungsgeschäfte durch eine zivile Regierung blieb auch diese wegen des weiter wütenden Bürgerkrieges von den Waffenlieferungen der Großmächte abhängig. Eines der seltenen Beispiele, wie sich derartige Verhandlungen im Detail abspielen, hat der damalige sudanesische Außenminister Mohammed Ahmed Mahgoub geschildert: »Zu Beginn des Jahres 1966 brauchten wir dringend Hubschrauber und Militärflugzeuge. Ich fragte den amerikanischen Botschafter in Khartum, Mr. Rowntree, wegen der Hubschrauber, und er war damit einverstanden, unsere Wünsche zu erfüllen. Nachdem er allerdings Washington kontaktiert hatte, sagte er, eine Lieferung sei nicht möglich, da die USA ihre Helikopter für ihren eigenen Bedarf benötigten . . . Er schlug dann vor, Flugzeuge zu liefern, die zum Starten und Landen nur das Dreifache ihrer eigenen Länge benötigten. Ich akzeptierte dieses Angebot. Der Botschafter sagte mir: ›Wir werden sie nach kaufmännischen Bedingungen liefern – sieben Jahre für die Rückzahlung, bei 7 Prozent Zinsen.‹ Ich sagte ihm dann, daß wir Flugzeuge benötigen, die mit Maschinengewehren und anderen Geräten für militärischen Einsatz bewaffnet seien. Der Sudan, sagte er da, sollte sich wegen solcher Waffen für die Flugzeuge anderswo umschauen. Wir schauten uns anderswo um.

Im Juli 1967, zur Zeit der Sondersitzung der Vereinten Nationen während des Sechstage-Krieges traf ich mehrfach mit Andrej Gromyko zusammen, den ich seit 1947 kannte. Außerdem traf ich zweimal den sowjetischen Premierminister Kossygin. Ich fragte sie beide, ob uns Rußland das benötigte Gerät liefern könne; ich fragte ebenso nach Panzern wie nach Flugzeugen. Sie waren damit einverstanden, uns beides zu großzügigen Bedingungen zu liefern – zwölf Jahre Rückzahlung und 2 1/2 Prozent Zinsen . . . Das Ergebnis meiner Gespräche war, daß ich eine Delegation mit einer Einkaufsliste nach Moskau schickte. Die Verhandlungen verliefen erfolgreich und führten zum Abschluß eines Abkommens. Die Lieferungen fingen pünktlich an und rollten noch, als ich mein Amt im Mai 1969 niederlegte.

Zehn Tage vor dem Staatsstreich am 25. Mai 1969 ließ ich den russischen Botschafter in mein Büro bitten und bat ihn um technisch hochwertiges Flugzeugabwehrgerät. Er war sofort damit einverstanden; aber er sagte auch, dann würde man weiteres russisches Personal für die Unterweisung der Sudanesen benötigen, mit einem russischen General an der Spitze des technischen Personals. Ich sagte, wir würden so viel erlauben, wie im Abkommen vorgesehen sei. Plötzlich meinte er: ›Warum anerkennen Sie nicht die DDR und nehmen diplomatische Beziehungen zu ihr auf wie der Irak und Kambodscha?‹ Ich erwiderte: ›Aber das hier ist der Sudan – nicht der Irak und Kambodscha. Ich nehme diplomatische Beziehungen mit anderen Ländern nur dann auf, wenn es die Interessen meines Landes diktieren.‹« (Mahgoub 1974) Tatsächlich hat die Hinwendung der Zivilregierung des Sudan nach Moskau, die 1967 mit dem Nahost-Krieg einsetzte, den Militärputsch 1969 überstanden. Erst der mißglückte Putsch 1971 brachte eine Umorientierung.

Diese Orientierung zum sozialistischen Lager, die von der im Mai 1969 durch Oberst Numeiri gestürzten Zivilregierung eingeleitet worden war, setzte sich noch bis zum Jahre 1971 fort. Die Sozialisierung oder vielmehr »Nasserisierung« zeigte sich darin, daß die Militärjunta zwar alle Parteien aufgelöst, aber der Kommunistischen Partei (die als stärkste Kommunistische Partei Afrikas galt) angeboten hatte, in die Regierung einzutreten. Angesichts dieser Offerte spaltete sich die KPS in einen kleineren Teil, der sich an der Regierung beteiligte, und einen größeren, der seine Selbständigkeit zu bewahren suchte. Moskau hätte es zweifellos lieber gesehen, wenn sich die Kommunistische Partei nicht abseits gehalten hätte. So war der abgespaltene Teil eine ständige Gefahr für die regierenden Militärs, die andererseits für den Fortgang ihres Kampfes gegen den Süd-Sudan weiterhin sowjetische Unterstützung benötigten. »Niemals zuvor« meldete »Time« am 1. März 1971, »haben die Sowjets so aktiv an einer Counter-Insurgency-Aktion in der Dritten Welt teilgenommen, und niemals zuvor haben sie gegen Schwarzafrikaner gekämpft und ihre Dörfer zerbombt.«

Durch den mißglückten, kommunistisch inspirierten Putsch von 1971 wurden dann die militärischen Machthaber gezwungen, den Kampf im Süden einzustellen, da sie von nun an auf sowjetische Militärhilfe nur in reduziertem Umfang rechnen konnten. Zu dieser Zeit war der Sudan der erste Staat Afrikas gewesen, der die DDR anerkannt hatte. Dennoch beklagte sich danach der Chef der sudanesischen Sicherheitspolizei, die UdSSR habe der »linken« regierenden Militärregierung sehr viel weniger an Krediten gegeben, als sie der Militärdiktatur Abbouds zugestanden habe.

Der Putsch machte nicht nur die sowjetischen Interessen deutlich; er zeigte auch, daß die arabische Welt in der Beurteilung ihrer Ziele uneinig war. Während etwa Ägypten halboffiziell verlauten ließ, »das Volk« habe den Aufstand gegen Numeiri abgelehnt und Libyens Ghaddafi erst die Voraussetzung dafür geschaffen, daß Numeiri an der Macht bleiben konnte, erklärten die Radikalen im Libanon, nur »eine offene Einmischung der drei Regierungen der Arabischen Föderation« hätte den Aufstand der revolutionären Kräfte in der arabischen Welt zustande gebracht (NZZ 30. 7. 1971). Es ist fraglich, ob Moskau selbst von dem Coup des 19. Juli gewußt hat. Fast scheint es, als ob der Kreml den Putsch ebenso als exzessiv beurteilte wie die Haltung der Mehrheit der KPS. Schließlich hatte noch ein Jahr zuvor Breschnew gegenüber Numeiri erklärt, daß die Streitkräfte in der Dritten Welt »sich zu Interpreten der tiefsten Wünsche der Volksmassen machen könnten«. Ein damaliges sudanesisches Regierungsmitglied erklärte später: »Die UdSSR befand sich in der Lage von Karl Marx angesichts der Pariser Kommune. Sie billigte nicht den Putsch. Sie wußte, daß er alle Chancen hatte zu mißglücken. Aber sie konnte gar nicht anders, als ihn von der ersten Stunde an zu unterstützen« (Le Monde 18. 2. 1972).

Tatsächlich hat sich die Sowjetunion sofort mit dem Strafgericht abgefunden, ebenso mit dem Verbot der sudanesischen KP. Sie hat damit ihre alte Taktik bestätigt, daß es ihr seit langem mehr darauf ankommt, mit den nationalen Regierungen in Kontakt zu bleiben, als unter allen Umständen die Kommunistische Partei zu unterstützen. Jedenfalls stellte Moskau die Propagandakampagne in dem Augenblick ein, als die Toten des Putsches beerdigt waren. Für die sudanesischen Militärs bedeutete dieser Putsch zweierlei: Zum einen wurde ihnen klar, welche Risiken sie mit einseitiger sowjetischer Militärhilfe eingegangen waren, zum anderen wurde damit die Lösung des Problems Süd-Sudan, die bislang von der Armee verhindert worden war, dringlicher als je zuvor. Durch die Konzentration auf die innersudanesischen Schwierigkeiten entfremdete sich Numeiri aber auch den »Nasseristen«, den Anhängern einer libysch-ägyptisch-sudanesischen Union. Er konnte sich ausrechnen, daß er angesichts des gescheiterten Putsches von 1971 wie angesichts der Unzufriedenheit in der Opposition der Nordregion und bei den orthodoxen Moslem-Brüdern von nun an mit einer breiteren Opposition rechnen mußte. Dennoch hatte er keine andere Wahl.

Anfang 1972 gelang es ihm schließlich, den Frieden mit den Anya Anya-Rebellen zu schließen. Dies hatte wiederum zweierlei zur Folge: zum ersten eine langsame Umorientierung auf westliche Waffenlieferungen, zweitens aber eine Aufhebung der »Nationalisierungsmaßnahmen«. Britische und deutsche Anleihen wurden daraufhin ebenso gewährt wie chinesische Kredite und Anleihen aus dem Weltwährungsfonds und der US-Export-Import-Bank. Die abrupte Wandlung, die auch bei anderen

Staaten nachzuweisen wäre, zeigte sich in der Handelsbilanz. Der Export Chinas etwa in den Sudan stieg von 1970 bis 1973 von 5,9 Prozent auf 14,5 Prozent, der Import von 3,7 Prozent auf 8,1 Prozent. Der Export der UdSSR fiel von 16,9 Prozent auf 0,4 Prozent (1972), der Import von 7,6 Prozent auf 5,4 Prozent. Das heißt: Nationalisierungstendenzen gehen meist mit einer Verringerung der westlichen Hilfe einher, während eine, wenn auch nur äußerliche Sozialisierung in den meisten Fällen mit einer Verstärkung der sowjetischen Hilfe verbunden ist. Das gilt solange, wie dem betreffenden Staat keine Wahl bleibt, oder aber, wenn es das Bestreben des einflußnehmenden Staates ist, ein Land erst einmal in das eigene Lager herüberzuziehen, wie dies im Falle des Generals Abboud als Initialkontakt der Fall zu sein schien.

Die Schwierigkeiten des Sudan lassen sich in mehrfachen Kurswechseln, sei es der gesellschaftlichen Orientierung, sei es der außenpolitischen Zielzuordnung nachzuweisen. Allerdings sind sie nicht ausschließlich durch Großmacht-Einflüsse bewirkt. Für die Auseinandersetzung spielen einerseits Äthiopien, Zaire und die Zentralafrikanische Republik ebenso eine Rolle wie, in anderer Beziehung, Ägypten, Libyen, schließlich sogar der Irak. Zunehmend zeigten die Ölländer (u. a. Kuweit, Saudi-Arabien) ein Interesse, dem ein armes afrikanisches Land nicht ausweichen kann. Erst über diese intergouvernementale afrikanische Substruktur wird das Ost-West-Verhältnis, in dem die UdSSR, die USA und zunehmend auch China neben den nur bedingt aktionsfähigen europäischen Staaten Frankreich und Großbritannien tätig sind, wirksam. Unter afrikanischen Verhältnissen ist somit das Primat der Außenpolitik zu überprüfen. Es hat den Anschein, als habe in Afrika, in diesem Falle im Sudan, die Initiierung eines sozio-strukturellen Wandels nicht selten nur die Aufgabe, die Optik gegenüber den Geberländern zu verbessern. Im Gegensatz zu den Verhältnissen in entwickelten Ländern scheint es daher so zu sein, als müsse die alte Faustregel umgedreht werden: nicht die Innenpolitik bestimmt die Außenpolitik, sondern die Möglichkeiten der Außenpolitik diktieren das, was in der Innenpolitik für eine Regierung in Afrika nützlich ist.

5.2.3 Koloniale Umverteilung – die spanische Sahara

Die Umverteilung beziehungsweise die Rückgabe der früheren Kolonien an ihre rechtmäßigen Besitzer ist weitgehend abgeschlossen. Die großen Ausnahmen Südafrika, Namibia und Rhodesien sollen hier außer Betracht bleiben. Selbst zwischen ihnen aber wird man unterscheiden müssen: Quantitative Unterschiede werden zu qualitativen Unterschieden, wenn – wie in Rhodesien – 250000 Weißen etwa 5,5 Millionen Schwarze gegenüberstehen oder – wie in Südafrika – 3,8 Millionen Weißen »nur« 17 Millionen Farbige. Neben der Frage nach dem »Heimatrecht« der weißen

Bevölkerung wird auch die Aufbauleistung dieser weißen Bevölkerung bei einer künftigen Regelung zu würdigen sein.

Daß auf Rhodesien und Südafrika in diesem Zusammenhang nicht ausdrücklich beharrt wird, hat seine Ursache darin, daß es im Grund Konflikte von gestern sind. Allerdings haben sie Rückwirkungen auf das Prestige der externen Mächte. Deren Haltung gegenüber den »weißen« afrikanischen Staaten hat Bedeutung für die grundsätzliche Einschätzung von seiten der Afrikaner. »Rassismus« als Motiv für Aufstand ist zwar auch dem afrikanischen Kontinent nicht fremd; Unterstützung und Intervention für Frontbildungen nach Stammeszugehörigkeit sind an der Tagesordnung; dennoch werden die afrikanischen Konflikte von morgen auf einer grundsätzlich anderen Ebene angesiedelt sein: Sie werden abgeleitete Konflikte sein, Konflikte, die in einem entfernteren Verwandtschaftsgrad zum Kolonialismus stehen. Die Kolonialmächte konnten die politische Selbständigkeit bringen; die afrikanischen Mächte, Erben des Kolonialismus, müssen darum besorgt sein, die Neuordnung Afrikas durchzusetzen, nach welchem Prinzip auch immer dies geschehen mag. Insofern ist der Konflikt, der an der Jahreswende 1975/76 um die West-Sahara ausbrach, ein »gemischter« Konflikt. Eine Kolonialmacht der ersten Generation (Spanien) überläßt ihr Kolonialgebiet zwei Kolonialmächten zweiter Generation (Marokko und Mauretanien). Dagegen wird die Möglichkeit der Selbstbestimmung dieses Gebietes außer acht gelassen, die von der dritten möglichen Kolonialmacht zweiter Generation (Algerien) ins Auge gefaßt worden war. Algerien wiederum beugte sich nicht dem neu geschaffenen Status quo, sondern unterstützte eine Unabhängigkeitsbewegung (Polisario), die Ende Februar 1976 dann eine »Demokratisch-Arabische Sahara-Republik« ausrief. Es streiten hier also zwei unterschiedliche völkerrechtliche Konstruktionen um die Anerkennung: a) um die aufgeteilte Spanisch- (oder West-)Sahara und b) um einen unabhängigen Sahara-Staat. Obwohl es sich nur um etwa 70000 Einwohner handelt, zeigte sich auch bei dieser Gelegenheit, daß aus Gründen, die mit dem Sahara-Problem nichts zu tun haben, die Organisation Afrikanischer Unabhängigkeit nicht mehr aktionsfähig ist: 21 der 47 Mitgliederländer unterstützten kurz nach der Ausrufung der Republik die Polisario, 9 der Staaten waren dagegen, 17 enthielten sich der Stimme (SZ 1. 3. 76). Grund waren nicht die Gebiets-, sondern die ideologischen Verhältnisse, waren traditionelle Animositäten.

Die neuen Auseinandersetzungen um die West-Sahara, die in den neunziger Jahren des 19. Jahrhunderts von Spanien annektiert worden war, hatten im Jahre 1965 mit einer Resolution der UN begonnen, mit der Spanien aufgefordert wurde, das Land zu verlassen. Zwei Jahre später wurde diese Resolution dadurch ergänzt, daß man von Spanien eine Abstimmung forderte, die über das Schicksal des Gebietes entscheiden sollte. Bis 1973 hielten Algerien, Marokko und Mauretanien »unverbrüchlich« an der Selbständigkeit des Gebiets fest. Erst am 20. August 1974 erklärte Hassan II. von Marokko, sein Land widersetze sich aus Gründen traditioneller Bindung der Selbständigkeit der West-Sahara. Das Gutachten des Internationalen Gerichtshofes in Den Haag anerkannte am 10. Oktober 1975 solche Bindungen zwischen Marokko und der West-Sahara, doch waren sie ihm nicht stark genug, um eine Annexion zu rechtfertigen. Marokko ließ daraufhin Zehntausende zu einem unblutigen »grünen Marsch« antreten, um so seine Rechte zu demonstrieren. Es kam zu einem Abkommen mit Spanien und Mauretanien am 14. November 1975, das eine Teilung der West-Sahara vorsah. Spanien selbst wollte sich bis zum 28. Januar 1976 zurückziehen. Nach teilweise heftigen Kämpfen besetzten die beiden Staaten das Gebiet, worauf Ende Dezember 1975 der algerische Staatschef Boumedienne und der libysche Staatschef Oberst Ghaddafi einen Vertrag abschlossen, nach dem jeder Angriff »auf die beiden Revolutionen« als Angriff auf die jeweiligen Partner betrachtet wurde. Hier zeigt sich zum erstenmal die ideologische Dimension, die sich später in Kämpfen zwischen marokkanischen und algerischen Truppen entlud, jedoch nicht dazu führte, daß die Teilung des Landes rückgängig gemacht wurde. Schon zwei Tage vor Ablauf der Frist, am 26. Januar 1976, verließen die letzten Spanier ihre ehemalige Kolonie.

Die Auseinandersetzungen verbargen zweierlei: *erstens* ein starkes wirtschaftliches Interesse sowohl Marokkos als auch Spaniens. Marokko fördert 60 Prozent der Weltphosphatproduktion, die für die Düngemittelproduktion unentbehrlich ist. Mit einem 20-prozentigen Zuwachs aus der West-Sahara hätte (und hat) es praktisch ein Monopol für diesen Rohstoff bekommen. Die Rolle Algeriens akzentuiert – *zweitens* – die politische Dimension des Konflikts. Algerien, das nach außen die Unabhängigkeit der West-Sahara unterstützte, hatte eine starke Affinität zur linksgerichteten Polisario. Schon seit 1963 verband im übrigen Boumedienne und Hassan eine Intimfeindschaft, die sich bis zu Grenzzwischenfällen in diesem Jahr gesteigert hatte. Die »Unabhängigkeit« der West-Sahara hätte für Marokko wahrscheinlich eine Abwendung von der semi-feudalen Herrschaft Hassans II. zur Folge gehabt. Spanien wiederum, das sich lange Zeit damit einverstanden erklärt hatte, dem Willen der Bewohner des Landes nachzugeben, fand es beim zweiten Nachdenken nützlicher, die 450 Millionen Dollar-Investitionen, die es in der Wüste getätigt hatte, lieber Marokko anzuvertrauen als dem »nationalisierenden« Algerien, insbesondere in Verbindung mit dem unberechenbaren libyschen Staatschef Ghaddafi, der sich seit 1974 der Sowjetunion zugewandt hatte.

Die Entscheidung der Spanier war zwar angeblich unter dem Druck der marokkanischen »Volksmassen« zustande gekommen. Andererseits entsprach sie dem längerfristigen Kalkül Madrids. Die USA, die neben Zaire und Äthiopien in Marokko ihren wichtigsten »Klienten« besaßen, sahen in der Stärkung Marokkos ein Gegengewicht zu dem Erfolg Moskaus, das sich mit Angola, Guinea-Bissau und den Inseln vor der Westküste Afrikas (Sao Tomé, Principe und Kapverdische Inseln) eine neue Einflußzone geschaffen hatte. Gerade weil es klar schien, daß es zu einem offenen Krieg zwischen Algerien und Marokko nicht kommen würde, machte sogleich die Nachricht die Runde, die Sowjetunion liefere über Algerien an die Polisario Waffen. Gerüchte wollten auch wissen, daß Kubaner und Nord-Koreaner im Kampf gegen Mauretanier und Marokkaner eingesetzt würden.

Mögliche militärische Auseinandersetzungen wären danach nicht mehr in Kategorien von Guerilla- oder Kleinkriegen zu führen gewesen. Angesichts der Aufrüstung durch die Großmächte (und der damals schon fließenden Ölgelder) waren in den Händen von Marokko (120 mittlere Tanks, 200 Panzerwagen, 80 Kampfflugzeuge, 50000 Soldaten) und Algerien (400 schwere und mittlere Panzer, 200 Kampfflugzeuge, 55 000 Soldaten) militärische Potentiale, die einen technisch anspruchsvollen Krieg durchaus möglich erscheinen ließen. Daß es nicht dazu kam, ist darauf zurückzuführen, daß Algeriens »Ersatzteilstation« in Moskau liegt; ein längerer Krieg aber hätte die Abhängigkeit von der UdSSR wiederum gesteigert. Gerade weil Marokko eine waffenmäßige Unterlegenheit besaß, die von den westlichen Waffenlieferanten, also von den USA, kaum schnell auszugleichen gewesen wäre, bestand für Moskau kein Anlaß, seine Lieferungen zu eskalieren.

»Viele Finger in einem sandigen Kuchen«, so ließe sich eine Situation beschreiben, deren Spannungen bis heute nicht gelöst wurden, sondern auf kleinem Feuer weiter gebacken werden. Nimmt man hinzu, daß Saudi-Arabien auch hier seinen dämpfenden Einfluß geltend gemacht hat, so kommt eine weitere Dimension hinzu: Neben die »revolutionären« und »reaktionären« Regime tritt im entscheidenden Fall immer wieder das überwölbende »arabische« Element. Es führt dazu, daß die saudi-arabische Hilfe lieber angenommen wird als jede fremde Hilfe, gleichsam ein arabisch-afrikanisches Pendant zu der Rolle, die Fidel Castro in Lateinamerika lange Zeit spielte. (Dabei spielt Castro allerdings die ideologische, König Chalid die finanzielle Rolle.) Es ist das doppelte Spiel dieser konservativen Politik Saudi-Arabiens, die sich, mit Ausnahme des Israel-Problems, ausgezeichnet mit der Afrika-Politik der USA konzertieren läßt, sowohl den Kommunismus aus der Hemisphäre herauszuhalten, wie zu verhindern, daß arabische Staaten über weniger wichtige als die Israel-Frage gespalten werden.

Die Revolution ist nicht aufgehoben, nicht einmal aufgeschoben; sie wird nur für eine Weile nicht mehr so expansiv verstanden, wie dies einige Jahre lang geschah. Untergründig aber bleibt der Kampf um die rechte Ordnung mit außen- wie innenpolitischen Mitteln erhalten. Die Frage, die sich angesichts des Sahara-Problems für die Zukunft stellt, ist breiter anzulegen: Wird es zu Einigungskriegen in Afrika kommen, die über die Stämme hinweggehen, auch über eine nur von intellektuellen Minderheiten getragene pan-afrikanische Einheit? Wie werden die Staatsgrenzen aussehen, wenn sich die großen Stämme über die jetzigen Grenzen hinweg zu neuen Staaten verbinden? Sollte es einen Föderator geben, der die relative Kleinräumigkeit Afrikas im Sinne revolutionärer Zusammenfassung überwindet, dann nur mit Hilfe einer Ideologie, die es gestattet, das Sozialprodukt auf eine Höhe zu heben, die einen Vergleich mit anderen Kontinenten gestattet; zugleich darf sie jedoch nicht allzu scharf die Traditionen verletzen, die diesen Kontinent prägen. Ohne Intervention kommt das einer Quadratur des Zirkels gleich. Deshalb bleibt die Wahrscheinlichkeit bestehen, daß auch in den nächsten Jahren die Intervention von außen, mehr verdeckt als offen, d. h. inter-nationale Politik, die einzig sichere Konstante afrikanischer Politik bleiben wird.

5.3 Lateinamerika – Hegemonie und nationale Revolution

Frage: Nach welchem internationalen Recht haben wir die Berechtigung, den Versuch zu machen, eine verfassungsgemäß gewählte Regierung eines anderen Landes (Chile) zu destabilisieren? Und hat die Sowjetunion ein ähnliches Recht, den Versuch zu machen, zum Beispiel die Regierung von Kanada oder der Vereinigten Staaten zu destabilisieren?

Der Präsident (Ford): »Ich messe mir kein Urteil darüber bei, ob das nach internationalem Recht erlaubt oder autorisiert ist. Es ist aber ein anerkanntes Faktum, daß historisch wie aktuell derartige Aktionen zum besten der betroffenen Nationen unternommen worden sind.«

(US News and World Report 30. 9. 1974)

»Hätte man eine Ein-Wort-Charakterisierung der Beziehungen zwischen den USA und Lateinamerika seit der Jahrhundertwende zu wählen, dann fiele auf ›Intervention‹ wahrscheinlich die Wahl der meisten der lateinamerikanischen Wissenschaftler. Wären andererseits nordamerikanische Rechtswissenschaftler gezwungen, eine ähnliche Wahl zu treffen, um das interamerikanische System zu beschreiben, so dürfte ›Nicht-Intervention‹ als der wahrscheinlichste Kandidat daraus hervorgehen.« So beginnt eine Studie über »Civil Strife in Latin America« (Kane 1972). Schon ihr erster Satz macht deutlich, daß wir es bei der Analyse Lateinamerikas (»the most powerful and prosperous part of the Third World«) mit anderen Strukturen zu tun haben als im Falle Afrikas. Der Versuch der Großmächte, sich hier erst einmal eine »Klientel« zu verschaffen, damit ihren Platz im internationalen Gleichgewichtssystem zu bewahren oder dieses Gleichgewicht zu verändern, wird dort von der Anstrengung der ehemaligen »Klienten« abgelöst, sich der Übermacht der Hegemonialmacht USA zu entledigen.

Wenn seit Beginn des 19. Jahrhunderts jemals die Bezeichnung von einer Hegemonialmacht einen Sinn hatte, dann gilt das für Beziehungen zwischen den USA und Lateinamerika und noch stärker Mittelamerika. Diese Staaten waren politisch wie wirtschaftlich von den USA sogar in solchen Augenblicken der Geschichte abhängig, in denen diese ihren »Hinterhof« vernachlässigten und ihre Aufmerksamkeit anderen Weltregionen zuwandten. Auch in Jahren amerikanischen Desinteresses blieben die herrschenden Schichten auf Washington fixiert. Was für die Oberschicht galt, galt mit umgekehrtem Vorzeichen auch für die revolutionären, meist vom Mittelstand getragenen Schichten dieser Staaten. Revolutionen konnten nur vor dem Hintergrund der amerikanischen Präsenz geplant werden. Das gilt auch noch für den Export von Revolution, wie ihn Kuba um die Mitte der sechziger Jahre betrieb. Hier jedoch wurden die unterschiedlichen Perspektiven eines lateinamerikanischen Staates mit seiner regionalen Ausstrahlung und einer Weltmacht deutlich: Die Sowjetunion interessierte weniger die »Befreiung« des Kontinents vom amerikanischen Joch als die Förderung der eigenen Interessen auf einem Kontinent, der von der gegnerischen Weltmacht beherrscht wurde. Deshalb haben sich die Interessen Moskaus und Havannas nie gedeckt.

Dennoch ist die bewußte Öffnung nach außen, die Beschwörung lateinamerikanischer Solidarität das Neue an der kubanischen Revolution, zumindest bis Ende der sechziger Jahre. Die außenpolitische Wirkung dieser Revolution lag letztendlich nicht in der Übertragung ihres Modells auf Lateinamerika, sondern in der Bewußtseinsöffnung gegenüber seiner Umwelt.

Kuba brachte Lateinamerika – positiv gesehen – wieder in die internationale Politik zurück. Denn seit eh und je war es Washington darum gegangen, die »westliche Hemisphäre« in Isolation zu halten. Negativ gesehen wurde Lateinamerika damit allerdings Schauplatz des Kalten Krieges. Daher die unsichere Reaktion vieler, auch reformerischer, Regierungen des Kontinents.

An die Stelle der üblichen Überbewertung des kubanischen revolutionären »Modells« tritt damit eine neue Betrachtungsweise: Die eigentliche Bedeutung der kubanischen Revolution für den Kontinent läge dann darin, daß die »geographische Determiniertheit« abgeschüttelt werden konnte. Denn »die kubanische Revolution demonstrierte, daß ein kleines lateinamerikanisches Land, das traditionsgemäß politisch dem nördlichen Nachbarn untergeordnet und wirtschaftlich von ihm abhängig war, erfolgreich die Herrschaft der Vormacht der Hemisphäre anfechten konnte«. (Gil 1970)

Damit war ein neues Faktum gesetzt, das sich von nun an als das eigentliche revolutionäre Ferment in den Beziehungen zwischen Nord- und Südamerika erweisen sollte. Der damit einhergehende Wandel der

Beziehungen ist von so umwälzender Bedeutung, daß er die Bezeichnung »revolutionär« verdient.

Noch im Jahre 1970 konnte man – die Zeichen der Zeit mißdeutend oder nicht zur Kenntnis nehmend – schreiben: »Man kann nicht sagen, daß die kleinen lateinamerikanischen Staaten eine Außenpolitik haben.« Und von den größeren, z. B. Argentinien, Brasilien, Chile, Mexiko, Kolumbien, war zu melden, daß diese Gruppe von Staaten »nur willens ist, sich innerhalb des internationalen Systems insoweit zu engagieren, als dies ihr Überleben und die ökonomischen Annehmlichkeiten sichert, die von außerhalb kommen. Aber man tut sich schwer, konkrete Bemühungen zu finden, dazu bestimmt, Macht, Prestige und Einfluß auf das internationale System zu fördern, oder . . . um ideologische Werte und soziale Systeme zu vertreten, wie dies die aktiveren Teilnehmer an der Weltpolitik traditionsgemäß getan haben«. (Astiz/McCarthy 1970) Diese außenpolitische Apathie zeigte sich organisatorisch darin, daß der Auswärtige Dienst, anderwärts als die Aristokratie der politischen Verwaltung angesehen, sich als Profession kaum entwickeln konnte, Abstellplatz für mißliebige Politiker blieb, deren es bei den vielen Regierungswechseln genug gab. Der Nachrichtendienst lag meist in den Händen des Militärs, das wiederum seine Aktivität mehr nach innen als nach außen richtete. Der Informationsvorsprung war wiederum ein nicht gering zu schätzender Grund für den Einfluß des militärischen Establishments bei Regierungswechseln sowohl friedlicher wie gewaltsamer Art.

Das alles hat sich geändert. Ende der siebziger Jahre ist von einer Abhängigkeit der lateinamerikanischen Staaten angesichts der Nähe der USA nicht mehr zu spüren, als dies bei jedem mittleren Staat angesichts der militärischen und wirtschaftlichen Stärke der USA der Fall ist. Kaum einer der Staaten vergewissert sich in Angelegenheiten der internationalen Politik noch, welche Position die USA einnehmen wird. Venezuela war Gründungsmitglied der OPEC, Mexiko hatte entscheidenden Anteil an der »Charta der wirtschaftlichen Rechte und Pflichten der Staaten« der Vereinten Nationen, die sich gegen die Industrieländer richtet, Peru unterhielt enge Verbindungen mit der Sowjetunion, Brasilien schließt Atomverträge mit der Bundesrepublik gegen den Willen Washingtons ab, Kuba interveniert in Angola und gegen Somalia. Lateinamerikanische Staaten sind führend an der UNCTAD und in der »Gruppe der 77« beteiligt. Mexiko und Brasilien verurteilen Israels »Zionismus« als »Rassismus«, und sie solidarisieren sich mit Panama gegen die USA in dessen Kampf um die Nationalisierung der Kanalzone. Natürlich bleibt noch die wirtschaftliche »Penetration«, aber die Manövrierfähigkeit der USA ist auch nicht viel mehr größer als die seiner Partner. Dies ist das eigentlich Revolutionäre der Zeit seit Ende der sechziger Jahre. Eine andere Frage ist es freilich, ob die einseitige Abhängigkeit vom amerikanischen Einfluß nicht durch die globale Abhängigkeit vom »System« der Weltwirtschaft ersetzt wurde.

Man hat den Begriff der »internationalen Politik«, der eine Beziehung insbesondere zwischen nationalen Akteuren voraussetzt, in den sechziger Jahren durch den der »transnationalen« Politik ersetzt. Er schien besser dem Vorgang von gegenseitiger Durchdringung (Penetration) zu entsprechen, der die internationalen Beziehungen charakterisiert. Es ist dies ein Austausch politischer Impulse über die Grenzen der Staaten hinweg, von Gesellschaft zu Gesellschaft ebenso stark wie von Staat zu Staat. Für die Beziehung, wie sie die USA und die lateinamerikanischen Staaten charakterisieren, wählte daher Karl Kaiser den Begriff der »externally controlled penetration«, der von außen kontrollierten Durchdringung. Nicht einem Geben und Nehmen zweier gleichrangiger Gesellschaften entsprach dieses Muster, sondern der einseitigen Beeinflussung eines Partners durch den anderen. Zweifellos war dies im amerikanisch-südamerikanischen Verhältnis in extremer Weise der Fall. Die ökonomische Durchdringung durch amerikanisches Kapital war evident. (Heute wird es mehr und mehr durch europäisches und japanisches Kapital ersetzt.) Die Energie, mit der das amerikanische Kapital seinen Anspruch durchsetzte, entsprach dabei keinesfalls immer den langfristigen amerikanischen Interessen. Die militärische Durchdringung wird Thema eines eigenen Abschnitts sein. Die kulturelle Beeinflussung war ebenfalls stark, ist jedoch naturgemäß weniger exakt nachzuweisen. Erst im letzten Jahrzehnt haben die verstärkten Bemühungen um Unabhängigkeit gezeigt, in wie geringem Maße die lateinamerikanische Oberschicht bis dahin auch nur mental fähig war, sich der amerikanischen Hegemonialmacht zu entziehen. Ausnahmen wie Juan Perón (1895–1974) in Argentinien oder Getulio Vargas (1883–1954) in Brasilien bestätigten nur die Regel; sie widersprechen ihr insofern nicht, als beide nur mit Hilfe der sonst meist passiven Unterschichten ihre langjährigen Diktaturen aufrechterhalten konnten. In diesem Zusammenhang ist Kuba ein interessantes Beispiel. Es löste sich aus der Penetration durch die Supermacht USA, um sogleich von der anderen Supermacht UdSSR penetriert zu werden – stärker jedenfalls als andere Staaten Lateinamerikas heute von den USA. Denn technokratische Eliten definieren ihre Interessen mehr und mehr ohne und sogar gegen die Interessen Amerikas.

Im Blick auf das revolutionäre Potential des Kontinents ließe sich nun von einem umgekehrten Transnationalismus sprechen: Das Bemühen der »revolutionären« Kräfte geht dahin, die weitere Durchdringung Südamerikas zu verhindern, die Identität des Kontinents dadurch wiederherzustellen, daß sie die Möglichkeiten nordamerikanischer Ressourcen-Transfers mit den entsprechenden Einflußmöglichkeiten auf ein Minimum reduziert. Transnationale Politik in diesem Sinne bedeutet weniger Internationalisierung als Regionalisierung. Damit bekommt das Schlagwort von den

»nationalen Revolutionen« in Lateinamerika seinen speziellen Sinn. Die Betonung liegt auf »national«; im Falle von »Revolution« sind Differenzierungen notwendig, weil sie oft die sozialen Strukturen unverändert läßt, weil das »Revolutionäre« vor allem im Sichbefreien von amerikanischer Vormundschaft besteht.

Auf welch verschiedene Weise dies geschieht, wird zu zeigen sein. Wenn etwa die brasilianischen Militärs darauf beharren, sie hätten von vornherein mehr als einen Militärcoup geplant, dann könnte man in der Länge wie in der Wirkung ihrer Herrschaft für die Richtigkeit dieser Behauptung einen Beleg sehen. An diesem wie auch an anderen Beispielen wird dabei erkennbar, daß die Vorstellung, ein Militärregime könne niemals auf Dauer angelegt sein, sondern müsse seinem Wesen nach als Provisorium angesehen werden (Herbert Krüger), fragwürdig geworden ist. (Krüger in: VRÜ 1976) »Immer ... gehört es zum Wesen eines echten Militärregimes, daß es sich selbst entbehrlich zu machen und die hierfür erforderlichen Veranstaltungen, wie z. B. Erarbeitung einer neuen Verfassung, zu treffen hat«, – dieser Satz scheint Ursache wie Bedeutung der »neuen« Militärregierungen in Lateinamerika nicht mehr zu treffen.

Als Hintergrund der brasilianischen »Revolution« wie anderer, linker oder rechter Revolutionen, hat man das Faktum der »Abhängigkeit« (Dependencia) zu sehen. Die südamerikanische Armut und, mehr noch, die Ungleichheit der Entwicklung wird von einer großen Zahl südamerikanischer Wirtschafts- und Sozialwissenschaftler als Folge der »Dependencia« verstanden, die nicht Interdependenz, sondern ein ungleichgewichtiges Verhältnis in den Beziehungen zwischen zwei Volkswirtschaften bezeichnet. Grob gesprochen handelt es sich um den Vorrang des ökonomischen Aspekts anstelle einer »transnationalen Politik mit Dominanzeffekt«. Die lateinamerikanischen Staaten entwickeln sich nicht nach eigenen Gesetzen; ihr wirtschaftliches Wachstum hängt »von der Größe und Beschaffenheit ihrer Beziehungen zu den übrigen Ländern der Welt ab«. (Zit. nach Puhle in: GuG 1976) Diese Länder machen danach keine selbständige und selbstverantwortete Entwicklung durch, sondern sind einer »abhängigen Entwicklung« unterworfen.

Da die USA die Vormacht des Kapitalismus sind, werden die lateinamerikanischen Staaten in dieser Sicht als abhängige Variable des kapitalistischen Systems angesehen. Ihre Entwicklung hängt nicht von der eigenen Dynamik und Tüchtigkeit ab, sondern davon, wieviel das kapitalistische Weltsystem bereit ist, ihnen im Interesse ihrer Eigenentwicklung zuzuwenden. Zwischen Abhängigkeit und Unterentwicklung besteht daher ein enger Zusammenhang. Drei Stadien kennzeichnen den Prozeß der Unterentwicklung:

1) die Kolonialzeit, in der die Kolonien ein willenloses Ausbeutungsobjekt waren;

2) seit Mitte des neunzehnten Jahrhunderts die Rolle der abhängigen Länder als Rohstoffexporteure, die den Aufbau einer diversifizierten Industrie verhinderte;

3) seit Ende des Zweiten Weltkrieges eine Industrialisierung, die aber nicht den Bedürfnissen Lateinamerikas, sondern denen der Industrieländer angepaßt war. Charakteristisch für diese Industrialisierung war, daß Konsumgüter hergestellt wurden, die nur für eine Oberschicht erschwinglich blieben, aber auch, daß durch die multinationalen Gesellschaften die Entwicklung einheimischer Industrien verhindert wurde und damit ein ständiger Kapitalabfluß aus lateinamerikanischen Ländern stattfand. Beides habe – so die Dependencia-Theorie – zur Unterbeschäftigung der Bevölkerung wie zu einer wachsenden Auslandsverschuldung und damit zu einer verstärkten Abhängigkeit geführt.

Es ist hier kein Anlaß, in eine kritische Prüfung dieser Thesen über »abhängigen Kapitalismus« einzutreten. Festgestellt werden kann aber, wenn auch die Tatsache der »Ausbeutung« durch Kapitalabfluß nicht bestritten wird, daß sie sich in solcher Allgemeinheit nicht halten lassen. Die politische Bedeutung der Dependencia-Theorie liegt auch nicht in ihrer volkswirtschaftlich exakten Beweisführung, sondern in ihrer Verwendbarkeit als politisches Agitationsmittel. Sie gibt zum einen einer breiten Masse die Möglichkeit, Unzufriedenheit gegenüber den großen Industriestaaten zu artikulieren, ist zum andern ein Erklärungsmodell für revolutionäre Entwicklungen, mittels derer die Klassengesellschaft Lateinamerikas aus den Angeln gehoben werden kann. Denn sie behauptet drittens, daß die Unterentwicklung Lateinamerikas nicht auf deren eigenes Versagen zurückzuführen, sondern »fremdverschuldet« sei. Wenn auch die Oberschicht generell unter Fremdeinfluß gesehen wird, läßt sich damit eine bruchlose Argumentationsreihe, die von anti-amerikanischen zu anti-imperialistischen und anti-kapitalistischen Konsequenzen geht, aufbauen.

So führte die traditionelle Argumentation von der Hegemonie der USA über die Vorstellung einer transnationalen Dominanzpolitik und die Dependencia-Theorie bis in die sechziger Jahre ziemlich gradlinig zu einer anti-kapitalistischen und kommunistischen Revolutionstheorie, wie sie Höhepunkte und Ende in Che Guevaras Tod im Herbst 1967 in Bolivien fand. Seitdem haben sich Dependencia-Theorie und Marxismus in weiten Teilen auseinanderentwickelt. Seit Mitte der sechziger Jahre haben die nationalistischen Revolutionen der Militärs das Bild verändert; so gesehen scheint das marxistische Experiment Allendes in Chile eher ein vorläufiger Schlußpunkt als der Vorläufer einer neuen Entwicklung zu sein.

Daß die amerikanisch-lateinamerikanischen Differenzen sich nicht mehr unter die Schlagworte links oder rechts gruppieren lassen, zeigt sich in den Beziehungen jenes lateinamerikanischen Staates, der am engsten in den kapitalistischen Weltmarkt verflochten ist – Brasilien. Die Auseinandersetzungen mit den USA wegen der Lieferung von Kernkraftwerken machen deutlich, in welcher Weise die nationale Unabhängigkeit selbst in dem Staat eine Rolle spielt, in dem technisch-wirtschaftlicher Fortschritt gekoppelt ist mit demokratischer Regression. Die Diversifizierung nicht nur der Produktion, sondern auch der Auslandsbeziehungen – anstelle eines Quasimonopols der USA die Ausdehnung auf Europa und Japan – ist die vorläufig letzte Phase in einem Prozeß, dessen endgültiges Modell noch nicht erkennbar wird. Es bedurfte nicht erst der Einstellung der Militärhilfe durch Präsident Carter, um den Wandel der Verhältnisse sichtbar werden zu lassen: 87 Prozent der Waffen, die Lateinamerika zwischen 1968 und 1972 geliefert wurden, kamen aus nicht-amerikanischen Quellen.

Freilich bleibt eines erhalten: Der Bezugspunkt für Lateinamerika ist weiterhin das kapitalistische Weltsystem; eine Alternative ist nicht sichtbar, wie immer die »dritten Wege« Lateinamerikas aussehen mögen.

5.3.1 Amerikanische Perspektiven

In einem gewissen Sinne ist das, was bisher gesagt wurde, eine Beschreibung der hemisphärischen Verhältnisse aus der Sicht der Südamerikaner. Aus amerikanischer Sicht nehmen sich dieselben Verhältnisse ganz anders aus. Wenn es auch richtig sein mag, was Boris Goldenberg schrieb: »Trotz aller mangelnden Eindeutigkeit hat die Außenpolitik der USA (in Lateinamerika) bisher auf zwei Tragpfeilern beruht, die ihre Grundlinie bestimmten: das Eintreten für den ›Kapitalismus‹ und den Kampf gegen den Kommunismus« – so hat diese Politik doch eine Reihe von Wandlungen durchgemacht, deren Ursachen es zu erklären gilt. Denn Ideologie und Realität der lateinamerikanisch-amerikanischen Beziehungen klafften seit eh und je so weit auseinander, daß sie zwei verschiedene Wirklichkeiten zu bezeichnen scheinen. Wo etwa ist die Klammer zwischen der verdeckten Intervention in Guatemala 1954, der offenen Intervention in der Dominikanischen Republik 1965 und dem Sturz der Regierung Allende in Chile, mit dem sich die USA der neuen »Sensibilität« in der Welt anpaßten? Schließlich gibt es den Artikel 15 der Charta der »Organisation amerikanischer Staaten« (OAS) von 1948, in dem es heißt: »Kein Staat und keine Staatengruppe haben das Recht, direkt oder indirekt und aus welchem Grunde immer in die internen oder externen Angelegenheiten eines anderen Staates zu intervenieren. Dieses Prinzip verbietet nicht nur Waffengewalt, sondern ebenso jede Form von Einmischung oder versuchter Bedrohung der Personalität des Staates oder seiner politischen, ökonomischen und kulturellen Elemente.«

Daß diese Charta von 1948 von der Deklaration von Caracas der OAS von 1954 überlagert wird, exkulpiert nicht. Denn beide Dokumente zeigen nur, in welch instrumentaler Weise die USA bis dahin ihre Außenpolitik in Lateinamerika handhabten. War es die unbestrittene Vormachtstellung, die 1948 den großzügigen Verzicht auf Machtdemonstration inspirierte, so war es das drohende Eindringen sowjetischen Einflusses, das 1954 zu entgegengesetzter Aktion aufrief. Ob die völkerrechtlichen Instrumente für Nicht-Intervention oder Intervention geschaffen wurden, war ausschließlich eine Frage amerikanischer Opportunität. Heißt es doch 1954: »Die Überwältigung oder Kontrolle der politischen Institutionen jedes amerikanischen Staates durch die internationale kommunistische Bewegung, die damit das politische System einer extra-kontinentalen Macht auf diese Hemisphäre ausdehnt, würde eine Bedrohung für die Souveränität und die politische Unabhängigkeit der amerikanischen Staaten darstellen, würde den Frieden Amerikas bedrohen und würde Anlaß für ein Konsultationstreffen sein, um die Anwendung einer angemessenen Aktion im Einvernehmen mit bestehenden Verträgen in Betracht zu ziehen.« Sicher ist hier das Einvernehmen mit der Charta der OAS ins Auge gefaßt; nur blieb angesichts der bestehenden Machtverhältnisse die Anwendung des Interventions- oder Nicht-Interventions-Gebotes eben doch in der Hand der USA.

Natürlich ist diese Kluft zwischen Theorie und Wirklichkeit keine Erscheinung der zweiten Hälfte des 20. Jahrhunderts. Eher könnten die Interventionen als Überbleibsel einer überwundenen Epoche betrachtet werden. Dennoch ist die Tatsache nicht wegzuwischen, daß »die Geschichte der amerikanisch-lateinamerikanischen Beziehungen übersät ist mit Fällen von militärischen und paramilitärischen Operationen, die von amerikanischen Agenten für und gegen im Amt befindliche lateinamerikanische Regierungen ausgeführt wurden, mit diplomatischem Klingenkreuzen und Androhungen, die weit über die akzeptierten Normen diplomatischen Verhaltens hinausgingen, und mit wirtschaftlichen Boykotten, die gegen mißliebige lateinamerikanische Regimes gerichtet waren – ein Verhalten, das eindeutig auf der verbotenen Seite der Interventions-/Nicht-Interventionslinie liegt, wo immer man diese ziehen mag«. Von den fünfzig Malen, in denen die USA im 19. Jahrhundert Truppen außerhalb ihrer Grenzen einsetzten, war es 43mal in Lateinamerika und in der Karibik. Zwischen 1883 und 1933 hat man 60 Interventionen zum Schutz amerikanischer Bürger und Interessen gezählt. Danach, vor allem nach dem Zweiten Weltkrieg, nahmen die Fälle ab – doch die internationale Reaktion darauf war um so negativer. Vor allem aber nahmen sie, sieht man von der Dominikanischen Republik ab, Formen der »covert action« an. Daß die amerikanischen Interventionen in den letzten Jahrzehnten immer subtiler geworden sind, ist einem Lernprozeß zu verdanken, der Erfahrung, daß die Stärke des »neuen« Imperialismus nicht mehr davon abhängt, wieviel Land man – direkt oder indirekt – in Besitz hat, sondern von der Kapazität eines Staates, den Ausgang wichtiger interner Kriege zu beeinflussen. Es gilt heute, die richtige Seite nach dem Bürgerkrieg zu bestimmen und sich dadurch Einfluß zu sichern.

Die Vereinigten Staaten haben seit dem Ende der Kolonialzeit eine Rolle als Ordnungsmacht in Lateinamerika gespielt. Doch keineswegs haben sie die Revolutionen in den zwanziger und dreißiger Jahren des 19. Jahrhunderts gefördert. Nachdem die Unabhängigkeit der meisten Staaten von Spanien und Portugal erst einmal erreicht war, wirkten sie mit wechselnder Motivation de facto stets konterrevolutionär. Dabei waren von Anfang an die Ziele der USA und die der lateinamerikanischen Staaten verschieden. Die »Monroe-Doktrin« von 1823, die ständig an die regionalpolitische Lage angepaßt wurde, blieb die »heilige Kuh« der Südamerikapolitik Washingtons. Die lateinamerikanischen Staaten erhoben ihrerseits den Begriff der Nicht-Intervention zum Rang einer Ideologie.

Der Beginn dieser Beziehungen ist so zu sehen: Da die USA die Staaten, die aus den lateinamerikanischen Unabhängigkeitskämpfen hervorgegangen waren, als rechtmäßig anerkannt hatten, hatten sie damit auch das Recht auf Revolution anerkannt. So wäre es logisch gewesen. Doch die USA zogen eine andere Folgerung. Entscheidend war für Washington vorerst nicht die Staatsform, die sich die neuen Staaten gaben, sondern ihre »Unabhängigkeit«. Sie alle sollten »von republikanischen Institutionen regiert werden, die politisch und ökonomisch von Europa unabhängig sind«. So präzisierte es der amerikanische Präsident Adams. Das heißt: Interventionsmöglichkeiten der USA ergaben sich von Anfang an dadurch, daß die Möglichkeit der lateinamerikanischen Staaten, sich ihre Bundesgenossen frei zu wählen, generell beschränkt wurde. Daß es in der Monroe-Doktrin hieß, die Vereinigten Staaten betrachten jeden Versuch europäischer Staaten, »ihr System auf irgendeinen Teil dieser Hemisphäre auszudehnen, als gefährlich für unseren Frieden und unsere Sicherheit«, hatte angesichts der Unfähigkeit der Europäer, Einfluß auszuüben, zu dieser Zeit vor allem prophylaktischen Charakter. Das tatsächliche Interesse der Amerikaner an Lateinamerika blieb jahrzehntelang gering. Eindeutig war von Beginn an nur, daß die Monroe-Doktrin nichts mit dem Ideal eines Panamerikanismus oder, wie es in unseren Tagen heißt, der »Interamerikanischen Gemeinschaft« zu tun hatte. Sie war ausschließlich dazu bestimmt, die nationalen Interessen der USA zu verteidigen. Als solche hat sie anderthalb Jahrhunderte in wechselnden Verkleidungen überstanden.

Daß die Unabhängigkeit eines Kontinents nicht die Unabhängigkeit der *Staaten* dieses Kontinents bedeuten muß, zeigte sich schon im Jahre 1917. Damals hatten die USA fünf de-facto-Protektorate in Lateinamerika und der Karibik errichtet: in Kuba, Haiti, Panama, Nicaragua und der Dominikanischen Republik. Eine einseitige Interventionspolitik – schon unter

Wilsons moralisch untermalter Präsidentschaft kam der Begriff der »unkonstitutionellen Regierungen« Lateinamerikas auf – spielt in veränderter Form auch heute noch eine Rolle.

Bis zum Ersten Weltkrieg waren es Sicherheitsgründe, Motive der »self defense«, die jeweils zum Eingreifen führten. »Die Sicherheit in der Karibischen See wurde als essentiell für den Schutz und die Sicherheit der amerikanischen Küsten und später des Panamakanals betrachtet.« (Kane 1972) Schon damals wurde erkennbar, in welch starkem Maße die Lateinamerika-Politik der USA von weltpolitischen Veränderungen abhing. »Tendenzen der US-Politik, die eine untergeordnete Rolle in anderen Teilen der Welt spielten, hat man in Lateinamerika in oft verwirrender Weise vergröbert und ihnen freien Lauf gelassen.« (Lowenthal 1972)

Denn nie war eine akute Bedrohung zu bekämpfen gewesen; das amerikanische Eingreifen erfolgte immer vorbeugend. Neben den Schulden der lateinamerikanischen Staaten war die Wiederherstellung von »Ruhe und Ordnung« das Leitmotiv amerikanischer Intervention. Nach dem Ersten Weltkrieg war selbst die Vorbeugung nicht mehr notwendig. Sowohl die Seemacht der USA wie deren ökonomisches Potential hatten Größenordnungen erreicht, die Konkurrenten automatisch ausschaltete. So verdoppelte sich der prozentuale Anteil der USA am Handel mit Lateinamerika von 1913 bis 1924. 1918 war die Hälfte der amerikanischen Auslandsinvestitionen dort plaziert. Sechzig Prozent des im Ausland stationierten Personals des State Department arbeitete in lateinamerikanischen Staaten, die Hälfte davon allerdings in grenznahen Staaten wie Kuba und Mexiko.

Die »Politik der guten Nachbarschaft«, die Präsident Roosevelt im Jahre 1933 postulierte, war daher nicht Ausfluß einer grundsätzlich gewandelten Einstellung, sondern eines veränderten internationalen Umfeldes. Die Kontrollmechanismen konnten unauffälliger arbeiten, weil die Macht der USA auf allen Gebieten unbestritten war. Für eine kurze Zeit schienen damit nord- und südamerikanische Ideale zur Deckung zu kommen: Nicht-Intervention war das Wort der Stunde. Die USA stellen sich von nun an jeder bewaffneten Intervention entgegen, so erklärte Roosevelt im Dezember 1933. 1934 wurden die US-Truppen aus Haiti abgezogen, im gleichen Jahre verzichtete Washington auf sein seit 1903 verbrieftes Recht, in Kuba zu intervenieren. 1941 gab es seine Steuerhoheit in der Dominikanischen Republik auf.

Die USA hatten bis zu diesem Zeitpunkt immer dann interveniert, wenn sie durch Unruhen in den lateinamerikanischen Staaten entweder ihre strategische Sicherheit oder ihr kommerzielles Interesse bedroht sahen. Der Zweite Weltkrieg schien die Allianz der beiden Amerika noch zu stärken. Insbesondere wurden sich die USA ihrer Abhängigkeit von der Rohstoffbasis Lateinamerika bewußt. Als Folge des Zweiten Weltkrieges kam es daher zu einer Konsolidierung des interamerikanischen Systems, das sich bewährt zu haben schien. Der Rio-Pakt von 1947 hatte vor allem die Aufgabe, die engen politischen und militärischen Bindungen zu formalisieren. Zugleich aber nahm der ökonomische Einfluß der USA bisher unbekannte Dimensionen an. Als Importeur nahm es 45 % aller lateinamerikanischen Ausfuhren auf (1910 = 12 %). Die amerikanischen Exporte verdoppelten sich gegenüber dem Beginn des Zweiten Weltkriegs auf 37 %. In den 25 Jahren nach 1945 verfünffachten sich die amerikanischen Investitionen. Sie begnügten sich nicht mehr damit, auf den »klassischen« Feldern der Ausbeutung der Bodenschätze tätig zu werden, sondern nahmen bestimmenden Einfluß in praktisch allen Branchen der verarbeitenden Industrie. Solche Fakten geben einen Hinweis darauf, warum – nachdem erst einmal die Initialzündung der kubanischen Revolution die Möglichkeit von Selbstbefreiung gezeigt hatte – seit Mitte der sechziger Jahre Nationalismus und Diktaturen zugleich auftraten. Denn der amerikanische ökonomische Einfluß ließ die Gesellschaftsstrukturen unverändert, erlaubte andererseits jedem, die Gründe für die sozialen Spannungen der Hegemonialmacht zuzuschieben.

Dies hatte schwerwiegende Folgen. Mit dem Engagement der USA nahm nämlich die amerikanische Neigung zu, an den Investitionen die eigene Gefährdung zu messen. Erneut glaubte Washington eine Bedrohung seiner Hemisphäre erkennen zu müssen: Der internationale Kommunismus trat an die Stelle der europäischen Nationalstaaten. Der fast paranoide Antikommunismus, wie er sich in der McCarthy-Ära bemerkbar machte, wurde zum besten Alliierten jener lateinamerikanischen Militärs, die ihre Wünsche nach Waffen nur mit einer kommunistischen Bedrohung zu begründen brauchten. Andererseits war es meist deren Versagen, das ein Eingreifen der USA in die inneren Angelegenheiten Lateinamerikas notwendig zu machen schien. Die Militarisierung Südamerikas hatte ihre Ursachen also im Antikommunismus Washingtons. Er wiederum wurde in diesen Jahren gerechtfertigt mit der Begründung, daß in Kriegszeiten die USA auf Rohstofflieferungen aus Südamerika angewiesen seien. Um sich die Sicherheit der Lieferungen zu erhalten, sei es notwendig, die »Kommunikationslinien« offen zu halten. Das Militärprogramm der USA wurde 1954 daher so begründet: Es sei die Absicht dieses Programms, lateinamerikanische Staaten mit der Art von Ausrüstung und Ausbildung zu versehen, die sie benötigten, um einen Teil der Last auf sich zu nehmen, die mit der Sicherung solcher Verbindungslinien und Einrichtungen verbunden sei. Das aber bedeutete: Interamerikanische Arbeitsteilung zugunsten des zukünftigen Funktionierens der amerikanischen Kriegsindustrie, und auch: Nicht Hilfe aus sozialen, sondern aus strategischen Gründen.

5.3.2 Guatemala 1954 – die offene Intervention

In diesen Zusammenhang reiht sich der »Fall Guatemala« lückenlos ein. Was rückblickend wie eine Operetteninszenierung wirken könnte, schien damals eine Form und für die amerikanische Regierung die einzig mögliche Form, die UdSSR daran zu hindern, auf dem Kontinent Fuß zu fassen. Formuliert man noch globaler, so war nach den direkten Konfrontationen in Berlin 1948/49 und Korea 1950/53 dies das erste Exempel eines neuen Szenarios, in dem den Staaten der Dritten Welt eine besondere Rolle zugedacht war. Daß hier eine Erstaufführung vorlag, darüber sind sich die Experten einig: »Die guatemaltekische Krise war die erste eines vorwiegend endogenen Typs von lateinamerikanischen Krisen im Kalten Krieg.« (Parkinson 1974) Und ein anderes Urteil: »Die guatemaltekische Episode ist das Exempel einer fundamentalen Revolution, die, vereitelt durch ideologische Zwiespältigkeit und auswärtige Subversion, scheiterte; sie wurde eine neue Quelle lateinamerikanischer Reizbarkeit gegenüber der US-Politik.« (Gil 1970)

Entscheidend für die neue Szenerie war die Tatsache, daß die Staaten der »grauen«, noch nicht großmachtbesetzten Zonen sowohl Puffer zwischen den ideologischen Großmächten wie auch Kampfplatz sein konnten. »Sie waren fähig, neues Mahlgut für die Mühlen des Kalten Krieges auf eine Art und Weise zu liefern, die den Weltmächten nicht ganz willkommen sein konnte; denn obwohl die militärische Stärke der beiden Hauptkontrahenten nunmehr unbestritten war, waren sie in ihrem taktischen Spielraum begrenzt.« (Parkinson 1974) Auch wenn die guatemaltekische Krise »eigenerzeugt« war, so hatte sie doch die Intervention zumindest einer Weltmacht zur Folge.

Vier Jahre, bevor Fidel Castro in Kuba den Beweis dafür antrat, daß eine anti-amerikanische Regierung im Hegemonialbereich der USA möglich sei, machte die Intervention Washingtons in Guatemala daher auf Tatsachen aufmerksam, die sich in zwei Lektionen zusammenfassen ließen:

»1) Es war für ein extrem linkslastiges Regime möglich, die Macht in der Hemisphäre zu ergreifen und zumindest für einige Zeit trotz der stillschweigenden oder ausschließlich verbalen Opposition der USA an der Macht zu bleiben.

2) Anders als ihre Vorgänger hatte sich die Regierung der Vereinigten Staaten unter Präsident Eisenhower darauf eingestellt, jede physische Hilfe dem zu leihen, der ein solches Regime absetzte.« (Calvert 1969)

Was sich in Guatemala im Jahre 1954 abspielte, geschah zu einer Zeit, in der sich die USA gezwungen sahen, den Franzosen Hilfe in Indochina zu geben, und in der das Scheitern der Europäischen Verteidigungsgemeinschaft vor allem auf kommunistische Machenschaften zurückgeführt wurde. Der Ruf nach sozialem Wandel in Lateinamerika war daher nicht

Ausdruck des Willens, überständige soziale Strukturen zu verbessern (22 Familien in Guatemala besaßen ebensoviel Land wie 13000 Bauern, die »United Fruit Corporation« kontrollierte ein Drittel der bebauten Fläche), sondern allein der Ausdruck der Machenschaften einer weltkommunistischen Verschwörung.

Die USA hatten sich zuvor nicht eingeschaltet, als der guatemaltekische Diktator Jorge Ubico (1931–1944) eine Art Zwangsarbeit der Indio-Bauern zugunsten der Großgrundbesitzer eingeführt hatte. Im Jahre 1944 hatte die Anwesenheit amerikanischer Truppen in Guatemala zusammen mit der Ausbreitung der durch die Atlantik-Charta bedingten Ausbreitung liberal-nationalistischer neuer Ideen dazu geführt, daß mit Juan José Arévalo (1945–1950) ein »spiritueller Sozialismus« in Guatemala einzog. Ihm folgten mit der Machtübergabe an Jacobo Arbenz seit 1951 drastische Maßnahmen der Landenteignung, die insbesondere die United Fruit Corporation trafen. Zugleich – so verlautete aus offiziellen amerikanischen Quellen – habe der Einfluß von in Moskau ausgebildeten Kommunisten auf die Regierung zugenommen. Die Tatsache, daß Linksparteien auftauchten, daß kommunistisch beeinflußte Gewerkschaften ins Leben gerufen werden konnten, daß Lehrergewerkschaften entstanden, waren für Washington Anzeichen genug, daß der Weltkommunismus die »weiche Stelle« Südamerikas aufgespürt hatte, um dort seine ersten Stützpunkte zu errichten. Sicherlich war Arbenz nicht der Typ des »demokratischen« Diktators. Denn im Jahre 1950 soll er seinen Konkurrenten um die Präsidentschaft aus dem Hinterhalt erschießen lassen haben; 1954 brachten die letzten Tage seiner Herrschaft eine Reihe grausamer Exekutionen.

Das Problem Guatemala stellte sich für die USA 1954 so: Es galt, die »kommunistische Zelle« Guatemala zu zerstören, ohne selbst als der Urheber der Zerstörung auftreten zu müssen. Daß es nicht um Guatemala ging, daß der Kalte Krieg den Hintergrund bildete, sagte US-Außenminister John Foster Dulles eindeutig am 30. Juni 1954: »Es war nicht die Macht der Regierung Arbenz, die uns beunruhigte, sondern die Macht hinter ihr. Wenn der Weltkommunismus sich eines noch so kleinen amerikanischen Staates bemächtigt, dann wird eine neue und gefährliche Front errichtet, die die Gefahr für die gesamte freie Welt vergrößern und noch größere Opfer vom amerikanischen Volke verlangen wird.« (UNaWR 9.7.1954)

Dieser Hintergrund muß gesehen werden, will man nicht dem oberflächlichen Eindruck der Szenerie verfallen, in der sich die Ereignisse abspielten. Guatemala, eine der »Bananen-Republiken«, unabhängig seit 1839, hatte zu dieser Zeit etwa drei Millionen Einwohner, die Hälfte waren Indios, 38 Prozent Mischlinge, der Rest Weiße. Die einzig nennenswerte Stadt war die Hauptstadt Guatemala-City mit knapp 300000 Einwohnern, die nächst größere zählte nur etwas mehr als ein Zehntel davon. Kaffee war das Hauptausfuhrprodukt: An Wert exportierte Guatemala das Sechsfache an Kaffee wie an Bananen. Die Abhängigkeit von den USA zeigte sich in den Export- und Importziffern: 76 Prozent der guatemaltekischen Exporte wurden von den USA aufgenommen; 64 Prozent der Importe stammten aus den USA.

Jacobo Arbenz war der zweite gewählte Präsident seit der Diktatur Ubicos. Sein Vorgänger Arévalo war aus dem argentinischen Exil zurückgekehrt, zwar frei gewählt worden, doch verdankte er seine Wahl allein der militärischen Intervention von Arbenz und seinen Freunden, die den Kommandeur des größten Forts von Guatemala-City erschossen und damit den kurzfristigen Nachfolger von Ubico, Federico Ponce, aus dem Amt gejagt hatten. Areválo hatte in seiner sechsjährigen Amtszeit 29 Komplotts und Konterrevolutionen zu überstehen, mußte dreizehnmal die konstitutionellen Freiheiten außer Kraft setzen. Zweimal – 1950 und 1952 – hatte schon Oberst Carlos Castillo Armas, ein extrem konservativer Offizier, vergeblich versucht, die Macht an sich zu reißen.

Seit der Machtübernahme durch Arbenz 1950 war die guatemaltekische Regierung den USA ein Dorn im Auge. Sie hatte nicht allein einen Teil der Großgrundbesitzer enteignet – sie hatte engen Umgang mit bekannten südamerikanischen Kommunisten gepflegt, hatte europäische Gewerkschaftler eingeladen, hatte, obwohl die Verfassung die Gründung internationalistischer Parteien verbot, die Bildung einer »Arbeiterpartei«, also einer Kommunistischen Partei zugelassen, hatte die Bauern zu organisieren und bei der städtischen Bevölkerung zu agitieren versucht. Die große Unbekannte war die Armee geblieben, der Arbenz selbst entstammte.

Das Ereignis, das die USA nach der Bekundung von Präsident Eisenhower zum Handeln bewogen hat, war der Transport von angeblich 2000 Tonnen tschechischer Waffen, die mit gefälschten Papieren auf einem schwedischen Frachter ausgemacht worden waren. Bis zu diesem Zeitpunkt hatte man den Plänen, von Honduras aus Guatemala zu befreien, relativ wenig Chancen gegeben. Dies vor allem nicht, weil die Popularität von Arbenz bei der Bevölkerung als solide galt. Jetzt aber erschien mit Castillo Armas (der 1957 ermordet wurde) ein Mann, der plötzlich fähig war, Soldaten zu rekrutieren, ihnen 2,50 Dollar Sold pro Tag zu garantieren, der sie uniformieren konnte und sie in Flügen, die jeweils 400 Dollar kosteten, nach Grenzorten von Honduras brachte. Auf etwa 5 Millionen Dollar wurden die Kosten für die »Konterrevolution« veranschlagt. Später wurde bekannt, daß auch die CIA ihm 4 Kampfflugzeuge »geliehen« hatte, mit denen er Guatemala-City bombardieren ließ. Die Piloten wurden ihm ebenfalls zur Verfügung gestellt. Die Tatsache, daß dies von honduranischem Boden aus geschehen konnte (für Washington wäre es ein leichtes gewesen, dies zu verhindern), zeigt das amerikanische Interesse an der Aktion.

Castillo Armas plante als erstes, die Eisenbahnlinie zwischen Guatemala-City und Puerto Barrios, dem wichtigsten Hafen des Landes zu unterbrechen. Dann sollte ein bewaffnetes Schiff von Honduras aus den Hafen für die Aufständischen in Besitz nehmen. Anti-kommunistische »Guerilleros« (das Wort war in diesem Zusammenhang noch nicht erfunden) sollten sich sodann im Lande erheben und schließlich ein beträchtlicher Teil der guatemaltekischen Armee zu Armas überlaufen.

Der Plan lief nicht nach Wunsch. Zum ersten war Armas nicht der Mann, der die anti-kommunistischen Kräfte beherrschte. (Es wäre dies General Miguel Ydigoras Fuentes gewesen, der später noch einmal Präsident wurde. Doch er hatte nicht genügend Mittel für einen Aufstand.) Zweitens war das Überraschungsmoment im Augenblick der »Gegenrevolution« durch allzugroße Publizität, wie später in der Schweinebucht, schon verpufft. Drittens wurde das Schiff für Puerto Barrios abgefangen. Viertens lief die guatemaltekische Armee nicht über. Und fünftens fand der Aufstand im Lande nicht statt.

In dieser Situation versuchte die Regierung Arbenz, die Weltöffentlichkeit auf ihre verzweifelte Lage aufmerksam zu machen. Es war ein Versuch in einer Zeit, in der die Länder Lateinamerikas ihre Interessen gegenüber den USA noch nicht kollektiv vertraten. Guatemala rief den Weltsicherheitsrat der UNO an, in dem es zumindest *einen* Staat wußte, der es unterstützen würde: die Sowjetunion. Der Weltsicherheitsrat hielt den Fall für so wichtig, daß er seine erste Sonntagssitzung seit dem Korea-Krieg 1950 abhielt. Brasilien und Kolumbien beantragten gegen das Votum Guatemalas, die Angelegenheit als inner-amerikanische Affäre zu betrachten und sie deshalb der OAS, wo die USA eine sichere Mehrheit wußten, zu übertragen. Der Vorsitzende des Sicherheitsrates, der amerikanische Botschafter, Henry Cabot-Lodge jun., sagte sehr deutlich, daß es im Falle Guatemala nicht um Guatemala gehe, sondern um einen Fall im Kalten Krieg, als er dem sowjetischen Vertreter Zarapkin zurief: »Ich sage dem Repräsentanten der Sowjetunion, halten Sie sich aus dieser Hemisphäre heraus und versuchen Sie es dort nicht mit Ihren Plänen und Verschwörungen.« Die Sowjetunion legte draufhin ihr 60. Veto ein. Einigen konnte man sich allein darauf, daß jede Aktion, die Blutvergießen verursachen könnte, sofort eingestellt werden sollte.

Währenddessen verschärfte Arbenz das Kriegsrecht, verhängte eine Verdunkelung über die Hauptstadt, ließ politische Gegner und Anti-Kommunisten verhaften und teilweise auch foltern. Seinen schnellen Sturz verdankte er allerdings einem psychologischen Mißgriff: Er hatte zuerst die Offiziere, dann auch die übrige Armee seit seinem Amtsantritt durch Besserstellung und Privilegien auf seine Seite gebracht. Die modernere Ausrüstung, die sie erhalten hatte, kam der Armee ebenfalls gelegen. Ihr war es gleichgültig, woher die Waffen stammten. Deshalb war die Armee bis dahin neutral geblieben; keinesfalls konnte sie allerdings in ihren oberen Rängen als kommunistisch infiltriert gelten. Jetzt aber setzte Arbenz Offiziere ab, die ihm »unzuverlässig« erschienen. Vor allem aber tat er etwas in den Augen der Offiziere Unverzeihliches: Er bewaffnete die Bauern, die gegen die Söldner von Armas antreten sollten. Damit schuf er eine »Gegenmacht«, gegen die sich wiederum die Armee mit ihrem Machtmonopol zur Wehr setzte. Denn sie konnte sich ausrechnen, daß nach einem Sieg von Arbenz eine »Säuberung« in ihren Rängen stattfinden werde. In diesem Augenblick erst versagte sie ihm den Gehorsam.

Daß ihre Entscheidung letzten Endes allerdings im Hinblick auf die USA und nicht so sehr auf die Invasion der »Befreiungsarmee« getroffen worden war, läßt sich nur im Zusammenhang mit dem Verhalten des amerikanischen Botschafters in Guatemala, Peurifoy, begründen. Tatsächlich ist der Ausbruch des guatemaltekischen Konflikts auf die Intervention dieses einen Diplomaten zurückzuführen. Peurifoy war erst vor kurzem in Guatemala-City eingetroffen. Davor hatte er die griechische Regierung in ihrem Kampf gegen die kommunistischen Rebellen in Griechenland beraten. Nach einem Gespräch mit Arbenz am 18. Dezember 1953 hatte er in einer Depesche an das State Department seine Regierung zum Eingreifen aufgefordert. Dieses Schreiben, das Präsident Eisenhower in seinen Memoiren mitteilt, ist es wert, zitiert zu werden: »In einer sechsstündigen Aussprache hörte mir Arbenz zu, wie ich ihm die führenden Kommunisten in seinem Regime namentlich aufzählte. Er gab aber nicht nach. Bei vielen als Roten verschrienen Leuten bestritt er, daß es sich um Kommunisten handele. Sollten es Kommunisten sein, so seien sie nicht gefährlich. Seien sie gefährlich, könne er sie überwachen. Könne er sie nicht überwachen, würde er sie festsetzen lassen. Alle unsere Schwierigkeiten, so sagte er, seien auf schlechte Geschäftspraktiken der Amerikaner zurückzuführen ... Ich hatte den Eindruck, der Mann denkt wie ein Kommunist und spricht wie ein Kommunist. Wenn er selbst wirklich keiner ist, so ist er doch ein Platzhalter. In diesem Sinne erstattete ich Außenminister Dulles Bericht.« (Eisenhower 1964)

Die Zusammenfassung seiner Tätigkeit, die ein amerikanisches Nachrichtenmagazin zu dieser Zeit gibt, vermittelt das Bild, in dem sich die USA damals selbst zu sehen wünschten, das aber ihre Rolle euphemistisch untertreibt: »Distanziert, aber freundlich, seine Ratschläge erteilend, wenn sie von ihm gewünscht werden, hilft Botschafter Peurifoy in aller Ruhe, die erste kommunistische Gefahr einer Übernahme der Macht in einer Nation der westlichen Hemisphäre zu beenden.« (UNaWR 9. 7. 54) Daß dieser Diplomat eine kompliziertere Aufgabe vorfand als alle seine Vorgänger, beschrieb man so: »Frühere amerikanische Botschafter ... in den dreißiger Jahren hielten einfach Kontakt mit dem Diktator Ubico, der als ein großer und guter Freund der amerikanischen Firma United Fruit

Corporation sogar einmal mit Truppen in Guatemalas Kongreß eingedrungen war, um die Abgeordneten zur Verabschiedung eines Gesetzes zu zwingen, das der Firma eine Konzession für ihre jetzige Tiguiseta-Bananen-Plantage gab.« (Time 28. 6. 54)

Tatsächlich war der amerikanische Einfluß in Guatemala-City selbst ausschlaggebend gewesen. Von Anfang an hatte Peurifoy klargemacht, daß eine andere Lösung als die der völligen Abdankung des gewählten Präsidenten nicht in Frage komme. Sein Rat basierte auf einem einzigen Prinzip: »Der Kommunismus muß verschwinden.« In diesem Sinne lehnte er sowohl den Vorschlag ab, eine Militärjunta, in der Arbenz immerhin noch einen Platz gehabt hätte, zu akzeptieren. Er forcierte nach Arbenz' Abgang den Rücktritt einer Militärjunta unter dem guatemaltekischen Generalstabschef und favorisierte seinerseits einen Obersten Monzon, von dem man annahm, er sei »einer der wenigen wirklichen Anti-Kommunisten, die mit der Arbenz-Regierung verbunden waren«. In Gegenwart des Botschafters bildete Monzon eine neue Junta. Auf Peurifoys Drängen, wenn auch, wie betont wurde, vermittels des Päpstlichen Nuntius, kam es schließlich zu einem Treffen der beiden Obersten Monzon und Armas in San Salvador. Als sie sich nicht zu einigen vermochten, war es wiederum der amerikanische Botschafter, der seine Lösung erzwang. Nach ihr wurde in der ersten Phase Monzon Chef der Junta, Castillo Armas eines ihrer Mitglieder. Neue Wahlen zur Präsidentschaft sollten ausgeschrieben werden. Diese fanden allerdings bis 1957, bis zur Ermordung von Armas, der dann doch 15 Tage später die ganze Macht übernahm, niemals statt.

Die Aktion der USA – als solche war sie für jedermann erkennbar – wurde innerhalb wie außerhalb der Vereinigten Staaten sofort scharf mißbilligt. Selbst europäische Staaten weigerten sich, dem Ansinnen der Amerikaner Folge zu leisten, daß in ihren Gewässern Schiffe für Waffen nach Guatemala durchsucht werden dürften. Durch Südamerika ging eine Welle anti-amerikanischer Kundgebungen. In Honduras wurden Studenten bei einer solchen Kundgebung niedergeschossen. Die Parlamente von Uruguay und Chile verurteilten öffentlich die »Aggression gegen Guatemala«, in Argentinien klagten Peronisten ebenso wie die oppositionelle gemäßigte Radikale Partei Washington des Imperialismus an. Man schrieb in amerikanischen Zeitschriften von einer »Revolte, die die USA niemals gewinnen könne«.

Im Gesamtbild externer Einflüsse auf Revolutionen ist die amerikanische Intervention in unserem Zusammenhang ein Beispiel für die Ambivalenz der Möglichkeiten einer Supermacht in ihrem eigenen Hegemonialbereich. Auf der einen Seite wurde hier noch einmal der halbkoloniale Status eines mittelamerikanischen Staates verdeutlicht; auf der anderen Seite machten sich schon internationale Einflüsse bemerkbar, die eine fast unverhüllte Unterstützung von Konterrevolutionen durch die USA wie in

Guatemala nicht mehr ratsam erscheinen ließen. Die zunehmende Empfindlichkeit gegen offene Gewaltanwendung auch durch die Supermächte und trotz der Mentalität des Kalten Krieges wird deutlich. Die Sensibilisierung der internationalen Moral im Zeichen der De-Kolonisierung wirft ihre Schatten voraus. Wenn man die Ereignisse in Kuba und Chile mit einbezieht, ist die militärische Aktion der USA in Guatemala als geglückt, ihre Fernwirkung ist jedoch als schädlich zu bezeichnen.

Im Falle Guatemalas läßt sich das zynische Wort von Talleyrand nicht halten, der sagte: »Nicht-Intervention ist ein metaphysischer Ausdruck; er bedeutet ungefähr dasselbe wie Intervention.« Denn die bewaffnete, wenn auch verdeckte Intervention von außen ist hier eindeutig. Es fragt sich nur, ob die amerikanische Regierung, die CIA oder die United Fruit Corporation der treibende Teil waren? Einige Autoren entscheiden sich für die CIA, andere für die United Fruit. Es ist zumindest nicht von der Hand zu weisen, daß die amerikanischen Geschäftsinteressen unabhängig von dem, was die Regierung unter »internationalem Kommunismus« verstand, den letzten Ausschlag gegeben haben. Daher wurde nicht ohne Grund der Verdacht geäußert, die Folgen der bolivianischen Revolution von 1952 seien der eigentliche, nicht-ideologische Grund für die Intervention gewesen. »Es könnte sein, daß die ideologischen Überlegungen hinter den strategisch-diplomatischen an zweiter Stelle standen. Der erste Test in dieser Beziehung war die bolivianische Revolution von 1952 . . ., während der die Zinn-Minen verstaatlicht und die großen Güter . . . auf die Bauern aufgeteilt worden waren. Die ganze Klasse der reichen Grundbesitzer, die das politische Rückgrat des ancien régime gebildet hatte, war in diesem Prozeß zerrieben worden. Die Regierung der Vereinigten Staaten anerkannte nicht nur die revolutionäre Regierung, sondern gewährte ihr in der Folgezeit auch in zunehmendem Maße Wirtschaftshilfe.« (Parkinson 1974) Ein zweites Mal wollte Washington nicht zusehen.

Sicher ist, daß die amerikanische Regierung, der Präsident selbst, die Entscheidung, in Guatemala einzugreifen, mitgetroffen haben. Das geht aus Eisenhowers Memoiren hervor. Politisch wichtiger für die Zeit, in der die guatemaltekische Intervention stattfand, ist allerdings die Frage, was »internationaler Kommunismus« eigentlich sei. Denn Eisenhower schreibt über die Enteignung von nichtbestelltem Land der United Fruit Corporation: »Enteignung für sich allein liefert selbstverständlich noch keinen Beweis dafür, daß man kommunistisch ist.« Mehr Beweiskraft schien für Eisenhower die Tatsache zu haben, daß Guatemala sich aus der Fünf-Mächte-Organisation der mittelamerikanischen Staaten zurückgezogen hatte. »Guatemala konnte es sich nicht leisten, an einer Debatte über eine anti-kommunistische Resolution teilzunehmen.« (Eisenhower 1964) Tatsächlich konnte es dies nicht, da es die Mehrheitsverhältnisse kannte. Es hätte deshalb nicht die Möglichkeit gehabt, sich dort wirksam zu verteidigen.

Entscheidend aber war die Beurteilung durch den Botschafter Peurifoy. Hier zeigte sich, in welcher Weise selbst eine Großmacht von der subjektiven Voreingenommenheit eines ihrer Mitglieder aus dem diplomatischen Corps zum Handeln bewogen werden konnte. Peurifoy hatte Arbenz zu einem Kommunisten deklariert. Was aber ein Kommunist sei, wurde nicht weiter erklärt. Es genügte, daß Arbenz tschechoslowakische Waffen akzeptierte. Die Waffenlieferungen sind die entscheidende Wendung gewesen, die die USA zur Unterstützung der Intervention veranlaßt hat. Es war also nicht der soziale Wandel, den Arbenz im Inneren seines Landes seit Amtsantritt in Gang gesetzt hatte, der zur Intervention führte, sondern die »Intervention« nicht-amerikanischer Staaten. Allerdings hatten die USA dieser »Bedrohung« anderer lateinamerikanischer Staaten schon zuvor entgegengewirkt, indem sie über eine Luftbrücke an Honduras und Nicaragua Waffen lieferten. Ob und wieweit diese Waffen wieder in die Hände von Castillo Armas gelangten, ist nicht zu klären und spielt auch hier keine Rolle.

Der Fall Guatemala zeigte damals, daß schon der Ansatz einer Beeinträchtigung der Hegemonialherrschaft der USA in Lateinamerika in den fünfziger Jahren schwerste Sanktionen für den betreffenden Staat nach sich zog. Seit 1959 blieb als einzige Alternative zum amerikanischen Einfluß das Kuba Fidel Castros. Die lateinamerikanischen Staaten hatten somit die Wahl: Revolution à la Castro oder Kapitalismus à la Washington. Für die USA »diversifizierte« sich der Kampf gegen den Kommunismus dadurch, daß neben den für südamerikanische Verhältnisse nicht sehr attraktiven Kommunismus Moskauer Spielart nunmehr das Charisma eines südamerikanischen Revolutionärs getreten war.

5.3.3 Von der »Allianz für den Fortschritt« bis Chile

Die späten fünfziger Jahre haben wesentliche Akzentverschiebungen im inter-amerikanischen Verhältnis gebracht. Entscheidend dafür sind drei Faktoren: 1) Die kubanische Revolution, 2) die amerikanische Reaktion, 3) der beginnende lateinamerikanische Nationalismus, der sich zuerst in der Form von »Neutralismus« bemerkbar machte. Prototypisch für diese ersten Versuche, aus dem Kalten Krieg auszubrechen, war die Außenpolitik, die der brasilianische Präsident Quadros in den frühen sechziger Jahren begann. Er versuchte, 1) mit der afro-asiatischen Welt Kontakte anzuknüpfen, 2) Beziehungen zu den kommunistischen Ländern zu entwickeln und 3) eine Äquidistanz zwischen Washington und Moskau zu bewahren. Sein Vizepräsident, der spätere Präsident Goulart, wurde im Jahre 1965 das Opfer dieser Politik. Mit seinem Sturz begann die Militärdiktatur in Brasilien.

Es war die Tragik der Lateinamerika-Politik von Präsident Kennedy, daß sie in einem Augenblick initiiert wurde, in dem nicht nur die Glaubwürdigkeit der Motive Washingtons durch die Invasion in der Schweinebucht im April 1961 auf einen Tiefpunkt gesunken war. Auch die Spaltung der Länder Lateinamerikas in »Falken« und »Tauben« gegenüber dem Castro-Regime machte eine kohärente amerikanische Außenpolitik immer schwieriger. Es gelang zwar den USA, bis zum Jahre 1964 alle Staaten des Kontinents (außer Mexiko) dazu zu bewegen, die diplomatischen Beziehungen zu Havanna abzubrechen. Doch war dies vor allem eine Reaktion auf die revolutionäre Militanz Castros.

Auf der Konferenz von Punta del Este 1962 und in deren Folgewirkungen zeigte sich die Zwiespältigkeit der amerikanischen Politik aufs deutlichste, obwohl gerade ihr Ausgangspunkt für die USA »revolutionär« war. Zum ersten Male erklärten sie, daß die Entwicklung Lateinamerikas nicht allein privatem Kapital überlassen bleiben könne. Sie müsse durch staatliche Hilfe unterstützt werden. Zum ersten Male gingen sie – theoretisch – von der Annahme aus, daß sozialer Wandel auch für die USA akzeptabel, ja wünschbar sein könne. »Die Charta von Punta del Este erkannte ausdrücklich die Notwendigkeit eines tiefgehenden sozialen, ökonomischen und politischen Wandels an. Sie anerkannte ebenfalls, daß externes, sowohl privates wie öffentliches Kapital zur Entwicklung sozialer Ziele wie für Verarbeitungsbetriebe und andere Elemente wirtschaftlicher Expansion benötigt wurde ... Das Programm war in der Geschichte der inter-amerikanischen Beziehungen ohne Vorbild, denn in seinem Kern boten die Vereinigten Staaten an, eine soziale Revolution für Lateinamerika zu akzeptieren.« (Gil 1970)

Punta del Este aber hatte auch eine andere Seite. Es zeigte sich, daß hier ein neuer Weg im Kalten Krieg beschritten worden war. Die Aufmerksamkeit lag von nun an nicht mehr auf der Seite der äußeren Sicherheit des Kontinents – (dafür stand Guatemala als Beispiel) –, sondern auf der Seite der inneren Sicherheit der Einzelstaaten. Der Kommunismus sollte bekämpft werden, indem man die sozialen Bedingungen veränderte, aus denen er sich regenerierte. Doch diese Prämisse der »Allianz für den Frieden« erwies sich als falsch. Wenn es die Absicht der amerikanischen Regierung war, stabile demokratische Verhältnisse in Lateinamerika zu schaffen, so war sie schon 1962 gescheitert. In diesem Jahr begann die Serie der Militärcoups mit dem Sturz der zivilen Regierungen in Argentinien und Peru. 1963 folgten Guatemala, Ecuador, die Dominikanische Republik und Honduras. Die demokratischen Prinzipien der Charta von Punta del Este waren damit fundamental in Frage gestellt. Zum ersten Male zeigte es sich, daß – sofern die lateinamerikanischen Staaten einig waren – US-amerikanische Sanktionen keinen nennenswerten Eindruck mehr machten. Die Glaubwürdigkeit der Allianz schwand schließlich weiter dahin, als der Sturz des brasilianischen Präsidenten Goulart, der kommunistischer Neigungen verdächtigt wurde, von den USA mit sichtlicher Erleichterung aufgenommen wurde.

Die Gründe für dieses Scheitern sind vielfältig. An erster Stelle aber steht das Faktum, daß die Ziele, die sich das Programm setzte, unrealistisch waren. Die USA waren nicht darin geübt, soziale Evolutionen in Gang zu setzen. So erstickte der reformerische Impetus in der Washingtoner Bürokratie. Vor allem aber wurde versucht, in *einer* Dekade zu erreichen, was nur in mehreren Generationen erreichbar gewesen wäre, und auch dann nur, wenn neben dem Willen der amerikanischen Regierung der »good will« der amerikanischen Industrie dahintergestanden hätte. Diese Kluft zwischen Anspruch und Realität hat nicht nur enttäuscht; sie hat darüber hinaus zum Entstehen von Revolutionen in Lateinamerika beigetragen. »Die Kennedy-Formel der Allianz für den Fortschritt sah ausdrücklich vor, daß Länder, die sich zur Demokratie bekannten, mehr Hilfe bekämen als solche, die dies nicht taten. Unglücklicherweise waren die Ziele, ein bißchen nach Wilsonschem Modell, zu hoch gesteckt. Gerade weil sie mehr zu versprechen schienen, als gehalten werden konnte, könnten sie ihren eigenen kleinen Beitrag zum Abgleiten in die weitverbreitete Diktatur geleistet haben, die Lateinamerika im letzten Jahrzehnt erlebt hat.« (Bundy 1975/76)

Die Allianz für den Fortschritt hat die Militärdiktaturen nicht verhindert. Damit wird die These zumindest fragwürdig, daß es ausschließlich ökonomische Gründe seien, die die Unstabilität Lateinamerikas begründen. Darüber hinaus aber hat das amerikanische Verhalten selbst das partnerschaftliche Angebot rückgängig gemacht, als Washington 1965 mit Einsatz von mehreren zehntausend Soldaten in der Dominikanischen Republik (wegen der nicht bewiesenen und nicht beweisbaren Gefahr eines Staates nach kubanischem Muster) grundlegend die Glaubwürdigkeit seiner nicht-interventionistischen Politik zerstörte. Dieser Zweifel wurde noch erhärtet, als der amerikanische Kongreß in Konsequenz der Intervention eine Entschließung annahm, in der die einseitige Anwendung von Gewalt angesichts der Bedrohung durch den »internationalen Kommunismus, direkt oder indirekt« gerechtfertigt wurde.

Von dieser Intervention – der letzten direkten bisher – laufen mehrere Linien bis zur Machtergreifung Allendes und zu seinem Sturz. Zum einen ist es auffällig, daß seit dem Jahre 1965 die Guerilla-Bewegung in Lateinamerika noch einmal auffällig virulent wird. Sie hat ihren Höhepunkt 1967 und flacht dann ab. Sicher wirkte die von Castro einberufene Konferenz von Havanna Ende 1964 anspornend; andererseits lieferte die Intervention der Amerikaner ihr den Nährboden. Aus der verstärkten Hilfe der USA für Staaten, die von innen bedroht werden, aus einer Hilfe für Bürgerkriege also, resultierte die allgemeine Militarisierung. Denn mehr als 70 Prozent der amerikanischen Unterstützung für Lateinamerika wurden in den sechziger Jahren für Counter-Insurgency-Ausbildung und Anti-Guerilla-Training ausgegeben. Die neue Offiziersmentalität war aber nicht mehr allein eine schlichte Ableitung der Status-quo-Mentalität des Großbürgertums. Als »nationalistic movement within a nationalistic movement« stellte das professionalisierte »technokratische« Offizierskorps nun einen politischen Faktor dar, der sich nicht mehr in erster Linie als »freiheitlich-demokratisch« oder »marxistisch« definieren ließ, sondern als durch seinen Willen charakterisiert, sein Land zu modernisieren. Dahinter stand der Glaube, daß die Armee in besonderer Weise dazu prädestiniert sei.

So hat die Hilfe der USA für die Militärs nicht jenen Effekt gezeigt, den sich Washington erhoffte, nämlich die Vermittlung eines anti-kommunistischen, gleichsam automatisch funktionierenden Reflexes. Einerseits hatte der Kontakt mit der lateinamerikanischen Wirklichkeit folgende Wirkung: »Weder ihr professioneller Verteidigungs-Reflex noch ihr unmäßiger Geschmack an Ordnung und Hierarchie, noch die Counter-Guerilla-Doktrin und die Lehre auf der Schule von Fort Gulik haben die lateinamerikanischen Militärs uniform und monolithisch feindselig gegenüber notwendigen Reformen gemacht oder indifferent gegenüber der nationalen Unabhängigkeit.« (Wie sich der Versuch konterrevolutionärer Einwirkung auf die Militärs im einzelnen auswirkte, wird im übernächsten Abschnitt erörtert.)

Zum zweiten behielten die USA von der Intervention in der Dominikanischen Republik ein schweres Trauma zurück. Nachdem die offenen Interventionen sich als ebenso wirkungslos erwiesen hatten wie der versuchte Einfluß über eine Steuerung des sozialen Wandels, nachdem sich aber auch die Unterstützung anti-kommunistischer Militärs als ambivalent erwies, ist die amerikanische Politik in der Ära der Entspannung noch vorsichtiger geworden, ihre Interventionsmechanismen offenzulegen. Dennoch ist das Sicherheitsbedürfnis, das seit der Mitte des vergangenen Jahrhunderts feststellbar ist, nicht verschwunden. Das zeigte sich, als zum ersten Male in der westlichen Hemisphäre mit Salvador Allende in Chile ein gewählter Präsident mit kommunistischer Unterstützung an die Macht gekommen war. Damit stellte sich das Problem der Konterrevolution in neuer Form. Denn »seit einem Dutzend Jahren war Chile als ein Schlüsselstaat in Südamerika angesehen und Allende und die Kräfte, die ihn unterstützten, als Gefahren für die amerikanischen Interessen betrachtet worden«. (Fagen in: FA 1975) Schon 1958 hatte Allende nur knapp gegen den Konservativen George Allessandri, 1964 dann gegen Eduardo Frei, einen christlichen Demokraten mit sozialreformerischem Programm, im Kampf um die Präsidentschaft verloren. Damals schon hatte die CIA drei Millionen Dollar für die Unterstützung Freis ausgegeben. Er war als Person also kein Unbekannter. Wohl aber mußten die Mittel, sich seiner zu erwehren, in den siebziger Jahren anders gewählt werden, als dies wahrscheinlich in den fünfziger und sechziger Jahren der Fall gewesen wäre.

5.3.4 Chile – mißglücktes oder unterdrücktes Experiment?

Am 4. September 1970 erhielt der Kandidat der Sozialistischen Partei Chiles, der Radikalen Partei und anderer linker Gruppen, Dr. Salvador Gossens Allende, in einer Dreieckswahl 36,1 Prozent der Stimmen und damit die meisten Stimmen der drei Kandidaten. Da keine Stichwahl vorgesehen war, wählte ihn der chilenische Kongreß am 24. September zum Präsidenten.

Vor der Wahl, am 16. September 1970, hatte der damalige außenpolitische Berater des amerikanischen Präsidenten, Henry Kissinger, gesagt: »Es ist ziemlich leicht vorauszusagen, daß, wenn Allende gewinnt, die Wahrscheinlichkeit besteht, daß er über eine Reihe von Jahren hinweg eine Art kommunistischen Regimes errichten wird . . . Wir sollten uns also nicht darüber hinwegtäuschen, daß eine Machtübernahme von Allende in Chile für uns und die ganze westliche Hemisphäre massive Probleme aufwerfen wird . . .« Und noch früher, am 27. Juni, hatte das »Committee 40« des Kongresses, das für die Verteilung der Mittel an die Geheimdienste zuständig ist, der CIA 400000 Dollar bewilligt, um die Kandidatur Allendes zu verhindern. Im Juli hatte der Nationale Sicherheitsrat begonnen, ein Memorandum auszuarbeiten, das die künftige Politik gegenüber Chile festlegen sollte. Zwei Tage vor der Wahl wurden nochmals 350000 Dollar freigegeben, um chilenische Kongreß-Mitglieder zu bestechen, nicht für Allende, sondern für Allessandri, den konservativen Kandidaten, zu stimmen. Nach der Abstimmung für Allende wurden dann der CIA 8 Millionen Dollar (wegen der galoppierenden Inflation in Chile einem Kaufwert von etwa 40 Millionen Dollar entsprechend) bewilligt, um von 1971–1973 die Allende-Regierung zu »destabilisieren«.

Diese Beschlüsse wurden gefaßt, bevor die Allende-Regierung auch nur erste Schritte zu einer Verstaatlichung des amerikanischen Eigentums einleiten konnte. So wird von Anfang an erkennbar, daß der Sturz Allendes einem Gemisch aus dessen eigenen Fehlern, inneren und äußeren Faktoren zu verdanken ist. Die Rolle der USA läßt sich dabei nur multidimensional sehen. Sie bewegten sich auf verschiedenen, aber miteinander verzahnten Ebenen: 1) Sie leiteten diplomatische und politische Prozesse ein, um Chile international zu isolieren. 2) Sie übten ökonomischen und finanziellen Druck aus, um die vorhandenen sozialen Konflikte im Inneren des Landes zu verstärken. 3) Sie intensivierten die Beziehung zwischen dem amerikanischen und dem chilenischen Militär, und 4) sie lieferten Ressourcen für oppositionelle Elemente. Es sind dies alles Mittel, die insbesondere was die Punkte 3) und 4) anbetrifft, nur dann angewandt werden können, wenn der infrage stehende Staat frei mit der Außenwelt kommuniziert. In Castros Kuba wären sie auf diese Weise nicht einzusetzen gewesen.

Es wäre falsch, die subversiven Aktionen nur als das gleichsam von der Regierungsmaschinerie der USA losgelöste Werk des Geheimdienstes (der CIA) zu sehen. Denn die Politik gegenüber Chile – die öffentliche wie die verdeckte – wurde auf der höchsten Ebene der Exekutive beschlossen. Wie wichtig die Politik gegenüber Chile genommen wurde, ist daraus zu ersehen, daß Henry Kissinger als außenpolitischer Berater des amerikanischen Präsidenten im Herbst 1970 für drei Monate die Leitung einer eigens dafür gebildeten Spezialgruppe übernahm. »Es war damit sichergestellt, daß die Politik in dem Sinne gemacht wurde, wie er und der Präsident sie wünschten.« Zu dieser Zeit war erkennbar geworden, daß nicht nur die großen amerikanischen Multis auf Schutz ihrer Investitionen in Chile (ca. 1 Milliarde Dollar) drängten. Es spielten auch – möglicherweise sogar vorwiegend – politische Motive eine Rolle in der künftigen amerikanischen Politik. Diese beruhte global wie regional auf der Domino-Theorie. Man befürchtete zum Beispiel Rückwirkungen auf Frankreich und Italien, etwa in der Gedankenlinie: Wenn ein kommunistisches Regime in Lateinamerika mittels Wahlen an die Macht kommen kann, warum nicht auch in Europa? Für Lateinamerika las sich die Domino-Theorie so: »Was befürchtet wurde, war, daß sie . . . in tiefgehender Weise die Beziehungen der verschiedenen Kräfte in Südamerika beeinflussen könnte, daß sie eine Verbindung von ökonomischem Nationalismus und sozialistischen Formen, damit aber auch eine neue und schwer angreifbare Legitimität für ›Anti-Amerikanismus‹ und die Nationalisierung von Banken, Großindustrie- und Rohstoffausbeutung schaffen könnte.« (Angell in: CH 1974)

Dennoch bleibt in erster Linie der Eindruck, als habe sich die amerikanische Regierung vor allem zur Verteidigerin amerikanischer Industrie-Interessen gemacht. Enge Kontakte mit der CIA und mit dem Präsidenten wurden insbesondere dem amerikanischen Konzern ITT nachgesagt. So war der früher CIA-Chef McCone nunmehr als Vize-Direktor in der Führung von ITT tätig; Verbindungen ergaben sich also wie von selbst. Niemals zuvor konnte die Zusammenarbeit zwischen einer betroffenen multinationalen Firma und der Regierung später so lückenlos nachgewiesen werden wie in diesem Fall.

Das Problem der »privaten Außenpolitik« von großen Konzernen stellt sich aber auch auf andere Weise. Die Frage, die der Fall Chile aufwirft, lautet nämlich so: Ist es möglich und wahrscheinlich, daß eine Regierung von internationalen Konzernen zu Zwecken und Zielen benutzt wird, die nicht die Ziele der Regierung sein können, also nicht im nationalen Interesse liegen? Die Antwort hängt davon ab, wie die Regierung selbst ihre Ziele definiert. Was immer aber die Motive der amerikanischen Exekutive waren – Tatsache bleibt, daß das State Department die Kosten für die Propaganda-Aktivität in Chile ebenso übernahm wie das Treasury-Department unter Staatssekretär Conolly die Verantwortung für ökonomische Sanktionen gegenüber Allende.

Die Maßnahmen bestanden u. a. darin, daß Präsident Nixon im Januar 1972 erklärte, die USA wollten ihre Unterstützung für chilenische Anleihen zurückziehen, die in multilateralen Entwicklungsbanken erwogen wurden. Einen Monat später wurden die chilenischen Guthaben in den USA als Antwort auf die Enteignung der chilenischen Kupferminen in amerikanischem Besitz blockiert. Gleichzeitig wurde durch gerichtliche Aktionen der Verkauf chilenischen Kupfers in Europa erschwert. Welche wirtschaftlichen Sanktionen in Kreisen der CIA erwogen wurden und teilweise auch exekutiert worden sind, zeigte ein Programm, das dazu bestimmt sein sollte, einen ökonomischen Kollaps in Chile herbeizuführen. Es wurde dem ersten Vizepräsidenten der ITT, Derrity, durch William Broe, den Leiter der CIA-Abteilung »Clandestine Services Division«, schon am 28. September 1970 vorgetragen und sah vor: Nicht-Erneuerung von Bankkrediten, eine verzögerte Ersatzteil-Lieferung für Maschinen, Autos etc., Druck auf private Sparkassen und Banken, schließlich die Nicht-Gewährung technischer Hilfe durch private Firmen. Zweifellos war zumindest der zweite der späteren Streiks der Fuhrunternehmer, der mit zum Sturz von Allende führte, auf eine solche politisch motivierte Nichtbelieferung der Regierung zurückzuführen.

Auf dem Felde internationaler Kreditgewährung lassen sich derart starke Anzeichen für finanziellen Druck feststellen, daß der Schluß nicht abwegig ist, die Nicht-Gewährung von langfristigen Krediten sei nicht nur auf die »mangelnde Kreditwürdigkeit« Chiles unter Allende zurückzuführen (europäische Banken haben weiter Kredite gegeben), sondern sei aus politischen Gründen erfolgt, um durch eine »unsichtbare Blockade« die Regierung Allende zur Aufgabe zu zwingen. Diese Vermutung faktisch zu untermauern wird um so leichter, wenn man weiß, daß die Regierung Eduardo Freis nach 1964 mit langfristigen Anleihen amerikanischer oder amerikanisch dominierter Banken geradezu überschüttet wurde. Einen Monat nach seiner Amtsübernahme erhielt Frei eine 80-Millionen-Dollar-Anleihe zum Zwecke des Budget-Ausgleiches; weitere 80 Millionen bzw. später 20 Millionen Dollar kamen 1966 und 1968 hinzu, dazu 130 Millionen Dollar für spezielle Bedürfnisse zwischen 1965 und 1969. Es war dies die Zeit, in der die Berater der amerikanischen Regierung mit den damals florierenden christlich-demokratischen Parteien eine dritte – sozialdemokratische – Kraft zwischen den Kommunisten und den Konservativen in Chile stärken wollten.

Sowohl die Inter-American Development Bank (40 Prozent der Stimmen halten die USA) wie auch die Weltbank übten dagegen seit Beginn der

Regierung Allende eine bemerkenswerte Zurückhaltung. Die Verstaatlichung der Kupferminen, ökonomische Gründe also, kann dafür nicht allein das Motiv gewesen sein. Denn Peru, das 1969 ebenfalls eine Zweiggesellschaft der Standard Oil verstaatlicht hatte, wurde keineswegs mit derselben Schärfe behandelt. »Bis Ende 1971 hatten die US-Banken ihre kurzfristigen Darlehen scharf verringert und die Export-Import-Bank hatte bis auf weiteres alle neuen Anleihengarantien für Chile verzögert, und zu Beginn des Jahres 1972 setzte der Kongreß (ohne sichtbare Opposition von seiten der Regierung) das Gonzales-Amendment in Kraft, das die US-Vertreter in den multilateralen Vergabe-Institutionen dahingehend instruierte, daß sie gegen Anleihen für Länder zu stimmen hätten, die US-Gesellschaften ohne Entschädigung enteigneten.« (Sigmund in: FA 1974)

Wie sehr politische Gründe das amerikanische Verhalten bestimmten, zeigt der folgende Vergleich: Mitte August 1971, einen Monat nach der Verstaatlichung des chilenischen Kupfers, informierte die »US Export-Import-Bank« die chilenische Regierung, daß die Entscheidung über ihren Antrag auf Gewährung eines Darlehens von 21 Millionen Dollar für drei zivile Boeing-Flugzeuge für die chilenische Luftlinie verschoben worden sei. Begründet wurde dies damit, man wolle weitere Informationen über die Kupfer-Verstaatlichung abwarten. Andererseits aber wurde die Militärhilfe während des Allende-Regimes weitergeführt. Im Juni 1971 wurde ein 5-Millionen-Dollar-Kredit zum Ankauf von Transportflugzeugen gewährt, amerikanische Militärberater blieben in Chile, die amerikanische Flotte verlieh weiterhin Schiffe an die chilenische Marine. Und schließlich wurde im Mai 1972 – also lange nachdem die praktisch entschädigungslose Enteignung der Kupferminen verkündet war – bekannt, daß das chilenische Militär nochmals einen Kredit von 10 Millionen Dollar erhalten habe.

Dieser amerikanischen Haltung suchte Allende zu begegnen. Er versuchte, sich mit den Militärs zu verständigen und zeigte dem Offiziers- wie dem Unteroffizierskorps seine Bereitschaft, sie mit modernen Waffen auszurüsten. Hier trafen innere und äußere Beweggründe zusammen: Der Absicht der USA, sich das Militär als potentiellen Widerstandsfaktor zu sichern, stand die Intention der Regierung Allende gegenüber, zumindest die politische Neutralität des Militärs zu gewährleisten. Diese Absicht wurde durch radikale Äußerungen aus dem chilenischen sozialistischen Lager in ihrer Wirkung immer wieder vereitelt. Außerdem erschien dem Militär die Anhäufung automatischer Feuerwaffen in den Händen der militanten Linken auf die Dauer eine Bedrohung ihres Waffenmonopols zu werden.

Das Zusammenwirken externer Kräfte mit der potentiellen inneren Opposition, wie es sich im Falle des Militärs zeigt, läßt sich auch innerhalb der chilenischen Gesellschaft nachweisen. Einer Benachteiligung der Oppositionspresse durch die Regierung entsprach deren besondere Berücksichtigung durch die CIA. So heißt es, die Hälfte der CIA-Gelder sei über diese Presse an die Oppositionsgruppen in Chile geflossen. Anfällige, dazu im Verteilungssektor lebende Gruppen waren die etwa 30000 privaten Besitzer von Lastkraftwagen und die 100000 Besitzer von Einzelhandelsläden. Beide standen in Gefahr, ihre Selbständigkeit zu verlieren: die einen durch ihre Einbeziehung in eine staatliche Transportorganisation, die anderen durch ihre zukünftige Abhängigkeit von einer staatlichen Verteilungszentrale. Beide Gruppen aber hielten Schlüsselpositionen. Die CIA organisierte daher deren Streiks, die neben den Fehlern der Regierung schließlich zu einer Unzufriedenheit führten, die als »Kollaps« Allendes schon frühzeitig anvisiert worden war. Hinzu kam die Unterstützung von Privatunternehmern, Oppositions-Politikern und Gewerkschaften. Außerdem war es Allende zwischen 1971 und 1973 nicht gelungen, seine soziale Basis zu erweitern. Selbst in der Arbeiterschaft war sein Rückhalt schwächer geworden; die Unterstützung des Klein- und Mittelbürgertums hatte er sowieso niemals gehabt. Damit konnte er eine der Grundregeln von Fidel Castro nicht erfüllen, der eine möglichst breite soziale Unterstützung der Revolution gefordert hatte.

Angesichts dieser Tatsache ist es relativ bedeutungslos, ob die »unsichtbare Blockade« oder Allendes Fehler das entscheidende Moment für seinen Sturz gewesen sind. Sicherlich läßt sich das eine nicht ohne das andere sehen. Zumindest hatte es sich gezeigt, welche Möglichkeiten auch ohne bewaffnete Intervention von außen mobilisiert werden können, um die Popularität einer revolutionären Regierung derart zu mindern, daß konterrevolutionären Kräften damit erst die Möglichkeit zum Eingreifen gegeben wird.

Das Ergebnis der externen Intervention entsprach sicher nicht den ursprünglichen amerikanischen Vorstellungen. Denn die USA diskreditierten damit noch einmal ihr erklärtes Ziel, für demokratische Regierungen zu kämpfen. Es ist deshalb fraglich, ob der Militärcoup vom 11. September 1973 die direkte Unterstützung der USA besaß. Die späteren Kreditsperren durch den amerikanischen Kongreß sprechen dafür, daß zumindest diese Form einer Konterrevolution unter Mißachtung der Menschenrechte nicht die Zustimmung der amerikanischen Legislative fand.

Andererseits ist es auch nicht zu dem vorausgesagten Guerillakrieg in Chile gekommen. Neben den unmenschlichen Unterdrückungsmaßnahmen der neuen Machthaber, die in anderen lateinamerikanischen Staaten wie Brasilien und Argentinien lange Zeit nicht hinreichten, um die Fundamental-Opposition mundtot zu machen, scheint die Tatsache des unterbliebenen Guerillakampfes darauf hinzudeuten, daß die anhaltende Herrschaft des Militärs nur deshalb möglich ist, weil ihnen eine weitverbreitete Stimmung im Lande entgegenkam.

Das Problem, das sich im Zusammenhang mit Chile stellt, läßt sich auf die einfache Frage reduzieren: Ist es tatsächlich möglich, mit wie auch immer gearteten Mitteln von außen her einen solchen Zustand im Innern eines Landes herbeizumanipulieren, daß die ursprünglich vorhandene Bereitschaft zu revolutionären Formen des gesellschaftlichen Zusammenlebens soweit schwindet, daß die Konterrevolution einen aufnahmebereiten Nährboden findet? Der Fall Allende scheint darauf keine allgemeingültige Antwort zu gestatten; und zwar weder eine Antwort darauf, ob die Umwandlung zu einer sozialistischen Gesellschaft in einer kapitalistischen Umgebung überhaupt möglich ist, noch eine Antwort darauf, ob noch radikalere Mittel, etwa der Versuch einer Ausschaltung der Opposition, zum Erfolg der Revolution geführt hätten. Sofern man in Revolutionen im wesentlichen das Wirken einer Minderheit sieht, deren Bestreben es nach der Revolution sein muß, eine breite Massenbasis zu finden, könnte man die letzte Frage vielleicht bejahen. Aber dann stellt man die Rolle der Militärs, und damit des wichtigsten Teils der Machtelite, nicht in Rechnung. Die chilenische Revolution wäre wahrscheinlich erst dann endgültig durchsetzbar gewesen, wenn die Eliten an sich selbst irre geworden wären, wie dies 1974 in Portugal geschah, und wenn die ihnen unterstellten Soldaten die Legitimität der Rolle derer zu bezweifeln begonnen hätten, die sie befehligten, wie 1918 in Deutschland.

Der Ablauf der Ereignisse in Chile kann – neben dem Interventionsmechanismus, der von den USA in Gang gesetzt wurde – daher vorerst nur als ein erstes Beispiel dafür gelten, welch eine entscheidende Rolle die Militärs in Ländern der Dritten Welt ebenso als Innovationsfaktor wie als Träger reaktionärer Gewalt spielen können. Die Militärregierungen, deren Zahl stark zugenommen hat und die als Phänomen die Rolle der faschistischen und halbfaschistischen Regimes Mittel- und Südeuropas in den zwanziger und dreißiger Jahren zu spielen scheinen, ist allerdings ein optimales Instrument der Penetration fremder Staaten. Da sie sich nicht auf eine Massenbasis stützen, ist für sie die Abhängigkeit von Waffenlieferungen um so größer. Allerdings gilt das nur für Militärregierungen »alten« Typs. Insbesondere die Entwicklung der Militärregierungen in Brasilien zeigt, daß eine »Sozialisierung« von rechts durchaus die Folge sein kann. Eine neue Definition von Militarisierung hat von der Tatsache auszugehen, daß sich das nationalistische Militär auch der Produktionssphäre bemächtigt, um möglichst frei von ausländischer Abhängigkeit zu werden. Da Industrie und Rüstungsindustrie aber nur selten voneinander zu trennen sind, hat das oft zu einem Staatsanteil an der Industrieproduktion von mehr als 50 Prozent geführt, also zu einer »rechten« Form der Verstaatlichung der Produktionsmittel. Auch das ist im folgenden mit zu beachten.

5.3.5 Die Militarisierung Lateinamerikas

Entscheidend für die Bewertung externer Einflüsse auf die lateinamerikanischen Militärs ist die Tatsache, daß in ihrem Falle die Grenzen zwischen »professioneller« und politischer Betätigung extrem fließend sind. Denn lateinamerikanische Offiziere waren traditionellerweise schon immer auch »politische« Offiziere. Das heißt aber in Konsequenz: Wenn es gelang, sie in ihrem professionellen Bereich zu beeinflussen, dann war das auch in ihrer politischen Rolle möglich.

Da das staatliche System Lateinamerikas in einem merkwürdigen Gegensatz zu dessen innenpolitischer Unruhe und Labilität steht – die gewaltsame Auseinandersetzung von Staaten untereinander bildete stets die Ausnahme –, war das Militär dort praktisch nie gezwungen, als Verteidiger der nationalen Integrität aufzutreten. In erster Linie war daher das Militär Instrument zur Durchsetzung konkurrierender politischer Machtansprüche. Dabei konnte seine Rolle, von Ausnahmen wie Perón einmal abgesehen, als Verteidiger des sozialen Status quo definiert werden. In diesem Sinne konnte eine Indoktrinierung der Militärs gegen kommunistische Guerillas auch zu einer Indoktrinierung im Sinne eines generellen Anti-Kommunismus führen. Damit bekam militärische Ausbildung objektiv eine anti-kommunistische Richtung. Da der Begriff des Anti-Kommunismus in der amerikanischen Interpretation sehr weit gezogen war, bekam Counter-Insurgency-Ausbildung den Charakter eines Trainings zur Ausübung von sozialer Kontrolle im Innern des Landes durch Gewalt. »Soldaten werden so potentiell zu einer strategischen Einsatzreserve für zivile Bereiche; es kommt tendenziell zur Bildung einer militärisch befehligten, streikbrechenden ›Reservearmee‹ (shadow working force).« (Albrecht in: Leviathan 1975)

Eben dies war das Ziel jener Counter-Insurgency-Programme, wie sie nach der kubanischen Revolution von der Regierung Kennedy ausgearbeitet wurden. Dabei erhöhte die Abhängigkeit der lateinamerikanischen Armeen vom Material der USA die Einflußmöglichkeiten des Pentagon. Sie bestanden erstens darin, daß lateinamerikanische Offiziere in Spezialschulen in den USA und in der Kanalzone Panamas ausgebildet wurden; zweitens, daß technische Berater und ständige Militärmissionen in den einzelnen Staaten stationiert wurden; drittens, daß finanzielle Hilfe ebenso wie der Ankauf oder die Vermietung von Waffen gewährt wurden; viertens, daß die Offiziere mit Antiguerilla- und Antiaufstands-Methoden bekanntgemacht wurden, deren wichtigste Absicht gerade nicht darin bestand, sozialen Wandel zu erleichtern.

Eine derartige »Hilfe« von außen war nicht neu – als Beginn der professionellen Entwicklung lateinamerikanischen Militärs wird zum Beispiel die Einladung an eine deutsche Militärmission durch die Chilenen im Jahre

1885 genannt –; davon jedoch unterschied sich die amerikanische Politik, abgesehen von ihrer Monopolstellung, vor allem durch den Charakter ihrer Hilfe: »Unter dem Begriff ›Militärhilfe‹ verbarg sich ein umfassendes Programm und hegemoniale Machtpolitik.« (Puhle in: Lindenberg 1972) Nicht die Höhe der Waffenlieferungen war es also, die den amerikanischen Einfluß sicherte – gerade in den sechziger Jahren wurde der Transfer schwerer Waffen nach Lateinamerika restriktiv gehandhabt –, sondern die spezifisch politische Ausrichtung, die dieser Hilfe gegeben wurde. Denn sowohl pro Kopf der Bevölkerung wie total berechnet hatten andere Krisenherde bei weitem den Vorrang. Gemessen an den öffentlichen militärischen Pro-Kopf-Ausgaben lagen zum Beispiel 1973 Venezuela an 47., Argentinien an 48., Peru an 52., Chile und Uruguay gemeinsam an 54. und Brasilien an 60. Stelle, andere Staaten, z. B. Kolumbien und Guatemala, an 95. Stelle in der Welt. Der Haupteinfluß ging daher nicht über das Material, sondern über die Menschen. Fast 55 000 lateinamerikanische Militärs wurden zwischen 1950 und 1970 von den USA ausgebildet, das waren 4,5 Prozent des gesamten Militärs. Die Prozentzahlen sind für die einzelnen Staaten unterschiedlich. Es überrascht nicht, daß die mittelamerikanischen Staaten Ecuador, El Salvador, Guatemala mit ca. 25 Prozent Priorität genossen. Wenn allerdings in Bolivien, Peru und in der Dominikanischen Republik, wo ca. 10 Prozent amerikanische Schulung genossen, das revolutionäre Potential besonders groß war, so zeigt dies, daß die Schulung Nebenwirkungen hatte, die ursprünglich nicht eingeplant waren. Ob man daher aus der Tatsache, daß der gegenwärtige Staatschef Chiles, General Pinochet, Militärattaché in Washington war und mehrere amerikanische Spezialschulen durchlief, weitergehende politische Schlüsse ziehen kann, scheint zweifelhaft.

Der Einsatz von Militärs für zivile Belange (civic action) konfrontierte jedenfalls die Militärs mit den Sorgen des Landes, führte sie aus ihrer beruflichen Isolierung heraus und sensibilisierte sie für die Notwendigkeit sozialer Veränderungen. Wichtiger als die Tatsache, daß einige wenige der jüngeren Offiziere zu Führern von Guerilla-Organisationen wurden, scheint daher der Umstand, daß andere zu Führern »politischer« Bewegungen ihres Landes wurden und damit zumindest indirekt anti-amerikanisch agierten. Es ist zwar richtig, wenn es heißt: »Die in der Tat groß angelegte Indoktrinierung der lateinamerikanischen Offizierkorps führte wie nie zuvor zu sekundären Sozialisationsmustern und Identifikationsreihen derselben mit dem ausländischen Vorbild und läßt damit das Offizierskorps als eine der abhängigsten gesellschaftlichen Gruppen überhaupt erscheinen.« Doch ist diese Sicht einseitig. Ebenso richtig ist auch, daß der Kontakt mit der amerikanischen Wirklichkeit erst die Wahrnehmungsfähigkeit dafür geschaffen hat, wie rückständig das eigene Land war.

Die Folge daraus war nicht die Übernahme vorhandener, z. B. castristischer oder marxistischer Muster, sondern die Erarbeitung eigener politischer Handlungsanleitungen. In diesem Sinne waren etwa die 1951 eröffnete peruanische Militärakademie »Centro de Altos Estudios Militares« (CAEM) wie die brasilianische »Escola Superior de Guerra« (ESG), 1949 wiedergegründet, von kaum zu unterschätzender Wichtigkeit für die Formation der Militärs beider Staaten, die modellhafter für Lateinamerikas Wirklichkeit geworden sind als Fidel Castros Kuba. Vergleicht man etwa Chile mit Peru, so ist offenkundig: »Gleiche Sicherheitspolitik ... kann zu unterschiedlichen politischen Verhaltensmustern lateinamerikanischer militärischer Eliten führen.« (Puhle in: Lindenberg 1972)

In beiden Fällen ist es richtig, daß der von außen vermittelte Begriff von »innerer Sicherheit« maßgebend geworden ist für das Verhalten der Militärs. Als ironischer Nebeneffekt der Guerillaerfahrung, der sich später als wichtigste Konsequenz überhaupt herausgestellt hat, kann die Erweiterung des innenpolitischen Horizontes der lateinamerikanischen Militärs gesehen werden; ironisch deshalb, weil die Schulung gegen kommunistische Guerillas zur Schärfung des sozialen Bewußtseins der Militärs und damit zu einer neuen Bewertung des Verhältnisses von Armut und Abhängigkeit führte. Es darf z. B. nicht vergessen werden, daß Offiziere, die 1968 eine linke Militärregierung in Peru errichteten, zuvor gegen Minenarbeiter und Guerilleros angetreten waren. Ihre Reflexe richteten sich danach gegen zweierlei: einmal gegen das »trojanische Pferd des Imperialismus«, die APRA, jene Partei, die in den fünfziger Jahren Truppen und Jungoffiziere gegen ihre Generale getrieben hatte, nach der Machtergreifung aber nach rechts geschwenkt war; sie richteten sich aber auch gegen die »Sekte eingeborener Bolschewisten«. Ein weiteres Element des peruanischen Dualismus wirkte schließlich in den sechziger Jahren revolutionierend: die Erkenntnis, daß große Teile des Inneren Perus vom politischen Leben des Staates ausgeschlossen blieben. Diese über die CAEM vermittelten Gedanken wären Theorie geblieben, wenn nicht die Armee seit 1965 im Antiguerilla-Krieg eingesetzt worden wäre. Hier entwickelte sich der Blick dafür, daß die Counter-Insurgency-Methoden, wie sie die Amerikaner entwickelt hatten, ursprünglich für deren eigene Bedürfnisse gedacht waren, für einen Kampf in einem Land, in dem die gesamte Bevölkerung der Feind ist. Als man erkannt hatte, daß der »revolutionäre Krieg« in Wahrheit ein peruanischer Bürgerkrieg war, daß es auf die Dauer für eine Armee beschämend ist, als Polizei eingesetzt zu werden, stieg die Unzufriedenheit mit den Amerikanern, die zudem aufgrund ihrer neuen Strategie keine schweren Waffen mehr liefern wollten. Aus der Erkenntnis, daß man nur untergeordnete Funktionen in einem Kampf einnahm, dessen Methoden und Ziele von den USA definiert wurden, entwickelte sich das Bedürfnis nach nationaler Identität.

Daß dies nicht dazu führte, sich erneut mit der herrschenden Oberklasse zu verbinden, lag darin begründet, daß man diesen Kreisen schon seit langem entfremdet war. Denn immer mehr Offiziere kamen aus dem Mittelstand und waren auch in die höheren Kader aufgerückt. So kam es zur Revolution von 1968, die, wie sich erst später herausstellte, mehr als nur ein institutioneller Coup d'Etat gewesen ist.

Ähnliches galt ein Jahr später für Bolivien, das wir deswegen hier nur kurz behandeln, weil die Regierungszeit der linken Militärregierung nur kurz gewesen ist. Schon im Jahre 1970 wurde sie durch den Coup des Obersten Banzer, den sowohl Brasilien wie die USA stillschweigend unterstützten, wieder beendet. In Bolivien hatte der Krieg um den Chaco, der 1935 gegen Paraguay verloren worden war, eine Mystik der Volksgemeinschaft entwickelt, die auch die Indios einschloß. Als der bolivianische Präsident, General Ovando, im Jahre 1969 die amerikanische Gulf-Oil-Company verstaatlichte, tat er dies nicht ohne den Hinweis, daß »das Blut, das auf dem Sand des Chaco vergossen wurde, nicht umsonst vergossen ist«. Ökonomische Abhängigkeiten wurden so mit der bolivianischen Tradition in eine enge Verbindung gebracht.

Die Veränderung des bis dahin vorherrschenden Modells des militärischen »pronunciamentos«, mit dem beliebig austauschbare militärische »Caudillos« abgelöst wurden, durch einen geplanten Aufstand eines ganzen Standes hat entscheidende Wandlungen mit sich gebracht. Heute nimmt das Militär selbst die Führungsposition für sich in Anspruch. Seine Begründung ist meist einfach; schon im Jahre 1943 hatte eine Gruppe argentinischer Offiziere erklärt: »Zivilisten werden niemals die ›grandeur‹ unserer Ideale verstehen; aus diesem Grunde ist es notwendig, sie aus der Regierung zu entfernen und ihnen die einzige Aufgabe anzuvertrauen, für die sie geschaffen sind: Arbeit und Gehorsam.«

Insofern sind die lateinamerikanischen Revolutionen, wie sie etwa in Brasilien, Bolivien, Peru stattfanden, sicherlich Revolutionen von oben. Daß sie aber im letzten Jahrzehnt oft mit der Absicht begonnen wurden, die sozialen Lebensumstände grundlegend zu ändern, kann nicht bestritten werden. Daß sie – unterschiedlich zwar, aber erkennbar – autoritäre rechte innenpolitische Strukturen zumindest teilweise mit linken Reformansätzen zu verbinden verstanden, ist eines der Vexierrätsel, das angesichts der Geschichte Lateinamerikas verständlich ist, dennoch dem Betrachter als ein temporäres Faktum erscheint, das je nach Lage der Dinge, insbesondere der Weltwirtschaft, umkehrbar zu sein scheint.

5.3.6 Revolution als Gewohnheitsrecht

Die revolutionären Bewegungen Lateinamerikas reihen sich einerseits ein in das weltrevolutionäre Gesamtbild der Gegenwart, soweit es als ein

Aufstand der unterprivilegierten gegen die privilegierten Staaten verstanden wird. Sie unterscheiden sich andererseits von Revolutionen in Afrika und Asien. Abgesehen von den rassischen Diskriminierungen in Afrika und von der weltpolitisch unterschiedlichen Konstellation in Asien ist die Ursache darin zu suchen, daß trotz der nicht wegzudiskutierenden sozialen Ungerechtigkeiten und relativen Verelendung im ganzen gesehen der Kontinent nicht überbevölkert ist. »Die meisten Länder haben ein höheres Einkommen pro Kopf der Bevölkerung, eine breitere Mittelschicht, weniger Analphabeten, mehr Kapitalien und weniger von jenen ›Attitüden‹ und ›Tabus‹, die die moderne Entwicklung hemmen.« (Goldenberg)

Dieser nach der kubanischen Revolution geschriebene Befund zieht dennoch nicht den Schluß, daß die revolutionäre Entwicklung deshalb maßvoller, weniger heftig verlaufen müsse. Im Gegenteil; da das intellektuelle revolutionäre Potential größer ist als anderswo, sei es auch eher fähig, eine revolutionäre Grundstimmung zu aktualisieren. Es ist dies ein Tatbestand, der sich wenig später in dem verbreiteten Aufflammen von Guerillabewegungen in Lateinamerika bewahrheitete. Diese Guerillabewegungen, die als transnationale Ansteckung zu kennzeichnen wären, fallen nur in Randbereichen unter unser Thema, da sie in wesentlichen Teilen endogen motiviert sind. Allerdings muß zumindest der beispielgebende Charakter des »bewaffneten Kampfes«, wie ihn Fidel Castro in der Sierra Maestra führte, erwähnt werden. Gleiches gilt von dem bolivianischen Abenteuer Che Guevaras, das allerdings zu ganz anderen Folgen führte, als vorauszusehen war. Che Guevaras Guerillatätigkeit in Bolivien wurde dort wie in Peru zum Anlaß einer sozialen Revolution von oben. Daß diese Guerillabewegungen der kubanischen Revolution als Initialzündung bedurften, dann durch amerikanische Interventionen genährt wurden, zeigt rückblickend auch, wie sehr das Schicksal von Revolutionen in Lateinamerika davon abhängig ist, ob und wie sie in den Traditionen des Kontinents verwurzelt sind.

Bis dahin hatte der »internationale Kommunismus« keine zählbaren Erfolge erzielt. Dies steht der These entgegen, daß unterentwickelte, halbkoloniale Staaten, die sich schon im Prozeß der Modernisierung befinden, einen besonders günstigen Nährboden für marxistische Infiltrationen abgäben. Tatsache war, daß kommunistische Parteien in Lateinamerika selten mehr als 10 Prozent der Stimmen auf sich vereinigten (so in Chile 1961 11,5 Prozent). Die kommunistische Klassenanalyse hat sich in den sechziger Jahren deswegen als falsch erwiesen, weil sie richtige Teilwahrheiten absolut setzte. Damit aber verspielte sie potentielle Chancen. So war es – nach Richard Löwenthal – falsch, von der »nationalen Bourgeoisie«, die insbesondere aus Technokraten und Militärs bestand, anzunehmen, sie sei nicht fähig, eine Entwicklung einzuleiten, die sich vom westlichen Kapitalismus grundlegend unterscheide. Falsch war, daß man glaubte, die Wirtschaft des Westens sei auf die »Ausbeutung« der unterentwickelten Staaten so dringlich angewiesen, daß sie ihre Regierungen immer und überall dazu veranlassen könne, gegen deren politisches Interesse zu handeln; und falsch war auch der Glaube, nichtkapitalistische Modernisierung sei nur unter kommunistischer Führung möglich.

Solange die »Militarisierung« den Kontinent noch nicht überschwemmt hatte, waren »radikale« Parteien in Lateinamerika vor allem dann erfolgreich, wenn sie das System der repräsentativen Demokratie nicht vom Prinzip her bekämpften, sondern sich in deren Rahmen als radikal-demokratische Parteien mit populistischem Nährboden zu erkennen gaben. Allerdings hat die repräsentative Demokratie seit 1960 in ganz Lateinamerika abgewirtschaftet. Das populistische Element aber, also jene Bewegungen, die sich an alle Klassen der Bevölkerung im Namen nationaler Ziele wandten, hat im Zeitalter der linken Militärdiktaturen dazu geführt, daß sich die Generäle, etwa in Peru, scheuten, eine eigene »Partei« zu gründen, die ihre Ziele verdeutlichte. Sie hielten es 1968 und danach für richtiger, die »Revolution«, die sie meinten, so zu umschreiben, daß sie sowohl von nationalistisch denkenden Unternehmern, den katholischen Angehörigen des Mittelstandes, von sozialistischen Gewerkschaften und sogar von linken Sozialrevolutionären als »ihre« Revolution betrachtet werden konnte. Erst die Spätphase, auf die noch zurückzukommen sein wird, zeigt ein Verblassen derartiger Gemeinschaftsvorstellungen.

Das einigende Band aller südamerikanischen Revolutionen ist der Versuch, zugleich eine Verbesserung der Lebensbedingungen der unteren Schichten zu erreichen und sich dabei von der Hegemonialmacht USA unabhängig zu machen. Dies hat zu verschiedenen Formen von Aufstand und Revolution geführt: die Nationalisierung ungenützter Plantagen der United Fruit durch Arbenz im Jahre 1954, der Sturz der Diktatur Batista in Kuba im Jahre 1959, linke Militärdiktaturen in Peru 1968 und Bolivien 1969, der Versuch des brasilianischen Präsidenten Goulart, zu Beginn der sechziger Jahre sein Land gegenüber dem Handel mit dem Osten zu öffnen; 1971 die erste gegen die USA formulierte Außenpolitik eines lateinamerikanischen Staates durch den bolivianischen General Torres, der diese Initiative nicht lange überlebte; schließlich die Rückkehr des »populistischen« Juan Perón nach Argentinien im Jahre 1973. Diesen Versuchen, die »Rahmenbedingungen« für ein lateinamerikanisches Land zu verändern, standen »Gegenrevolutionen« der verschiedensten Tönungen gegenüber: Die Intervention der USA in der Dominikanischen Republik im Jahre 1965, die Militärherrschaft in Brasilien seit 1964, der Gegenputsch Oberst Banzers in Bolivien 1971, die Liquidierung der Allende-Regierung durch General Pinochet im Jahre 1973 und im gleichen Jahr die Installierung der Militärregierung Bordaberry in Uruguay, zuletzt der Sturz des »neuen« Peronismus in Argentinien im Jahre 1975 durch das Militär.

Sie alle haben spezifische Eigenheiten. Da es uns darauf ankommt, das Typologische einer Revolution im Verhältnis zu ihrer internationalen Umwelt herauszuarbeiten, sollen im folgenden nur drei Ausprägungen lateinamerikanischer Revolutionen, ihre Eigenheiten und Erfolgsaussichten analysiert werden: Kuba, Peru, Brasilien.

5.3.7 Kuba – Austausch der Schutzmacht

»Zu Kuba fällt jedem etwas ein.« (Wolf Grabendorff) Hinter diesem Satz steht die Mehrdeutigkeit des Verlaufs der kubanischen Revolution. Sie kann als Beispiel für unterentwickelte wie für entwickelte Staaten herangezogen werden, als Modell einer originär lateinamerikanischen Revolution wie als warnendes Beispiel eines Wegs vom Pragmatismus zum Dogmatismus. Tatsache ist, daß Kuba bisher der erste und einzige Staat im Vorfeld der USA geblieben ist, der sich dem Einfluß der Hegemonialmacht entziehen konnte – allerdings um den Preis, sich unter den Schutz einer anderen Weltmacht begeben zu müssen. Den Wirtschaftssanktionen, die von den USA seit 1959 über Kuba verhängt worden waren und die 1964 von der OAS erweitert wurden, konnte von Havanna nur dadurch begegnet werden, daß die UdSSR das damit entstehende Defizit übernahm. Wie bedeutend das amerikanische Engagement war, geht daraus hervor, daß die amerikanischen Investitionen auf der Zuckerinsel pro Kopf der Bevölkerung dreimal so hoch waren wie auf dem übrigen Kontinent. Die USA lieferten 70 bis 80 Prozent der Importe, 60 bis 70 Prozent der kubanischen Exporte gingen in die Vereinigten Staaten. Dennoch ist Kuba bis heute der einzige Staat Lateinamerikas geblieben, in dem ein vom Moskauer Modell zwar unterschiedener, doch von der UdSSR anerkannter Sozialismus herrscht. Dieser revolutionäre Sozialismus lebt mit einem doppelten Paradox: Zum einen hat die von den USA unterstützte, mißglückte Schweinebucht-Invasion vom Jahre 1961 Kuba zu einem Opfer »imperialistischer Aggression« gestempelt. Sie, wenn auch nicht *nur* sie, sicherte Havanna seitdem die Unterstützung der sozialistischen Länder wie eine Führungsposition in einem Teil der Dritten Welt. Zum anderen aber hat sich Kuba mit dem sowjetischen Schutz eine Beschränkung seines außenpolitischen Spielraums eingehandelt. Die Sympathie der Dritten Welt strahlte zwar bis Angola 1976 aus; jedoch war spätestens 1968, als Castro gegen jede lateinamerikanische Tradition den Einmarsch der sowjetischen Truppen in die ČSSR verteidigte, klargeworden, daß seine wirtschaftliche Abhängigkeit auch den Tribut politischer Abhängigkeit gefordert hatte.

Das sowjetisch-kubanische Zusammenspiel im revolutionären Prozeß Lateinamerikas ist bis in die späten sechziger Jahre durch Anziehung und Abstoßung, durch Konkurrenz und Kooperation gekennzeichnet. Ursachen dafür waren die unterschiedlichen nationalen Perspektiven, auseinandergehende Vorstellungen über die »revolutionäre Situation«, die ungleiche Stellung in der internationalen Politik. Was sie verband, war das gemeinsame Interesse daran, die Position der USA zu schwächen, kommunistische Überzeugungen zu verbreiten, die revolutionären Bewegungen Lateinamerikas zu stärken.

Schon in dem ersten halben Jahr nach seiner Revolution 1959 hatte Castro versucht, Umstürze in Haiti, Nicaragua, der Dominikanischen Republik und Panama zu inszenieren. Alle scheiterten kläglich. Dann zwangen ihn seine inneren Schwierigkeiten, eine Pause einzulegen. Anfang der sechziger Jahre versuchte Havanna erneut, das zu werden, was Moskau bis zu dieser Zeit für die Welt war: das ideologische Zentrum der lateinamerikanischen Revolution. Fidel Castro verteilte Zensuren, befand darüber, wer revolutionär und wer konterrevolutionär sei. Er tadelte nicht nur die kommunistischen Parteien Südamerikas, sondern versuchte darüber hinaus, die Politik des Ostblocks in Lateinamerika zu diktieren. So lehnte er die sowjetische Politik der »friedlichen Koexistenz« ab. Auf der Konferenz von Havanna 1964 setzte Castro seine Vorstellung vom »bewaffneten Kampf« schließlich durch. Doch es blieb eine kurze Phase relativer Selbständigkeit. Spätestens 1968 war sie zu Ende. Nachdem Havanna den Einmarsch in Prag gerechtfertigt hatte, blieb vom »eigenen Weg« Kubas nicht mehr viel übrig.

Moskau hatte schon 1959 auf die Errichtung des neuen Regimes nur recht zögernd reagiert. Es fürchtete, externe Unterstützung könne zum Vorwand für eine Intervention durch Washington werden. Außerdem waren die außenpolitischen Ziele der Revolution unklar. Erst Mitte 1960 nahm sich die Sowjetunion der Revolution an, während diese sich zugleich radikalisierte. Kuba begann seine anti-imperialistische Revolution zu exportieren: »Wir versprechen, unser Land zu einem Beispiel zu machen, das aus den Cordilleren der Anden eine Sierra Maestra des amerikanischen Kontinents machen wird.« Angesichts der offenen Unterstützung durch die UdSSR wurde das Scheitern der amerikanisch inspirierten Invasion in der Schweinebucht indirekt auch zu einem Erfolg Moskaus. Moskau selbst aber stand damals unter Druck. Denn Castro zeigte zu Beginn eine starke Sympathie für Peking. Die sowjetische Anerkennung der nationalistischen kubanischen Revolution als »sozialistische Revolution« läßt sich nur verstehen, wenn man den sowjetisch-chinesischen Konflikt im Hintergrund sieht.

Das kubanische Modell hat zu Beginn der sechziger Jahre zweifellos an der Wiege jener sowjetischen Vorstellungen von »revolutionärer« Demokratie gestanden, wie sie für die Dritte Welt maßgebend wurden. Erst damit paßten die sowjetischen Führer ihre Ideologie an die sozialen Bedingungen der neuen Staaten an. Das bis dahin starre Schema des Marxismus-Leninismus wurde so erst »operationabel«. Allerdings wurde die Vorstellung Havannas vom »bewaffneten Kampf« zur »Befreiung« Lateinamerikas nie in das Arsenal sowjetischen Denkens übernommen. An dem Gedanken, man könne Gewalt anwenden, ohne zuvor eine entsprechende Klassenanalyse zu leisten, schieden sich die sowjetischen und kubanischen Geister.

Wenn es die Regel ist, daß mit der Übernahme von Schutzfunktionen die Großmacht entscheidenden Einfluß auf die Außenbeziehungen der zu schützenden Macht ausübt, so trat zumindest bis zur Mitte der sechziger Jahre im Verhältnis Havanna–Moskau ideologisch der umgekehrte Vorgang ein: »1962 hatte die als sozialistisch anerkannte kubanische Revolution das sowjetische Modell für Lateinamerika zerbrochen.« (Levesque 1976) Die Sowjets befanden sich also in der zwiespältigen Situation, daß sie Castros Abenteuer zwar finanzierten, aber nicht kontrollierten. Einesteils mußten sie darüber erfreut sein, daß nunmehr ein sozialistischer Staat in Lateinamerika entstanden war; zum anderen aber fürchteten sie im Zeichen der beginnenden Koexistenz Schwierigkeiten sowohl mit den USA wie aber auch mit den Regierungen Lateinamerikas. Moskau hat daher seit der Konferenz von Havanna, die den »bewaffneten« Kampf in sechs Ländern beschloß, stets eine ambivalente Haltung eingenommen. Es unterstützte die revolutionären Bewegungen, suchte aber zugleich seine Beziehungen zu den bestehenden Regierungen aufrechtzuerhalten.

Diese Vorsicht, zusammen mit dem sowjetisch-chinesischen Gegensatz, eröffnete Havanna die Möglichkeit, die kubanische Führung für Lateinamerika mit um so größerem Nachdruck zu beanspruchen. Denn nur indem Moskau die kubanischen Vorstellungen unterstützte, vermochte es seine eigene Stellung zu behaupten. Auf der sogenannten »Trikontinentalen Konferenz« 1966 kam das deutlich zum Ausdruck. Zugleich markierte diese Konferenz den endgültigen Bruch Kubas mit Peking. Selbst die gemeinsame Grundüberzeugung von der Notwendigkeit des »bewaffneten« Kampfes vermochte ihn nicht mehr zu überdecken. Dieser Bruch mit China erhöhte wiederum die Abhängigkeit von der UdSSR. Doch solche Abhängigkeit war gegenseitig, so daß es Fidel Castro noch wagen konnte, durch sein Sprachrohr Régis Debray, dessen Buch »Revolution in der Revolution« 1965 erschien, sein revolutionäres Dogma zu verkünden.

Für die revolutionären Bewegungen hatte das nur negative Folgen. Ihre Unterstützung durch die kubanische Revolution führte im Effekt nicht zu ihrer Stärkung, sondern zu deren Spaltung. Denn neben die maoistische Spielart des revolutionären Sozialismus trat nunmehr auch noch deren castristische Variante. Mit dieser Entwicklung konnte Moskau nicht einverstanden sein; der Tag war abzusehen, an dem es der kubanischen Eigenmächtigkeit Zügel anlegen würde. Seiner Unzufriedenheit machte Moskau zum Beispiel dadurch Luft, daß es den kubanischen Forderungen nach höheren Rohöl-Lieferungen nicht nachkam. 1967/68 zeigte sich schließlich die Ironie des kubanisch-sowjetischen Verhältnisses. Die Sowjetunion war angesichts des Auftretens kubanischer Guerillas nunmehr in den Ruf eines relativ gemäßigten Regimes geraten. Die lateinamerikanischen Regierungen suchten im Zeichen der »Entspannung« neue Kontakte zu ihr. Zugleich war ein solcher Schritt für diese Regierungen ein Zeichen neu gewonnener Unabhängigkeit von den USA. Es geschah dies etwa zur gleichen Zeit, als 1967 in Bolivien Che Guevara erschossen wurde. Man kann sagen, daß diese Politik (einer Öffnung zur Sowjetunion) zu einem guten Teil durch die sowjetisch-kubanischen Meinungsunterschiede erleichtert wurde, deren sich die lateinamerikanischen Regierungen bewußt wurden. Diese Unterschiede ließen die UdSSR als relativ inoffensiv erscheinen.

Die Jahre 1967–69 wurden zu den schwierigsten in den sowjetisch-kubanischen Beziehungen. Der zunehmenden Tendenz Moskaus, den Kontakt mit den lateinamerikanischen Regierungen zu forcieren, steht noch die kubanische Hoffnung auf Revolution gegenüber, die bis zu diesem Zeitpunkt die wirtschaftlichen Schwierigkeiten Kubas erträglich erscheinen ließ. Im April 1968 machte Moskau dann Havanna klar, es werde in den kommenden Jahren nur noch je 2 Prozent mehr als jenes Quantum Rohöl liefern, das für die Entwicklung der kubanischen Wirtschaft dringend benötigt wurde. Die UdSSR hatte es damit in der Hand, die ökonomische Entwicklung Kubas nach Belieben zu steuern. Castro unterwarf sich diesem Faktum; seine Unterstützung der Guerilleros ließ nach.

Seit dem Ende der sechziger und dem Beginn der siebziger Jahre ist die Hoffnung auf eine Revolutionierung Lateinamerikas geschwunden. Das kubanische Revolutionsmodell ließ sich nicht auf den Kontinent übertragen. Nicht jede Regierung hatte den Grad an Machtverfall erreicht wie 1959 das korrupte Regime Batistas in Kuba. Und nicht ohne Grund hatte die von Präsident Kennedy ins Leben gerufene »Allianz für den Fortschritt« eine ihrer Hauptaufgaben darin gesehen, das Militär im Einsatz gegen Guerilleros zu schulen.

Castro war sich darüber klargeworden, daß er sich auf die Dauer eine regionale Isolierung nicht leisten konnte. Die Verbindung der kubanischen Revolution mit den Aufstandsbewegungen in Lateinamerika hatte ihn aber praktisch ins Abseits gestellt. Das mußte rückgängig gemacht werden. Auf dieser Basis erfolgte seit 1968 eine Wiederannäherung von Schutzmacht und Schützling. 1969 klang die Revolutionsprognose von Kubas »lider maximo« völlig anders als zehn Jahre zuvor: »Wieviel Zeit müssen wir noch warten? Soviel Zeit, wie es braucht, zehn, zwanzig, dreißig Jahre, wenn nötig, obwohl niemand denkt, daß es so lange dauern muß.« (Zit. nach: Levesque 1976) Schließlich war es das Jahr 1970, das dem Mythos der kubanischen Revolution ein Ende setzte. Während Fidel

Castro das Scheitern seines ökonomischen Zieles für dieses Jahr (eine Zuckerernte von zehn Millionen Tonnen) eingestehen mußte, begrub er gleichzeitig seinen Traum, einen sozialistischen Staat sui generis zu begründen – und damit auch als eigenständiges Modell für Lateinamerika zu wirken. Kuba wurde zu einem Staat innerhalb des sowjetischen Machtbereiches wie andere auch.

Die Wandlung der kubanischen Politik manifestierte sich nicht nur in der Annäherung an die sowjetischen Ziele. Sie zeigte sich auch, als neue Formen linker Regierungen an die Macht kamen. Zwar bedurfte es noch eines ganzen Jahres, bevor Fidel Castro der Revolution von oben, wie sie in Peru 1968 stattgefunden hatte, eine »revolutionäre Rolle« zuerkannte. Doch der friedliche Weg zur Macht von Salvador Allende in Chile, den Castro zuvor heftig kritisiert hatte, wurde schließlich von ihm als ein großes und revolutionäres Ereignis gefeiert. Innerhalb dreier Tage besuchte er 1971 drei Staatspräsidenten (in Chile, Peru, Ecuador). Zuvor hatte er zehn Jahre lang keine Besuche in Lateinamerika gemacht.

Die regionale Bewegungsfreiheit, die das revolutionäre Kuba in Lateinamerika damit erreicht hatte, wurde Anfang der siebziger Jahre durch die sowjetisch-amerikanische Annäherung noch einmal in Frage gestellt. Immerhin war die Gefahr nicht auszuschließen, daß sich die Großmächte im Zeichen der Entspannung auf »Einflußsphären« hätten einigen können. Dann hätte Kuba das Opfer dieser Entspannung werden können. Sein Eintritt in den COMECON – und damit eine noch stärkere Einbindung in das sozialistische Lager – war eine Art Garantie für die kubanische Unabhängigkeit. Der dadurch geschaffenen Lage trugen die USA wiederum Rechnung, indem sie Verhandlungen mit Kuba aufnahmen, die die starre Konfrontation lockerten. Erst die amerikanische Überheblichkeit hatte die nationalistische Revolution Kubas zu einer marxistischen werden lassen. Die Sicherheit im sowjetischen Blocksystem gab nun paradoxerweise Kuba eine neue, wenn auch beschränkte Manövrierfähigkeit gegenüber den USA.

Langfristig gesehen hat die kubanische Revolution die größte Aufmerksamkeit aller lateinamerikanischen Revolutionen gefunden. Ihre Folgen haben die Welt 1962 bis an den Rand eines Weltkrieges geführt; und sie hat Lateinamerika ein Jahrzehnt lang durch den Versuch, die Revolution mit Waffengewalt zu exportieren, beunruhigt. Ihre Langzeitwirkung auf die internationale Politik ist dagegen geringer, als es gemeinhin angenommen wird. Jedenfalls hat ihre Verflechtung mit der sowjetischen Außenpolitik eine dämpfende Wirkung gehabt, die den Modellcharakter der Revolution auf die Dauer weitgehend neutralisierte. Man könnte in bezug auf die internationale Wirkung der kubanischen Revolution von einer konterrevolutionären Einflußnahme der Sowjetunion sprechen, die der Beziehung von Regierung zu Regierung gegenüber der Beziehung von Volk zu Volk den Vorrang gab. Dieser allgemeinen Orientierung hat sich Kuba mit dem Gewicht seiner nur acht Millionen Einwohner und mit seinem »peripheren Sozialismus« nicht entziehen können. Dieser periphere Sozialismus hat eine eigenständige Entwicklung nicht erlaubt, sondern hat das sozialistische Kuba mehr und mehr in das Weltsystem des von Moskau beherrschten sozialistischen Blocks einbezogen. Insofern ist die kubanische Entwicklung gegenläufig: Während die anderen Staaten versuchen, sich von den Hegemonialbindungen zu befreien, haben sich während der letzten Jahre die Abhängigkeiten Kubas verstärkt. Die internationalen Wirkungen dieser Revolution liegen daher weniger im Bereich der eigenen Orientierung als darin, neue Optionen für andere Staaten geschaffen zu haben. Dies gilt auch für Afrika.

5.3.8 Peru – nationale Revolution von oben

»Wir sind keine Kapitalisten, wir sind keine Kommunisten, und wir wollen nicht in die Angelegenheiten von Ländern eingreifen, die für sich die eine oder die andere Ideologie in Anspruch nehmen. Wir suchen nur danach, wo unser Interesse liegt, und wir ersuchen um Respekt und um unsere Souveränität.« So sagte im Jahre 1974 der damalige peruanische Staatspräsident Juan Velasco Alvarado. Er umschrieb damit das Kernwort der peruanischen Revolution von 1968, »den ideologischen Pluralismus«. Von Velasco wurde gesagt, er sei in den sechziger Jahren stark von General de Gaulle beeinflußt worden. Gleichwohl hat die Revolution, von der Beobachter meinten, sie könne als Demonstration und Modell wichtiger werden als die mexikanische und sogar die kubanische Revolution, ihre eigene Logik. In ihr ist eine Mischung vom Sozialismus des 19. Jahrhunderts, von Anleihen aus der jugoslawischen Arbeiterselbstverwaltung und von »Anden-Mystizismus« enthalten. Es ist nichts Exportierbares, sondern, wie der gegenwärtige Präsident Bermudez sagte, »authentically homespun Peruvian«.

Die peruanischen Generale haben im Oktober 1968 während des Treffens der »Gruppe 77«, der nichtgebundenen Staaten also, in Lima den zivilen Präsidenten Fernando Bellaunde Terry gewaltlos beseitigt (und dann 1975 den Präsidenten Velasco bei gleicher Gelegenheit). Sie standen vor der Situation eines Landes, in dem 90 Prozent des Volkseinkommens in die Hände von 2 Prozent der Bevölkerung flossen, während sich 85 Prozent der Peruaner mit ganzen 3 Prozent des Volkseinkommens begnügen mußten – dies nur *ein* Beispiel dafür, daß das Pro-Kopf-Einkommen der Bevölkerung in einem unterentwickelten Land über die tatsächliche Schichtung des Wohlstandes überhaupt nichts aussagt. Die Revolution von oben des Jahres 1968 war das bisher eindrücklichste Beispiel einer Entwicklung, die man als den Wandel von einer »nationalen Revolution«

zur Machtergreifung »revolutionärer Nationalisten« bezeichnet hat. Von Anfang an war in Peru klar, daß die Armee als Institution und nicht zum Nutzen eines populären Obristen interveniert hatte. Von Anfang an war damit auch ersichtlich, daß sich das Militär nicht als ein Interregnum zwischen zwei zivilen Regimen fühlte, sondern als eine regierende »Klasse«, deren Aufgabe es war, ebenso mit neuen Zielen wie mit neuen Mitteln, aber auch mit einer neuen politischen »Moral« den notwendigen sozialen Wandel des Landes zu bewerkstelligen. Entscheidend war dabei nicht so sehr die Inanspruchnahme des Etiketts »Revolution«, sondern die Definition dessen, was hier als »nationalistische« und zugleich als »linke« Regierung bezeichnet wurde. Das peruanische Militär verfolgte dabei – ebenso wie das später gestürzte Militärregime von Bolivien 1969 – folgende Ziele:

1) Kontrolle über die ökonomische Durchdringung durch fremde Staaten.
2) Rückeroberung der freien Verfügung über die nationalen Naturschätze.
3) Soziale Reformen, die a) die Mitbestimmung der Werktätigen vergrößerten, b) die sozialen Entwicklungen beschleunigten.
4) Die Reduktion der Unterdrückung demokratischer Rechte bei der Durchführung der Reformen auf ein Minimum.
5) Die Ausrichtung ihrer Außenpolitik darauf, daß ein Höchstmaß an Flexibilität und Unabhängigkeit von den USA erreicht wird – eine Zielsetzung, die unser besonderes Interesse verdient.

»Kurz gesagt: Peru ist der Führer der sogenannten neuen Militärs geworden, das von vielen Beobachtern als Lateinamerikas lebensfähigste Alternative zum Marxismus angesehen wird, weil es Wirtschaftswachstum erreicht, zugleich aber eine beschränkte Mitwirkung des Volkes im politischen System ermöglicht.« (Grayson in: CH 1973)

Daß die Außenpolitik Perus von ideologischer Parteinahme möglichst freigehalten wird, zeigt sich darin: 1971 hat Peru als dritter lateinamerikanischer Staat nach Kuba und Chile China anerkannt, 1972 tauschte es Botschafter mit Havanna aus. Peru unterhielt in den beginnenden siebziger Jahren ebenso freundschaftliche Verbindungen mit den reaktionären Generalen Brasiliens wie mit dem marxistischen Präsidenten Chiles. Diese Beziehungen trübten sich erst, als General Pinochet an die Macht kam und damit die Rivalitäten der beiden Staaten wieder virulent wurden. Denn Peru fürchtete, das Opfer einer anti-kommunistischen Achse Bolivien/Brasilien/Chile zu werden. Auf Rechnung dieser Befürchtungen ging der Kauf sowjetischer Panzer um die Jahreswende 1973/74. Zugleich mit der starken Ausweitung seines Handels mit der Sowjetunion ließ sich Lima in heftige Dispute mit den Vereinigten Staaten ein, indem es seine Küstenzone auf 200 Meilen ausweitete. Sie führten zu erneuten Spannungen mit den USA. Denn schon sechs Tage nach der Machtübernahme 1968 hatten die Generale die »International Petrol Corporation« (IPC, eine Tochter der Standard Oil of New Jersey) enteignet. Es folgte 1973 die Verstaatlichung der Fischerei-Industrie, die vorwiegend in den Händen von fünf amerikanischen Firmen gelegen hatte und ca. ein Drittel des Exportes bestritt; 1974 die Verstaatlichung einer Minengesellschaft, deren Besitz wiederum in den Händen von vier amerikanischen Gesellschaften gelegen hatte; schließlich kamen Verstaatlichungen im Banken- und Telekommunikationssektor hinzu. Daß die Regierung Ende 1976 die »Re-Privatisierung« der 800 Trawler ihrer Flotte ankündigte, zeigte dann den veränderten Trend, auf den noch einzugehen sein wird.

Die Verstaatlichungen erregten, wie stets, in den Vereinigten Staaten das größte Aufsehen. Doch war das Kernstück des Erneuerungsprogramms eine radikale Landreform, die ernst machte mit der seit langem geplanten Landverteilung, mit der die Campesinos, die Indios, auch in das politische Leben des Landes einbezogen werden sollten. Man tat dies, indem man auf den Latifundien Kooperativen schaffte oder aber den Landanteil der Klein-Bauern vergrößerte. Wie sehr diese Reform im Mittelpunkt stehen mußte, ergab sich daraus, daß 0,4 Prozent der Besitzer 75 Prozent des Landes besaßen, im Landwirtschaftssektor selbst aber 75 Prozent der Bevölkerung beschäftigt waren. Im Industriesektor suchte die Regierung an das jugoslawische Modell der Arbeiterselbstverwaltung anzuschließen: Die Arbeiter sollten an Betrieben, deren Produktion und Planung beteiligt werden. Das wurde durch Eigentumsstreuung, Mitbestimmung und Gewinnbeteiligung erreicht. In den »Commidad industriales« erhalten die Arbeitnehmer 10 Prozent des Reingewinns, dazu müssen 15 Prozent des Gewinns reinvestiert werden, die als Kapitalbeteiligung der Arbeiter als Gruppe gelten. Hat dieses Kapital 50 Prozent des Gesamtkapitals erreicht, werden individuelle Anteilscheine an die Arbeiter ausgegeben. 1971 schrieb dazu die Sozialisierungstendenzen kaum sehr gewogene »Frankfurter Allgemeine Zeitung«: »Der so simplen, allenthalben zu Mißerfolgen führenden platten Verstaatlichungsmaxime ist damit heute schon eine Alternative gegenübergestellt, die zu besseren Ergebnissen führen könnte als alle bisherigen Programme radikaler südamerikanischer Ideologen.«

Die Zeitung konnte so urteilen, weil im peruanischen Modell das Recht auf Kapitalgewinn anerkannt wurde, zugleich allerdings ein Recht der Arbeitnehmer auf Gewinn, das im Verhältnis zu den Unternehmensgewinnen stehen sollte. Da die Junta den Privatunternehmen klargemacht hatte, daß sie eine einseitige Interessenwahrnehmung nicht mehr dulden werde, erklärten diese sich schon im Jahre 1971 im Rahmen einer »gemeinsamen Wirtschaftsfront zur Überwindung der Stagnation« bereit mitzuarbeiten. Später, im August 1973 kam das »Sozialeigentum« hinzu: Unternehmen, die in bestimmten Sektoren ganz in die Hand der darin Arbeitenden übergehen und von ihnen geleitet werden sollten. Mitte der siebziger Jahre waren alle »Haciendas« verschwunden; die meisten großen Unternehmen waren nationalisiert, die Regierung kontrollierte 90 Prozent der

Exporte und 50 Prozent der Importe, bei den nationalisierten Banken hielt sie die Kontrolle über mehr als 50 Prozent der benötigten Investitionen.

Damit waren die gesteckten Ziele erreicht. Aber wie im Falle Kubas, das seine Abhängigkeit gegenüber den USA durch eine noch vollständigere Abhängigkeit gegenüber der UdSSR eintauschte (innerhalb dieses Prozesses allerdings auch eine gerechtere Sozialordnung erkämpfte), zeigte sich auch im Falle Perus, daß das Ziel der realen Unabhängigkeit eines Staates, der in den globalen ökonomischen Austauschprozeß eingebunden ist, im letzten fiktiv bleiben muß.

Wie wenig später im Falle Chile hatte auch in diesem Falle Washington anfangs seine Kredite gesperrt. Zwar hat in der Folgezeit das private amerikanische Kapital nie ganz aufgehört, Peru mit Anleihen zu versorgen, doch zeigte sich seit dem Jahre 1973, daß Peru mit großen wirtschaftlichen Schwierigkeiten zu kämpfen hatte. Das veränderte Profil der interamerikanischen Beziehungen brachte es andererseits mit sich, daß Washington daran gelegen war, seine Beziehungen zu Peru wieder zu normalisieren. Dem beiderseitigen Interesse folgend erklärte sich Peru daher bereit, an die amerikanische Regierung u. a. 76 Millionen Dollar zu zahlen, um damit die enteigneten Unternehmen zu entschädigen; Washington hob dafür das Kreditembargo auf. Damit flossen wieder die staatlichen und internationalen Kredite; ebenso wurden die Waffenlieferungen wieder aufgenommen. Das wiederum führte zu verstärkten Investitionen. Im Gegensatz zu Chile, wo die amerikanischen Direktinvestitionen auch über den Sturz Allendes hinaus (z. B. 1973 643 Millionen Dollar, 1974 278 Millionen, 1975 300 Millionen Dollar) abgenommen hatten, haben die amerikanischen Investitionen in Peru seit 1969 kontinuierlich zugenommen (1970 744 Millionen Dollar, 1973 859, 1974 900 und 1975 1,2 Milliarden Dollar).

Der politische Einfluß auf ein Regime mittels einer mehr oder weniger willkürlich gehandhabten Kreditgewährung – kreditwürdig ist nicht vor allem, wer Gewähr dafür bietet, daß er rückzahlen kann, sondern vielmehr dafür, daß er im Lager dessen verbleibt, der die Kredite steuert – ist bekannt. In welchem Maße aber die interamerikanische ökonomische Verflochtenheit auf Radikalisierung oder Mäßigung eines Regimes einwirken kann, wie wenig grundsätzlich von unter- oder halbentwickelten Ländern dazu getan werden kann, das soziale Modell, das sie erstreben, so zu entwickeln, wie es ihnen richtig dünkt, zeigt der dritte Weg Perus. Damit ist auch die implizite Frage nach dem Handlungsspielraum solcher Staaten im internationalen Maßstab ziemlich einfach zu beantworten: Er ist klein. Denn weder ist aus der peruanischen Revolution herauszulesen, daß die entwickelten Mitbeteiligungs-Modelle die Effizienz der Wirtschaft lähmen, noch kann man ihr ankreiden, daß sie seit 1973 in zunehmende Schwierigkeiten geriet. Vielmehr spielen Faktoren eine Rolle, die außerhalb der Einwirkungsmöglichkeit der Regierung liegen. Ein Beispiel: Im Jahre 1970 hatte das Bruttosozialprodukt Perus am 7,3 Prozent zugenommen. Ursache dafür war der Umstand, daß sich durch die Nachfrage nach Protein der Preis für Fischmehl, Perus wichtigstem Exportartikel, stark erhöhte, daß zugleich die Kupferpreise anzogen und ebenso die Preise für Zucker. Dazu kam eine schärfere Kontrolle der Devisenmärkte, so daß die Handelsbilanz positiv ausfiel. Die Inflationsrate lag bei 5,6 Prozent. 1971 war die Tendenz umgekehrt: Fischmehl erwies sich als teilweise unverkäuflich, der Preis für Kupfer sank innerhalb von zwei Jahren um 40 Prozent; zudem streikten die Kupferarbeiter. Lohnerhöhungen der Lehrer und anderer Regierungsangestellter führten zu einem Staatsdefizit. Dennoch stieg das Bruttosozialprodukt um 7,5 Prozent. 1972 war mit mehr als 100 Millionen Dollar Handelsüberschuß und einer Wachstumsrate von 6 Prozent wiederum ein günstiges Jahr. Dennoch ließen eine rätselhafte Abkehr des Thunfisches von der peruanischen Küste, dazu die Streikbereitschaft der Minenarbeiter in diesem Jahr die Sorgen wirtschaftlich wieder größer werden. Zusammen mit der Ölkrise und den nachfolgenden Belastungen im Energiebereich führten die internen Schwierigkeiten 1973/74 zu Repressionsmaßnahmen gegen die Freiheit der Presse, schließlich sogar zu einem blutigen, von der Armee zusammengeschlagenen Streik der Polizei, der 30 Tote kostete.

Als man in diesem Augenblick glaubte, die Tendenz zu verstärkter staatlicher Kontrolle der Industrie habe angesichts dieser Schwierigkeiten nachgelassen, setzte eine weitere Nationalisierungswelle ein, die insbesondere von Präsident Velasco verantwortet wurde. Diesmal erschien sie nicht mehr als eine logische Folge aus dem Sozialisierungskonzept der Junta, sondern als Maßnahme, um von den internen Schwierigkeiten der Regierung abzulenken. Inzwischen waren die Staatsschulden von 82 Millionen Dollar im Jahre 1968 auf 322 Millionen Dollar im Jahre 1974 und auf 500 Millionen Dollar im Jahre 1975 gestiegen. Die Inflationsrate hatte sich von 20 auf 40 Prozent erhöht; die Wachstumsrate aber war weiter gefallen.

In dieser Situation wurde die Unzufriedenheit der Generale mit Velasco, dem man Starrheit und Eigenwilligkeit vorwarf, so groß, daß die ideologischen Streitigkeiten zwischen den »Linken« (mehr Staatseinfluß) und den »Rechten« (mehr ausländische Investitionen) beiseitegelegt und Velasco abgesetzt wurde. Der Nachfolger Morales Bermudez, ein gemäßigter Mann, verkündigte im Jahre 1976 die Phase II der Revolution. Dahinter verbarg sich nichts anderes als die Konsolidierung der Phase I, verbunden mit dem Versuch, ausländisches Kapital erneut für Peru zu interessieren. Das ironische Resultat: Peru ist nicht mehr nur abhängig von dem Willen des Internationalen Währungsfonds oder der Interamerikanischen Entwicklungsbank, in denen die amerikanische Regierung starken Einfluß hat, in denen aber immerhin die Profitinteressen durch die politischen Interessen der USA gebändigt werden – es ist nunmehr abhängig vom privaten Kapital der großen Industriestaaten. Im August 1976 wurde gemeldet, daß ein Konsortium amerikanischer Banken bereit sei, einen Kredit von 200 Millionen Dollar unter der Voraussetzung zu gewähren, daß Lima zu einem drastischen ökonomischen Stabilisierungsprogramm übergehe. Präsident Bermudez akzeptierte die Bedingungen. Die Folge war, daß ein Austerity-Programm – Erhöhung der Energie- und Transporttarife und der Nahrungsmittelpreise – zu schweren Unruhen im Innern des Landes führte. Dieses Kapitel der peruanischen Revolution wurde mit dem Satz kommentiert: »Soweit man zurückdenken kann, ist dies das erste Mal, daß privaten Banken die Macht gegeben wurde, die Währungs- und Steuerpolitik eines Landes zu bestimmen.« (NW 9. 8. 1976) Dieser verzweifelte Schritt war notwendig geworden, weil die Staaten des Ostblocks weder beim Ausbau der Kupferminen noch beim Ausbau der Hafenkapazitäten finanzielle Hilfestellung leisten wollten. Das aber hieß, daß für die Staaten der westlichen Hemisphäre, wie Peru, deren Unabhängigkeit auf dem Spiel steht, weiterhin keine Wahl bleibt. Der Ostblock fällt für die benötigten Kredite aus; Kuba absorbiert allzuviele der sowjetischen Mittel.

Washington hatte trotz seiner spürbaren Beunruhigung über den Gang der Dinge in Peru meist eine Haltung eingenommen, die man als »low profile«-Politik bezeichnen kann, d. h. eine unauffällige Politik des Abwartens, handelnd nur dort, wo amerikanische Interessen direkt betroffen wurden, und auch da nur zögernd, keinesfalls die Interessen der enteigneten Unternehmen exzessiv vertretend. Entscheidend dafür dürfte der Umstand gewesen sein, daß die peruanische Revolution mit der Wahl eines neuen Präsidenten (Richard Nixon) koinzidierte. Überdies lenkten das amerikanische Engagement in Vietnam und die fortdauernde Nahost-Krise die US-Diplomatie von Lateinamerika ab. Zum ersten Male aber machte sich auch die stärker pragmatisch orientierte Außenpolitik Henry Kissingers bemerkbar. Nicht mehr der Kontinent insgesamt wurde als bedroht angesehen; die Wahl der Mittel, um externer Subversion zu begegnen, wurde von Staat zu Staat verschieden gehandhabt. Das zeigte sich später in Chile. Peru galt dagegen als sekundäre Größe.

Das Interesse Washingtons dem Kontinent gegenüber war also unverändert geblieben, doch hatte sich der Spielraum der lateinamerikanischen Staaten im Zeichen des Schlagwortes »trade not aid« deutlich vergrößert. Zugleich war Washington zu einer Neubewertung der Militärregierungen gelangt. Während man in der Ära Kennedy/Johnson die undemokratisch an die Macht gekommenen Militärregimes widerwillig ertrug, obwohl sie im allgemeinen konservativ und anti-kommunistisch waren, trug der Rockefeller-Report 1969 dazu bei, sie nunmehr geradezu als »wichtige Kraft eines konstruktiven sozialen Wandels« zu bewerten. Davon profitierten auch die peruanischen Militärs.

Davon abgesehen beruht der Unterschied Perus zu den Fällen Guatemala, Dominikanische Republik, Bolivien, Chile, jeweils unterschiedlich akzentuiert, auf dreierlei Faktoren, 1) auf dem Zeitfaktor, 2) auf der möglichen Hebelwirkung und 3) auf der Differenzierung im sozialistischen Engagement. Dazu kommt die geopolitische Lage. Die Intervention in Guatemala 1954 war ein direkter Reflex des Kalten Krieges; die Intervention in der Dominikanischen Republik wird verständlich, wenn man den Staat von seiner Geschichte und seiner Lage her als »Halb-Kolonie« der USA betrachtet; die bolivianischen Militärs hatten, wie der Gegencoup des Obersten Banzer zeigte, keineswegs die gesamte Armee hinter sich, und von Allende konnten Signalwirkungen ausgehen. Von der peruanischen Junta hingegen war kein forcierter Export ihres Modells zu erwarten. Die Beschränkung auf das eigene Land, zugleich der Versuch, die soziale Ungleichheit und damit die Ursachen der revolutionären Strömungen zu beseitigen (schließlich waren es dieselben Offiziere, die 1965 die Guerilleros verjagt hatten), scheinen in Washington zeitweise sogar Erwartungen erweckt zu haben, das peruanische Beispiel könne zu dem so lange gesuchten »dritten Weg« zwischen Unterentwicklung und Kommunismus führen, ein Weg, den man schon in den sechziger Jahren bei den »christlichen Demokraten« Eduardo Freis in Chile gefunden zu haben glaubte.

Es hat nicht den Anschein, als werde sich diese Erwartung erfüllen, ebenso wenig wie die Hoffnung der peruanischen Revolution selbst, sie könne eine neue Gesellschaft, gegründet auf einen neuen Menschen, in dem Zeitraum schaffen, der ihr angesichts der sozialen Ungleichheiten bleibt. Der Grund dafür ist einfach: Revolutionen brauchen heute sehr viel Geld, um auf die Dauer erfolgreich sein zu können. Die kubanische Revolution kostet heute die UdSSR pro Tag 1,5 Millionen Dollar. So viel scheint Peru niemandem wert zu sein, sofern es an seiner nunmehr schon zur Illusion gewordenen »nationalen Revolution« festhält. Die Unruhen von 1978 haben das erwiesen; selbst der Weg zur »Demokratisierung« scheint trotz der Wahlen vorläufig versperrt. Daran ändert nichts das Versprechen der Militärregierung, sich den Beschlüssen einer verfassunggebenden Versammlung beugen zu wollen.

5.3.9 Brasilien – die technokratische Revolution

Fünfmal in neun Jahren hatte das brasilianische Militär die schwachen Präsidenten des Landes gestützt, bis es im Jahre 1964 selbst den Präsidenten stürzte. Worum es ihm ging, war klargeworden, als der Generalstabschef der Streitkräfte am 31. März 1964 dem Präsidenten Goulart ein Memorandum überbrachte, in dem nach einer Meuterei der Marine die »disziplinäre Situation und die Moral der Streitkräfte« beschrieben wurde. Der Generalstabschef Bevilacque erklärte dem linksgerichteten Goulart, die Streitkräfte stünden weiterhin zu »demokratischen und christlichen Grundformen«. Er wies aber auch darauf hin, daß sie zwar unter dem Präsidenten stünden, jedoch nur innerhalb der Grenzen des Gesetzes. Nach der Verfassung sei es ihre Aufgabe, Gesetz und Ordnung zu schützen. Dies sei aber durch eine kommunistisch beeinflußte Gewerkschafts-Diktatur bedroht. Einen Tag später übernahm mit Castello Branco der neue Präsident eines Militärregimes die Macht, das heute noch das Land beherrscht.

Sie setzte mit anderen Mitteln das fort, was ein anderer Entwicklungsdiktator, Getúlio Vargas, von 1930–1945 versucht hatte. An die Stelle des damaligen korporatistischen Wohlfahrtsstaates mit gelenkten Gewerkschaften trat nunmehr eine liberale Wirtschaftsordnung mit rigoroser Unterdrückung der politischen Rechte. Seit 1930 hatte, wie schon dargelegt, das Militär etwa sechzigmal in Lateinamerika erfolgreich geputscht. *Dieser* Putsch, der sich »Revolution« nannte, war von größerer Bedeutung als alle anderen. Nicht nur, daß Brasilien doppelt so groß wie Mexiko ist und viermal so groß wie seine Konkurrenten Argentinien und Kolumbien – die nun fast anderthalb Jahrzehnte währende Militärherrschaft zeigt, daß hinter der Machtübernahme mehr stand als nur die Ausbootung einer Regierung von Zivilisten.

Von Anfang an haben die Generale für sich in Anspruch genommen, die Ereignisse des 1. April 1964 seien eine Revolution gewesen. So unterschiedlich man deren Mechanik beurteilen mag, sowenig Sympathien man für ihre Repressionsmaßnahmen, für die Tortur als System und die Unterdrückung der Menschenrechte aufzubringen vermag, sosehr muß man doch einem Urteil wie diesem zustimmen: »In ihrer Bewertung des Wandels, den Brasilien seit 1964 durchgemacht hat, machen Bewunderer wie Kritiker gleichermaßen deutlich, daß die Revolution ein dynamischer Prozeß war, der mit jedem Jahr einen neuen Anstoß und eine neue Ordnung sah. Diese Qualität der Selbsterneuerung und des Unvorhergesehenen machen den Wandlungsprozeß in Brasilien zu einer wirklichen Revolution.« Heute wird die »Revolution« in Rio de Janeiro mit der Argumentation in Anspruch genommen: »Brasilien drohte 1964 zur leichten Beute fremder Ideologie zu werden, weil die alten Institutionen versagten. Deswegen war die Machtübernahme 1964 kein Staatsstreich, sondern der Beginn einer Revolution. Wir haben nicht Personen ausgewechselt, sondern Ideen.« Diese Ideen lauten: »Territoriale Integrität, nationale Integration, nationale Souveränität, Demokratie, Fortschritt und sozialer Frieden.« (Zeit 27. 5. 77) Wieweit diese Ziele verwirklicht worden sind, muß später beantwortet werden.

Dies ist die eine Seite. Die andere Seite besteht darin, daß die Generale ihren Ideen von 1964 in bemerkenswerter Weise treu blieben. Zu diesen Ideen gehörten, daß ökonomisches Wachstum der sozialen Gerechtigkeit übergeordnet, nationale Sicherheit mit wirtschaftlicher Entwicklung gleichgesetzt wurde, aber auch, daß die nationale Sicherheit wiederum nur ermöglicht werden konnte, wenn man sich in das internationale kapitalistische System integrierte. Zwar war und ist es das Ziel der brasilianischen Revolution, bis zum Jahre 2000 selbst eine Großmachtstellung zu erringen – was in Lateinamerika wiederum zu Furcht vor einem brasilianischen »Imperialismus« führte; doch zumindest bis zum Jahre 1974, als die Energiekrise zur Umorientierung zwang, wurde das Wirtschaftswachstum nicht *gegen*, sondern *mit* den internationalen Multis, nicht *gegen*, sondern *mit* den USA und den anderen Industriestaaten erreicht. Dies unterscheidet das brasilianische Modell grundlegend von dem der Peruaner, ganz abgesehen von seinen sozialen Folgen. Es ist das Modell eines »abhängigen Kapitalismus«, das gegen das Modell eines autonomen sozialen Kapitalismus gesetzt wird. Dabei anerkennen die Führer der brasilianischen Militärdiktatur, daß – wie sie sagen: in einer Übergangszeit – das brasilianische Wirtschaftswunder die soziale Ungleichheit eher vergrößert als verkleinert hat. Denn Nutznießer des brasilianischen Booms sind vor allem die städtischen Mittel- und Oberschichten ebenso wie die internationalen Multis gewesen.

Innerhalb des damit gegebenen Rahmens machen sich unter den vier bisherigen Präsidenten (Branco 1964–67, Costa e Silva 1967–69, Medici 1969–74, Geisel 1974–79) deutliche Unterschiede bemerkbar. Sie lassen sich auf die jeweilige volkswirtschaftliche Lage zurückführen. Brancos Bemühen war es vor allem, die Inflationsrate dadurch zurückzudrängen, daß er die Kaufkraft der großen Masse beschnitt, zugleich jedoch versuchte, die unterentwickelten Gebiete im Westen des Landes zu entwickeln. Wies Brasilien 1964 eine Inflationsrate von 100 Prozent auf, so im Jahre 1973 eine Inflationsrate zwischen 24 und 20 Prozent. Seine Exporte stiegen in diesen zehn Jahren von 1,4 auf 6,6 Milliarden Dollar. Die Notwendigkeit sozialer Reformen, insbesondere, bei 35 Prozent Analphabeten, von Schulreformen wurde anerkannt, trat jedoch gegenüber der wirtschaftlichen Erholung bis heute zurück. Das Costa e Silva-Regime, angetreten, die Revolution zu »humanisieren«, konnte sein Versprechen nicht einlösen. Auch die regionale Entwicklung stagnierte. Der weltpolitische Boom der Regierungszeit Medici erlaubte es sowohl der Wirtschaft, stark zu investieren, wie auch Programme »nationaler und sozialer Integration« aufzustellen. Das Regime Geisel, das mit dem Versprechen der »Dekompression«, also der Liberalisierung der Revolution angetreten war, sah sich angesichts der Schwierigkeiten, die durch die Ölkrise des Jahres 1973 ausgelöst worden sind, dazu gezwungen, von diesem Versprechen abzurücken. Konzessionen an die Pressefreiheit und an die staatlich konzessionierte Oppositionspartei MDB waren kosmetische Retuschen, die sich spätestens als solche herausstellten, als Geisel das brasilianische Parlament in Urlaub schickte und wieder mit Präsidialerlassen regierte.

Neu war freilich von Beginn der Amtsführung Geisels an die stärkere Betonung der nationalistischen Akzente. Angesichts der Notwendigkeit (etwa zur Erschließung der Energiequellen), ausländisches Kapital heranzuziehen, wurde dann das Werben um ausländische Investitionen wieder stärker betont. Dennoch ist der Versuch unverkennbar, den amerikanischen Einfluß abzuschwächen. Ein anderes Zeichen für diese Tendenz war der Abschluß eines Vertrages mit der Bundesrepublik über den Bau von acht Kernkraftwerken und den dazugehörigen Aufbereitungsanlagen. Es wurde von der Fachpresse als das »größte Geschäft des Jahrhunderts« bezeichnet, führte aber nicht nur aus wirtschaftlichen Gründen zu Spannungen mit den USA, die sich nach Präsident Carters Amtsantritt noch steigerten, als er die Frage der Menschenrechte zum Kernstück seines Auslandsprogramms machte. Wie differenziert Brasilien seine Wirtschaftsbeziehungen pflegt, zeigt sich auch in der Tatsache, daß nicht nur die traditionellen europäischen Verbindungen aufrecht erhalten werden, sondern vor allem die Beziehungen zu Japan. So lebt, abgesehen von Amerika, die größte Anzahl von Auslands-Japanern in Brasilien (etwa 1 Million); allein im Jahre 1973 stellte Japan 43 Prozent des Auslandskapitals in Stahlinvestitionen, 80 Prozent des Schiffbaus und 20 Prozent im Bereich der Werkzeugmaschinen-Industrie. In diesem Jahr überflügelte es zum ersten Male die USA als investierendes Land. Seitdem sind die arabischen Staaten hinzugekommen.

Diese Beispiele zeigen, auf welcher Grundlage die Wirtschafts-»Philosophie« des brasilianischen Modells zu sehen ist: eine Förderung von Auslandsinvestitionen durch Garantie des freien Wettbewerbs, zugleich aber ein starker Einfluß des Staates in den Schlüsselindustrien, dazu niedrige Löhne, die es der brasilianischen Wirtschaft überhaupt erst ermöglichen, auf dem Weltmarkt konkurrenzfähig zu werden. Die starke Stellung der Multis wird daraus erkennbar, daß 500 ausländische Firmen den halben Export bestreiten, ganze Industriezweige in der Hand ausländischen Kapitals sind: 100 Prozent der Automobilfabrikation, 94 Prozent der pharmazeutischen Industrie, 91 Prozent der Tabakindustrie und 82 Prozent der Gummiproduktion. Dem stehen u. a. mit Petrobras und Elektrobras staatliche Konzerne gegenüber, die einen großen Teil der Erdöl- und Telekommunikationsindustrie beherrschen. Im Bergbau waren es schon 1969 fast 40 Prozent, ebenso im Fernmeldewesen, auf dem Energiesektor sogar über 80 Prozent. Das Gesamtbild läßt die Beurteilung zu: »Die brasilianische Industrie befindet sich nicht nur in einem Denationalisations- und Monopolisierungsprozeß, bewirkt durch die Konkurrenzunfähigkeit des einheimischen, meist arbeitsintensiven Klein- und Mittelbetriebs durch Aufkauf durch das Auslandskapital, sondern auch in einer Durchdringung durch kapitalintensive Technologie.« Es ist das Modell einer »abhängigen, modernisierenden und marginalisierenden Entwicklungsdiktatur patronalistischen Stils«. (HbDW Bd. 3)

Auf dieser Grundlage erreichten die brasilianischen Militärs zwischen 1967 und 1974 eine jährliche Wachstumsrate von 10 Prozent. Die extreme Förderung der Industrialisierung bewirkte es dann aber, daß die um 400 Prozent gestiegenen Rohölpreise die Wachstumsrate 1975 auf 4 Prozent drückten; 1976 stagnierte das Wachstum sogar. Zugleich stieg die Inflationsrate, die auf 12 Prozent gesunken war, 1974 auf 30 Prozent, 1976 wieder auf 40 Prozent. Diese Entwicklung war für Brasilien besonders verhängnisvoll, da es – mit 27 Milliarden Dollar – die höchste Verschuldung aller Entwicklungsländer überhaupt aufweist. Um den extrem hohen Schuldendienst aufzubringen, ist es deshalb von einem anhaltenden Wirtschaftswachstum besonders abhängig.

Die Abhängigkeit von den USA wie von den führenden Industrienationen wurde so lange von den brasilianischen Militärs hingenommen, wie ihnen die einzige Möglichkeit von »Fortschritt« im Wirtschaftswachstum zu liegen schien. Seit 1974 führte die zurückgehende Konjunktur zu dem, was das Regime eine »verantwortungsbewußte pragmatische Außenpolitik« nannte, deutlicher gesagt, eine Erweiterung der Wirtschaftsbeziehungen auch mit sozialistischen Staaten, die allerdings keine Lockerung der innenpolitischen Repressionen mit sich brachte. Seit diesem Jahr reagierten die Militärs auch weitaus flexibler auf außenpolitische Entwicklungen, von denen sie nun verstärkt berührt wurden. Der arabisch-israelische Konflikt führte dazu, daß sich Brasilien gegen seine Tradition der Anti-Zionismus-Resolution der UN anschloß. Es war dies eine Reaktion darauf, daß die brasilianischen Öleinfuhren 1974 zu 60 Prozent aus arabischen Staaten stammten. Die Entwicklung in Angola führte dazu, daß man Guinea-Bissau schon anerkannte, bevor es offiziell überhaupt konstituiert war. Damit empfahl sich Brasilien den schwarzafrikanischen Staaten als »Entwicklungsland«. Die Niederlage der Amerikaner in Vietnam führte dazu, sich klarer von den USA zu distanzieren als bisher. Während Brasilien sich der Dritten Welt annäherte, streute es seine Waffenkäufe, indem es Frankreich und Großbritannien stärker favorisierte. Mit wachsender Distanz zu den USA begann es seine Handelsbeziehungen zum Ostblock zu pflegen; so lieferte die UdSSR 1974 4 Prozent des brasilianischen Erdöls. Das Problem der Energieversorgung führte einerseits dazu, daß Petrobras sich schon 1974 in sieben Ländern das Recht auf Ölexploration (u. a. Algerien, Iran, Irak und Libyen) sicherte, andererseits Präsident Geisel, allerdings ohne großen Erfolg, die ausländischen Gesellschaften im Juli 1975 aufforderte, sich mit Kapital bei der Suche nach vermuteten brasilianischen Erdölvorkommen zu beteiligen.

Nicht nur in diesem Falle sind Details zugleich Hinweise auf Tendenzen. So hat die Unabhängigkeit Brasiliens vom Waffenexport so große Fortschritte gemacht, daß der Stop der amerikanischen Militärhilfe im Jahre 1977 von den brasilianischen Militärs mit einem Schulterzucken beantwortet werden konnte. Denn an dem Bedarf von 300 bis 350 Millionen Dollar jährlich für Rüstungskäufe haben Importe nur noch einen Anteil von 60 Millionen Dollar. Zudem werden auch Waffen produziert, die bis vor wenigen Jahren Monopol der Waffenschmiede der traditionellen Industrienationen zu sein schienen. (Libyen soll etwa 400 Panzer brasilianischer Produktion erstanden haben.) Selbst im Bereich der hochtechnisierten Waffengüter – etwa im Flugzeugbau – wächst die Unabhängigkeit. Der nationale Anteil der in Brasilien hergestellten Flugzeuge ist mit etwa 75 Prozent anzusetzen und damit erstaunlich hoch. Exporte – etwa nach Chile, Bolivien, Uruguay, Paraguay – gleichen schon heute die notwendigen Importe aus. Es machen sich damit Tendenzen bemerkbar, die auf der einen Seite zu einem noch stärkeren Angebot auf dem Weltrüstungsmarkt führen könnten, zum anderen aber auch zur Unabhängigkeit von Lieferungen, auf denen bisher ganz besonders die Abhängigkeit von Militärregierungen beruhte: die Lieferung von Waffen.

Hinter dem allem ist der Versuch zu sehen, die Prinzipien der »Revolution« zu retten, deren Effekt eine Revolution der industriellen Innovation ist, aber nicht eine Revolution der Gesellschaft, also nicht eine soziale Revolution. Die unzweifelhaften Bemühungen des Regimes, den Bildungsstand der Bevölkerung zu heben (damit zugleich das revolutionäre Potential zu vergrößern), wirken somit gleichsam anti-systemisch. Der amerikanische Präsident Nixon hat 1974 gesagt: »Da wo Brasilien hingehen wird, wird ganz Lateinamerika hingehen.« Dies zeigt die Bedeutung, die dem Verlauf des brasilianischen Experiments beigemessen wird. Denn Brasilien ist Dreh- und Angelpunkt der lateinamerikanischen Entwicklung. Sein Beispiel war es, das seit 1967 zu einer Reihe rechtsgerichteter Militärputsche führte. Ein Mißerfolg des brasilianischen Experimentes könnte andererseits schwerwiegende Konsequenzen haben. Er wäre ein Beweis dafür, daß sich ein Land des »peripheren Kapitalismus« nicht aus dessen Zwängen befreien kann. Und nachdem der »autonome Kapitalismus« Perus kurz vor dem Scheitern zu stehen scheint, zumindest aber nicht mehr den ursprünglichen Impetus aufweist, bliebe als »Dritter Weg« nach dem Scheitern des »abhängigen Kapitalismus« nur noch der Sozialismus (möglicherweise in einer speziellen lateinamerikanischen Variante) übrig.

Sofern der gegenwärtig praktizierte »capitalismo dependente« überhaupt als ein Entwicklungsmodell für längere Zeit überleben könnte, wären die bestehenden Bedingungen in Brasilien dafür wohl nahezu optimal. Wenn er auch unter solch nahezu optimalen Bedingungen scheitern sollte, dann ließe er sich auch anderswo kaum unter anderen (und schlechteren) Bedingungen neu aufnehmen, es sei denn mit permanenter institutionalisierter Gewalt. Falls sich ein solches System nicht langfristig stabilisieren ließe, dann kämen theoretisch wie praktisch als einzige Alternativen nur noch eine wirksamere Version des »capitalismo autonomo desenvolvimentista«, wie er in Peru praktiziert wird, oder der Sozialismus in Frage.

Auch in Lateinamerika handelt es sich um Modelle, die entweder an sozialistischen oder an kapitalistischen Vorbildern orientiert sind. Damit sind indirekte Anlehnungen an diesen oder jenen Teil der Welt zu erwarten. Dennoch ist ihr Effekt ein anderer: Angesichts eines Jahrhunderte alten einseitigen Abhängigkeitsverhältnisses zu den USA sind alle Bemühungen darauf angelegt, Abhängigkeit zu verringern. Verstärkte nichtmilitärische Interventionsmöglichkeiten betreffen daher sowohl Ost wie West, Asien wie Europa. Zugleich aber bleibt die ökonomische Abhängigkeit von dem jeweils gewählten Wirtschaftsmodell erhalten: Kuba vermag sich nicht der UdSSR zu entziehen, Peru und Brasilien nicht der kapitalistischen Weltwirtschaftsordnung. Ein Staat (die USA) wird hier – teilweise – durch die von ihm repräsentierte globale Ordnung »ersetzt«. Damit aber bekommen Revolution und Konterrevolution einen neuen Sinn. Wir haben es nicht – wie in Afrika oder Asien – mit Revolutionen der politischen, sondern mit Revolution (oder Konterrevolution) der ökonomischen Unabhängigkeit zu tun.

5.4 Asien – und die Zumutung der Revolution

Staaten wollen Unabhängigkeit, Nationen wollen Befreiung und die Völker wollen Revolution.

Hua Kuo Feng 1976

5.4.1 Weltpolitik im Dreieck

Die Beziehungen von mehr als 150 Staaten in ein Schema zu pressen, ist selbst dann unmöglich, wenn Revolution und Konterrevolution mit ihren Instrumenten Subversion und Intervention als strukturierende Leitbegriffe ständig vor Augen stehen. Ohne die so viel zitierte »Reduktion von Komplexität« (Luhmann) ist analytische Beschreibung nicht möglich. Niemand entrinnt dem Zwang, solche Beziehungen in einen formalen Rahmen zu pressen, der nicht alle Nuancen enthält.

Die tiefgreifende Veränderung der Machtverhältnisse, die in Asien seit dem Fall Indochinas eingetreten ist, läßt sich mit dem Schlagwort: »Three and a half powers: The new balance in Asia« (Hinton 1975) einigermaßen deutlich von Afrika und Lateinamerika absetzen. Asien bietet weder das Bild Afrikas mit seinen diffusen Machtkonstellationen, wo die Großmächte vorläufig eher sekundäre Interessen vertreten; es bietet aber auch nicht das Bild Lateinamerikas, wo – trotz gegenläufiger Entwicklung – der Einfluß der Hegemonialmacht der USA alle anderen Einflüsse überschattet. Die Verhältnisse in Asien werden geprägt durch das Wechselspiel zweier »revolutionärer« Großmächte, die eine aktuell, die andere eher noch potentiell, einer »konterrevolutionären« amerikanischen Großmacht mit globaler Ausstrahlung und primärem Interesse an der Region und einer wirtschaftlichen Großmacht (Japan), die an die USA gebunden ist wie diese an sie. Das heißt: Drei Großmächte (und eine halbe) mit direktem Interesse an der Zukunft der Region nötigen andere Nationen mit Hundertmillionen-Bevölkerungen (Indien und Indonesien), ihre Politik aus diesem Dreieck abzuleiten.

Asien bot – mit Ausnahme Japans seit 1868 und zum Teil der UdSSR – bis zur Mitte des zwanzigsten Jahrhunderts das Bild eines gewaltigen, immobilen und trägen Kontinents. Im Gegensatz zu Afrika waren die Länder weitgehend erschlossen, aber Eisenbahnen, Schiffahrt, Telegraphenlinien, elektrische Wasserkraftwerke waren im wesentlichen das Produkt der westlichen Durchdringung. Staaten mit weit zurückreichenden Hochkulturen hatten den Anschluß an die vom Westen ausgehende technische Entwicklung verloren und ihren Preis mit kolonialer Unterwerfung bezahlt. Die Unabhängigkeitserklärung Indiens im Jahre 1947, dann die Ausrufung der Volksrepublik China im Jahre 1949 haben die asiatischen Staaten als Elemente der Weltpolitik wieder in den Kreis der außenpolitischen Akteure zurückgebracht. Die chinesischen Kommunisten, die entgegen allen marxistischen »Klassenanalysen« von einer agrarischen Basis aus ihren Sieg erfochten, haben die unterentwickelten Länder der Dritten Welt beeindruckt. Ihr Modell einer »Guerilla-Revolution« strahlte nach dorthin aus. Asiens Revolutionen sind dennoch weder an europäischem noch an lateinamerikanischem Standard zu messen. Das zeigte sich – etwa in Laos und Kambodscha – mehr noch *nach* der Revolution, als während der Kämpfe um die Revolution.

Asien blieb eine Zone, in der sich, mit fast sechzig Prozent der Weltbevölkerung, ethnische und ideologische, ökonomische und politische Einflüsse auch weiterhin überschneiden. Ethnische wie religiöse Konflikte, wie etwa die zwischen Moslems und Buddhisten (Thailand), Moslems und Christen (Philippinen), werden Anlaß zu revolutionärer Aufladung. Ideologische Motive vermischen sich mit Glaubenskriegen. Stärke und Schwäche nationaler Revolutionen hängen in vielen Staaten davon ab, ob die Suche nach der nationalen Identität durch die ethnischen Gespaltenheiten erschwert wird (Malaysia). Dadurch werden zugleich die Interventionsmöglichkeiten vergrößert. »Asien ist nach keiner als nach einer abstrakten geographischen Kategorie eine Einheit, die politisch instrumentierbar wäre. Jeder Ansatz in dieser Richtung muß eine Aufgliederung Asiens in mindestens vier Regionen in Rechnung stellen: den Nah- und Mittelost-Bereich, den indischen Subkontinent, Südostasien, das pazifische Asien. Die Unterschiede zwischen diesen Regionen sind so ausgeprägt, daß sie in der absehbaren Zukunft durch keine übergreifenden Ordnungsvorstellungen überbrückbar erscheinen.« (Braun in: SWP)

Seit der amerikanisch-chinesischen Annäherung hat der Kampf der

Großmächte um Einfluß neue Formen angenommen. Die Umkehrung der Allianzen ist zwar auch in anderen Kontinenten spürbar; hier aber hat sich ein neues Gleichgewicht der Mächte entwickelt, damit aber auch das Verhältnis von Kommunismus und Antikommunismus verändert. Daß die Machtlinien sich verschoben haben, sagt allerdings noch nichts darüber aus, ob und wie sich die Überlagerung von revolutionären Ideologien durch Status-quo-Denken, versteckte oder auch offene Allianzen am Ende auswirken werden. Vorläufig bleibt offen, ob die Interventionsmacht par excellence, die USA, einen Nachfolger finden, und offen bleibt auch, ob die UdSSR ihre Rolle als Status-quo-Macht beibehalten wird. Damit wäre die Frage verbunden, auf welche Weise sich die Großmächte zur Förderung oder Verhinderung explosiven sozialen Wandels in Asien engagieren werden.

Selbst das Bild der dreieinhalb Großmächte in Asien ist in gewisser Weise willkürlich. Man müßte nach der Explosion der indischen Atombombe ebensogut Indien (mit 600 Millionen Einwohnern das volkreichste Land der Erde) berücksichtigen, zumindest soweit es seine Rolle als eine der »Führungsmächte« der Dritten Welt angeht. Schließlich war es schon in den fünziger und sechziger Jahren die demokratisch-kommunistische Alternative Indien–China, die die Fachbeobachter ebenso beschäftigte wie die heutige sino-sowjetische Kontroverse. Dennoch wird man sagen müssen: Es ist Indien aufgrund seiner inneren Schwächen weder kontinental noch regional gelungen, eine Staatengruppe aufzubauen, die um es zentriert wäre. International bleibt es von anderen Staaten abhängig.

In dem gewählten Rahmen sind eine Reihe von Konfliktpotentialen enthalten, die Aufmerksamkeit verdienen. Südasien (Indien – Pakistan) und Südostasien (die ASEAN-Staaten – Vietnam) haben eigene subsystemische Probleme. Sie sollen vorerst zurücktreten gegenüber der Prüfung des neuen Machtgleichgewichts, wie umstritten der Begriff auch sein mag. Es resultiert aus vier Ergebnissen:

1) Aus der Entstehung der Volksrepublik China 1949,
2) aus der chinesisch-sowjetischen Entfremdung seit 1960,
3) aus der Normalisierung der sino-amerikanischen Beziehungen 1971 und
4) aus der Niederlage der Amerikaner in Indochina im Jahre 1973 und, daraus folgend, der Vereinigung von Nord- und Südvietnam im Jahre 1975.

Diese vier Daten markieren folgende Veränderungen:

1949 beginnt die zwar erst nach 1960 voll ausbrechende sowjetisch-chinesische Konkurrenz um Einflußsphären in Asien. Diese Konkurrenz ist von anderem Rang als die in Afrika oder Lateinamerika. Denn in Asien haben Peking wie Moskau lebenswichtige Interessen zu verteidigen. Zudem vertritt allein hier Peking seine Interessen als Anrainerstaat, etwa im chinesisch-indischen Grenzkonflikt. Diese Konkurrenz hat unzweifelhaft eine starke realpolitische Komponente. Im Gegensatz zu anderen Kontinenten geht es hier nicht zuerst um die Wahl zwischen pro-westlicher oder pro-östlicher Orientierung, zwischen Revolution oder Konterrevolution. Seit dem russisch-chinesischen Konflikt haben die »dritten Staaten« zudem zwischen zwei revolutionären Doktrinen zu wählen – mögen hinter ihnen auch nationale Interessen verborgen liegen.

1971: Mit der Normalisierung der Beziehungen zu Peking beginnen die USA und die Volksrepublik China in diesem Teil der Welt eine Politik zu betreiben, die zumindest im Effekt gegenrevolutionär ist, wenn auch Peking weiterhin zweigleisig verfährt. »Pekings Interesse an einer fortdauernden militärischen Rolle der USA in Ostasien mag ironisch klingen, aber es ist ein wichtiges Faktum, das die Situation grundlegend verändert; denn die Beibehaltung einer beachtlichen und glaubwürdigen militärischen Rolle der USA ist zu einer positiven Kraft in der Entwicklung der amerikanisch-chinesischen Beziehungen geworden.« (Barnett in: FA 1976/77)

1972: Durch den weitgehenden Verzicht der USA auf militärische Präsenz in Asien wird ein Großteil der nichtkommunistischen Staaten gezwungen, neue Arrangements auch mit den anderen Großmächten zu suchen. Mit Indochina entsteht ein neues regionales Machtzentrum. Die Isolierung Chinas, durch die Kulturrevolution 1966–69 gefördert, wird endgültig durchbrochen. Andererseits wird Japan durch die neue Machtbalance noch stärker, als dies zuvor der Fall war, an die Seite der USA gezwungen. Der Anti-Amerikanismus, der zuvor von den kommunistischen Staaten als Hebel für ihre eigenen Ziele benutzt werden konnte, weicht einem Neutralismus, der – da auch die Gefahr von seiten der UdSSR und Chinas als bedrohlich empfunden wird – sich eher zugunsten der USA als der beiden anderen Hegemonial-Konkurrenten auswirkt. Mit 1972 kündigen sich die neuen, noch heute das Bild beherrschenden Konstellationen an, wenn es auch richtig bleibt: »Außenpolitiken werden nicht erfunden; sie werden aus Stücken zusammengesetzt, die schon vorher existierten.« (Schurmann in: FEER 1975) So wäre etwa der amerikanische Entschluß, sich China zu nähern, ohne Erfolg geblieben, wenn Peking nicht schon lange zuvor ein Bedürfnis nach Neuorientierung empfunden hätte. Nur mit amerikanischer Hilfe konnte es seiner Außenpolitik eine neue Wendung geben. Die Aufnahme in die UN, die Annäherung Pekings an Japan wären auf andere Weise nie zustandegekommen.

Zwischen 1949 und 1972 tritt jeweils China ins Blickfeld. Sicher ist es richtig, daß, was gegenwärtig sein militärisches wie wirtschaftliches Potential betrifft, China noch immer nur eine Regional-Macht ist. Es kann andererseits kein Zweifel bestehen, daß die Perspektiven der Politik in Asien von Peking geprägt werden. Der Grund dafür ist einfach: China ist nicht zu umgehen, ist als Tatsache in Asien ständig präsent. »Prestige bleibt Chinas wertvollste Trumpfkarte in Asien . . . Man kann die Chinesen niemals übergehen; es sind einfach zu viele – so daß die Tatsache, daß ein beträchtlicher Anteil der Menschheit in diesem Riesenland lebt, allem, was China sagt und tut, ein Maß an Bedeutung verleiht, das nur schwer richtig einzuschätzen ist.« (AP) Man sollte aber auch die militärische Drohung nicht unterschätzen, die in der Zukunft liegt. Schon 1974 hatte Peking Raketen entwickelt, die mit einer Reichweite von 2500 Meilen Djakarta in Indonesien erreichbar machten. 1975 besaß es Raketen mit einer Reichweite von 3500 Meilen und 1977 Interkontinentalraketen mit 7000 Meilen Reichweite. Angesichts seiner zentralen Lage hat China im pazifischen Raum also Stützpunkte kaum notwendig. Dennoch verstärkte es auch seine Flotte, um dem sowjetischen Druck zu begegnen. Inzwischen hat es sich zur zahlenmäßig drittstärksten Seemacht der Welt entwickelt, eine Tatsache, die angesichts des Aufbaus der sowjetischen Seestreitkräfte bisher wenig registriert wurde.

China hat Grenzen mit siebzehn Staaten der Dritten Welt, und es ist extrem verwundbar; 90 Prozent seiner Bevölkerung leben im östlichen Drittel des Landes. Das hat dreierlei zur Folge:

1) Die Möglichkeit des Exports des eigenen revolutionären Modells,
2) eine extreme Sensibilität gegenüber Verbindungen dieser Staaten mit externen Mächten,
3) ein starkes Mißtrauen gegenüber Großmacht-Aktivitäten in Asien. (Van Ness in: CH 1974)

Von 1950 bis 1971 fürchtete Peking eine Einkreisung durch die USA, da zehn dieser siebzehn chinesischen Grenznationen amerikanische Alliierte in der einen oder anderen Form waren. Andererseits hatten 1964, im Jahre des Beginns der Feindseligkeiten mit der Sowjetunion, zehn der siebzehn Staaten militärische Beziehungen mit Moskau. Aus diesen Tatsachen läßt sich eine Periodisierung der chinesischen Außenpolitik ableiten. Von 1950–1960 stimmte Peking seine internationale Zusammenarbeit mit der UdSSR ab; von 1960–1970 bekämpfte es die UdSSR und die USA zugleich; seit 1971 ist die UdSSR der »Hauptfeind«.

Zwei Begriffe sind deshalb unter die Lupe zu nehmen, wenn es gilt, die chinesische Außenpolitik nach der Kulturrevolution zu betrachten: diesen Begriff des »Hauptfeindes« und die chinesische Vorstellung von dem, was Peking die »Dritte Welt« nennt. Der Begriff des »Hauptfeindes« spielt in der marxistisch-leninistischen Theorie eine bedeutende Rolle. Das gilt für Moskau wie für Peking, besonders aber für Peking. Hier wie dort geht man davon aus, daß die Welt in eine Reihe von Widersprüchen zerfällt, die aber nicht gleichrangig nebeneinander stehen. Es kommt darauf an, Prioritäten zu setzen, also zuerst die Hauptwidersprüche aufzulösen. In diesem Sinne werden auch die Feinde kategorisiert. Daß die Sowjetunion die USA seit 1971 als »Hauptfeind« ablöste, hat verschiedene Gründe. Über die Entwicklung der chinesisch-sowjetischen Entfremdung ist viel geschrieben worden. Zweifellos aber hat der Aufbau der sowjetischen Streitkräfte an der chinesischen Grenze Anlaß zur Beunruhigung Pekings gegeben. Von 15 Divisionen 1968 – so schätzte man – stieg die Zahl der sowjetischen Divisionen auf 33 Divisionen 1971, 44 Divisionen 1972 und 55 Divisionen 1977. So hieß es zum Beispiel in einer Rede des 1977 rehabilitierten Teng Hsiao Ping 1975: »Die zwei Supermächte sind die größten internationalen Ausbeuter und Unterdrücker von heute, sind die Quelle eines neuen Weltkrieges.« Doch dies kann nicht darüber hinwegtäuschen, daß China seine alten und neuen Freunde zu überzeugen versucht, die Sowjetunion sei die größte Gefahr für alle.

Das ist deshalb so, weil neben den machtpolitischen Faktoren und einem starken Verteidigungsreflex Chinas die beiden Staaten ein beidseitiger Führungsanspruch in der Dritten Welt trennt. Entscheidend für die Hinwendung Pekings zu den USA ist aber die Tatsache, daß von ihnen keine militärisch direkte Bedrohung zu erwarten ist. Im Gegensatz zur Sowjetunion kommt von dort auch keine Bedrohung der inneren Stabilität Chinas. Als innerparteilicher Kampf pro- und anti-sowjetischer Gruppen ist solche Bedrohung immer wieder in Peking aufgetreten. Prominentestes Beispiel war der Sturz Lin Piaos im Jahre 1965. Wenn also hier von Interventionen gesprochen wird, so müßte korrekterweise von der gegenseitigen Intervention zweier revolutionärer Modelle gesprochen werden.

Für die Sowjetunion sieht das Bild anders aus. Zwar fühlt auch sie sich auf die Dauer von dem erstarkenden China bedroht. Dabei ist der Aufmarsch sowjetischer Truppen an der chinesischen Grenze mit ihren fast menschenleeren Räumen nur als permanentes Druckmittel erklärbar. Für Moskau bleibt aber der westliche Einfluß entscheidend. Die Dissidenten nähren sich aus westlichen Quellen. Destabilisierende Tendenzen chinesischer Herkunft konnten dagegen in Moskau bisher auch die aufmerksamsten Beobachter nicht nachweisen. So bleiben für Moskau die USA im Weltmaßstab der »Hauptfeind Nr. 1«. Von ihnen gehen die eigentlichen Bedrohungen des sowjetischen Systems aus.

Trotz einer sehr prekären Allianz mit den USA bleibt dennoch für Peking die Allianz mit den Ländern der Dritten Welt, die Identifizierung mit ihnen der wichtigste Faktor seiner Politik. Diese Identifikation mit der Dritten Welt ersetzt die frühere Identifikation mit dem sozialistischen Block. Der Kampf um die Führung ist also zugleich ein ideologischer wie ein Machtkampf. Die neueste Variante des chinesischen Versuchs, dort Einfluß zu gewinnen, ist seit 1974 die dritte Fassung der Drei-Welten-Theorie. In der Substanz wich die maoistische Lehre schon seit dem Zweiten Weltkrieg von der Sowjetunion ab. Schon damals hatte Mao seine Vorstellung von den sogenannten »Zwischenzonen« (intermediary zones) entwickelt. Ihre Hauptthese bestand darin, daß es nicht nur *einen* gemeinsamen Weg zum Sozialismus gäbe. Schon damals wurden die UdSSR und die anderen sozialistischen Staaten den Staaten Asiens, Afrikas und Lateinamerikas gegenübergestellt. Das konnte der Sowjetunion nicht recht sein. Denn damit wurde ein Keil zwischen »europäischen« und »orientalischen« oder »asiatischen« Sozialismus getrieben. Als Peking in den späten fünfziger Jahren den Slogan verbreitete: »Der Ostwind siegt über den Westwind«, mußte das die Sowjets ebenso schmerzlich berühren wie später die chinesische Behauptung, daß die Staaten Asiens, Afrikas und Lateinamerikas zu den neuen Zentren der modernen Revolution geworden seien und damit die Industriemächte abgelöst hätten.

Mitte der sechziger Jahre entwickelte Mao eine neue Variante seiner »Zwischenzonen-Theorie«. Erste Zwischenzone: die Staaten Afrikas, Asiens und Lateinamerikas. Sie wurden mit den Staaten der zweiten Zwischenzone, den anti-amerikanisch eingestellten Industriestaaten, zu einer gemeinsamen anti-imperialistischen Front zusammengefaßt. Ihnen gegenüber standen die »imperialistischen« USA. Damit hatte man das Kunststück erreicht, daß die revolutionäre Front nicht mehr auf rein marxistische Staaten beschränkt blieb – ein wesentlicher Ausgangspunkt für die kommenden Entwicklungen. Schon der Appell Lin Piaos, die »Weltdörfer« müßten die »Weltstädte« besiegen, bezweckte in erster Linie, die USA und die UdSSR gemeinsam in den einen großen Topf der Hegemonialmächte werfen zu können.

Seit 1974 schließlich wurde das Konzept der »Drei Welten« entwickelt. Die erste Welt besteht danach nur noch aus Washington und Moskau. Die zweite Welt besteht aus industrialisierten Staaten, die keine Supermächte sind; in diese Kategorie gehören Polen ebenso wie Japan oder die Bundesrepublik. Die dritte Welt besteht aus den nicht-industrialisierten Ländern, seien sie kommunistisch oder nicht-kommunistisch. Ihre Gemeinsamkeit besteht darin, daß sie zum Hauptopfer »imperialistischer Aggressionen« geworden sind. Zu dieser Gruppe zählt sich auch China. Es ist nach eigener Definition »ein Entwicklungsland, das zur Dritten Welt gehört«. Nicht die Eigenschaft »sozialistisch« wird also zum wichtigsten Kriterium, sondern die Eigenschaft »Entwicklungsland«.

Seit Anfang der siebziger Jahre bahnt sich daher auch ein Bedeutungswandel des Begriffes »nationaler Befreiungskampf« an. Er ist nicht ganz aufgegeben worden. Aber das Schlagwort »Dritte Welt«, das kommunistische wie nichtkommunistische Staaten umfaßt, hat ihn weitgehend ersetzt. Damit wurde es – *erstens* – Peking nun möglich, auch zu Staaten in engere Beziehung zu treten, die es bis dahin als »Lakaien« oder »Marionetten« des Kapitalismus diskreditiert hatte (Malaysia, Thailand, die Philippinen etc.). Auf diese Weise kommt China der nationalistischen Grundwelle, die auch Asien erfaßt hat, entgegen: »Tatsächlich ist die gegenwärtige chinesische Außenpolitik in der asiatisch-pazifischen Region mit dem Zweck ausgearbeitet worden, die stark gewordenen nationalistischen Gezeiten auszudrücken und zu fördern.«

Die früheren dualen Beziehungen zwischen China und den anderen Staaten, die zum einen eine Staat-zu-Staat-Beziehung waren, zum andern, wie man sagte, eine »Kamerad-zu-Kamerad-Beziehung« (nämlich soweit es die revolutionären Aufstandsbewegungen anbetraf) sind – *zweitens* – zugunsten der Staat-zu-Staat-Beziehung umgeschichtet worden. Allerdings ist Peking dabei auch in ein Dilemma geraten. »China kann nicht formell die Unterstützung für revolutionäre Bewegungen in der Welt einstellen. Gäbe es der ausschließlichen Zusammenarbeit mit nichtkommunistischen Ländern exklusive Priorität, und würde es die Bestrebungen der Marxisten der Dritten Welt ignorieren, kostete das China den Respekt derjenigen Revolutionäre, die nach Pekings moralischer Führerschaft und politischer Unterstützung Ausschau halten. Andererseits würde die ausschließliche Option für die maoistischen Revolutionäre die Wahrscheinlichkeit einer sowjetischen Einkreisung erhöhen und die Möglichkeit zerstören, mit den Regierungen der Dritten Welt zusammenzuarbeiten. Damit aber würde sich China von den Bemühungen der Habenichts-Nationen isolieren, die Muster der internationalen Macht in neue Formen zu bringen.« (Van Ness in: CH 1976) *Drittens* müßte man, betrachtete man die Politik Chinas ausschließlich vom Standpunkt revolutionärer Ideologien, sagen, daß die chinesische Außenpolitik inkonsistent ist. »Der gegenwärtige Konflikt führt zu einer allgegenwärtigen Art von politischer und ökonomischer Kriegführung, die die revolutionäre Bewegung aufspaltet, die Reputation beider Seiten verfinstert und jede von ihnen dem ›Feind‹ exponiert.«

Trotz dieses Dilemmas sind Parallelen von amerikanischer und chinesischer Außenpolitik nicht nur im asiatischen Raum zu finden, so in Angola und Zaire, in der Zusammenarbeit mit General Pinochet in Chile, bei der Bevorzugung der Sozialisten (anstelle der Kommunisten) in Portugal, angesichts der Unterstützung für die NATO in Europa und von ASEAN (Association of South East Asian Nations, 1967 gegründet) in Asien, auch angesichts der Zusammenarbeit mit der EG. In all diesen Fällen zeigt es sich, daß der Kampf »sozialistisches Lager« gegen »Imperialismus« lange überholt ist: Zwei Staaten, die den revolutionären Trend dieses Jahrhunderts verkörpern, stehen sich unversöhnlich gegenüber.

Bis 1971 nahm sich der Konflikt in Südostasien so aus: Die USA versuchten, China aus Südostasien herauszuhalten; das folgenschwerste Ergebnis dieses Versuches war die Intervention in Vietnam. China versuchte seinerseits, die aufgerichteten Barrieren zu überspringen und Beziehungen nicht nur mit kommunistischen, sondern auch mit neutralen Staaten aufzunehmen. Dieses Stadium hat Peking längst überwunden, und die USA sehen ihrerseits in China heute ein Instrument, eine mögliche sowjetische Expansion zu verhindern. Zumindest militärisch wären sie dazu alleine nicht mehr in der Lage. Denn ihr Ziel heißt dort nicht mehr »Präsenz«, sondern »selektiver Internationalismus«, sorgfältige Auswahl dessen, was für die USA lebenswichtig erscheint.

Daher hat auch der Begriff Neutralität (non-alignment) in dieser Region eine neue Färbung angenommen. Es kennzeichnet die Veränderung, wenn es heißt: »In den fünfziger und sechziger Jahren bestand grundsätzlich Opposition gegen die militärische Präsenz jeglicher auswärtigen Macht im nationalen oder regionalen Bereich der neutralen Nationen. In den siebziger Jahren wünschen zumindest in Südostasien die Nationen, die sich als neutral bezeichnen, daß die USA ihre militärische Präsenz in der Region aufrechterhalten.« (YbWA 1975)

Dieser Wunsch nach ausgleichender Präsenz der USA – von den ASEAN-Staaten offen ausgesprochen – zeigt die Grenzen der chinesischen Möglichkeiten, ihr revolutionäres Sozialmodell im asiatischen Raum auszubreiten. Denn er richtet sich, trotz der chinesischen Beteuerungen, man sei vor allem eine Regionalmacht, eben nicht nur gegen die Sowjetunion, sondern auch gegen Peking. Und dies ist die andere Seite der zuvor erwähnten permanenten Präsenz durch »Masse«: Es muß mit China immer gerechnet werden, aber es kann sich auch nicht kleiner und damit harmloser machen, als es ist.

Es stellt sich nun die Frage, in welcher Weise das Ende des Vietnam-Krieges die Machtbalance zwischen China und der Sowjetunion in Asien verändert hat. Denn die UdSSR hatte nicht nur ihre militärische Streitmacht an den Grenzen Chinas von Jahr zu Jahr verstärkt. In chinesischer Sicht hatte sie weitere »unfreundliche« Akte begangen, die dazu bestimmt waren, China auf seinem wichtigsten Aktionsfeld, in Asien, zu isolieren. Dazu gehörten: 1) Verhandlungen mit Japan wegen einer stärkeren japanisch-sowjetischen Zusammenarbeit in Sibirien, 2) die enge Zusammenarbeit mit Indien, kulminierend in der indischen Atombombe 1974 und der Zustimmung der Sowjetunion zur indischen Annexion von Sikkim, 3) die sowjetischen Bemühungen – seit 1969 –, in Ostasien ein System kollektiver Sicherheit zu schaffen, das von Peking als die »zerfetzte Flagge des sowjetischen Revisionismus für eine antichinesische militärische Allianz« bezeichnet wurde.

Die Niederlage der Vereinigten Staaten in Südvietnam konfrontierte Peking mit der Tatsache, daß an seiner südwestlichen Flanke ein mächtiger, mit Moskau verbundener kommunistischer Staat entstehen könne, der unter Umständen der sowjetischen Marine und Luftwaffe einen Stützpunkt überlassen würde. Die drohende Gefahr sowjetischer Unterstützung erhöhte sich noch mit dem Fall Saigons am 20. April 1975. Dieser Tag war für China keineswegs, wie angenommen werden durfte, ein Tag des Triumphes, wenn er auch als solcher gefeiert wurde. Denn es zeichnete sich schon damals ab, daß der Endsieg, der mit Hilfe sowjetischer Waffen errungen worden war, auch eine Verstärkung des sowjetischen Einflusses im vereinigten Vietnam mit sich bringen würde. Dagegen hat dieser Tag die Sowjetunion für Rückschläge entschädigt, die sie etwa vor 1965 in Indien und Kambodscha erlitten hatte.

Jahrelang war es Moskau nicht gelungen, in Asien Fuß zu fassen, weil es seine Angriffe nicht auf die westlichen Mächte konzentrierte, sondern zugleich die regierenden »Bourgeoisien« der nicht-kommunistischen Staaten attackierte. Bis zum Jahre 1970 – seitdem machte sich die sowjetische Präsenz immer stärker bemerkbar – hatte sie kaum nennenswerten Einfluß. Noch 1975 hieß es – fälschlich – von Südostasien: »Im ganzen ist der sowjetische Einfluß in Südostasien gleich Null . . . In den siebziger Jahren muß . . . die Sowjetunion ihre Ziele in Südostasien darauf beschränken, einiges von dem Prestige wiederzugewinnen, das sie in den vorangegangenen zwei Jahrzehnten verloren hatte, sie kann nicht versuchen, eine Führungsrolle zu übernehmen.« (YbWA 1975) Die Vereinigung von Nord- und Südvietnam hat ihr diesen Einfluß zunächst wiedergegeben. Während es Chinas Interesse war, mehrere kleinere Nationalstaaten an seiner Grenze zu wissen, die sich dem chinesischen Sog auf die Dauer wohl nicht hätten entziehen können, war es Anliegen der UdSSR, aus Hanoi plus Saigon ein regionales Machtzentrum unter sowjetischem Einfluß zusammenzufügen. Nicht zuletzt unter diesem Zeichen stehen die heutigen Auseinandersetzungen zwischen Vietnam und Kambodscha seit Ende 1977. Die chinesischen Sympathien liegen bei Kambodscha, Vietnam wird von der UdSSR unterstützt.

Sogleich nach dem Zusammenschluß hatte es sich gezeigt, daß die Äquidistanz, die Hanoi zwischen Peking und Moskau bis dahin gehalten hatte, einer sichtbaren Annäherung an die Sowjetunion wich. Dabei mögen traditionelle vietnamesisch-chinesische Animositäten mitgespielt haben. Vor allem war es die massive sowjetische Unterstützung bei der Schlußoffensive, die Hanois Sieg erst ermöglichte. Die 1975 von den Sowjets Nordvietnam geleistete Hilfe schätzte man auf 500 Millionen Dollar, die chinesische Hilfe nur auf 40 Prozent dieser Summe. Hinzu kommen weiterwirkende vietnamesisch-chinesische Verstimmungen über die Besetzung der Spratley-Inseln (1975 durch Hanoi) und die Paracel-Inseln (1974 durch Peking). Sie haben insofern Bedeutung, weil Ölvorkommen in der Nähe vermutet werden und die Chinesen die strategisch wichtigen Inseln nicht indirekt Moskau überlassen wollen. Ob sich Hanoi aus der sowjetischen Umarmung befreien kann, wird sich nach Anlaufen der wirtschaftlichen Zusammenarbeit zeigen, die soweit ging, daß die Wirtschaftspläne 1976/78 zwischen Hanoi und Moskau abgestimmt wurden und auch eine Aufnahme Vietnams in den COMECON zumindest erwogen wurde. Die Besuche vietnamesischer Delegationen in Europa zeigten allerdings schon 1977, daß Hanoi versuchte, sich nicht allzu sehr an eine Seite zu binden. Die Vertreibung der Chinesen aus Vietnam seit 1978 zeigt vorderhand allerdings, daß die Balance gestört bleibt.

Dennoch hat die Vereinigung Vietnams (und dessen Verbindung mit Laos, die eine Tendenz zu einem ganz Indochina umfassenden Staat erkennen läßt) nicht durchweg negative Folgen für Peking gehabt. Zum einen erscheint China – ebenso wie in Lateinamerika die UdSSR im Verhältnis zu Kuba – in Südostasien gegenüber den Parolen Hanois nunmehr als »gemäßigte« Macht, die den Export der Revolution eingestellt hat. Zum andern suchen die Staaten der Region aus Furcht vor einem expansiven Vietnam durch diplomatische Beziehungen, die inzwischen von allen Staaten mit Ausnahme von Singapur und Indonesien aufgenommen worden sind, chinesische Rückendeckung.

Diese Furcht vor neu sich herausbildenden Hegemonialmächten in den verschiedenen Regionen Asiens gibt den geschwächten USA erneut die Chance, als ausgleichender Faktor gerade dort zu wirken, wo sich der Kampf um Einflußsphären zwischen Peking und Moskau verstärkt. Das gilt sogar in seinen Beziehungen zu Hanoi. »Es entstand der Eindruck, daß Hanoi an Beziehungen zu den USA als Balancemacht zwischen der UdSSR und China interessiert ist, nicht zuletzt mit der Erwartung größerer amerikanischer wirtschaftlicher Unterstützung.« (Schneider in: AP 1977) Damit ist die eigentliche Problematik der amerikanischen Politik in Asien, insbesondere in Südostasien, angesprochen: Wie können die USA ihren Einfluß auf die dortige Region und den indischen Subkontinent wahren, obwohl sie erklärtermaßen die Absicht haben, die militärische Präsenz in diesen Teilen Asiens drastisch zu kürzen? Wie können sie ihre Rolle behaupten, nachdem Intervention nicht mehr als Instrument der Domino-Theorie gelten kann? Ein Paradox der weltpolitischen Lage will es, daß für einen großen Teil der südostasiatischen Staaten das amerikanische Engagement gerade in dem Augenblick wertvoll wird, in dem es ihm entzogen werden soll.

Zudem hat, merkwürdig und doch verständlich genug, die Niederlage in Vietnam die amerikanisch-japanische Allianz verstärkt. Welches sind überhaupt die Interessen, die eine amerikanische Präsenz in Asien, sehen wir von Japan, Korea, Taiwan ab, überhaupt noch erfordern? Japan ist heute mehr als je zuvor auf das amerikanische Gegenlager angewiesen, um dem doppelten Druck aus Moskau wie aus Peking zu widerstehen. Die amerikanisch-japanischen Beziehungen könnten, sieht man Asien als Ganzes, deshalb entscheidend werden für die kommenden Jahre. Denn die japanische Wirtschaftsmacht ersetzt zu einem guten Teil die fehlende Militär-Repräsentanz der USA. Washington kann sich Kollisionen mit Tokio nicht leisten; aber Tokio ist ebenso auf Washington angewiesen. Die Interdependenz ist gleich stark.

Die Wandlungen, die Washingtons Außenpolitik durchgemacht hat, zeigen sich sowohl in der Zeit vor 1970 wie aber auch in der Zeit nach 1975. Im November 1969 hatte Nixon die sogenannte Guam-Doktrin verkündet. Im Zeichen beginnender Entspannung stand hinter ihr die Vorstellung, man könne das Konzept einer »Eindämmung« der Sowjetunion (in diesem Zeitraum erst in zweiter Linie China) durch ein anderes Konzept ersetzen. Man versuchte daher, gemeinsam ein globales Balance-of-power-System in Asien zu errichten. Die starre Bipolarität sollte aufgelöst und durch ein multipolares System ersetzt werden; Henry Kissinger charakterisierte das neue System als »politische Multipolarität mit militärischer Bi-polarität«. Für die amerikanischen Verbündeten in Asien, insbesondere Südvietnam bedeutete dies, daß sie von nun an mit ihren innenpolitischen Schwierigkeiten alleine fertig werden mußten; die USA wollten nicht mehr als anti-kommunistische Feuerwehr tätig werden, nicht mehr »both powerhouse and control tower« (E. H. Carr) sein. Unterstützung sollte nur noch durch Wirtschafts- und Militärhilfe erfolgen. Im Falle einer bewaffneten Aggression konnten die Verbündeten lediglich auf Luftunterstützung rechnen. Washington reduzierte mithin drastisch sein weltpolitisches militärisches Engagement.

Sechs Jahre später, am 7. Dezember 1975, verkündete Präsident Ford auf Hawaii seine »Pazifik-Doktrin«. Seine Botschaft ließ die zunehmende Bedeutung Chinas hervortreten. Er nannte die Bewahrung des Machtgleichgewichts in Asien eine wichtige Aufgabe und berührte damit die Interessen Moskaus in dieser Region; er betonte die zunehmende Wichtigkeit der japanisch-amerikanischen Beziehungen; er kündigte die – bis heute noch nicht eingelöste – Normalisierung der Beziehungen zu Peking an; er erklärte das fortgesetzte Interesse der USA an Südostasien; er versprach amerikanische Hilfe beim Abbau der Spannungen, wobei er zugleich Nord-Korea vor einer Aggression Süd-Koreas warnte.

Damit waren die wesentlichen Ziele der amerikanischen Außenpolitik im asiatischen Raum bis heute genannt. Nur durch den stufenweisen Abzug amerikanischer Truppen aus Süd-Korea, von Präsident Carter verfügt, haben sie einen neuen Akzent bekommen. Diese Ziele lassen sich auf einen Nenner bringen: Opposition gegen die Domination Asiens durch eine feindliche Macht. Die amerikanisch-chinesische Normalisierung dient diesem Ziel und erfüllt damit zugleich die Interessen von zwei Staaten mit unterschiedlichen Gesellschaftssystemen. Will man hier von externen Einflüssen auf Revolution und Konterrevolution sprechen, so zeigt sich, daß die Notwendigkeit, sich außenpolitisch abzugleichen, zur Mäßigung der revolutionären Aktivitäten Chinas geführt hat. Es wurde schon von einer Spaltung seiner Außenpolitik gesprochen. Wie weit die revolutionären Aktivitäten fortgesetzt werden – und damit der offiziellen Außenpolitik widersprechen –, ist noch zu prüfen.

Von den vier Großmächten bleibt noch die »halbe« Großmacht Japan.

Es spielt nicht nur im Weltmaßstab eine entscheidende Rolle als drittgrößter Produzent der Welt, seine wirtschaftliche Überlegenheit ist für Asien geradezu erdrückend. Mitte der siebziger Jahre lag sein Sozialprodukt zehn Prozent über dem aller anderen asiatischen Staaten zusammen; es erzeugte sechsmal so viel wie Südostasien als Ganzes. Der politische Einfluß führt über den industriellen Vorsprung: »Japan hat seit dem Zweiten Weltkrieg weder militärisch noch politisch in die Angelegenheiten der Region interveniert. Doch könnte seine unauffällige Strategie stiller ökonomischer Expansion etwas erreicht haben, was der kaiserlichen japanischen Armee in vierzig Jahren nicht gelang. Sie hat Japans Dominanz ohne politische Kontrolle vollendet.« (Mackie 1974)

Aus diesem Faktum mußten die anderen Großmächte ihre Folgerungen ziehen, vor allem, als der amerikanische Zusammenbruch die Japaner vor neue Sicherheitsfragen, die auch ihr soziales System betrafen, stellte. Eine neue »Militarisierung« als Folge einer verminderten Schutzfähigkeit der USA wurde von allen gefürchtet. »Wenn es einen offenen amerikanisch-japanischen Riß gäbe, so wäre die gesamte Basis der gegenwärtigen US-Position in Asien geschwächt und könnte damit unterminiert werden. Ein wiederbewaffnetes und feindseliges Japan könnte eine direkte Bedrohung für die Vereinigten Staaten darstellen.« (Barnett in: PC 1976/77) Ein gleiches gilt für China, so daß sich auch in dieser Beziehung die Interessen decken; denn es scheint Japan nicht vor allem als amerikanischen Alliierten zu fürchten, sondern als »einen teilweisen Nachfolger der amerikanischen politisch-militärischen Rolle im Pazifik.« (Butwell in: CH 1972) China hat also kein großes Interesse daran, daß die USA ihr bisheriges Engagement in Japan verringern. Immerhin hatten die Vereinigten Staaten, indem sie die Verteidigung Japans nach 1945 übernahmen, zugleich dessen militärische Expansion gebremst. Die UdSSR ihrerseits hat vor allem Interesse daran, eine stärkere Annäherung Japans an China zu verhindern. Zugleich versuchen die USA, gerade wegen der neu gewonnenen Flexibilität Japans, das Land auch auf strategisch-militärischem Gebiet weiter an sich zu binden. Dieses Interesse der USA kommt den Interessen Japans entgegen. Denn Tokio beunruhigt die Frage der Sicherung seiner Nachschublinien auf den Ozeanen. Zugleich bereiten die Energieprobleme den Japanern Schwierigkeiten. Und hier scheint China, das in den kommenden Jahren seine Ölproduktion stark vermehren dürfte, gegenüber der UdSSR in kommenden Verhandlungen in der Vorhand zu sein.

Die heutige Lage stellt sich für die »halbe« Großmacht wie folgt dar: Japan ist ein Staat, der normale Beziehungen zu China wie zur UdSSR benötigt, der auf die USA zu seinem Schutz verstärkt angewiesen ist, zugleich jedoch wirtschaftliche Schwierigkeiten mit seiner »Schutzmacht« bekommen könnte. Daß seine südostasiatischen Nachbarn gegenüber dem industriellen ostasiatischen Konkurrenten ständig in einer defizitären Lage sind, könnte auf die Dauer – letzte ASEAN-Konferenzen bestätigen es – zu einem Druck auf Tokio führen, stärkere Opfer für die Entwicklung seiner Nachbarn zu bringen. Japan wirkt – anders als China – in Asien durch seine ökonomische Potenz, nicht durch seine Menschenmassen und auch nicht durch seine revolutionären oder gegenrevolutionären Aktivitäten. Seine wirtschaftliche Dynamik, verbunden mit Demokratie und freier Wirtschaft, wird beneidet, aber nicht nachgeahmt.

Nicht von ungefähr ist die Frage nach der externen Beeinflussung von Revolution und Status quo in Asien in die Analyse von Großmachteinflüssen eingegangen. Tatsächlich beschränkt sich der Export von Revolution auf China. Dieses China, gerade weil es im Kampf um Einfluß in Asien steht, legt sich immer stärkere Selbstbeschränkungen auf. Seine Rolle als Zentrum der Revolution in Asien könnte deshalb eines Tages an Hanoi übergehen. Aber auch dessen Versuche, mit den USA und Europa in Kontakt zu kommen, zeigen, daß den revolutionären Möglichkeiten Grenzen gesetzt sind. Das Erstarken von ASEAN gibt Hoffnung, daß die nicht-kommunistischen Staaten Südostasiens eine Identität gefunden haben, die sich nicht mehr allein aus ihrer Gegnerschaft zum Kommunismus ableiten muß.

Mit der Einbeziehung Chinas in den verhandlungsfähigen Kreis der asiatischen Staaten ist Pekings Außenpolitik zugleich einfacher wie schwieriger geworden. Einfacher ist sie geworden, weil die bis 1970 bestehenden Vorurteile, die China insbesondere während der Kulturrevolution 1966–1969 als »feuerspeienden Drachen« sahen, vor allem in Amerika soweit abgebaut sind, daß man nach der Meinung einiger Beobachter nunmehr in das ebenso falsche Bild eines »kuscheligen Pandabären« verfällt. Schwieriger ist sie geworden, weil sie im Namen der »Weltrevolution« nicht mehr unterschiedslos die bürgerlichen Regime Asiens attackieren kann, sondern nun auch die regionalen Subsysteme – und damit die regionalen Feindschaften – in Betracht zu ziehen hat. Da die Staaten Asiens, insbesondere Südostasiens, die Unterstützung der USA benötigen, läßt sich politisch, doch keineswegs wirtschaftlich eher eine Tendenz »Sine Amerika« als »Anti-Amerika« feststellen. Das drängt auch hier zu einer »low profile«-Politik der USA. Schließlich wird ganz Asien vom Gegensatz UdSSR–China beherrscht, der auf allen Ebenen, sowohl bilateral wie multilateral, ausgetragen wird. Wenn auch Moskaus Militär- und insbesondere die Flottenpräsenz im Indischen Ozean beträchtlich ist, so ist doch festzuhalten, daß der sowjetische Einfluß auf Asien, das ein Kontinent anderer Prägung ist als Afrika oder Lateinamerika, zwar wächst, dies jedoch aus machtpolitischen Gründen, nicht aus Gründen zunehmender revolutionärer Gestimmtheit. Immanente Grenzen liegen schon im Modell des sowjetischen bürokratischen Staatssozialismus, der auf asiatische Verhältnisse eher abstoßend wirkt.

Zweifellos hat aber der Fall Südvietnams und die folgende Vereinigung Vietnams ein neues Gravitationszentrum hervorgebracht, dessen Bedeutung so lange nicht ganz deutlich wird, wie nicht stärkere Festlegungen Hanois erfolgen. Daß dadurch die Sowjetunion in ihrem Verhältnis zu China vorläufig einen Vorteil errungen hat, ist gleichwohl unverkennbar. Was Japan anbetrifft, so hat die befürchtete Abkehr von den USA nicht stattgefunden. Trotz verstärkter Handelsbeziehungen im asiatischen Raum hat sich bisher angesichts der gegenseitigen Abhängigkeiten die Anlehnung an die USA eher verstärkt. Der Vietnamkrieg hat zwar Laos und Kambodscha in den Strudel der amerikanischen Niederlage miteinbezogen und insofern die Domino-Theorie bestätigt. Die weiteren Steine auf dem asiatischen Brett sind aber stehengeblieben. Es deutet sich sogar bei aller fortwährenden Unruhe eine Phase der Konsolidierung an. Nach ihrem Abschluß könnte ein neues Kräftemessen – etwa zwischen China und Indien – beginnen, das ein Eingreifen der außer-asiatischen Mächte erneut notwendig macht. Eine ganz neue Entwicklung könnte einsetzen, wenn Japan und die USA (nebst Westeuropa) sich in einen Wirtschaftskrieg begäben. Die dann einsetzende Annäherung Japans an China würde das Mächtegleichgewicht in Asien entscheidend verändern. Doch das ist ein ferner Alptraum, da Japan die Absatzmärkte des Westens benötigt.

5.4.2 Einfluß in den Subsystemen

Asien ist gegenwärtig das Modell für ein unstabiles Gleichgewichtssystem, das gebildet wird aus UdSSR, USA und China. Ein System ist es deshalb, weil keiner der Akteure mit einem der Teilnehmer in Beziehung treten kann, ohne die Interessen des Dritten zu berühren. *Unstabil* ist es deshalb, weil die mäßigende Wirkung, die es auf die in seinem Bereich liegenden Staaten ausübt, nur so lange bestehen bleibt, wie tatsächlich keiner der drei großen Teilnehmer sich mit einem der anderen zur Zerstörung des Dritten verbindet, so daß eine Allianz von zwei Staaten gegen den dritten Staat entsteht. *Mäßigend* wirkt es wie alle Gleichgewichtssysteme, von deren Funktion Raymond Aron schrieb:

»Jeder Staat ist für jeden anderen ein möglicher Verbündeter, der Feind von heute wird geschont, weil er der Partner von morgen sein kann . . . Die Diplomatie in einem solchen System ist realistisch, zuweilen sogar zynisch, aber sie ist gemäßigt und vernünftig . . . Eine reine Gleichgewichtsdiplomatie kennt keine Gefühle und darf sie nicht kennen . . . sie rechnet mit dem Egoismus (oder anders ausgedrückt) mit der moralischen Verderbtheit der Staaten, aber diese berechnende Verderbtheit erscheint letzten Endes weniger unvorhersehbar, weniger furchterregend als möglicherweise die idealistischen, aber blinden Leidenschaften.«

Die gegenwärtige Konstellation in Asien läßt sich nicht losgelöst von den globalen Perspektiven analysieren. Allerdings ist im Weltmaßstab einer der Schenkel des Dreiecks weniger stark ausgeprägt. Denn – von Ausnahmen abgesehen – ist der chinesische Einfluß außerhalb Asiens vor allem ideologischer, psychopolitischer, symbolischer Art. Dagegen ist China in Asien als Militärmacht, als Wirtschaftsfaktor wie als geopolitische Größe präsent.

Selbst in Asien aber ist nicht davon auszugehen, daß Revolution und Konterrevolution, Kommunismus und Anti-Kommunismus ausschließlich von den Großmächten abhängen. Denn die Größenordnungen der dortigen »Mittelmächte« sind erheblich. In der Region sind es die Philippinen und Thailand mit je 42 Millionen, das Vereinigte Vietnam mit 50 Millionen, Pakistan mit 70 Millionen, Indonesien mit 130 Millionen, Indien mit 600 Millionen Einwohnern – ganz abgesehen von Japan mit 110 Millionen Einwohnern –, die schon aufgrund ihrer Einwohnerzahlen Gewicht haben. Dazu kommen Krisenherde wie Nationalchina mit 16 Millionen Einwohnern und das geteilte Korea (Republik Korea 33 Millionen, Volksrepublik Korea 15 Millionen Einwohner). Die Wandlungen der chinesischen Außenpolitik haben daher gezeigt, daß Peking ebenso von den Staaten seiner Peripherie abhängt, wie diese Staaten wiederum von Pekings Verhalten beeinflußt werden. Ähnliches gilt etwa vom Verhältnis Indien-Sowjetunion. Daneben sind eine Reihe von Subsystemen und Einflußsphären zu beobachten, deren spezifische Ausprägung im folgenden skizziert werden soll.

Die Einwirkung externer Kräfte auf Revolution und Konterrevolution – das war bisher die alles verbindende Perspektive. Dahinter stand die Frage: welchen Einfluß haben solche Faktoren, symbolisiert durch den Einfluß von Staaten auf Staaten? Wir haben ständig von Einfluß gesprochen, aber die Formel »Einfluß« nicht näher untersucht. (Rubinstein 1975) Daß es sich bei »Einfluß« nicht um etwas handelt, das sich von selbst versteht, wird aber schnell deutlich, wenn man etwas länger bei dem Begriff verweilt. Zu fragen wäre etwa: wie und wann läßt sich Einfluß überhaupt nachweisen? Wann kann man zum Beispiel von sowjetischem Einfluß auf die indische Außenpolitik sprechen? Wann kann man Chinas Einfluß auf die Regierung Vietnams feststellen? Wie zeigt sich der amerikanische Einfluß auf die Regierung Südkoreas?

Vor einer Definition sei davon ausgegangen, daß »Einfluß« vorläufig nicht zu quantifizieren ist. Es ist nicht zu berechnen, welchen prozentualen Einfluß auf die indische Außenpolitik etwa der Entschluß der Sowjets hatte, Pakistan zwischen 1965 und 1970 eine (sehr beschränkte) Unterstützung zu gewähren. Tatsächlich hat diese Unterstützung die indische Außenpolitik beeinflußt. Unter diesem Aspekt läßt sich Einfluß so definieren: »Einfluß wird ausgeübt, wenn A durch nicht-militärische Mittel, direkt oder indirekt, das Verhalten von B so beeinflußt, daß es zum politischen Vorteil von A ausschlägt.« Was wäre etwa der Vorteil von A (der UdSSR) gewesen, Pakistan nicht völlig zu vernachlässigen? Einfluß auf Pakistan auszuüben? Trotz der Gefahr, seinen Einfluß auf Indien zu verringern? Man erleichtert sich die Definition, aber die Sache wird nicht klarer.

Die sehr allgemeine Definition muß immerhin das Herz eines jeden Diplomaten höher schlagen lassen. Schließlich ist Diplomatie nichts anderes, als das tun zu lassen, was einem selbst Vorteile bringt. Mit dieser Definition wird aber immerhin eines erreicht: es werden damit Aktionen wie die Intervention von Guatemala oder von Prag ausgeschlossen; Intervention und Einfluß sind also zweierlei Dinge. Auch der Versuch Einfluß zu gewinnen – so ist gesagt worden – sei »dirty work«, aber doch nicht so verabscheuungswürdig wie Intervention. Eines dürfte die Analyse der Machtbeziehungen in Asien klargelegt haben: »Einfluß« ist in einer interdependenten Welt kaum jemals eine Einbahnstraße. »Keine Nation kann vollkommen frei von externem Einfluß sein, . . . aber Einfluß ist auch zwischen starken und schwächeren Nationen eine Zweibahnstraße. Neu-Delhi beeinflußt Moskau ebenso, wie es durch Moskau beeinflußt wird, und wenn es nur dahingehend sei, daß die UdSSR zuweilen ihre Politik ändern muß, um sowohl Indiens Unterstützung zu gewinnen, wie dessen Existenz zu sichern.« (Rubinstein 1973)

Darüber hinaus wird Einfluß nicht nur dadurch gewonnen, daß man Aktivität fordert, auch Unterlassung kann Einfluß bewirken. Wenn die USA sich etwa in Staaten finanziell weniger engagieren, in denen die Wirtschaft verstaatlicht wurde, so kann das Einfluß auf die inneren Bedingungen des Landes dann haben, wenn dieses Land keine andere Hilfe von außen zu erwarten, wenn es keine Optionen hat. Ferner kann Einfluß dadurch ausgeübt werden, daß sich ein Land A mit einem Land C verbindet (oder auch nur sich zu verbinden droht), das feindliche Beziehungen zu B unterhält. Dies wäre der Fall, wenn Moskau seine Unterstützung Pakistan leihen würde. Damit hätte es ein Mittel des Einflusses, um eine unabhängige indische Politik zu unterbinden. Der Einfluß Moskaus auf Neu-Delhi wird größer, wenn es weiß, daß Washington schon an Pakistan gebunden ist. Wie Einflüsse nach beiden Seiten wirksam werden können, hat sich im Fall von Somalia und der UdSSR gezeigt: auch Somalia übte Einfluß auf die UdSSR aus, als dieses Äthiopien zu unterstützen begann; nunmehr war Moskau angesichts arabisch-westlicher Hilfe zumindest solange gezwungen, beiden Staaten Hilfe anzubieten, bis es sich darüber im klaren wurde, daß diese Hilfe keine Hebelwirkung mehr habe. Hier zeigt sich die Einflußmöglichkeit des bei weitem unbedeutenderen Partners, der sie wiederum nicht ausnützen konnte, weil die UdSSR seiner Politik keine Option mehr bot. Zuletzt sei noch darauf hingewiesen, daß es im Einzelfall fast unmöglich ist, zwischen Pression und Überredung – das heißt für A, gezwungen zu sein, etwas zu tun, was es nicht als in seinem Interesse liegend betrachtete, oder etwas, das ihm als in seinem Interesse liegend suggeriert wurde – als Mittel von Einfluß zu unterscheiden. Diplomatische Verhandlungen bestehen schließlich nicht selten darin, etwas zu unterlassen, was man angedroht hat, wenn der Partner das, was er beabsichtigte, ebenfalls unterläßt. Das wäre Einflußnahme durch Unterlassung.

In solchen Zusammenhängen müssen auch die Beziehungen in den Subsystemen Asiens gesehen werden. Denn es stellt sich z. B. die Frage, ob die Allianz von kommunistischen und nicht-kommunistischen Staaten gegen andere nicht-kommunistische Staaten vor allem den nationalen Interessen der Partner dient oder aber der Beförderung revolutionärer Situationen bzw. der Verstärkung des Status quo; dabei kann beides natürlich auch wieder nationalen Interessen dienen. Im nächsten Kapitel kommen wir darauf zurück.

5.4.2.1 Indien und Pakistan

Einen spezifischen Typ von Gegensätzen und gleichzeitig von Abhängigkeitsverhältnissen stellt das Verhältnis Indien-UdSSR und Pakistan-China dar. Jeweils ein kommunistischer Staat hat sich hier mit einem nicht-kommunistischen verbunden. Dabei ist das Verhältnis von Indien und Pakistan für das Gleichgewicht in Südasien von größter Bedeutung. Drei Kriege sind geführt worden, bevor sich die Dominanz Neu-Delhis herauskristallisierte. Die indisch-pakistanischen Beziehungen waren getrübt seit den Kämpfen um Kaschmir im Jahre 1952, die mit der Teilung Kaschmirs endeten. Ihnen schlossen sich Kämpfe um den Pandschab 1965, mit der damals sensationellen sowjetischen Vermittlung in Taschkent, und nach dem Aufstand in Bangla Desh die Zerstückelung Pakistans mit indischer Hilfe 1971 an.

Die chinesisch-indischen Beziehungen hatten sich schon nach der chinesischen Besetzung Tibets seit 1950 getrübt. »Feinde« wurden beide Staaten nach dem kurzen Himalaya-Krieg und der demütigenden indischen Niederlage gegen China im Jahre 1962. Aus dieser Konstellation resultierte eine Politik, aus der die UdSSR als »Schutzmacht« Indiens, China als Schutzmacht Pakistans hervorging. Insbesondere die indische Niederlage von 1962 gab der UdSSR die Möglichkeit, die notwendige Modernisierung der indischen Armee zu eigenen politischen Zwecken nutzbar zu machen. Denn sie förderte damit zugleich ihr Hauptziel in diesem Raum: der Expansion Chinas in Südasien entgegenzutreten. Unter den gegebenen Umständen bedeutete die Waffenhilfe vermehrte Abhängigkeit Neu-Delhis von Moskau, eine Abhängigkeit, für die sich Indien mit vermehrter Aggressivität gegen die amerikanische Politik in der Region »bedankte«. Zwischen 1965 und 1970 lieferte die UdSSR Waffen an Indien im Wert von 730 Millionen Dollar. Dagegen belief sich der Wert der chinesischen

Lieferungen an Pakistan nur auf 133 Millionen Dollar. Dennoch sollte man auch diese Summe nicht unterschätzen. Von 1957–1974 stand Pakistan mit 10,3 Prozent der chinesischen Auslandshilfe (vor Tansania mit 9,5 und Sambia mit 8,0 Prozent) an der Spitze der Empfänger. Nimmt man noch die 2,9 Prozent für Nepal, 2,2 Prozent für Burma und 2,1 Prozent für Afghanistan hinzu, so läßt sich der Eindruck untermauern, daß Peking mit diesen Hilfen versuchte, Indien in seiner eigenen Region »einzudämmen« und dem sowjetischen Einfluß zu begegnen.

Die chinesisch-pakistanische Allianz entwickelte sich erst, seitdem die USA nach dem indisch-pakistanischen Krieg ihre Waffenlieferungen an beide Parteien auf ein Minimum reduziert hatten. Da die indisch-pakistanischen Spannungen die Sowjetunion mehrfach in eine schwierige Lage gebracht hatten, versuchte sie, zwischen 1965 und 1969 eine gewisse Vermittlerrolle einzunehmen. Spätestens 1969 wurde diese Haltung aufgegeben – ein weiterer Vertrag über 150 Millionen Dollar schuf die Voraussetzungen für den indischen Angriff auf Ost-Pakistan. Es hatte sich damit eine indisch-sowjetische Allianz herausgebildet, die mit dem »Freundschaftspakt« von 1971 noch verstärkt wurde.

Die Ironie der Realpolitik wollte es somit, daß eine »revolutionäre« Macht (die UdSSR) jenes Land mit (1972) mehr als einer Milliarde Dollar militärisch, mit 1,6 Millionen Dollar ökonomisch unterstützt hatte, das in den Jahren zuvor als demokratische Alternative zum chinesischen kommunistischen Modell gegolten hatte.

Ebenso wie China sich seit 1971 der USA bediente, um der sowjetischen Expansion in Asien Einhalt zu gebieten, ebenso benutzte die UdSSR seit 1969 Neu-Delhi, um eine Hegemonie Chinas in Asien in den Ansätzen zu verhindern. Andererseits stützte sich Neu-Delhi seit 1971 verstärkt auf Moskau, weil es nach der Kissinger-Reise den verstärkten chinesischen Druck fürchtete. Moskau auf der einen, China auf der anderen Seite bestätigten sich damit im Hinblick auf die Interessen der anderen kommunistischen Staaten eindeutig als anti-revolutionäre Kraft. Indem sie sich gegenseitig abblockten, schnitten sie auch die Möglichkeit revolutionärer Entwicklungen ab. Jede Wendung auf dem indischen Subkontinent zeigt das auf: als Bangla Desh 1971 mit Hilfe der Inder entstand, profitierte Moskau von dieser Wendung. Als Scheich Mudjibur Rahman, der Gründer von Bangla Desh, im August 1975 durch einen Staatsstreich gestürzt und ermordet wurde, gehörte es zu den ersten Amtshandlungen der neuen Regierung, diplomatische Beziehungen nicht nur mit Indien, sondern nun auch mit China aufzunehmen.

Indien ging mit Hilfe der sowjetischen Unterstützung als unbestrittene Vormacht auf dem südasiatischen Subkontinent hervor. Daß es sich bei den Kämpfen nicht nur um regionale Auseinandersetzungen handelte, sondern daß die gesamten Ost-West-Beziehungen auf dem Spiele standen, zeigte sich spätestens in dem Augenblick, als sich Indien anschickte, auch das verbleibende West-Pakistan zu zerstückeln. Am 13. Dezember 1971 informierte Washington Moskau, daß ein solcher Schritt die gesamte Struktur der sowjetisch-amerikanischen Entspannung aufs Spiel setzen würde. Angesichts dieser Perspektiven zog Moskau seine Unterstützung zurück, obwohl China damit geschwächt worden wäre. Dies ist ein Beispiel für die bilateralen Interessen, die die Regionalinteressen der Großmächte überlagerten.

Andererseits ist die indische Außenpolitik nicht in jedem Detail an die sowjetische Außenpolitik gebunden. Das hat sich mehrfach in den letzten Jahren gezeigt – so angesichts ihrer Ablehnung des 1972 und 1973 erneuerten, von Breschnew schon 1969 formulierten Plans für eine Zone »kollektiver Sicherheit« in Asien. Keineswegs kann – im Sinne der Diskussion über »Einfluß« – gesagt werden, Neu-Delhi sei jemals nur Erfüllungsgehilfe sowjetischer Politik auf dem indischen Subkontinent gewesen. Der Austausch von Botschaftern zwischen Peking und Neu-Delhi war überdies ein Zeichen dafür, daß die Freiheit der Mittelmächte in diesem Raum weiter wächst und Indien davon nicht ausgenommen bleiben will. Zudem deutete die Zündung der indischen Atombombe darauf hin, daß Indien eine Parität der Beziehungen in allen Bereichen anstrebt.

Insgesamt sind die indisch-sowjetischen und chinesisch-pakistanischen Beziehungen ein beredter Beweis dafür, mit welch gemischter Motivation in den internationalen Beziehungen dieses Jahrzehnts zu rechnen ist. Auch hier sind die Grenzen von Revolution und Konterrevolution fließend geworden.

5.4.2.2 Djakarta, Peking, Moskau

Von ähnlichem Gewicht sind die Entwicklungen in und um Indonesien. Was für die pakistanisch-indischen Beziehungen gesagt wurde, gilt auch für die Beziehungen Peking-Djakarta-Moskau-Washington. Hier sind es nicht vor allem Zweierbeziehungen, die eine Rolle spielen – in weniger als einem Jahrzehnt wurde von Djakarta die ganze Klaviatur von Großmachtbeziehungen durchgespielt. Es scheint lange vorbei, daß der amerikanische Präsident Johnson (1966) glaubte, eine Achse Djakarta-Hanoi-Peking-Pjöngjang befürchten zu müssen. Dies war der Fall, als Sukarno und die Kommunistische Partei Indonesiens (KPI) sich von Moskau abgewandt und Peking zugewandt hatten. Seit 1956 war Indonesien der größte Empfänger sowjetischer Hilfe gewesen. Bis 1961 hatte es vom Ostblock 1,5 Milliarden Dollar entgegengenommen, mehr als die 1,3 Milliarden Dollar, die China von 1949–1957 von der UdSSR erhalten hatte. Hauptgrund für die sowjetische Freigebigkeit war zuerst das Bemühen, die bedrohte Einheit des Inselstaates zu erhalten, später die Unterstützung des indochinesischen Anspruches auf das holländische West-Neuguinea (Irian). Diese Kampagne allein unterstützte Chruschtschow mit einem Kredit von einer Milliarde Dollar. Die Übergabe West-Neuguineas an Djakarta wurde – nicht zuletzt auf amerikanischen Druck – im August 1962 beschlossen.

In eine kritische Phase traten jedoch die sowjetisch-indonesischen Beziehungen, als es klar wurde, daß selbst die massiven Waffenlieferungen der UdSSR nicht genügend Einfluß verschafften, um Sukarno von seiner abenteuerlichen Anti-Malaysia-Politik abzuhalten. Zugleich nutzte die Kommunistische Partei Indonesiens, eine der stärksten Asiens, die westliche Unterstützung des 1963 gegründeten Malaysias, das als »imperialistische Marionette« bezeichnet wurde, dazu aus, den amerikanischen Einfluß in Indonesien zurückzudrängen. Schließlich war es der offene Ausbruch von Feindseligkeiten zwischen Djakarta und Kuala Lumpur, der innenpolitisch in Djakarta zu einer scharfen Linkswendung führte. Diese Linkskoalition beruhte allerdings auf einem äußerst prekären Gleichgewicht zwischen den nationalistisch gesinnten Offizieren, der Kommunistischen Partei (KPI) und Sukarno. Die Hoffnung allerdings, es werde der Druck, der so von außen auf das neue, amorphe Staatsgebilde (früher Malaya, Singapur, Sarawak, Brunei und Sabah) ausgeübt wurde, zu dessen Zusammenbruch führen, erwies sich als trügerisch. Vielmehr zeigte es sich, daß auch hier externe Intervention, noch dazu, wenn sie mit revolutionärem Anspruch auftritt, extrem konterproduktiv wirken kann. »Weit davon entfernt, unter dem Druck der Konfrontation zusammenzubrechen, wurde Malaysia in mancher Beziehung durch die externe Bedrohung weit stärker zusammengeschweißt, als dies unter glücklicheren Umständen geschehen wäre.« (Mackie 1974)

Auch in den Vereinten Nationen erlitt Indonesien, wo es seine Aggression zu verteidigen suchte, eine Niederlage, so daß Djakarta am Neujahrstag 1965 überraschend aus der UN austrat. Es war dies der Beginn einer neuen Entente mit Peking, die bis zum Jahre 1969 dauerte, dann abriß. Diese Annäherung war dadurch gefördert worden, daß sich die sowjetisch-indonesischen Beziehungen schon 1963/64 abzukühlen begonnen hatten, die Hoffnung auf größere Wirtschaftshilfe aus den USA sich nicht erfüllte, zugleich der Kampf gegen die Briten (und Amerikaner) in Malaysia die innere Entwicklung hemmte. Zwischen 1964 und 1965 wurde daher aus dem eher zufälligen gemeinsamen Interesse zwischen Djakarta und Peking eine Art »anti-imperialistischer Front« im südostasiatischen Raum.

Nicht zuletzt die Tatsache, daß China seit den sechziger Jahren zur Atommacht aufgestiegen war, scheint Sukarno bestärkt zu haben, einen gemeinsamen Weg mit Peking zu suchen. Als Allianzpartner Pekings betrachtete er dies als eine indirekte Stärkung der eigenen Macht. »Diese Annäherung hatte den Effekt, der letzten Ausweitung der indonesischen ›Momentum‹-Politik, d. h. der anti-malaysischen Konfrontation, eine beträchtliche Legitimität und eine zusätzliche Stoßkraft zu verleihen.« (Van der Kroef in: Rubinstein 1975). Der Wechsel Djakartas von Moskau nach China geschah in einem Augenblick, in dem die UdSSR nach der Kuba-Krise versuchte, mit den USA in ein neues globales Gespräch zu gelangen. Dieses Ziel wäre durch die in ihren Folgen unabsehbare Verwicklung in einen malaysisch-indonesischen Krieg gestört worden. Deshalb war Moskau von der abenteuerlichen Politik des indonesischen Staatspräsidenten ebenso geschockt wie die westliche Großmacht.

Da sich die KPI die anti-malaysische Kampagne Sukarnos zu eigen machte, verlor Moskau damit zugleich seinen wichtigsten Partner im Inneren des Landes. Es geschah dies zu einem Zeitpunkt, in dem sich die ersten Anzeichen chinesisch-sowjetischer Entfremdung auch öffentlich bemerkbar machten. Die damalige aggressive chinesische Politik in Afrika und Asien, ihre Ablehnung des sowjetischen »Revisionismus« verband sich andererseits ziemlich reibungslos mit der Philosophie Sukarnos von den »neuen aufstrebenden Kräften«, die sich den alten Industriemächten entgegenstellten, so daß seine Wendung nach Peking fast logisch erschien.

Zugleich mit dieser Annäherung verstärkte sich der kommunistische Einfluß innerhalb Indonesiens. Er führte am 1. Oktober 1965 (wahrscheinlich mit Wissen von Präsident Sukarno) zu dem mißglückten Coup linksgerichteter Offiziere, danach zur Machtübernahme der Militärs, schließlich zu einem Blutbad unter den Kommunisten (Schätzungen gehen bis zu einer Million Ermordeter).

Es ist bis heute nicht einwandfrei bewiesen, ob und in welcher Weise sich Peking in die Vorbereitungen zu dem Putsch eingeschaltet hatte. Wenn es aktiv beteiligt gewesen war, so mag damit beabsichtigt gewesen sein, die Nachfolge Sukarnos – von dem man wußte, daß sein Gesundheitszustand angegriffen war – auf eine für Peking positive Weise zu regeln. Folge war jedenfalls, daß der Staatsstreich in Indonesien (ebenso wie die ostafrikanischen Aufstände Mitte der sechziger Jahre, die ebenfalls China angelastet wurden) Peking für mehrere Jahre aus dem Kreis koalitionsfähiger Partner in Asien verbannte.

Die Machtergreifung der Militärs im Jahre 1966 führte schließlich zu einer erneuten Umorientierung Djakartas: der Ruf nach ausländischem Kapital brachte eine Anlehnung an den Westen und dies wiederum den Einfluß insbesondere amerikanischer Multis. (Indonesien ist heute – neben China – der einzige wesentliche Erdölexporteur Asiens; das Öl aber wird z. B. zu 63 Prozent vom amerikanischen Caltex-Konzern gefördert.) Andererseits profitierte Moskau von der tiefen Entfremdung, die zwischen Peking und Djakarta heute noch, wenn auch in abgeschwächter Form, vorherrscht. Die Annäherung Djakartas an den Westen hat schließlich die Zusammenarbeit Malaysias und Indonesiens gefördert, zugleich den Zusammenhalt von ASEAN auf eine solide Basis gestellt. Die Abflachung der

Freund-Feind-Kurve insbesondere gegenüber China seit Beginn der siebziger Jahre ist mit einer Abflachung der Abhängigkeitskurve gegenüber den USA verbunden. Generell gesagt scheinen im Bereich der ASEAN-Staaten heute die Einflußmöglichkeiten externer Faktoren, soweit sie als staatliche Einflüsse begriffen werden, geringer als auf dem indischen Subkontinent. Die dortigen – geographisch wie religionsbedingten – Konfliktherde fallen hier weitgehend weg. Auch aus dieser Perspektive fällt auf die amerikanisch-chinesische Allianz ein neues Licht. Sie hat China nicht nur Rückendeckung gegen die Sowjetunion geschaffen, sondern ihm überhaupt erst die Möglichkeit eröffnet, wieder mit den südostasiatischen Staaten in Verbindung zu treten.

5.4.2.3 Taiwan und Korea

Taiwan und Korea sind zwei weitere Krisenherde, die ebenfalls von der amerikanisch-chinesischen Détente berührt wurden. Es sind Krisenherde, deren Lösung darin besteht, eine *Nicht*lösung für absehbare Zeit zu garantieren. Auch nach dem amerikanisch-chinesischen Kommuniqué von Shanghai vom Februar 1972 ist es klar, daß weiterhin das nord-koreanische Drängen nach Wiedervereinigung (und damit die Revolutionierung der gesamten Halbinsel) von China unterstützt wird. Dem entspricht, trotz der Verdünnung der dort stationierten amerikanischen Truppen, die Entschlossenheit Washingtons, Südkorea weiterhin in seinem Verteidigungsparameter zu behalten. Ebenso ist es klar, daß die Taiwan-Frage sich nicht durch eine chinesische Annexion wird lösen lassen (obwohl dessen »Befreiung« seit 1978 in der chinesischen Verfassung verankert ist). Die beiden nicht-kommunistischen Staaten genießen also weiterhin den Schutz der größten Militärmacht der Welt. Daher sind militärische Interventionen gegen die diktatorisch geführten Staaten so gut wie ausgeschlossen, obwohl es die Menschenrechtsforderungen des amerikanischen Kongresses dem Park Chung Hee-Regime in Südkorea und dem Regime in Taiwan schwerer machen werden, ihren anti-demokratischen Kurs ungebrochen fortzusetzen.

Die Position Südkoreas wird dadurch nicht wesentlich geschwächt. Denn seine Sicherheit ist mit der Sicherheit Japans ganz eng verbunden. Würde Südkorea fallen, so wäre auch die Sicherheitsgarantie Washingtons für Tokio einer schweren Glaubwürdigkeitsprobe unterworfen. Da Japan gerade nach 1972 für die USA erneut Bedeutung gewonnen hat, ist die Gefahr eines noch weitergehenden amerikanischen Disengagements möglichst auszuschalten. Auch von Nordkorea geht zweifellos nicht mehr die Gefahr eines »großen« Krieges aus, wohl aber die Gefahr eines Krieges à la Vietnam. Diese Möglichkeit ist nie ganz von der Hand zu weisen; deswegen könnte selbst nachlassendes amerikanisches Interesse für Südkorea eine Gefahr werden: »Eine wachsende Polarisierung der Meinungen in Korea, die auf einer Opposition zum Park-Regime gründen, könnte ein psychologisches Klima schaffen, das einem nationalen Befreiungskrieg förderlich wäre, besonders dann, wenn es deren allgemeine Unterstützung zerfressen und zugleich die Opposition in den Vereinigten Staaten gegen eine Stationierung von amerikanischen Truppen in der Republik Korea intensivieren würde. Fraglos versucht Kim Il Sung (Vorsitzender des Ministerrats der Volksrepublik Nordkorea) eine solche Situation herbeizuführen.« Die Möglichkeiten eines revolutionären Krieges, der vom Norden initiiert wird, hängt also a) von der inneren Verfassung Südkoreas und b) von den Möglichkeiten ab, auf Nordkorea Einfluß zu nehmen. Zum ersten wäre zu sagen: die wirtschaftliche Wachstumsrate Südkoreas übersteigt bei weitem die von Nordkorea und damit schwächt sich auch die Anziehungskraft ab, die Nordkorea auf Südkorea ausüben kann (Südkorea zwischen 1974 und 1976 10,7 Prozent, Nordkorea 4,3 Prozent). Zum zweiten: Es ist durchaus möglich, daß sich ein Konkurrenzkampf zwischen der Volksrepublik China und der Sowjetunion entwickelt, die gerade im Jahre 1977 die harte Linie des Regimes in Pjöngjang besonders aktiv unterstützt hat. Bisher ist allerdings der Einfluß Pekings überwiegend, das im übrigen auch hier eine zweigleisige Politik betreibt; es legt gegenüber dem Westen Mäßigung an den Tag, bestärkt aber andererseits Nordkorea in seinen Wiedervereinigungsansprüchen.

Konnte man daher bisher von einer einsichtigen Parallelisierung der Interessen (USA-Südkorea-Taiwan und Nordkorea-China-UdSSR) sprechen, so deuten sich mit dem einsetzenden chinesischen-sowjetischen Konkurrenzkampf auch hier Entwicklungen an, die den Rahmen ideologischer Auseinandersetzungen sprengen.

5.4.3 Formen der Penetration in Asien

5.4.3.1 Die Auslandschinesen

Asien kennt eine Form externen politischen Einflusses, die von innen her wirkt und die anderen Kontinenten in diesem Ausmaß unbekannt ist. Dieser Faktor hemmt den chinesichen Einfluß ebenso wie er ihn fördert. Es sind dies die etwa zehn Millionen Auslandschinesen, von denen angenommen wird, daß sie in Asien besonders stark mit dem jetzt kommunistischen Mutterland verbunden bleiben. Ein Großteil asiatischer Guerillatätigkeit geht auf sie zurück. Diese Unterstützung chinesischer Ziele durch die Auslandschinesen wird allerdings bei weitem wettgemacht durch die Animosität, die sie in ihren Aufnahmeländern erzeugen. Abgesehen von rassistischen Vorurteilen ist es insbesondere ihre wirtschaftliche Stellung, die immer wieder zum Aufflammen von anti-chinesischen Aufständen geführt hat. Die »chinesische« Frage hat daher zwei Seiten: Zum einen werden ganze Staaten von ihnen geprägt. So sind zum Beispiel 38 Prozent der Bevölkerung von Malaysia und 98 Prozent der Bevölkerung von Singapur Chinesen. (Weil die Malaien sich als »Staatsvolk« betrachten, verließ Singapur 1965 die malaysische Föderation.) Die Frage des rassischen Gleichgewichts hatte schon zu außenpolitischen Auseinandersetzungen geführt, als bei der Gründung von Malaysia Sarawak und Sabah vor allem deshalb mit eingebracht wurden, um den Einfluß der Chinesen im Gesamtstaat auszutarieren. Das wiederum führte 1963/64 zu den malaysisch-indonesischen Auseinandersetzungen. Das damals noch »revolutionäre« Djakarta wollte die Gründung Malaysias als eines von Großbritannien abhängigen »kolonialistischen« Staates nicht anerkennen.

Zum andern bilden Chinesen Minderheiten, die durch das chinesische Nationalitätenrecht lange Zeit auch dann noch ihre chinesische Staatsangehörigkeit besaßen, wenn sie im Aufnahmeland geboren worden waren. (Nach Schätzungen leben heute 4,5 Millionen Chinesen in Thailand, mehr als 4 Millionen in Malaysia, an die 4 Millionen in Indonesien, mehr als 2 Millionen in Singapur, eine Million in Vietnam, je eine halbe Million in Burma und auf den Philippinen. NZZ 12./13. 5. 1978) Nach chinesischem Recht bestimmt nicht der Geburtsort, sondern die Abstammung die Nationalität (ius sanguinis statt ius loci). Solange hinter dieser Regelung das verhältnismäßig einflußlose Taiwan stand, boten die auslandschinesischen Kolonien keinen besonderen Herd der Unruhe innerhalb der Aufnahmeländer. Erst als die Volksrepublik China entstanden war, traten neben die ökonomischen auch Machtaspekte: die Chinesen bildeten meist den Kern der nationalen kommunistischen Parteien. Sie wurden daher insgesamt als Agenten Pekings betrachtet.

In jeder der Verhandlungen, die nach dem Ende des Indochinakrieges zwischen China und den übrigen ASEAN-Staaten geführt wurden, tauchte die Frage der Auslandschinesen auf. Dies ist ein Zeichen dafür, wie wichtig sie von den betroffenen Ländern genommen wurde. De facto liefen die gefundenen Lösungen bei aller Unterschiedlichkeit darauf hinaus, daß China auf die duale Nationalität der Auslandschinesen verzichtete. Sie sollten wählen, ob sie die Nationalität des Aufnahmelandes oder ihre chinesische Nationalität behalten wollten. (Diese Entscheidung führte dann dazu, daß sie dort als Fremde behandelt wurden.) Am ausführlichsten wird das Problem im chinesisch-thailändischen Protokoll von 1971 behandelt. Dort heißt es: »Die chinesische Regierung erklärt, daß sie eine duale Staatsangehörigkeit nicht anerkennt. Beide Regierungen sind der Auffassung, daß jedermann von chinesischer Nationalität oder Abstammung, der die thailändische Staatsbürgerschaft erwirbt, automatisch die chinesische Staatsbürgerschaft verliert. Was jene Chinesen anbetrifft, die Bewohner Thailands sind, aber es vorziehen, nach eigenem Willen die chinesische Staatsbürgerschaft zu behalten, so wird die chinesische Regierung, damit in Übereinstimmung mit ihrer bisherigen Politik, diesen einschärfen, den Gesetzen des Königreiches Thailand treu zu bleiben, die Sitten und Gebräuche des thailändischen Volkes zu achten und in Freundschaft mit ihm zu leben. Ihre Rechte und Interessen werden durch die Regierung Chinas geschützt und durch die Regierung Thailands respektiert.« (FEER 11. 7. 75)

Dieses und die anderen Protokolle stellen mehr dar als eine der üblichen völkerrechtlichen Vereinbarungen. Sie sind ein politischer Akt, vor allem dazu bestimmt, den kleineren Staaten die Angst davor zu nehmen, ein revolutionäres Potential in ihren Grenzen zu beherbergen, das durch die Loyalität an einen anderen Staat gebunden ist. Sie sind damit Dokumente einer domestizierten chinesischen Außenpolitik nach den revolutionären Exzessen der Kulturrevolution.

5.4.3.2 China und die Guerilla

Die Wandlung der chinesischen Außenpolitik, weg von den »nationalen Befreiungsbewegungen«, hin zum wertneutralen Sammelbegriff der »Dritten Welt« und zu Staat-zu-Staat-Beziehungen, führte zu Folgerungen auch für die praktische Politik. Im positiven Sinne zeigte sich dies, als erst Malaysia als hundertstes Land, dann die Philippinen, schließlich Thailand China 1975 diplomatisch anerkannten. Im Falle Thailand waren damit 26 Jahre fehlender Kommunikation zwischen zwei Nachbarländern beendet. (Nur Indonesien und Singapur halten ihre Anerkennung noch zurück.) In den jeweiligen Kommuniqués, mit denen die Aufnahme der Beziehungen geregelt wurden, stand stets der Satz von der »gegenseitigen Nichteinmischung in die inneren Angelegenheiten des anderen Landes«.

Im gleichen Augenblick aber, in dem dies geschah, grüßte etwa die Kommunistische Partei Chinas am 26. 11. 1975 die verbotene chinesische Partei Malaysias zu deren 45. Gründungstag, was zu blutigen Zusammenstößen führte. Dasselbe geschah mit der Kommunistischen Partei Indonesiens. Zugleich stellte sich das allgemeine Problem der Guerillas und ihrer Unterstützung. Auch in dieser Beziehung gab Peking seit 1975, u. a. gegenüber Burma, Malaysia, den Philippinen, Versicherungen ab, daß man nicht gedenke, die Revolution zu exportieren, und daß es im Belieben des jeweiligen Staates liege, seine Aufständischen zu behandeln, wie dieser es für richtig halte. So kehrte der reaktionäre philippinische Präsident Marcos, der seit 1970 sein Land mit Ausnahmegesetzen regiert, im Juli 1975 von einer Reise aus Peking mit der Versicherung der chinesischen Regierung zurück, daß – wie er berichtete – »unser Sozialsystem unsere ureigene Sache sei, in die keinerlei Einmischung gestattet sein sollte, und daß wir völlig unbeeinflußt jeden, wie immer gearteten Aufstand, jede Subversion oder Rebellion im Einklang mit der Sicherheit und dem Wohlsein unserer Regierung und unseres Volkes behandeln könnten.« (FEER 11. 7. 75)

Dennoch haben die Guerillakämpfe weder in Thailand noch in Indonesien, Burma und Malaysia ganz aufgehört. Allerdings sind sie nur noch teilweise chinesisch inspiriert. Die Thais haben es im Süden mit Guerillas zu tun, die von der malaysischen Kommunistischen Partei unterstützt werden, andere Guerilla-Infiltrationen werden Hanoi zugeschrieben und sind wohl von Nordvietnam auch als Vergeltung für die thailändische Parteinahme im Indonesienkrieg gedacht. Zuweilen hat es den Anschein, als seien die kommunistischen Rebellen tatsächlich außer Kontrolle Pekings geraten. Es hatte z. B. wenig Sinn, als kurz vor dem Besuch des malaysischen Premierministers Tun Razak in Peking malaysische Terroristen beträchtliche Verwüstungen in Millionenhöhe anrichteten. Selbst ein so betont neutrales Land wie Burma, das zudem den Anspruch erhebt, sozialistisch regiert zu werden, ist weiter von Guerilla-Aufständen unter chinesischem Einfluß bedroht. Dort sind es nach der Aufreibung der »Roten Fahne«-Aufständischen die »Weiße Fahne«-Kommunisten, die seit 1950 die Unterstützung Chinas genießen. Diese Unterstützung und die gleichzeitige Denunziation der burmesischen Regierung als »faschistische Diktatur« war zwar besonders ausgeprägt während der Kulturrevolution, doch hat auch danach die diskrete Unterstützung nicht aufgehört. Welchen Umfang diese Kämpfe hatten, zeigt etwa der Umstand, daß die Rebellen beim Kampf um einen Stützpunkt noch 1974 viertausend Mann einsetzen konnten. Von ähnlicher Größenordnung ist die Zahl der Thai-Revolutionäre. Sie wurde 1975 auf 7000 geschätzt; die Kommunistische Partei Thailands behauptete, ihre Stärke von 5000 auf 10000 verdoppelt zu haben. Auch dies war eine indirekte Folge der Vietnam-Niederlage der USA. In Malaysia, dessen Existenz vor und während der ersten Unabhängigkeitsperiode stark von Guerilla-Bewegungen gefährdet war, operieren heute etwa 2–3000 junge malaysische Chinesen vom südlichen Thailand aus. Man nimmt an, daß von ihnen etwa 300 stets im Einsatz sind. Allerdings sind diese Guerillas stark von Regierungstruppen infiltriert. Das hatte zu dem Dekret eines der kommunistischen Guerilla-Führer geführt, alle Rekruten über 12 Jahre zu töten, damit also zugleich mögliche Regierungsspione zu vernichten. Angesichts ständiger Absplitterungen läßt sich heute von einer einseitigen chinesischen Durchdringung zumindest in Malaysia nicht mehr sprechen. Denn selbst Kuba und Nordvietnam werden dort von den Splittergruppen um Hilfe angegangen.

In Anbetracht dieser Spaltung, dazu der ethnischen und religiösen Probleme, scheint die Zukunft des Guerillakrieges in Südostasien zumindest ungewiß zu sein. Bestimmt kommt nicht von dorther der Impuls, der der Region neue Dynamik vermitteln könnte. Das hat zu der Folgerung in einem Teilbereich geführt, die durchaus verallgemeinert werden könnte: »Wenn sich die von Rußland unterstützten Vietnamesen plötzlich in Südthailand in der Lage befanden, daß sie chinesische kommunistische Guerillas gegen moslemische Malayen zu unterstützen haben, die (wie das benachbarte Indonesien) unablässig ihre Bindungen an die reichen islamischen OPEC-Staaten verstärken – dann wird angesichts der alten rivalisierenden Religionen wie angesichts der neuen, rivalisierenden Kommunismen die grenzüberschreitende Subversion ziemlich kompliziert. Es gibt deshalb Hoffnungen, daß dies ein abnehmender regionaler Sport sein könnte.« (Economist 7. 5. 77). Hinzu kommt, daß sich – als letzte Entwicklung – malaysische und thailändische Regierungstruppen in grenzüberschreitenden Aktionen gemeinsam gegen Guerillas auf beiden Seiten der Grenzen wenden.

Ein weiterer Faktor, der auf die Dauer gegen die Guerillatätigkeit spricht, zeigt sich im Kampf des philippinischen Präsidenten Marcos: er spielt die moskautreue Kommunistische Partei der Philippinen gegen die PCC, die »Chinesische Kommunistische Partei« mit ihrem militärischen Arm, die NPA (New Peoples Army), aus, so daß gegenwärtig von der Guerillabewegung in den Philippinen nur wenig tatsächliche Gefahr ausgeht. Nach regierungsamtlichen Angaben sollen diese Guerillas zweitausend Mann aktive Truppen, 5000 Mann Nachschubtruppen und 50000 Mann lose organisierte Partisanen aufweisen. Die NPA selbst behauptet, eine Stärke von 20000 Mann regulärer Truppen, 100000 Mann Nachschubtruppen und eine »Massenbasis« zwischen 150 und 500000 Mann zu befehligen. (PoC 1976)

Dennoch ist klar, daß Peking bis heute zwei Pferde zugleich zu reiten versucht. Eine spezielle Art der chinesischen Außenpolitik, ihre Doppelzüngigkeit zu pflegen, sind die geheimen Rundfunkstationen, die vom chinesischen Boden aus weiterhin den Umsturz der Regierungen Südostasiens propagieren. Während die offiziellen Radiostationen die veränderte Position Pekings verkünden, ist die Botschaft dieser Sender weiterhin revolutionär. Die »Stimme der malaysischen Revolution«, die »Stimme des thailändischen Volkes« und die »Stimme des burmesischen Volkes« haben sich in ihrer Tonart kaum verändert. Der Umfang ihrer Sendungen hat seit 1975 sogar zugenommen. Der älteste dieser Sender ist die 1962 errichtete Station mit Sendebestimmung Thailand. Seit 1969 sendet die »Stimme der malaysischen Revolution«, die Malaysia nicht als Staat anerkennt, und die »Stimme des burmesischen Volkes« nahm sogar erst im März 1971 ihre Sendungen auf. Diese Stationen senden zwischen sechsundvierzig und sechsundfünfzig Stunden in der Woche. Warum dieser Widerspruch? »Solange die Geheimsender ausstrahlen, können die Chinesen den Weltrevolutionären versichern, daß der Kampf noch nicht aufgegeben wurde. Und wenn jemand bei den diplomatischen Partnern die Augenbrauen hochzieht, dann brauchen sie nur auf das Kontrastprogramm, das von Radio Peking geliefert wird, hinzuweisen.« (Economist 23. 11. 74)

Eine Zwischenbilanz zeigt daher, daß der Einsatz von Guerilleros als kampfentscheidendes Mittel für den Augenblick an Bedeutung verloren zu haben scheint, und dies, obwohl das Ende des Krieges in Indochina die nach außen gerichteten Kräfte Vietnams sicher verstärkt hat. Andererseits sind seitdem auch anti-kommunistische Guerillas aufgetaucht, die sich z. B. aus geflohenen Laoten rekrutieren. So wurde Mitte Juli 1977 etwa die Hälfte von Laos als umstrittenes Gebiet betrachtet. Wichtigste Ursache aber für die nachlassende Effektivität kommunistischer Subversion ist der Seitenwechsel Chinas von einer Macht, die nach eigenem Modell die revolutionären »Befreiungsbewegungen« unterstützte, zu einer Macht, die es sich offiziell angelegen sein läßt, zumindest deren öffentliche Unterstützung einzustellen. »Man glaubt nicht mehr länger, daß China ausschließlich, komme, was da wolle, mit der Exportation seines eigenen Revolutionsmodells beschäftigt ist. Zunehmend wird als Chinas großes Ziel in Südostasien die Eliminierung der Präsenz feindlicher Militärmächte aus benachbarten Staaten (dies sogar zu Lasten seines eigenen revolutionären Ehrgeizes ebenso wie der südostasiatischen Kommunisten), sodann möglicherweise die Errichtung einer chinesischen Einflußsphäre in Südostasien betrachtet.« (Jorgensen-Dahl in: PC 1976/77)

Noch ist nicht abzusehen, wie sich die Entwicklung des Lebensstandards auf Konservierung oder Zerstörung des Zusammenhaltes nichtkommunistischer Staaten auswirken wird. Noch ist nicht klar, ob das Ritual der Unterstützung malaysischer, burmesischer oder indochinesischer Kommunisten wieder zu einem ernstzunehmenden Faktor werden kann. Allerdings ist in bezug auf das revolutionäre Potential im gegenwärtigen Augenblick in Asien eindeutig eine Abnahme der Bedeutung politisch-militärischer externer Faktoren zugunsten interner Faktoren zu beobachten. Dies ist deshalb so, weil die Konkurrenz der Großmächte deren Einfluß gegenseitig aufhebt, zumindest schwächt. Geradezu klassisch hat der Außenminister von Singapur die Situation beschrieben, als er 1976 sagte: »Für uns kleine Staaten ist es um so besser, je mehr Großmächte in einer Region sind, denn dadurch werden unsere Wahlmöglichkeiten größer.«

5.4.4 Penetration durch Wirtschaftsbeziehungen

Wirtschaftliche Beziehungen werden in zunehmendem Maße und in anderer Weise, als dies immer schon gewesen ist, auch zu politischen Beziehungen. Immer schon konnte sich der reichere Staat durch Gewährung von Hilfe und Geld Einfluß verschaffen. Heute aber sind die Wirtschaftsbeziehungen selbst zu Indikatoren des Standes der internationalen Beziehungen geworden. Es scheint z. B. so zu sein, daß die Steigerung des Austauschvolumens, vor allem dann, wenn es auf Gegenseitigkeit beruht, auf eine Abnahme der revolutionären Spannungen schließen läßt. Umgekehrt zeigt eine Verringerung der wirtschaftlichen Kontakte eine Verschlechterung der politischen Beziehungen zwischen zwei Staaten, möglicherweise eine Umorientierung an.

Das sieht wie eine Binsenwahrheit aus – ist es aber nicht. Schließlich geht man bei marktwirtschaftlich orientierten Staaten von der Annahme aus, daß dort gekauft und verkauft wird, wo die günstigste Gelegenheit dazu besteht. Politische Überlegungen hätten dort keinen Platz. Deshalb ist das teilweise Außerkraftsetzen des Marktmechanismus das Hauptargument der Industrieländer gegen den Wunsch der Entwicklungsländer nach garantierten Preisen und Absatzquoten.

In Staatshandelsländern ist das anders (der Fall Chile deutet ähnliche Möglichkeiten für den Bereich der USA an). Denn hier wird Austausch im positiven Fall zu einer »Gunstbezeugung«, mit deren Hilfe man stabilisiert. Verweigerung von Handelsbeziehungen können und sollen »destabilisierende« Folgen haben. Ist »Chile« in Ländern mit freiem Warenaustausch die Ausnahme, so ist der Einsatz des Handels als politisches Instrument in Staatshandelsländern die Regel.

Deutlich tritt das im Falle Chinas zutage. »Zwischen 1955 und 1960 war das Volumen des chinesischen Handels mit den kommunistischen Staaten zweimal so groß wie das Handelsvolumen mit den nicht-kommunistischen Staaten. In den frühen siebziger Jahren war dann das entsprechende Verhältnis ungefähr 5 zu 1 zugunsten der nicht-kommunistischen Länder.« (Chom in: CH 1976). Eindeutig ist hier die Abkoppelung vom Handel der sozialistischen Länder (insbesondere der UdSSR) zu beobachten; die Hinwendung zur westlichen Welt dagegen geht mit einer Abnahme des revolutionären Vokabulars Hand in Hand. Dieselbe Entwicklung läßt sich auch in den Beziehungen mit den südostasiatischen Ländern nachweisen. Fast explosionsartig stiegen hier die Handelsvolumina in dem Augenblick, als sich nach der chinesisch-amerikanischen Entspannung auch die Beziehungen zu diesen Ländern normalisierten. In Betracht gezogen werden muß dabei allerdings, daß Südostasien eine spezielle Bedeutung für Peking hat. Überdies hat sich sein Handelsvolumen nach den Jahren der Kulturrevolution schnell erhöht. Im Handel mit diesen Ländern erzielt es immerhin jene Überschüsse, die das Defizit ausgleichen, das es im Handel mit dem Westen hat. Nicht nur Südkorea hat gegenüber Peking ein Handelsdefizit von 1,2 Milliarden Dollar, gleiches gilt für Taiwan, das mit 1,3 Milliarden Defizit, Singapur mit 1 Milliarde Dollar,

Thailand, das mit 415 Millionen Dollar, die Philippinen, die mit 355 Millionen Dollar in der Kreide stehen; allein Malaysia erreichte 1976 einen Überschuß von 248 Millionen Dollar.

In weit eindeutigerer Weise und unter günstigeren Voraussetzungen als im Verhältnis zu den westlichen Ländern wird der chinesische Handel in Asien als politisches Mittel eingesetzt. So hat China ein besonders großes Interesse daran, die Beziehungen Japans zur UdSSR nicht allzu eng werden zu lassen. Das beste Mittel dazu ist, die Abhängigkeit Japans vom Energieträger Öl zu benutzen. Immerhin hatte China, das seine Produktion von 53 Millionen Tonnen 1973 auf 78 Millionen Tonnen 1975 steigerte, Indonesien in diesem Jahr zum erstenmal als führender Ölproduzent in Asien überholt. So hat Peking, das 1976 knapp 7 Millionen Tonnen nach Japan lieferte, für die achtziger Jahre Tokio versprochen, für 10 bis 15 Prozent des japanischen Ölverbrauchs aufzukommen. Das wären 25 Millionen Tonnen; dies zu einem günstigeren Preis, als es die indonesische Konkurrenz vorsieht. Aber auch abgesehen vom Öl ist Japan als Handelspartner nicht zu ersetzen: Ungefähr 30 Prozent der chinesischen Exporte gehen dorthin.

Außerdem nutzt Peking die besonderen Konsumgewohnheiten der chinesischen Auslandsbevölkerung aus, um seine sonstigen Defizite auszugleichen. Der chinesische Export-Überschuß nach Hongkong etwa betrug in den letzten Jahren 1 Milliarde Dollar jährlich. Ähnliches gilt, wie erwähnt, für andere Staaten der Region. Die chinesischen Handelsbeziehungen auf dem indischen Subkontinent, insbesondere aber in Südostasien dienen insbesondere dazu, die verarmten Mittelmächte der Region nicht aus Überlebensgründen in die Arme der Supermächte zu treiben. Andererseits wird Handel für diese Länder auch zu einer Art von Appeasement-Politik. So stieg der Import Burmas von 1971/72 bis 1972/73 um ca. 20 Prozent, der Export dagegen um das Zehnfache; 1975 vergrößerte sich der philippinisch-chinesische Handel so gewaltig, daß Peking plötzlich auf der Liste der zehn größten Handelspartner Manilas erscheint. In Sri Lanka wurde Großbritannien 1975 durch China sogar als wichtigster Exporteur wie Importeur ersetzt.

Zusammengenommen ergibt sich, daß auch Peking nicht frei ist von den ökonomischen Gesetzen des Weltmarktes. Vielmehr scheint hier von einem marxistischen Staat die liberale Lebensregel befolgt zu werden, nach der Handel für den Frieden förderlich sei.

Wichtiger aber noch ist die politische Absicht. Nicht nur in Asien scheinen ebenso wie bei der Gewährung von Entwicklungshilfe auch im Handel bei den Chinesen drei unterschiedliche Gedankengänge wirksam zu werden: Es liegt in ihrer Absicht, 1) die Sowjetunion aus dem Rennen zu werfen, wenn sich eine Verschlechterung der Beziehungen zu einem Drittland ankündigt, 2) einem Staat die Herstellung oder Wiederherstellung von diplomatischen Beziehungen schmackhaft zu machen und 3) gelegentlich den sowjetischen Einfluß auszubalancieren.

Ökonomische Krisen haben durchweg einen dialektischen Charakter. Sie sind Anlaß zu revolutionären Entladungen (auch wenn sich die These von der zunehmenden Verelendung als wichtigster Revolutionsfaktor als falsch erwiesen hat). Sie zwingen aber auch dazu, den »Export« von Revolutionen einzustellen, falls dadurch die Konkurrenzfähigkeit des eigenen Landes in Frage gestellt wird. Ökonomische Schwierigkeiten wirken dann als Element der Mäßigung gegenüber Nachbarländern. Mehr und mehr gewinnt damit die Zeit *nach* der Revolution für die Zukunft jeder Revolution eine größere Bedeutung. Denn mehr und mehr sind es die konkurrierenden Erwartungen an das Regime, das die Militanz revolutionärer Regierungen im Verhältnis zur Umwelt bestimmt. Einen »Massaker-Kommunismus« wie den der Roten Khmer in Kambodscha können sich nur noch kleine Staaten leisten, die sich zu isolieren vermögen. Mittelmächte wie etwa Vietnam, heute die größte Militärmacht in Südostasien, sind gezwungen, sich nach der revolutionären Machtergreifung sehr bald ihrem Wiederaufbau und damit auch ihren Außenbeziehungen zuzuwenden.

Damit werden die von außen kommenden externen Zwänge für sie fühlbar. Als beispielsweise Frankreich Vietnam im April 1977 einen Kredit über 300 Millionen DM gewährte, antwortete der vietnamesische Ministerpräsident Phan Van Dong mit der Versicherung, das französische und das vietnamesische Volk hätten gelernt, »einander zu verstehen, zu würdigen und zu helfen«. Sicher wurde damit das alte Doppelspiel inszeniert: Frankreich versucht, an die Stelle der USA zu treten, während Vietnam seinerseits Frankreich dazu benutzte, um mit größerem Rückhalt gegenüber den für Hanoi sehr viel wichtigeren USA, aber auch gegenüber der UdSSR auftreten zu können.

Selbst in dieser Konstellation aber zeigte sich, daß es einem Staat in der nachrevolutionären Ära eines »Befreiungskampfes« in Asien nicht mehr allein um eine Balance zwischen Peking und Moskau gehen kann, sondern ebenso um eine Balance zwischen Washington-Peking-Moskau. Auch hier schlägt die seit 1971 bestehende Grundkonstellation also wieder durch. Wer hier auf wen und mit welchem Effekt Einfluß ausübt, ist eine schwierig zu entscheidende Frage. Tatsächlich bleibt es »offen, wieweit ein ... von Hanoi dominiertes Indochina durch teilweise Abhängigkeit von westlicher Hilfe so ›domestiziert‹ werden könnte, daß es nicht weiter in Südostasien ausgreifen würde.« (NZZ 1. 5. 77)

Damit zeigt sich nachdrücklich, in welch komplexer Weise revolutionäre Impulse durch mäßigende Einflüsse machtpolitischer Natur gebremst werden, wie sich »Imperialismus«, »Sozialismus« und der selbsternannte Sprecher der »Dritten Welt« gegenseitig blockieren, in welcher Weise aber auch regionale Konflikte durch die Großmächte gefördert werden. In Asien läßt sich nicht von »Stellvertreter-Kriegen« sprechen, obwohl sie im Effekt ihnen gleichkommen, dafür sind die »Stellvertreter« zu groß. Der Einfluß externer Faktoren ist zwar evident; ob sie aber als revolutionär gekennzeichnet werden können, wird dagegen von Jahr zu Jahr fragwürdiger.

Der fundamentale Unterschied zwischen dem 19. und dem 20. Jahrhundert läßt sich folgendermaßen beschreiben: Im 19. Jahrhundert änderte sich die Lebensweise der Menschen schneller als ihr Denken; im 20. Jahrhundert ändert sich das Denken schneller als die Lebensweise.

Zbiegniew Brzezinski

6. Zusammenfassung: Die Zukunft von Revolution, Konterrevolution und Intervention

6.1 Definitionen im Zeitalter des Übergangs

Zum Schluß haben wir uns – nach der theoretischen Bestandsaufnahme zu Anfang – zusammenfassend zu vergewissern, was die Durchmusterung der Realität erbracht hat. Revolution und Konterrevolution werden zugleich auf ihre Zukunft überprüft. Solche Vergewisserung findet zu einem Zeitpunkt des Überganges statt, in dem sich Form wie Inhalt von Revolution zu wandeln beginnen. Sie verändert sich, damit zugleich auch ihr Begriffssystem. Durch die Banalisierung des Begriffs der Revolution, verursacht durch seine Überbeanspruchung, büßt diese an Anziehungskraft ein.

Erstens hat sich entgegen aller scheinrevolutionären Aufgeregtheit herausgestellt, daß die letzten Jahrzehnte keine neuen Anstöße, keine neuen Sozialmodelle gebracht haben, die einen neuen Revolutionsfrühling versprächen. Wir haben es, im Gegenteil, mit einer abnehmenden Häufigkeit von Revolutionen – dies sowohl im Sinne einer tiefgehenden Umgestaltung der Gesellschaften wie im Sinne unserer Arbeitsthese –, dagegen mit der zunehmenden Häufigkeit von Aufständen zu tun.

Zweitens stehen wir am Ende der zweiten Neuverteilung dieser Erde. Die erste begann als Kolonialzeit zu Beginn des 16. Jahrhunderts und endete mit dem Ersten Weltkrieg. Nach dem Stillstand der Zwischenkriegszeit war die De-Kolonisierung seit 1945 eine Bewegung, die sich inzwischen fast zu einem Kreis geschlossen hat. Die ehemaligen Kolonien sind an ihre Bewohner zurückgefallen. Ausnahmen bleiben Südafrika und einige unwichtige Territorien. Auch deshalb flacht die revolutionäre Kurve ab.

Drittens stehen wir kurz vor dem Ende von Großmachtmonopolen großer Reichweite.

Das mag nach allem, was über die atomare Rolle der Supermächte und die zunehmende Bedeutung wirtschaftlicher Macht geschrieben wurde, fast verwegen klingen. Gemeint ist damit dies: Zwar wird die Bewegungsfreiheit der einzelnen Staaten der Dritten Welt, insbesondere nach der neuesten Welten-Zählung, der vierten Welt, innerhalb des Verbunds der

Weltwirtschaft immer kleiner, aber ihr Einfluß als Kollektiv nimmt stetig zu.

Was den Gewerkschaften gegenüber den nationalen Gesellschaften bisher nicht gelungen ist, nämlich eine Formierung der Welt»arbeit« als Gegenkraft zum Welt»kapital«, ist diesen Staaten gelungen. Als eine »Gewerkschaft« der Mittellosen können sie sich selten über ihre eigenen Konflikte einigen, sind aber sehr wohl in der Lage, die »Arbeitgeber« der Industriestaaten in ihrem Sinne zu beeinflussen, zumal diese politisch in Konkurrenz miteinander stehen, eine Konkurrenz, die weitgehend auf wirtschaftlichem Gebiet ausgetragen wird. Der kategorische Imperativ, unter dem die Industriestaaten heute stehen, lautet daher so: Es gilt, so zu handeln, daß ein Wandel des Weltsystems ermöglicht wird, ohne die Fundamente des eigenen Subsystems zu untergraben. Da es fraglich ist, ob es gelingt, den Lebensstandard der Dritten Welt anzuheben und zugleich den eigenen zu halten, hat es den Anschein, als ob – wenn überhaupt – revolutionäre Entladungen von nun an eher in Europa stattfinden als anderswo. Auch damit wäre ein Kreis geschlossen. Denn nicht wenige Theoretiker sind der Auffassung, daß Revolutionen ein Phänomen seien, das grundsätzlich die rationale westliche Geisteshaltung zur Voraussetzung habe. Nach den Jahrhunderten der Revolution in Europa, dem Export der Revolution in andere Kontinente, schlüge damit die Revolution wieder auf Europa zurück.

Mit diesen oft gegenläufigen Erscheinungen geht ein Bedeutungsverlust der bisherigen Großmächte einher. Das aber muß logischerweise dazu führen, daß der externe Faktor der Revolution an Bedeutung verliert. Denn er hat die Interventionsfähigkeit der Großmächte zur Voraussetzung. Diese Interventionsfähigkeit wird durch die Renaissance des außereuropäischen Nationalstaates gemindert. Deshalb ist eine australische Stimme wie diese beachtenswert: »Es ist ein Fehler zu glauben, daß größere wirtschaftliche Interdependenz zum Niedergang des souveränen Staates und zu seiner Eingliederung in größere Staatengruppierungen führt. Im Gegenteil, eine verstärkte Interdependenz bringt den nationalen Regierungen einen Machtzuwachs, da die Palette der Angelegenheiten, in denen sie als Hüter der Interessen ihrer Staatsbürger auftreten können, noch erweitert wird . . . Anstatt daß der souveräne Staat aus der Mode kommt, wie so viele Theoretiker in den vergangenen Jahren hoffnungsvoll versichert haben, wird er stärker und unentbehrlicher.« (Miller in: EA 1976). Nochmals ist ein Kreis fast geschlossen: Die politischen Einflußmöglichkeiten, die seit Jahrzehnten durch die wachsenden Penetrationsmöglichkeiten der Technik verstärkt worden waren, stoßen sich nun an den gewandelten Bedingungen des Weltsystems.

Dies vorausgesetzt, erweist es sich im Nachhinein als richtig, daß den Definitionen dessen, was Revolution heißen soll und kann, Bedeutung insoweit beigemessen wurde, da ohne ihre zumindest kursorische Betrachtung der Untersuchung das Fundament gefehlt hätte. Doch darf nachträglich auch gesagt werden, daß selbst die »offenen«, d. h. mehr auf den Ablauf von Revolutionen als auf deren Ziele verweisenden Definitionen für eine adäquate Erfassung unzureichend geblieben sind. Vom optimalen Punkt einer Definition – sie soll möglichst weit und möglichst präzise zugleich sein, soll möglichst viel umfassen und zugleich möglichst viel ausschließen – hat man sich eher entfernt als angenähert.

Die Unmöglichkeit einer solchen Definition liegt hier in der Natur der Sache. Ein Prozeß kann möglicherweise durch seinen Ablauf, doch nicht in jedem denkbaren Endzustand definiert werden. Die Ursache sozialen Wandels von so explosiver Art wiederum bestimmt auch die Form seines Ablaufs. Dies unterscheidet die Definition von Revolution von der Definition von Herrschaft und von Macht. Ihre Ausübung, d. h. die Form, ist hier sehr viel leichter von ihrem Inhalt zu trennen als dort. Bei allem Wandel, dem auch Herrschaft und Macht unterworfen sind, sind doch Augenblicke eines Gleichgewichts denkbar, in denen Macht und Herrschaft in einer relativen Ruhe verharren.

Bei der Revolution ist dies schon deshalb anders, weil sich das Objekt, auf das sich Revolution richtete, im Laufe der Jahrhunderte verschoben hat. Schon deshalb sind die Französische Revolution, die russische Revolution und jene modernen Bewegungen, die man sich angewöhnt hat, »Revolution« zu nennen (und die alle viel mit der Technik und ihren Folgen zu tun haben), schwer miteinander zu vergleichen. Im Verlauf der Geschichte sind die Objekte, auf die sich Revolution richtete, zudem immer abstrakter geworden. Die Notwendigkeit eines Aufstandes gegen einen Staat, der der Mehrheit nicht jene staatsbürgerlichen Rechte bewilligte, die er einer Minderheit schon lange bereithielt, war sozusagen jedem, der »unterprivilegiert« war, einsichtig. Eine Revolution gegen Produktionsverhältnisse, die Armut mit sich brachten, war schon schwieriger. Zwar waren die *Wirkungen* einsichtig, aber deren *Ursachen* waren nur mit beträchtlicher intellektueller Anstrengung zu erkennen. An der Unfähigkeit, ein Klassenbewußtsein in einem Augenblick zu aktivieren, in dem die Wirkungen der Produktionsverhältnisse (das war: die Armut) nicht mehr deutlich waren, scheiterte schließlich die kommunistische Revolution. Weit schwieriger aber ist es, das »System der Technik«, die dadurch entstandenen Abhängigkeiten zu erfassen – dies übersteigt als hochabstraktes intellektuelles Phänomen bei weitem das Fassungsvermögen der meisten Menschen. Es ist nicht mehr faßbar, weil man gegen die Technik zwar revoltieren, aber keine erfolgreiche Revolution mehr machen kann. Und ebenso geht es mit der Krise der Werte, mit der Revolte gegen drohende Wertverluste.

6.2 Rückgriff als Revolution

Das Zögern, sich an die vorhandenen Definitionen anzuschließen, beruhte allerdings auch darauf, daß sowohl die Ablaufmodelle wie die Zielvorstellungen ungenügend erscheinen. Dieses Ungenügen ist vor allem dadurch bedingt, daß die Kreisbewegung, die sich seit Jahrzehnten verfolgen läßt, nicht mehr mit der Vorwärtsbewegung, die mit dem Revolutionsbegriff unlösbar verbunden ist, in Einklang gebracht werden kann. So unbestritten es ist, daß ein Mehr an Partizipation und an Demokratie, ein Mehr an Chancengleichheit und Menschenrechten zu erstreben ist, so fragwürdig ist es doch geworden, ob es dazu neuer Entwürfe bedarf, ob uns nicht die Ausgestaltung vorhandener Modelle dem Ziele einer Erneuerung von Staat und Gesellschaft ebenso näher bringt. Die Frage ist, ob nicht radikale Neuentwürfe nur die fundamentale Unsicherheit darüber verdecken, wie eine zugleich verbesserte wie funktionsfähige Gesellschaft auszusehen hätte, etwa nach dem anarchistischen Motto: Zuerst ist das Alte einzureißen, damit das Neue sichtbar werden kann. Abgesehen von solchen grundsätzlichen Erwägungen entstehen aber auch Schwierigkeiten, wenn man auch nur die Revolutionen und Konterrevolutionen, die in den letzten Jahrzehnten stattgefunden haben, zu kategorisieren versucht. Ich habe schon zu Beginn darauf hingewiesen, muß aber noch einmal darauf zurückkommen. Wenn die russische und die chinesische Revolution, im Ursprung auch noch die kubanische als »echte« Revolutionen zu bezeichnen sind, so wird dies im Falle etwa Ungarns, der CSSR, aber auch Portugals und Griechenlands doch schwierig. Hier ist der Rückgriff hinter den jeweils letzten Zustand so deutlich, daß das »Fortschrittliche« an ihnen nur noch schwer einleuchtet. Dennoch stellen sie ihrerseits etwas dar, was mit dem Begriff der Konterrevolution – also der Rückkehr zur Macht von Gruppen, die durch die Revolution entmachtet wurden – nicht zu vereinbaren ist. Man mag im Urteil über die Rolle der Kirche und über die Mitwirkung konterrevolutionärer Elemente in Ungarn 1956 uneins sein – sicher ist, daß der ungarische Aufstand die Mehrheit des Volkes hinter sich hatte, die *eines* sicher nicht mehr wollte: die Führung durch eine ferngelenkte Einheitspartei im Namen eines für sie illusionären Fortschritts. Abgesehen von der nationalen Freiheit war es dagegen weniger klar, was als gesellschaftliches Modell an die Stelle des »Sozialismus«, gegen den man revoltierte, treten solle. Die Ziele waren vor allem im Negativschluß zu bestimmen: keinen Faschismus (das vorletzte System) und keinen bürokratischen Marxismus-Leninismus. In dieser Beziehung ging der »Prager Frühling« noch einen Schritt weiter. Er entstand nicht in Opposition zum System, sondern aus dem System heraus. Insofern war er noch zwiespältiger. Als »humaner« Kommunismus griff er auf den Marxismus vor Lenin zurück; andererseits war er damit zugleich eine Weiterentwicklung, basierend auf geschichtlicher Erfahrung. Jedenfalls kommt es auch hier nur auf den Standpunkt des Betrachters an, ob er die Ereignisse als Fortschritt oder Rückschritt interpretiert (oder ob er die Bewegungsrichtung überhaupt für irrelevant hält).

In Portugal schließlich sind zwei Phasen zu erkennen; auf eine erste Phase mit vagen revolutionären Aspirationen – hier war die Hoffnung vorhanden, mit der Beseitigung des bedrückenden Regimes komme gleichzeitig von selbst die »neue Lösung« zum Vorschein – folgte eine zweite Phase, die vorläufig in die Errichtung eines repräsentativen demokratischen Systems mit sozialen Zügen einmündete. Sicher war die Beseitigung des Salazar-Regimes eine Revolution, die diesen Namen verdiente. Und dennoch zögert man bei Vergabe des Titels, weil auch sie im Dagegen ihre stärkeren Triebkräfte hatte als im Dafür. All das bestärkt aber in der Ansicht, daß die Sprengkraft, die im 18. und 19. Jahrhundert in den Ideologien, den vorweggenommenen Bildern einer neuen Welt gelegen hatte, in unseren Jahrzehnten weitgehend aufgehoben worden ist, und dies nicht deshalb, weil der ideologische Überbau überhaupt nicht vorhanden wäre, sondern weil zu seiner Errichtung jeweils Bruchstücke von schon Vorhandenem benutzt werden, die in die zerstörte Ordnung eingesetzt werden. Aus all diesen Gründen würden wir heute lieber von Revisionismus und Anti-Revisionismus sprechen, wenn es darum geht, die explosiven Entladungen unserer Zeit zu kennzeichnen – dies allerdings nicht im Sinne der marxistischen Revisionismus-Debatte des 19. Jahrhunderts. Unter Revisionismus würden wir vielmehr Bewegungen verstehen, die gekennzeichnet sind durch ein starkes Oppositionspotential, aber mit schwachem Zukunftsbewußtsein. Unter Anti-Revisionismus eine Haltung, die versucht, diese Welt in einem, wenn auch labilen, Gleichgewichtszustand zu halten. Er wäre dem Status-quo-Denken nahe, der gegenwärtig die Welt beherrscht und in einem merkwürdigen Gegensatz zu den wirtschaftlich-technischen Veränderungen steht, die tatsächlich die Welt revolutionieren und ständig Neues, bisher nicht Bekanntes schaffen. Derartige Grundeinstellungen fassen die gegenwärtigen Entwicklungen präziser, als dies mit »Revolution« und »Konterrevolution« der Fall ist. Denn es fehlen sowohl die neuen Ideen, die die Grundlagen einer Gesellschaft verändern, wie die konterrevolutionären Eliten, die die Chance hätten, die Macht im Staate zu ergreifen.

6.3 Krise statt Aufstand

Die Unsicherheit der Zukunft hat im Westen zu einer »Legitimitätskrise« geführt. Auch diese könnte Anlaß zur Revolution werden. Denn damit ist eine Situation eingetreten, in der die Ziele nicht mehr einsichtig sind, die erst das Zwangsmonopol des Staates begründen. Seine Repressionsmittel sind gleichsam illegitim, wenn die »höheren Ziele« uneinsichtig werden, aus denen der Staat seine Legitimität bezieht. Die »Legitimitätskrise« in den Industriestaaten hat aber nicht zum Aufstand gegen den Staat geführt – als politische Revolution wäre er nur eine ältere, überlebte Form der Revolution gewesen –, sondern zum Export von Krise. Vom Westen wird nicht mehr, wie dies im 18. und 19. Jahrhundert der Fall war, die Revolution, sondern die Fragwürdigkeit *aller* Modelle exportiert. Der Kapitalismus exportiert die Krise seines eigenen schlechten Gewissens, der Sozialismus die Krise der Idee der »Weltrevolution«, des Internationalismus. Wenn der Marxismus heute gespalten ist, wenn sich – möglicherweise nicht gleich stark, so aber doch zumindest gleichrangig – bürokratischer Sowjetkommunismus, Maoismus und ein als Eurokommunismus getarnter, europäischer Nationalkommunismus gegenüberstehen, dann wird damit auch die Exportfähigkeit des marxistischen revolutionären Modells nachlassen. Wenn dieser Marxismus in eine pluralistische, ideologische Konkurrenzwirtschaft hineingerät, dann muß darunter seine Schlagkraft leiden. Denn sie bestand vor allem darin, daß ein Weltbild entwickelt worden war, das für alle großen offenen Fragen der Welt eine einheitliche Antwort bereithielt.

All dies macht es heute so ungleich viel schwieriger als je zuvor, von einem einheitlichen Revolutionsbegriff, geschweige denn von einer einheitlichen Revolutionstheorie zu sprechen. Die Evolution der Revolution ist gleichsam den Begriffsbestimmungen davongelaufen. Und es hat den Anschein, als könne sie erst eingeholt werden, wenn jede Form von Revolution zum Verebben gekommen ist. Es ist deshalb wenig sinnvoll, die Definitionen (politische Revolution, soziale Revolution, Revolution von unten oder oben, mit oder ohne Massenbasis) an dieser Stelle noch einmal zu wiederholen. Denn es läßt sich zwar eine vorwissenschaftliche Verständigung darüber herstellen, was Revolution von Aufruhr oder Putsch unterscheidet. In dem Augenblick aber, in dem die Erscheinungsweisen von Revolution mit betrachtet werden, geht die Verständigung schnell verloren. Wenn selbst die chinesischen und die russischen Kommunisten sich nicht mehr auf einen einheitlichen Revolutionsbegriff einigen können, wenn weder die Methoden noch die Ziele der russischen Revolution einem spanischen Kommunisten wie Carillo auf westeuropäische Verhältnisse übertragbar erscheinen, wie soll dann, wenn der dialektische Fels der Revolutionstheorie wankt, noch eine analytisch-wissenschaftliche Verständigung über den umstrittenen Begriff zustande kommen?

Dieses Defizit ließe sich immerhin noch aufheben, wenn nicht die »revolutionäre Situation« selbst nicht immer undurchsichtiger geworden wäre. Man muß schon zum ursprünglichen mittelalterlichen Begriff der »Revolution« zurückkehren, um wieder festen Boden unter die Füße zu bekommen. Eine »echte« Revolution konnte es seit 1789 nur so lange geben, wie ein bis dahin unverbrauchtes Ziel vor Augen stand. Die Dimension der Zukunft schwang in allen revolutionären Programmen mit. Möglicherweise ist die chinesische Revolution die letzte dieser Art gewesen. Denn selbst die kubanische Revolution war nichts anderes als eine Anweisung zum Aufstand. Die daraus resultierenden sozialen Veränderungen haben zum Bild der Revolution nichts wesentlich Neues beigetragen. Die letzte Revolution in Europa (in Spanien ist es interessanterweise gar nicht mehr zur Revolution gekommen), nämlich die in Portugal, enthält ebenso wie in Ungarn nichts anderes als eine Rückkehr zu dem Zustand vor der Machtergreifung Salazars. Diese Revolution ist also eine rückwärtsgewandte Revolution. Sie holte aus dem Verlorengegangenen das heraus, was ihr wertvoll schien: die liberalen politischen Grundrechte des einzelnen, die schon lange nicht mehr ohne dessen soziale Grundrechte gesehen werden können. Auch wenn Alvaro Cunhal und die Kommunisten gesiegt hätten, wäre deren Revolution ohne jede Zukunftsperspektive gewesen. Sie hätte sich auf das sowjetische Modell des Stalinismus der dreißiger bis fünfziger Jahre gestützt und damit nicht die Anforderungen erfüllt, die etwa in der Definition von Griewank liegen, der davon spricht, daß hinter der Revolution eine progressive Idee stehen müsse, »die positive Ziele im Sinne einer Erneuerung, einer Weiterentwicklung oder eines Menschheitsfortschritts aufstellt.« (Griewank 1973)

Ähnliches ist – dies in Paranthese – übrigens auch in Griechenland zu bemerken. Hier können wir von einer Rückkehr zu den Zuständen vor der konterrevolutionären Machtergreifung sprechen. Angesichts der kurzen Dauer der Gewaltherrschaft ist hier sogar das Personal weitgehend unverändert geblieben, so daß nicht einmal im populären Sinne von »Revolte« oder gar von Revolution gesprochen werden konnte. Es handelte sich lediglich um die Absetzung einer verbrauchten Herrschaftsgarnitur unter Berufung auf Grundwerte, die von ihr mißachtet worden waren.

Obwohl wir wie gesagt den definitorischen Aspekten des Themas keine entscheidende Bedeutung zumessen, schien es abschließend noch einmal notwendig, auf die Schwierigkeiten der Begriffsbildung hinzuweisen. Dies vor allem deswegen, weil nicht nur neue Ablaufmodelle von Revolutionen die vorhandenen Definitionen immer wieder in Frage stellen, sondern auch, weil die im modernen Revolutionsbegriff angelegte Zukunftsperspektive sich aufzulösen droht.

6.4 Rückflut revolutionärer Energie

Die Vorgänge in Portugal und in Griechenland wurden genannt, und es wurde die Meinung geäußert, sie gäben für die Klärung des Revolutionsbegriffes nicht viel her. An den beiden Beispielen wird aber, wenn auch erst am Einzelfall, deutlich, daß Vorgänge außerhalb der »Metropolen«, an der »Peripherie« der Industriestaaten zu Revolutionen oder revolutionsähnlichen Erscheinungen führen können. Bis in die letzten Jahrzehnte ging der revolutionäre Export von den Mutterländern des Westens aus. Alle kommunistischen Parteien der Zwischenkriegszeit und der frühen Nachkriegszeit haben ihre Inspiration aus den Kolonialstaaten oder – wie aus Spanien – von den kulturell nahestehenden Ländern erhalten. Jetzt aber setzt der revolutionäre Gärungsprozeß von der Peripherie her ein, greift auf das Mutterland über. Die Richtung des externen Einflusses hat sich also umgekehrt. Was bei den portugiesischen Offizieren dazu geführt hat, der Regierung ihre Loyalität aufzusagen, war ein langwieriger Prozeß. Für unseren Zusammenhang ist es bemerkenswert, daß die Berührung mit der Wirklichkeit Afrikas die Sinnlosigkeit des Engagements erkennbar werden ließ. Mit dem Verlust des Glaubens an den Sinn des Opfers wurde die Loyalität gegenüber der Regierung geschwächt; zugleich fragte man danach, welche Form das Mutterland haben müsse, damit es des Opfers wert sei. Dehnt man die Begriffe »Metropole« und »Peripherie« etwas aus, sieht man also ländliche und städtische Wirklichkeit in ähnlich gearteter Abhängigkeit, so kann man dem Ausbruch der peruanischen Revolution ein gleiches Aktionsmuster unterstellen. Insofern lag das revolutionäre Experiment Che Guevaras in Bolivien durchaus im zeitgenössischen Trend. Was er nicht verstanden hat: Revolutionäres Bewußtsein setzt heutigen Tages ein hohes Abstraktionsvermögen, setzt Schulung voraus. Die Aktion ersetzt eben nicht den Gedanken. Nicht umsonst spielten die Offiziersschulen überall in Lateinamerika eine so große Rolle bei der Umgestaltung ihrer Staaten. Eine dritte Form von Einflußnahme, bei der die Penetration nicht vom Zentrum zur Peripherie, sondern umgekehrt lief, war schließlich der Verlauf des Krieges in Vietnam. Die USA haben diesen konterrevolutionären Nicht-Krieg keineswegs an der Front verloren; er ist in den eigenen Hauptstädten verloren gegangen. Wie im Falle Portugals und seiner afrikanischen Kolonien stand die Erkenntnis dahinter, daß dieser blutige Nicht-Krieg nicht zu gewinnen sei. Doch dies interessiert hier ebensowenig wie Deutung und Berechtigung der Domino-Theorie. Was hier von Belang ist, ist die schlichte Tatsache, daß das defätistische Element von innen nach außen durchschlug. Vietnam wurde in Washington und New York verloren. Und wieder zeigt sich eine Spaltung: Die politische Elite ließ die militärische Elite im Stich, von der sie sich jahrelang hatte ihre Verhaltensmuster vorschreiben lassen. Angola/Portugal, Stadt/Land, Politik/Militär – in jedem der Fälle zeigte sich die Umkehrung der klassischen Regel, daß Revolutionen in den Städten begonnen werden. Vielleicht werden sie dort noch gewonnen, begonnen werden sie meistens anderswo.

An diesem Punkt ist eine mittelfristige Folgerung zu ziehen, die wir als Frage stellen: Könnte es nicht sein, daß die großen Industriestaaten eines

Tages von der organisierten Dritten Welt auch ideologisch so stark bedrängt werden, daß die Rückflut revolutionärer Energie mehr als das erzeugt, was sich 1968 in Frankreich und in der Zeit der deutschen und amerikanischen Studentenrevolte gezeigt hat, mehr als nur eine romantische Verdüsterung? Die Zeichen scheinen draufhin zu deuten; es könnte sein, daß der Kontakt mit der Wirklichkeit der Dritten Welt die Loyalitäten in den Staaten der Ersten und Zweiten Welt lockert. Es könnte sein, daß eine Gegenbewegung in Gang kommt, die auf breiter Front die Revolution von der Peripherie in die Industriestaaten schwemmt. Das chinesische Wort »Der Ostwind siegt über den Westwind« und im Westen die Hoffnung der frühen siebziger Jahre auf eine »Befreiung« durch die Länder der Dritten Welt könnten frühe Vorboten davon gewesen sein. Theodor Schieder hat diese futuristische Perspektive auf die nüchterne Formel gebracht: »Die im zweiten Rang stehenden Staaten sind nicht nur Marionetten, sondern auch Turbulenz verursachende Akteure ... Wir müssen ... damit rechnen, daß sowohl im ideologischen Krieg wie bei nationalen Befreiungskriegen das Verhältnis von Kleinen zu Großen immer undurchschaubarer wird und es oft die Kleinen sind, die die Kreise der Großen auf eigene Faust stören können« (Hennis/Kielmannsegg/Matz 1978).

6.5 Nationalismus statt Revolution

Trotz solcher Trendumkehr sind die Aussichten gegenwärtig gering, daß die revolutionären Energien des verbrauchten Westens (darin ist die UdSSR eingeschlossen) durch die Staaten Asiens, Afrikas oder Lateinamerikas aufgefüllt oder gar verstärkt werden. Von den gegenläufigen Entwicklungen wurde schon gesprochen. Die einen scheinen die Möglichkeit externen Einflusses zu steigern; die anderen wirken dem energisch entgegen. Ein verstärkter revolutionärer Export ließe sich vor allem durch zwei Faktoren erklären: 1. Die größere Durchlässigkeit der Staaten angesichts der Vervollkommnung der elektronischen Medien. 2. Die immer noch zunehmende ökonomische Abhängigkeit der ärmeren Staaten von finanzieller, materieller und militärischer Hilfe.

De facto ist jedoch, wie schon dargestellt, eine Abnahme des revolutionären Potentials zu bemerken. Das ist zu erklären 1. durch die geringere *Fähigkeit* zum Export von Revolutionen, 2. durch die geringere *Möglichkeit* zu einem solchen Export, 3. durch den geringeren *Bewegungsspielraum*, den Großmächte im gegebenen Falle haben.

Die geringere Fähigkeit wurde schon durch das Nachlassen des ideologischen Impetus erklärt. Die geringere Möglichkeit ergibt sich aus einem Phänomen, das über allem steht, das Phänomen eines globalen Nationalismus. Dieser Nationalismus verengt nicht nur den Gesichtskreis; er verändert ebenso die Motivation zum Handeln innerhalb des internationalen Systems. Sicher ist es richtig, daß die globale Interdependenz *das* Faktum ist, an das sich derjenige zu halten hat, der in säkularen Perspektiven denkt. Aber ebenso richtig bleibt auch Jacques Elluls Einschätzung: »Sicher ist die Ökonomie weltweit geworden. Die Nation ist ein veralteter und überlebter Rahmen (der durch die technischen und ökonomischen Phänomene in Frage gestellt wird). Aber man klammert sich mit Passion an ihr fest; denn an was anderem könnte man sich festhalten? So wird man in dem Maße, in dem die Nation immer weniger Lebensberechtigung hat, immer mehr Nationalist« (Le Monde 9. 11. 77). Der Nationalismus und damit die Selbstabschließung aus Stolz beruht also nicht zuletzt auf dem Mangel an überzeugenden und übergreifenden Ideen. Er besitzt das, was eine Revolte gegen die Technik angesichts ihrer Abstraktheit nicht bieten kann: Überschaubarkeit, Gleichheit, Faßbarkeit. Das führt zu Folgerungen, die bis in marxistische Interpretationen des internationalen Systems reichen. So meint der Rumäne Silviu Brancu, soziale und nationale Motivationen der Weltpolitik seien nicht voneinander zu trennen. »Ihr widersprüchliches Wechselspiel ist dadurch charakterisiert, daß unter Bedingungen starker sozialer Spannungen der Klassenkonflikt für politische Entscheidungen ausschlaggebend ist, während unter Bedingungen harten internationalen Wettbewerbs nationale Interessen den Vorrang haben. Ich bezeichne diese Phänomene als den Wippen-Effekt zwischen Klassen- und nationaler Motivation in der Weltpolitik; denn während die eine nach oben steigt, fällt – wie bei einer Wippe – die andere und verliert dadurch an Einfluß auf außenpolitische Entscheidungen« (in: Grosser-Jütte/Jütte 1977). Diese unorthodoxe Klassenkampf-Analyse in internationalem Rahmen gilt natürlich nicht nur für Außenpolitik im herkömmlichen Sinne; sie gilt ebenso für den Export des internationalen Klassenkampfes, damit auch der Revolution.

Man mag sich darüber streiten, ob die sozialen Spannungen in der Welt tatsächlich geringer geworden sind. Der Augenschein beweist eher das Gegenteil. Nicht darüber streiten läßt sich allerdings, daß Ex- und Import von Revolution und Konterrevolution seit der Nachkriegszeit einen bisher unbekannten Tiefstand erfahren haben. Als Grund für das Nachlassen revolutionärer Aktivität in Lateinamerika und Asien, aber auch konterrevolutionären »containments« ließe sich global die Entspannungspolitik, regional das Dreieck USA–UdSSR–China ausmachen. Aber damit ist noch nicht gesagt, wieso es zur »Détente« und wie es zum pazifischen Dreieck gekommen ist. Und Angola zeigte, daß Chancen der Expansion von den Großen durchaus wahrgenommen werden.

6.6 Gegenläufige Entwicklungen

Gegenläufige Bewegungen sind zu beobachten, z. B. bessere Penetrierbarkeit der Staaten, zugleich aber Verzicht auf ihre Penetrierung. Läßt sich der Befund so verallgemeinern? Stimmt er überhaupt? Die unterschiedlichen Strukturen in den außereuropäischen Kontinenten hatten immerhin gezeigt, daß von einem »internationalen System« im Sinne gleichlaufender Entwicklungen nicht gesprochen werden kann. Historische Tatsachen – ob und inwieweit von jungen Staaten, etwa auf staatliche Traditionen zurückgegriffen werden kann – spielen eine bedeutende Rolle. So hat auch der Begriff »nationaler Befreiungskrieg« unterschiedliche Bedeutungen.

Afrika: Für die afrikanischen Staaten, die, von Nordafrika, Kenia und den portugiesischen Kolonien abgesehen, ihre Unabhängigkeit durchwegs durch Übergabe und nicht durch Kampf gewonnen haben, stellt sich nach der Unabhängigkeit das Problem ihrer Identität. Revolutionäre Kämpfe im Sinne westlicher Tradition waren hier kaum zu verzeichnen. Noch für absehbare Zeit wird daher das revolutionäre Element vor allem darin bestehen, die vielen Stammes-Staaten in dem Sinne zu stabilisieren, daß sich eine Einheit in der Vielheit herausbildet. Gerade weil sie durchweg »offene Grenzen« haben, wirkt die nationale Einheit, ein konservatives Element also, prägend auf ihre Beziehungen. Revolutionäre Modelle, die auf ihrer nationalen Tradition aufbauen, sind von ihnen nicht entwickelt worden. Andererseits bekennen sich verbal nur Benin und Kongo-Brazzaville zum Marxismus-Leninismus. Selbst die extremsten Beispiele des Versuchs sozialer Umprägung, etwa in Äthiopien, unterdrücken jeden internationalistischen Ansatz. Das bedeutet aber: Auf *dem* Kontinent, dessen endgültige Konturen am schwächsten vorgezeichnet sind, findet die Diplomatie externer Mächte am ausgiebigsten Gelegenheit, indirekt zu intervenieren. Ihr Erfolg hängt aber keineswegs davon ab, daß hier wie dort gemeinsame Überzeugungen geteilt werden. Wichtiger ist, ob sich die Bedrohungsvorstellungen der einheimischen Staaten und die Expansionsrichtung des penetrierenden Staates decken.

Der Wechsel der Partner von Äthiopien und Somalia, zuvor schon von Ägypten, der durchaus wieder rückgängig gemacht werden oder auch das Dreiecksverhältnis Asiens in afrikanischer Neuauflage vorbereiten kann, ist zwar eine extreme Entwicklung, deutet aber eine allgemeine Richtung an. Sie hat sich in den letzten Jahren immer wieder auf Realpolitik hin entwickelt, ein reines Gleichgewichtsdenken in regionalem und kontinentalem Maßstab, das auf die Dauer, wie jedes Gleichgewicht, dazu tendiert, in eine prekäre Balance einzumünden und damit anti-revolutionär zu wirken. Das gilt selbst für Angola und Mozambique. Auch in diesen Fällen, in denen eine Bürgerkriegspartei ihren Sieg ausschließlich einer Großmacht und den mit ihr verbundenen »Stellvertretern« verdankt, sind keine Bindungen sichtbar, die ein »Renversement des alliances« ein für allemal verhindern.

In diesem Befund ist allerdings ein wichtiger Faktor ausgespart. Es ist Südafrika und – in einem geringeren Maße – Rhodesien. Der Westen ist in Afrika in einem grundsätzlichen Dilemma, dem er nicht ausweichen kann und der ihm à la longue zum permanenten Nachteil gereichen dürfte. Da der Westen zwar Druck auf Prätoria ausüben, aber der weißen Bevölkerung Südafrikas keine Lösung gegen deren Willen aufzwingen kann, hat er nur eine Alternative: Das Land ganz fallenzulassen und es damit dem Zugriff der mit den schwarzen Frontstaaten verbündeten UdSSR auszuliefern, oder aber, sofern der Druck, den er auszuüben vermag, nicht ausreicht, im entscheidenden Augenblick Südafrika doch zu Hilfe zu eilen. In beiden Fällen wird er nicht nur an Prestige verlieren, sondern unter Umständen auch eine selbst nur begrenzte Kontrolle über den Gang der Ereignisse. Die auswärtigen Mächte können daher in Afrika nur dem Lauf der Ereignisse folgen, nicht ihn bestimmen. Sie determinieren nicht den Lauf der Dinge, sie werden von ihm determiniert. Nichts zeigt das mehr als die Rolle, die Frankreich in der Auseinandersetzung zwischen Marokko und Algerien um die frühere spanische West-Sahara gespielt hat.

Lateinamerika bietet ein völlig anderes Bild, selbst wenn man einmal von der schwächer werdenden Dominanz der USA absieht. Hier ist seit langem ein System von national relativ saturierten Staaten entstanden, denen es nicht mehr darum geht, ihre Identität gegenüber Nachbarstaaten oder innerhalb eines Regionalsystems zu bewahren. Ausstrahlend von großen städtischen Zentren hat sich eine intellektuelle Mittelschicht entwickelt, die ihre »Identität« vor allem gegenüber den USA sucht. Daß eine lateinamerikanische Abart des überall zu beobachtenden Nationalismus vorliegt, hat nicht zuletzt der Abwehrkampf gegen die castristischen Überwältigungsversuche mit ihrem ganz Lateinamerika umfassenden Mystizismus erwiesen. Hier stand eben nicht nur die Bourgeoisie im Abwehrkampf gegen aufstrebende »neue Kräfte«; hier standen nationale Bourgeoisien gegen einen Interkontinentalismus, der selbst dann abgelehnt würde, wenn er sich auf die südliche Hälfte der westlichen Hemisphäre beschränkte. Interessanterweise haben sich die neuen Modelle des Kontinents – mag man das peruanische revolutionär und das brasilianische konterrevolutionär nennen – in dem Augenblick entwickelt, in dem sowohl die von Castro ausgehende Gefahr gebannt, wie, angesichts des Vietnam-Krieges, die amerikanische Vormacht in ihrer Bewegungsfreiheit beschränkt war. Alle diese Experimente, die im Laufe der letzten Jahre fast alle in konservative Militärregierungen einmündeten, haben sich bewußt auf die Grenzen ihrer Staaten beschränkt, den Versuch des Exports von Revolution auch verbal nicht mehr unternommen. Während einerseits der Einfluß der USA auf dem Kontinent abnahm, war andererseits nicht zu bemerken, daß etwa der Einfluß Boliviens, Kubas, Perus, Brasiliens (soweit es nicht als Wirtschaftsmacht in Erscheinung trat) jenseits ihrer Grenzen zugenommen hätte. Diese Abnahme von hegemonialem Einfluß, gleich aus welcher Richtung, läßt sich auch in der Organisation amerikanischer Staaten (OAS) bemerken. Es ist eine Entwicklung, die hier auf eine stärkere Fragmentierung des Kontinents hinausläuft. Aber auch sie ist ein Hemmschuh für revolutionäre Einflüsse außerhalb des lateinamerikanischen Nationalstaates.

Asien: Sind in Afrika und Lateinamerika schon Bewegungen erkennbar geworden, die es als unwahrscheinlich erscheinen lassen, daß die revolutionäre Welle der Mitte des zwanzigsten Jahrhunderts anhält, oder sich sogar verstärken könnte, so muß Gleiches für Asien konstatiert werden. Ohne noch einmal im Detail auf das asiatische Dreieck einzugehen, kann nicht genug betont werden, in welcher Weise die Einbeziehung Chinas in die Weltpolitik zu deren Beruhigung beigetragen hat. Die üblich gewordene Feststellung, daß China noch immer nur eine Regionalmacht sei, übersieht, daß es sich Peking seitdem weder im Kernbereich seines Einflusses noch an seiner Peripherie erlauben kann, offen als revolutionäre Macht aufzutreten. Die unverhüllte Propagierung einer chinesisch inspirierten Revolution hätte z. B. sogleich Rückwirkungen auf seine Beziehungen zu Europa wie zu Afrika. Solche Fernwirkungen werden von Peking auch einkalkuliert. Da seine revolutionäre Offensive, soweit sie sich auf die gegen die herrschenden Regierungen gerichteten »Freiheitsbewegungen« stützte, vorläufig als gescheitert gelten muß, ist die bewußt betriebene Hinwendung zu den Regierungsmilieus Süd- und Südostasiens heute die einzige Möglichkeit, die sowjetische Präsenz in diesem Raum einzudämmen.

Die Größe und damit die potentielle Macht eines Staates erweist sich in Asien nicht nur als eine Chance, die Revolution zu fördern, sondern auch als eine Gewaltenbeschränkung besonderer Art. (Diese Feststellung gilt übrigens auch für Indien – wenn auch nur innerhalb seines Subkontinents.) Allein die Tatsache der Existenz Chinas erweckt in den Staaten Asiens ein Gefühl der Bedrückung, das sich in Akten der Abwehr niederschlägt. Aus der asiatischen Perspektive gesehen, wird die Unterscheidung politischer Potenz und militärischer Macht besonders greifbar. China wäre nur dann fähig, sein revolutionäres Modell auf die anderen Staaten der Region auszudehnen, wenn es militärisch intervenieren könnte. Dies zu tun, wird es nicht zuletzt durch die sowjetischen Truppen im Norden gehindert. Die Sowjets wiederum bedrohen als revolutionäre Konkurrenz die Chinesen kaum ernstlich; wohl aber binden sie das chinesische Militärpotential, das sonst unter Umständen die sogenannten »Befreiungskämpfe« an den chinesischen Grenzen anheizen und unterstützen könnte. Daher wird die chinesische Außenpolitik von Jahr zu Jahr pragmatischer. Die revolutionäre Rhetorik bleibt für den Innengebrauch aufgespart; revolutionäre Aktionen von Bedeutung lassen sich in den letzten Jahren nicht mehr nachweisen. Die Befreiungsbewegungen in Asien handeln heute auf eigene Faust, ohne zumindest die *offene* Unterstützung einer Großmacht und damit auch den Antrieb eines Vorbildes zu haben.

Die Amerikaner sehen sich einer paradoxen Situation gegenüber: Einerseits hat ihr Auszug aus Vietnam einen unübersehbaren Prestigeverlust gebracht. Andererseits aber haben sie das Handicap abgestreift, das heute den Chinesen anhaftet. Gerade weil sie nicht mehr ihre drückende Überlegenheit ausspielen, sind sie zu einer Art ausgleichender konservativer Schutzmacht, insbesondere für die Staaten des ASEAN-Paktes, aber auch über sie hinaus geworden. Der Verlust an militärischem Einfluß wird für absehbare Zeit durch einen Gewinn an politischer Sympathie kompensiert. Die USA sind akzeptabler geworden, weil sie ungefährlicher geworden sind. Daß dieser Gewinn angesichts des Aufbaues der sowjetischen Seemacht auf die Dauer nicht genügt, ist unbestreitbar. Dennoch sind solche Sympathie-Gewinne von nicht zu unterschätzender Bedeutung in einer Zeit, in der ein Krieg, der die Supermächte gegeneinander führt, vorläufig noch undenkbar bleibt.

6.7 Die Zukunft – ein Status-quo-System?

Faßt man den Befund zusammen, so ergibt sich folgendes: Obwohl die Ursachen heftiger sozialer Entladungen keineswegs verschwunden sind, obwohl konstatiert werden muß, daß mit zunehmendem Alphabetisierungsgrad bei gleichbleibender – relativer oder absoluter – Verarmung die Voraussetzungen für revolutionäre Aufstände eher günstiger geworden sind, ist die Wahrscheinlichkeit solchen Aufruhrs von regionaler oder von globaler Bedeutung von Jahr zu Jahr gesunken. Die »einfache Voraussage, daß die Welt immer internationaler werden wird« (Karl W. Deutsch), scheint bisher nicht dazu geführt zu haben, daß »mit dem Erwachen eines zunehmend größeren Anteils der Menschheit zu politischer Aktivität der Druck der Umgebung und der potentielle Druck von ›foreign input messages‹ in den meisten Ländern der Welt« (Deutsch in: Farrell 1966) wachsen wird. Gewachsen ist und wachsen wird die individuelle Bereitschaft einzelner, sich gewalttätig-revolutionär zu betätigen. Doch dieses Phänomen zunehmender nichtstaatlicher Gewalttätigkeit, des Terrorismus also, gehört nicht in den Rahmen dieser Untersuchung. Sie hat – bei aller Aufmerksamkeit, die sie verdient – übrigens bisher keine Ausmaße angenommen, die die Staaten selbst bedroht.

Auch die USA stehen vor dem Problem schwindenden Einflusses. Auch sie vermögen es immer weniger, internationale Entwicklungen entsprechend ihren Interessen zu steuern. Insoweit könnte man nicht nur von einer Schwächung des revolutionären Potentials, sondern ebenso von einer Schwächung des Gegenparts, der Konterrevolution, sprechen. Beide Seiten machen kaum noch Geländegewinne. Die Gewinne werden dagegen von den nationalen Einheiten gemacht. Der Unterschied liegt nur darin, daß eine Absplitterung vom sowjetischen Block nicht möglich ist, während es den »amerikanischen Block« nie gegeben hat. Es gab und gibt Staaten, die in einer Verbindung mit den USA – sei diese politisch, ökonomisch oder militärisch – einen Vorteil sehen. Und es gab und gibt Staaten – etwa die Bundesrepublik –, deren Sicherheitsinteresse es kaum erlaubt, sich des amerikanischen Schutzes zu begeben. Die USA suchen diesen Eindruck noch zu verstärken. Dennoch ist jeder Staat im Kraftfeld des westlichen Gravitationszentrums frei darin, wie nahe zu oder wie fern er sich von Washington hält. Insofern unterscheidet sich diese Anziehung und Abstoßung von den Gesetzen physischer Massen.

Johan Galtung hat in diesem Zusammenhang zwischen externen und internen Revolutionen unterschieden. Die externen Revolutionen definiert er so: »Sie sind Sonderfälle der Verteidigung gegen Fremdherrschaft. Sie unterscheiden sich von gewöhnlichen Kriegen gegen fremde Invasoren dadurch, daß sie auch gegen eine örtliche Elite gerichtet sind, die mit fremden Mächten kooperiert, besonders im Falle enger ökonomischer Kooperation.« Diese Art der »externen« Revolution nimmt in zunehmendem Maße deshalb ab, weil es den politisch-ökonomischen Eliten immer mehr gelingt, sich so weit von der fremden Hegemonialmacht freizuhalten, daß es den Massen leichter gelingt, sich mit ihnen zu identifizieren.

Wir haben es daher für absehbare Zeit mit einem Status-quo-System zu tun. Es ist in sich keineswegs unbeweglich. Dieser Anschein rührt daher, daß sich Gewinne und Verluste der Hauptakteure zu Null summieren. Die Hauptakteure haben die Dialektik von Revolution und Konterrevolution so zu beherrschen gelernt, daß sie ihr Verhalten so steuern, daß das homöostatische Gleichgewicht des internationalen Systems so wenig wie möglich gestört wird. Das Gleichgewicht hat keinen Wert an sich. Der tiefere Sinn solchen Verhaltens ist es, den Bewegungsspielraum für die eigenen nationalen Interessen zu bewahren. Dies ist nur dann möglich, wenn die Spannungen in der Welt nicht zu groß werden. So steht hinter der internationalen Politik der Großmächte ein im Grunde nationales Interesse: Internationalismus zur Bewahrung des nationalen Spielraums. So unterscheiden sich große von kleinen Staaten.

Dies ist nicht selbstverständlich. Denn angesichts der zunehmenden Interdependenz wächst zwar die ökonomische Abhängigkeit der Staaten der Dritten und Vierten Welt von den Industriestaaten, zugleich aber wächst auch ihre politische Unabhängigkeit. Dies zumindest ist die These, die hier aufgestellt wird. Sie steht im Gegensatz zu all jenen Behauptungen, die angesichts der zunehmenden weltwirtschaftlichen Verflechtung eine neo-koloniale Abhängigkeit der Entwicklungsländer unterstellen. Unabhängigkeit ist nichts anderes als die Fähigkeit, das zu tun, was den eigenen Interessen am besten dient, Unabhängigkeit ist die Autonomie der Entscheidungsgewalt. Abhängigkeit bedeutet umgekehrt, so handeln zu müssen, daß man den Interessen eines Dritten dient.

Sicherlich kann man von einem Begriff des internationalen Systems ausgehen, in dem jeder Staat von jedem »abhängig« ist. Das ist keineswegs falsch; aber es verwischt doch jede Chance, Grad und Stärke der Abhängigkeit gegeneinander aufzuwägen, wenn schon nicht zu messen. Wer also konstatiert, ein afrikanischer Staat sei von dem Weltwirtschaftssystem abhängig, sagt zwar etwas Richtiges. Aber er sagt etwas, was für alle Staaten zutrifft, und er sagt nichts über das spezifische Abhängigkeitsverhältnis. Er sagt vor allem nichts darüber, ob dieser Staat nicht trotz dieser Abhängigkeit in der Lage ist, politisch selbstverantwortlich und nach seinen Interessen zu handeln. Gerade die Tatsache, daß weitgehende ökonomische Abhängigkeit und weitgehende politische Unabhängigkeit sich bei vielen, nicht blockgebundenen Staaten entsprechen, prägt das gegenwärtige Bild des internationalen Systems. Das Hineingebundensein in zweierlei Arten von Konkurrenz, die ökonomische und die politische, wiegt in geopolitisch günstiger Situation Abhängigkeit und Unabhängigkeit gegeneinander auf. Die angeblich ökonomisch so stark fremdbestimmten Staaten sind also heute in ihrem politischen Handeln oft freier, als dies je zuvor der Fall war. Dies ist deswegen so, um das noch einmal zu wiederholen, weil wir in eine Ära des Status quo eingetreten sind. Die Bewegungen innerhalb des Systems sind überschaubar, sind berechenbarer geworden. Das trägt zur Planungssicherheit auch der kleineren Partner bei.

Diese Feststellung scheint einem anderslautenden Befund diametral entgegenzulaufen, der besagt: Die Abhängigkeit der Staaten der Dritten und der Vierten Welt von der Ersten Welt, die Disparität von Armut und Reichtum, somit auch von Saturiertheit und Anspruch, ist derart gestiegen, daß von »Selbstbestimmung« kaum mehr etwas übriggeblieben ist. Daraus scheint zu folgen, daß der Einfluß der militärisch und/oder ökonomisch mächtigen Staaten in den letzten Jahren zugenommen haben müßte. Denn wo derart ungleiche Austauschverhältnisse herrschen, müßte eigentlich der Druck auf die schwächere Seite zunehmen. Wer allerdings die Verhandlungen im Nord-Süd-Dialog, auf den UNCTAD-Konferenzen, in der UNO-Vollversammlung verfolgt, sieht sich vor ein ganz anderes Bild gestellt. Die Industriestaaten (einschließlich der UdSSR) sind in der Verteidigung, die Entwicklungsländer im ständigen Angriff. Selbst China, in seinen bilateralen Beziehungen mit den USA um Mäßigung bemüht, schont auf diesen Konferenzen im Sinne seiner Drei-Welten-Theorie den insgeheimen Partner keineswegs. Sicher haben die bisherigen Verhandlungen keine Durchbrüche gebracht, aber es ist doch offenkundig, daß die

Strategie der Industriestaaten vor allem auf Zeitgewinn ausgeht. Sie hoffen nicht mehr auf eine Verbesserung ihrer Position.

Warum ist das so? Erstens sind die Industriestaaten die Inhaber von weitgehend ausgeräumten Rohstofflagern. Ein Kontinent wie Afrika mit unermeßlichen Lagern etwa an Kupfer, Eisen, Bauxit und Uranium spürt schon heute seine günstige Ausgangslage, wenn der aktuelle Bedarf auch noch anderswo gedeckt werden kann. Wichtiger noch, als diese Lager der eigenen Verarbeitung zuzuführen, ist es für die Industriestaaten aber, dem weltpolitischen Gegner diese Rohstofflager vorzuenthalten. Daher der permanente Versuch, in Afrika, wenn auch keineswegs nur dort, Fuß zu fassen.

Zweitens: Der ungleiche Austausch führt – das ökonomische Argument – zum einen dazu, den Markt für Industriegüter mehr und mehr zu versperren, zum anderen aber – das politische Argument – zu einem Stau von Erbitterung und Verzweiflung, der die Großmächte in Phasen der Intervention und die dazugehörigen Risiken hineinzwingen könnte. Insbesondere der Westen wäre davon betroffen.

Drittens: Es hat sich über die Kontinente und entgegenstehenden Interessen hinweg eine Interessengemeinschaft der Entwicklungsländer konstituiert, die nicht allein durch ihre Armut definiert ist. Die Gewerkschaft der nichtweißen Völker registriert mit peinlicher Genauigkeit Verstöße gegen das Gleichheitsprinzip. Interventionen der Großmächte sind deshalb nur noch unter sorgsamer Beachtung aller nur denkbaren Vorsichtsmaßregeln möglich. Die Geiselnahme der Polisario in der West-Sahara zeigte etwa eine Mittelmacht wie Frankreich in einer neuen Lage. Hier ist eine Umkehrung der früheren Regeln zu konstatieren: nicht einer der nordafrikanischen Randstaaten – etwa Marokko – dient als Stellvertreter französischer Interessen, sondern Frankreich wird zur »Geisel« in der Hand Algeriens, das seine Ansprüche auf die West-Sahara gegenüber Marokko durchsetzen will.

Viertens: Die Energiesituation hat zu einem Zustand geführt, der als eine Art »Gewaltenteilung« in der Weltwirtschaft bezeichnet werden kann. Die Industriestaaten sind die Exekutive der ölreichen Länder, insbesondere der arabischen Staaten, die darüber bestimmen, was energiepolitisch möglich ist. Beide sind voneinander abhängig. Und auch hier wirkt sich eine Balance der Kräfte im Sinne der Mäßigung der Gewalten aus. Keine Großmacht der Welt ist noch fähig, weltpolitisch ohne Rücksicht auf ihre Öllieferanten zu handeln. Der Abhängigkeit von den Energiequellen auf der einen Seite entspricht die Abhängigkeit vom Know-how und den finanziellen Hilfen auf der anderen Seite (dabei ist anzumerken, daß die arabischen Ölmilliarden allerdings schon die Milliarden der Industriestaaten zu ersetzen beginnen und damit das Gleichgewicht unstabil wird).

Wenn also eine Tendenz zur Mäßigung besteht, dann auch zu Konfliktlösungen, die nicht mehr auf Revolutionen und die Unterstützung von Revolutionen hinauslaufen. Ähnliches ist jetzt im Hinblick auf die globalen Verhältnisse zu konstatieren. Die Fragmentierung der Weltwirtschaft, zugleich eine Interdependenz, die keinen Staat ausspart, sind die Ursachen dafür. Heute stellt sich vor allem die Frage, ob die westlichen Staaten den Verlust an Lebensstandard, den sie auf lange Sicht gesehen (und sei es nur in Relation zum steigenden Lebensstandard der bisherigen Entwicklungsländer) werden hinnehmen müssen, politisch-psychologisch ertragen können. Es könnte sein, daß sich die revolutionären Zentren, ohne daß diese sich voll entwickelt hätten, von Asien, Afrika und Lateinamerika schon wieder wegbewegen und auf Europa zubewegen. Damit würde Europa seiner Rolle als Mutter der Revolutionen von morgen erneut gerecht.

Unabhängig davon fragt es sich, ob sich eine Tendenz von außen geleiteten zu autonomen, von extern erzwungenen zu intern entwickelten Revolutionen wie Konterrevolutionen feststellen läßt. Auch hier ist Zweifel angebracht, denn auf die nationale Revolution folgt sehr oft keine soziale Revolution mehr. Die »nationale Revolution« ist sozusagen eine in sich abgeschlossene Leistung. Ebenso wie wir im internationalen Maßstab ein Nachlassen der Staat-zu-Staat-Intervention feststellen können, so spricht ebenfalls alles dafür, daß sich die Klasse-zu-Klasse-Beziehungen als transnationale Erscheinung verringern werden. Die internationalen Beziehungen werden nicht an Umfang und Intensität abnehmen, doch sie werden weniger mit dem Ziel der Oktroyierung des einflußnehmenden Systems gehandhabt werden. Denn auch in dieser Beziehung lassen sich gegenläufige Entwicklungen konstatieren: Während die Quantität des internationalen Austauschs zunimmt, vermindert sich das Potential revolutionärer Penetration. Das hat zum einen seine Ursache darin, daß im Zeichen internationaler Konvergenz (ob diese nun von der marxistischen Theorie abgelehnt wird oder nicht) die Unterschiede in den Systemen immer geringer werden. Damit läßt die Attraktivität des Neuen nach. Zum andern aber liegt es daran, daß der schon diskutierte Nationalismus, der auch ein ausgeprägter Regionalismus sein kann, die Denunziation des Neuen als Fremden und damit Nicht-Eigenen gestattet. Unter diesem Handikap leidet zweifellos der internationale Marxismus. Das zeigt sich – von den lateinamerikanischen antikommunistischen Regimes ganz abgesehen – in den zahlreichen Verboten kommunistischer Parteien mit internationalistischer Ausrichtung. Man könnte dies eine neue Variante der Ablehnung des »Transmontanismus« nennen. K. W. Deutsch hat diese Erscheinung darauf zurückgeführt, daß die Kommunikationsströme innerhalb der nationalen Gesellschaften schneller wachsen als das zwischenstaatliche Beziehungsgeflecht, so daß trotz der Internationalisierung der Beziehungen die Feindseligkeit gegenüber von außen kommenden Einflüssen größer werden könnte. Darauf führt er die immer schwieriger wirkende Situation von marginalen Gruppen solcher Gesellschaften zurück. Die Situation der Auslandschinesen, ins allgemeine transponiert, könnte für alle Minderheiten so lauten: »Sie sind mit der Wahl konfrontiert, sich entweder stärker zu assimilieren und zu integrieren, oder aber sich zunehmend von ihrer nationalen Gemeinschaft zu entfernen, was dann zu ihrer Emigration oder Ausstoßung führen kann.« (Deutsch in: Farrell 1966)

Dies alles hat zur Folge, daß die von Europa seit der Französischen Revolution ausgehende transnationale revolutionäre Tradition ihrem Ende zuzugehen scheint. Insgesamt gesehen ist dieser Einfluß immer über den ideologischen (heute würde man allgemeiner sagen: Kommunikations-)Strang gelaufen. Die Französische Revolution mit ihrer militärischen Expansion war ebenso eine Ausnahme wie – in ganz anderer Weise – die Ausdehnung des sowjetischen Systems auf die ihm vorgelagerten Staaten als Folge des Zweiten Weltkrieges.

Es kommt schließlich hinzu, daß die Loyalität der Arbeiter in den Erdteilen der Dritten Welt sich kaum mehr als Loyalität mit den Arbeitern der Ersten Welt vermitteln läßt. Auch dies macht eine auf Klassenbasis gegründete Penetration von außen zunehmend schwieriger.

Dennoch kann natürlich nicht davon abgesehen werden, daß die technischen Mittel der Verbreitung revolutionären Gedankengutes (für die Konterrevolution spielten die faktischen Machtmittel meist eine bedeutendere Rolle) erhebliche Fortschritte gemacht hat. Dies nicht nur auf dem Gebiet der elektronischen Medien. Doch hier zeigte sich im internationalen Maßstab, was die Medienforschung im nationalen Rahmen seit langem erkannt hat: Die Medien können zwar vorhandenes revolutionäres Potential verstärken; sie können zusätzliche Motivationen liefern; aber sie sind nicht fähig, eine Motivation zu erzeugen. Deshalb haben die Indoktrinationsversuche, wie sie von allen großen Nationen in mehr oder weniger großem Umfang und mit mehr oder weniger großem Geschick unternommen worden sind, durchwegs zu zweischneidigen Ergebnissen geführt. Sehr oft haben die Schulungs»erfolge« darin bestanden, daß die neuen Eliten der Entwicklungsländer ihre neugewonnenen Kenntnisse dazu benutzt haben, ihre Staatsgeschäfte effektiver zu führen (und sei es auch nur auf dem Wege effektiverer Korruption) – doch keineswegs in dem Sinne, in dem die ausbildenden Staaten sie in ihr Land geholt hatten. Soweit solche Ausbildung »zweckfrei« in dem Sinn erfolgte, daß ein ideologisch ungebundenes Sachwissen vermittelt wurde, wirkten die Ergebnisse wiederum eher revolutionshemmend. Dies zumindest dann, wenn es gelang, die Erkenntnisse der Industriestaaten auf die anders geartete Wirklichkeit der Entwicklungsländer zu übertragen.

6.8 Was ist geblieben?

Sicher lassen sich auch im kommenden Jahrzehnt immer wieder militärische Interventionen kleineren Ausmaßes denken; aber sie haben durchweg nichts mit Revolution und Konterrevolution zu tun, auch dann nicht, wenn ein Land behauptet, man greife es an, um »seine Revolution« zu zerstören. Hinter den Krisenherden, die gegenwärtig die Welt in Atem halten, stehen zumeist nationale oder ethnische Konflikte. Sicherlich halten die Minderheitenfragen in aller Welt die neuen und teilweise auch die alten Nationen weiter in Spannung. Selbst in Katalonien oder in Nord-Irland ist es nicht die »soziale« Frage, die den Konflikt beherrscht. Die jahrhundertealte Benachteiligung etwa der nordirischen Katholiken spielt sicher eine Rolle. Möglicherweise wäre dieser Konflikt nicht entstanden, wenn ihre Eingliederung vollständig gelungen wäre. Heute aber ist es ein vorwiegend nationalistischer Konflikt mit religiösen und sozialen Untertönen, der ausgefochten wird. Wie hier ist es in den meisten der anderen Fälle auch. Weil aber die nationale Frage zur Initiierung sozialer Umstürze nicht mehr zündet, ist auch das Schlagwort von den nationalen »Befreiungskriegen«, verstanden als nationale Bürgerkriege, verbraucht. Überall ist zu beobachten, daß auch von den sich als revolutionär verstehenden Parteien vom internationalen Klassenkampf auf den – das Paradox sei erlaubt – internationalen Nationalismus umgeschaltet wird. Von daher kommen die Antriebskräfte, die in der Zukunft die Welt umgestalten könnten: nationaler Wandel ohne soziale Zukunftsvisionen.

Nationale Konflikte halten die Welt in Atem. Das gilt für Zypern, das gilt für den Israel-Konflikt und für den Libanon. Das gilt für den somalisch-äthiopischen Konflikt, für Südafrika und Rhodesien, für Pakistan und Indien. Auch die letzten Entwicklungen in Portugal, Spanien und Griechenland sind vornehmlich autonome Entwicklungen gewesen. Selbst für den Vietnam-Krieg könnte man, was Ursprung und Verlauf anbetrifft, ein starkes nationales Motiv in Anspruch nehmen. Die Dominotheorie hatte ihm eine Zeitlang den Charakter eines weltanschaulichen Waffengangs zwischen Revolution und Konterrevolution gegeben. Nach dem Kolonialkrieg aber ist es klargeworden, daß das Engagement der Großmächte weniger etwas über ihre weltanschaulichen Ziele, als über ihre Großmachtinteressen in Asien aussagte.

Fragmentierung, Bilateralität auf der einen Seite, Zusammenschlüsse der Unterprivilegierten gegen die Privilegierten auf der anderen Seite prägen das Bild dieses Jahrzehnts. Die Bewegungsfreiheit des *einzelnen* Klein- und Mittelstaates ist geringer, die der Klein- und Mittelstaaten in ihrer *Gesamtheit* größer geworden. Der Aktionsbereich der Großmächte hat sich verengt. Militärmacht und Energie-Macht klaffen auseinander. Das nationale Interesse überschattet die Ideologie des globalen Klassenkampfes. Das alles addiert sich zum Bild eines Gleichgewichts der Kräfte, zu einem Pendel mehrerer Waagen nebeneinander, die miteinander wiederum in Verbindung stehen wie ein Mobile von Calder. Es mag dies ein ungewöhnliches Bild sein. Aber es erklärt, warum die Revolution im internationalen Maßstab derzeit kaum eine Chance hat. Es erklärt, warum externe Interventionen zwar überall und immer zu beobachten sind, doch weniger Wirkung zeigen als noch zur Zeit des Kalten Krieges. Es erklärt, warum die Turbulenz der internationalen Politik keine großen Wirkungen zeitigt, und auch, warum das derzeitige Status-quo-System Chancen hat, längere Zeit zu überleben, vorausgesetzt, daß der große Krieg nicht alles hinwegfegt. Doch insoweit haben wir uns ein Denkverbot auferlegt. Es lautet, dieses Undenkbare nicht zu denken.

Literaturverzeichnis

Um dem Charakter der Darstellung zu entsprechen und den Umfang des Bandes nicht unnötig aufzublähen, wurde im Text eine verkürzte Form der Quellenangabe benützt. Der vollständige Nachweis findet sich in der Bibliographie unter dem jeweiligen Kapitel. Neben der dort angegebenen Literatur und Presse wurden u. a. folgende Zeitschriften für die Darstellung ausgewertet:

US News and World Report (UNaWR); Time, »Die Zeit« (Zeit); Newsweek (NW); Le Monde Diplomatique; The Economist; Europa-Archiv (EA); Current History (CH); Foreign Affairs (FA); Pacific Community (PC); Africa Today; Far Eastern Economic Review (FEER).

In den Quellenangaben im Text wurden darüber hinaus folgende Abkürzungen benutzt:

AP – Adelphi Papers
APo – Außenpolitik
BoDS – Bulletin of the Department of State
GuG – Geschichte und Gesellschaft
HbDW – Handbuch der Dritten Welt
IP – Internationale Politik
PoC – Problems of Communism
SuDG – Sowjetsystem und Demokratische Gesellschaft
SU – Sowjetunion
SWP – Stiftung Wissenschaft und Politik
YbWA – Yearbook of World Affairs

1. Einleitung: Revolution der internationalen Politik oder Revolution in der internationalen Politik?

DUNN, J.: Moderne Revolutionen. Analyse eines politischen Phänomens. Stuttgart 1974

GALTUNG, J. in: JÄNICKE, M. (Hrsg.): Herrschaft und Krise. Opladen 1973

KÄSLER, D.: Revolution und Veralltäglichung – Eine Theorie postrevolutionärer Prozesse. München 1977

LEITES, N./WOLF, CH.: Rebellion and authority. An analytic essay on insurgent conflicts. Chicago 1970

2. Definitionen und Theorien

Arendt, H.: Über die Revolution. München 1974
Basso, L.: Rosa Luxemburgs Dialektik der Revolution. Frankfurt/M 1969
Beaufre, A.: Die Revolutionierung des Kriegsbildes. Neue Formen der Gewaltanwendung. Stuttgart 1973
Bell, D. V. J.: Resistance and revolution. Boston 1973
Beyme, K. von (Hrsg.): Empirische Revolutionsforschung. Opladen 1973
Brinton, C.: Die Revolution und ihre Gesetze. Frankfurt/M 1959
Bühl, W.: Evolution und Revolution. Kritik der symmetrischen Soziologie. München 1970
Calvert, P.: A study of revolution. Oxford 1970
Davies, J. C.: Eine Theorie der Revolution, in: Zapf, W. (Hrsg.): Theorien des sozialen Wandels. Köln 1970
–: When men revolt – and why. A reader in political violence and revolution. New York 1971
Deutsch, K.: External involvementin internal war, in: Eckstein, H. (hrsg.): Internal war. London 1964
–: External influences on the internal behavior of states, in: Farrell, B. (Hrsg.): Approaches to comparative and international politics. Evanston 1966
–: Zum Verständnis von Krisen und politischen Revolutionen, in: Jänicke, M. (Hrsg.): Herrschaft und Krise. Opladen 1973
Dunn, J.: Moderne Revolutionen. Analyse eines politischen Phänomens. Stuttgart 1974
Eckstein, H. (Hrsg.): Internal war. Problems and approaches. New York 1964
Edwards, L. P.: The natural history of revolution. Chicago 1970
Eley, J. W.: Toward a theory of intervention, in: International Studies Quarterly, Detroit 1972, 16 (2), S. 245–256
Ellul, J.: Von der Revolution zur Revolte. Hamburg 1974
Friedrich, C. J. (Hrsg.): Revolution. New York 1969
Galtung, J.: Eine strukturelle Theorie der Revolution, in: Jänicke, M. (Hrsg.): Herrschaft und Krise. Opladen 1973
Gehlen, A.: Urmensch und Spätkultur. Frankfurt/M 1975
Gerassi, J.: Towards revolution. London 1972
Gorz, A.: Die Aktualität der Revolution. Frankfurt/M 1970
Griewank, K.: Der neuzeitliche Revolutionsbegriff. Frankfurt/M 1973
Gurr, T.: Rebellion. Düsseldorf 1972
–: Ursachen und Prozesse politischer Gewalt, in: Beyme, K. von (Hrsg.): Empirische Revolutionsforschung. Opladen 1973
Ho Chi Minh: On revolution. London 1967
Hyams, E.: A dictionary of modern revolution. London 1973
Jaeggi, U. (Hrsg.): Revolution und Theorie I. Frankfurt/M 1974
Jaenicke, M. (Hrsg.): Herrschaft und Krise. Opladen 1973
Jaroslawski, J.: Theorie der sozialistischen Revolution. Hamburg 1973
Johnson, C.: Revolutionstheorie. Köln 1971
Kaplan, M. A.: The revolution in world politics. New York 1962
Käsler, D.: Revolution und Veralltäglichung – Eine Theorie postrevolutionärer Prozesse. München 1977

LENK, K.: Theorien der Revolution. München 1973
LIPSET, M.: Revolution and counterrevolution. New York 1967
MAO TSE-TUNG: Ausgewählte Schriften. Frankfurt/M 1964
MARTIC, M.: Insurrection. Five schools of revolutionary thought. New York 1975
NORTHEDGE, F. (Hrsg.): The use of force in international relations. London 1974
POZZOLI, C.: Marxistische Revolutionstheorien. Frankfurt/M 1974
RITTBERGER, V.: Über sozialwissenschaftliche Theorien der Revolution, Kritik und Versuch eines Neuansatzes, in: Politische Vierteljahresschrift, 12. Jg. H. 4 (1971), S. 492–529
ROSENAU, J. N. (Hrsg.): International aspects of civil strife. Princeton 1964
SCHIEDER, T.: Revolution und Gesellschaft. Freiburg 1973
SIEBERS, G.: Psychologie der Revolution. Stuttgart 1976
Sowjetsystem und Demokratische Gesellschaft, Art. »Revolution« u. a. Freiburg 1972
SONNTAG, H. R.: Marx und Lenin – Zur Soziologie der modernen Revolution. Bochum 1967
TANTER, R./MIDLARSKY, M.: Revolutionen: Eine quantitative Analyse, in: Zapf, W. (Hrsg.): Theorien des sozialen Wandels. Köln 1970
THOMSON, G.: Von Marx zu Mao Tse-tung. Stuttgart 1974
TETSCH, H.: Die permanente Revolution. Ein Beitrag zur Soziologie der Revolution und zur Ideologiekritik. Opladen 1973
WODDIS, J.: New theories of revolution. London 1972

3. Technik und Taktik

BARNET, I.: Intervention and revolution. The United States in the Third World. New York 1968
BLACKSTOCK, P. W.: The strategy of subversion. Chicago 1964
GERLACH, A.: Die Intervention. Versuch einer Definition. Frankfurt/M, Berlin 1967
HIGHAM, R. (Hrsg.): Intervention or abstention. The dilemma of American foreign policy. Lexington 1975
HO CHI MINH: Gegen die amerikanische Aggression. München 1968
HOROWITZ, I. C. (Hrsg.): The rise and fall of project Camelot. Cambridge 1967
JAQUET, L. G. M.: Intervention in international politics. The Hague 1971
JOHNSON, A.: Autopsy on people's war. Berkeley 1973
KITSON, F.: Low intensity operations. Subversion, insurgency, peace-keeping. London 1971
LITTLE, R.: Intervention. External involvement in civil wars. London 1975
MACK, A.: Counterinsurgency in the Third World: Theory and practice, in: British Journal of International Studies, I/1975, S. 266ff.
MARCHETTI, V./MACKS, J. D.: CIA. München 1974
MARCUSE, H. u. a.: Aggression und Anpassung in der Industriegesellschaft. Frankfurt/M 1969
MEISEL, J. H.: Counterrevolution. How revolutions die. New York 1966
MOLNAR, T. S.: The counter-revolution. New York 1969
PAGET, J.: Counter-insurgency campaigning. London 1974
PAUL, R. A.: Toward a theory of intervention, in: Orbis, Philadelphia 1972, 16

(1), S. 105–118
Pearson, F. S.: Geographic proximity and foreign military intervention, in: Journal of conflict resolution. Michigan 1974, 18 (3), S. 432–460
Pye, L. N.: The roots of insurgency, in: Eckstein, H. (Hrsg.): Internal war. New York, London 1964, S. 169ff.
Scott, A. M.: The revolution in statecraft. New York 1969
van Ness, P.: Revolution and Chinese foreign policy. Peking's support for wars of national liberation. Berkeley 1970.
Walton, R. J.: Beyond diplomacy. A background book on American military intervention. New York 1970
Weber, E.: Revolution? Counterrevolution? What revolution?, in: Journal of contemporary history. London 1974, 9 (2), S. 33–47

4. Die geschichtliche Dimension

4.1 Die Französische Revolution: ein Modell

Barnave, A.: Theorie der Französischen Revolution. München 1972
Burke, E.: Betrachtungen über die französische Revolution. Frankfurt/M 1967
Cobban, A.: The social interpretation of the French revolution. Cambridge 1968
Gaxotte, P.: Die Französische Revolution. München 1973
Grab, W. (Hrsg.): Die Französische Revolution. Eine Dokumentation. München 1973
Kelly, G. A./Miller, L. B.: International war and international system, in: Occational Papers in International Affairs, N. 21, Aug. 1969, Harvard University, S. 1–34
Moss, R. J.: The American response of the French revolution 1785–1801. Michigan State University Ph. D. 1974
Naujoks, E.: Die französische Revolution und Europa 1789–1799. Stuttgart 1969
Schmitt, E.: Die Französische Revolution. Darmstadt 1973
Silverman, D. A.: Informal diplomacy: The foreign policy of the Robespierrist committee of public safety. University of Washington. Ph. D. 1974
Soboul, A.: Die Große Französische Revolution. Ein Abriß ihrer Geschichte (1789–1799), Teil 1 und 2. Frankfurt/M 1973

4.2 1848 – eine mißglückte Revolution

Bücher, R.: Die deutsch-französische Tragödie 1848–1964. Würzburg 1965
Engels, F.: Revolution und Konterrevolution in Deutschland. Berlin 1963
Gooch, G. P.: Germany and the French revolution. London 1965
Kossler, O.: Die Revolution von 1848 in Deutschland. Frankfurt/M 1967
Longee, R. W.: Midcentury revolution, 1848. Lexington 1972
Stadelmann, R.: Soziale und politische Geschichte der Revolution von 1848. München 1973
Valentin, V.: Geschichte der deutschen Revolution 1848–49. Köln 1970
Vossler, O.: Die Revolution von 1848 in Deutschland. Frankfurt/M 1967

4.3 1917/1918 – Nationalismus und Internationalismus

Anweiler, O.: Die russische Revolution. 1905–1921. Stuttgart 1968
Arslanian, A. H.: The British military involvement in Transcaucasia, 1917–1919. University of California 1974

Bosl, K. (Hrsg.): Die Revolution von 1918. Ihre Voraussetzungen, ihr Verlauf und ihre Folgen. München 1969

Bradley, J.: Allied intervention in Russia. London 1968

Carmichael, J.: Die russische Revolution. Von der Volkserhebung zum bolschewistischen Sieg Februar–Oktober 1917. Reinbek bei Hamburg 1967

Fischer, K.: Deutsche Truppen und Entente-Intervention in Südrußland 1918/19. Boppard a. Rh. 1973

Fischer, L.: Das Leben Lenins. München 1970

Geyer, D.: Die russische Revolution. Stuttgart 1968

Hölzle, E.: Die Revolution der zweigeteilten Welt. Hamburg 1963

Jackson, R.: At war with the Bolsheviks. The allied intervention into Russia, 1917–1920. London 1972

Klein, F.: Deutschland 1918. Berlin 1962

Neubauer, H. (Hrsg.): Deutschland und die russische Revolution. Stuttgart 1968

Ritter, G. A./Miller, S. (Hrsg.): Die deutsche Revolution 1918/19. Dokumente. Frankfurt/M 1968

Silverlight, J.: The victor's dilemma. Allied intervention in the Russian civil war. New York 1970

Trotzki, L.: Geschichte der russischen Revolution. Frankfurt/M 1960

Ulam, A. B.: Die Bolschewiki. Köln 1967

Zeman, Z. A. B. (Hrsg.): Germany and the revolution in Russia, 1915–1918. Documents from the archives of the German foreign ministry. London 1958

4.4 Spanien 1936 – die offene Intervention

Abendroth, H. H.: Deutschlands Rolle im spanischen Bürgerkrieg, in: Funke, M. (Hrsg.): Hitler, Deutschland und die Mächte. Düsseldorf 1976

Brenan, G.: Spanische Revolution. Berlin 1973

Coverdale, J. F.: Italian intervention in the Spanish civil war, July 1936–March 1937. University of Wisconsin 1971

Dahms, H. G.: Der spanische Bürgerkrieg. 1936–39. Tübingen 1962

Documents on the Italian intervention in Spain. Berlin 1958

Einhorn, M.: Die ökonomischen Hintergründe der faschistischen deutschen Intervention in Spanien 1936–1939. Berlin 1962

Fest, J.: Hitler. Frankfurt/M 1974

Forndran, E./Golczewski, F./Riesenberger, D.: Innen- und Außenpolitik unter nationalsozialistischer Bedrohung. Opladen 1977

Graml, H.: Europa zwischen den Kriegen. München 1969

Hispanicus: Foreign intervention in Spain. London 1938

Jackson, G.: The Spanish civil war. Domestic crisis or international conspiracy? Boston 1967

Longo, L.: Die internationalen Brigaden in Spanien. Berlin 1958

Payne, S.: The Spanish revolution. New York 1970

Pusso, D. A.: Spain and the great powers, 1936–1941. New York 1962

Richardson, R. D.: Comintern army. The international brigades in the Spanish civil war. Ann Arbor 1970

4.5 Budapest 1956/Prag 1968 – Konterrevolution der »Revolutionäre«

BRAHM, H.: Das Echo im Weltkommunismus auf die Okkupation der ČSSR. Köln 1968

–: Der Kreml und die ČSSR 1968–69. Stuttgart 1970

CZERWINSKI, H. J./PIEKALKIEWICZ, J. (Hrsg.): The Soviet invasion to Czechoslowakia: Its effects on Eastern Europe. New York 1972

FRENZKE, D.: Das Interventionsverbot und das Gewaltverbot in der sowjetischen Völkerrechtstheorie, in: Meissner, B. und Uschakow, A. (Hrsg.): Probleme der Konferenz über Sicherheit und Zusammenarbeit in Europa, Berlin 1975, S. 67–88

HAEFS, H.: Die Ereignisse in der Tschechoslowakei vom 27. 6. 1967 – 18. 10. 1968. Bonn 1969

HORSKY, V.: Prag 1968: Systemveränderung und Systemverteidigung. Stuttgart 1975

JAMES, R.: The Czechoslovak crisis 1968. London 1969

LITTELL, R. (Hrsg.): The Czech black book. London 1969

NORDEN, P.: Prag, 21. August . . . Revolution, Intervention, Invasion. München 1968

ROTHSCHILD, J.: The Soviet Union and Czechoslovakia, in: Spiegel, S. und K. Waltz: Conflict in world politics. Cambridge, Mass. 1971

5. *Regionen und Strukturen*

5.1 Afrika – das kontinentale Versuchsfeld

ANSPRENGER, F. C. (Hrsg.): Die Außenpolitik Chinas. München 1975

BARRAT, J.: Détente in Southern Africa, in: World Today, Jg. 31/1975, S. 120–130

BIENEN, H. (Hrsg.): The military intervention. Case studies in political development. New York 1968

Conflict in Africa, in: Strategic Survey 1976. London 1977, S. 44–60

GUELKE, A.: Force, intervention and internal conflict, in: Northedge, F. S. (Hrsg.): The use of force in international relations. London 1974

MAGALL, J.: Foreign policy in Africa, in: Jones, P. (Hrsg.): An international yearbook of foreign policy analysis. Vol. 2, London 1975

NOHLEN, D./NUSCHELER, F. (Hrsg.): Handbuch der Dritten Welt, Bd. 2. Hamburg 1976

5.1.1 Testfall Kongo

KALB, M.: The Soviet Union and the Congo 1960–1962. Ann Arbor 1974

KANZA, T.: Conflict in the Congo. Harmondsworth 1972

LEMARCHAND, R.: Political awakening in the Belgian Congo. Berkeley 1964

WALLERSTEIN in: ARKHURST, F. (Hrsg.): US policy toward Africa. New York 1975

WOUNGLY-MASSAGA: La révolution au Congo. Paris 1974

5.1.2 Die Großmächte in Afrika

ARKHURST, F. (Hrsg.): US policy toward Africa. New York 1975

FROELICH, J. F.: Tensions in the Chad, in: Adelphi Papers, Nr. 93, London 1972, S. 42–49

HUTCHISON, A.: China's African revolution. London 1975

KANET, R. E.: The Soviet Union and the developing countries: Policy or policies, in: World Today. Jg. 31/1975, S. 338–346

LEMARCHAND, R.: The C.I.A. in Africa. How central? How intelligent? in: Journal of Modern African Studies. Jg. 14/1976, S. 401–426

LINDE, G.: Zum sowjetisch-libyschen Verhältnis, in: Berichte des Bundesinstituts für ostwissenschaftliche und internationale Studien. Nr. 47, Köln 1975

MAYALL, J.: Foreign policy in Africa: A changing diplomatic landscape, in: Jones, P. (Hrsg.): An International Yearbook of Foreign Policy Analysis, Vol. 2, London 1975

NYERERE, J. K.: America and Southern Africa, in: Foreign Affairs, Jg. 55/1976–77, S. 671–684

SCHAUFELE, W. E.: US relations in Southern Africa, in: Annals of the American Academy of Political and Social Sciences, Bd. 432/Juli 1977, S. 110–119

SPERO, J. E.: Dominance-dependence relationships. The case of France and Gabon. Ann Arbor 1973

STEVENS, C.: The Soviet Union and Black Africa. London 1976

TALBOT, G.: Origins, causes and effects of the Tchadian civil war and the French interventions, 1968–1971. Ann Arbor 1974

TAYLOR, T.: Force in the relations between great powers and the third world, in: Northedge, F. S. (Hrsg.): The use of force in international relations. London 1974

WEINSTEIN, W. (Hrsg.): Chinese and Soviet aid to Africa. New York 1975

YU, G. T.: China's role in Africa, in: Annals of the American Academy of Political and Social Science, Bd. 432/Juli 1977, S. 96–109

5.1.3 Großmacht-Engagement in Nigeria

CERVENKA, Z.: The Nigerian war, 1967–1970. Frankfurt/M 1971

CRONJE, S.: The diplomatic history of the Biafran war, 1967–1970. London 1972

NIXON, C. R.: Nigeria and Biafra, in: Spiegel, S. und K. Waltz (Hrsg.): Conflict in world politics. Cambridge, Mass. 1971

TRUMBULL, C.: The Soviet Union and the Nigerian civil war. Policy, ideology and propaganda. Ann Arbor 1973

5.1.5 Dekolonisierung in Angola

HENRIKSEN, T. H.: Angola and Mozambique: Intervention and revolution, in: Current History, Nov. 1976, S. 153–181

MARCUM, J. A.: Lessons of Angola, in: Foreign Affairs, Vol. 54, No. 3, April 1976, S. 407–425

SKURNIK, W. A.: Africa and the Superpowers, in: Current History, Nov. 1976, Vol. 71, No. 421, S. 145ff.

5.1.6 Die Rolle des Militärs in Afrika

ANTOLA, E.: The roots of domestic military interventions in Black Africa, in: Instant Research on Peace and Violence, Jg. 5/1975, S. 207–221

DECALO, S.: Coups and army rule in Africa. Studies in military style. New Haven–London 1976

KENNEDY, G.: The military in the third world. London 1974

WELCH, C. E.: Soldier and state in Africa. Evanston 1970

–: Continuity and discontinuity in African military organisation, in: Journal of Modern African Studies, Jg. 13/1975, S. 229–248

5.2 Risse im afrikanischen Subsystem

Binaisa, G. L.: Organization of African Unity and decolonization. Present and future trends, in: Annals of the American Academy of Political and Social Science, Bd. 432/Juli 1977, S. 52–69

Ekpo, S. A.: The OAU and the secession issue, in: Africa Report, Jg. 20/1975, Nr. 6, S. 33–36

5.2.1 Äthiopien gegen Somalia

Clapham, C.: Ethiopia and Somalia, in: Adelphi Papers Nr. 93/London 1972, S. 1–23

Gilkes, S.: Äthiopien. Revolution auf halbem Weg, in: Europa-Archiv, Jg. 30/1975, S. 529–538

Laitin, D.: Somali territorial claims, in: Africa Today, Jg. 23/1976, Nr. 2, S. 29–38

Matthies, V.: Politische Konflikte in der Dritten Welt. Beispiel Äthiopien, in: Gegenwartskunde, Jg. 23/1974, S. 261–271

Steinbach, U.: Arabische Politik rund um das Horn von Afrika, in: Außenpolitik. Jg. 28/1977, S. 300–311

Touval, S.: Somalia, Ethiopia and Kenya, in: Spiegel, S. und K. Waltz (Hrsg.): Conflict in world politics. Cambridge, Mass. 1971

Warren, A. und H.: The US role in the Eritrean conflict, in: Africa Today, Jg. 23/1976, Nr. 2, S. 39–53

5.2.2 Interventionen im inneren Krieg – Sudan

Beshir, M. O.: Revolution and nationalism in the Sudan. London 1974

–: The Southern Sudan. From conflict to peace. London 1976

Eprile, C.: War and peace in the Sudan, 1955–1972. London 1974

Mahgoub, M. A.: Democracy on trial. Reflections on Arab and African politics. London 1974

5.2.3 Koloniale Umverteilung – Die spanische Sahara

Lippert, A.: Emergence or submergence. The struggle in Western Sahara, in: Africa Today, Jg. 24/1977, Nr. 1, S. 41–60

5.3 Lateinamerika – Hegemonie und nationale Revolution

Albrecht, U.: Rüstung und militarisierter Entwicklungsprozeß in peripheren Ländern, in: Leviathan, Jg. 3/1975, Heft 4, S. 550–575

Astiz, C. A.: The Latin American countries in international system, in: Astiz/McCarthy 1970

–/McCarthy, M. F. (Hrsg.): Latin America – International politics, ambitions, capabilities, and the national interest of Mexico, Brazil, and Argentine. Notre Dame 1970

Brock, L.: Entwicklungsnationalismus und Kompradorenpolitik. Die Gründung der OAS und die Entwicklung der Abhängigkeit Lateinamerikas von den USA. Meisenheim am Glan 1975

Bundy, W. P.: Dictatorship and American foreign policy, in: Foreign Affairs, Jg. 54, 1975/76, S. 51–60

Calvert, P.: Latin America: International conflict and international peace. London 1969

Conell-Smith, G.: The United States and Latin America. An historical analysis of

inter-American relations. London 1974
Cotler, J./Fagen, R. R. (Hrsg.): Latin America and the United States. The changing political realities. Stanford 1974
Davis, H. E./Wilson, L. C.: Latin American foreign politics. An analysis. Baltimore 1975
Fanon, F.: Die Verdammten dieser Erde. Frankfurt/M 1966
Frank, A.: Kapitalismus und Unterentwicklung in Lateinamerika. Frankfurt/M 1975
Gil, F. G.: Latin America – United States relations. New York 1970
Goldenberg, B.: Lateinamerika nach Chile, in: Merkur, Nov. 1973, S. 997–1007
Goldhamer, H.: The foreign powers in Latin America. Princeton 1972
Grabendorff, W. (Hrsg.): Lateinamerika. Kontinent in der Krise. Hamburg 1973
Kane, W. E.: Civil strife in Latin America. London 1972
Lindenberg, K. (Hrsg.): Politik in Lateinamerika. Interne und externe Faktoren einer konfliktorientierten Entwicklung. Hannover 1972
Lowenthal, A. F.: The Dominican intervention. Cambridge 1972
–: The United States and Latin America: Ending the hegemonic presumption, in: Foreign Affairs, Jg. 55/1976–77, S. 199–213
Parkinson, F.: Latin America, the cold war, and the world powers, 1945–1973. A study in diplomatic history. Beverly Hills 1974
Rubinstein, A. Z. (Hrsg.): Soviet and Chinese influence in the third world. Washington–New York 1975
Theberge, J. D.: The Soviet presence in Latin America. New York 1974
The Senate Select Committee on Intelligence (Hrsg.): C.I.A. assassination plots in Latin America, in: Current History, Vol. 66, Febr. 1976, S. 79–87ff.

5.3.2 Guatemala 1954 – die offene Intervention

Eisenhower, D.: Die Jahre im Weißen Haus. Düsseldorf 1964
Wise, D. und T. B. Ross: Die unsichtbare Regierung. Frankfurt/M 1966

5.3.4 Chile – mißglücktes oder unterdrücktes Experiment?

Angell, A.: Problems in Allende's Chile, in: Current History, Vol. 63, Febr. 73, S. 57ff.
–: Counterrevolution in Chile, in: Current History, Vol. 64, Febr. 1974, S. 6ff.
–: Chile one year after the coup, in: Current History, Vol. 65, Jan. 1975, S. 11ff.
Bizzarro, S.: Chile under the jackboot, in: Current History, Vol. 66, Febr. 1976, S. 57ff.
Deslois, C.: Chile, 1970–1974. Réforme ou révolution? Temoignage, analyse, documents. Paris 1974
Fagen, R.: The United States and Chile. Roots and Branches, in: Foreign Affairs, Jan. 1975, S. 297ff.
MacEoin, G.: No peaceful way. Chile's struggle for dignity. New York 1974
Moreno, F.: The breakdown of Chilean democracy, in: World Affairs, Summer 1975, S. 19–25
Nohlen, D.: Chile. Das sozialistische Experiment. Hamburg 1973
–: Feuer unter der Asche. Chiles gescheiterte Revolution. Baden-Baden 1974
–/Boye, O.: War die Konterrevolution unvermeidlich? Mittelschichten und Militär in Chile, in: Verfassung und Recht in Übersee, Jg. 7, Heft 4/1974, S. 369–384
Sigmund, P.: The »invisible blockade« and the overthrow of Allende, in: Foreign

Affairs, Jan. 1974, S. 322ff.
SZWEEZY, P. M./MAGDOFF, H.: Revolution and counterrevolution in Chile. New York 1974

5.3.5 Die Militarisierung Lateinamerikas

GRIGULEWITSCH, I.: Die Armee und der revolutionäre Prozeß, in: Sowjetwissenschaft, Heft 6/1974, S. 217–225
KRÜGER, H.: Über Militärregimes in Entwicklungsländern, in: Verfassung und Recht in Übersee, Jg. 9, Heft 1/1976, S. 5–19
LIEUWEN, E.: Generals vs. Presidents – Neomilitarism in Latin America. New York 1974
MÜHLEMANN, C.: Die Militarisierung der südamerikanischen Politik, in: Schweizer Monatshefte, Mai 1975, S. 113–127
NEEDLER, M. C.: Military Motivations in the seizure of power, in: Latin American Research Review, Fall 1975, S. 63–79
PUHLE, H. J.: Revolution von oben und Revolution von unten in Lateinamerika. Fragen zum Vergleich politischer Stabilisierungsprobleme im 20. Jahrhundert, in: Geschichte und Gesellschaft, Jg. 2, Heft 2/1976
SCHMITTER, P. C. (Hrsg.): Military rule in Latinamerica. Beverly Hills 1973
SOLAUN, M. und M. A. QUINN: Sinners and heretics. The politics of military intervention in Latin America. Urbana 1973

5.3.6 Revolution als Gewohnheitsrecht

ADLER, G.: Revolutionäres Lateinamerika. Eine Dokumentation. Paderborn 1970
BARSCH, H.-S.: Lateinamerika. Reform oder Revolution. Frankfurt/M 1974
DEBRAY, R.: Essais sur l'Amérique Latine. Paris 1967
–: Die Revolution in der Revolution, München 1967
GOLDENBERG, B.: Kommunismus in Lateinamerika. Stuttgart 1971

5.3.7 Kuba – Austausch der Schutzmacht

BONSAL, P. W.: Cuba, Castro and the United States. Pittsburgh 1972
CROZIER, B.: Soviet pressures in the Caribbean. The satellisation of Cuba. London 1973
LEVESQUE, J.: L'URSS et la révolution Cubaine. Paris 1976
O'CONNOR, J.: The Origins of socialism in Cuba. Ithaca 1970
RADOSH, R.: The new Cuba. Paradoxes and potentials. New York 1976
SILVERMAN, B.: A new direction in Cuban socialism, in: Current History, Vol. 65, Jan. 1975, S. 24–30
VOLSKY, G.: Cuba fifteen years later, in: Current History, Vol. 64, Febr. 1974, S. 10–18

5.3.8 Peru – Revolution von oben

FITZGERALD, E. V. K.: The state and economic development: Peru since 1968. Cambridge 1976
GOODSELL, C. T.: That confounding revolution in Peru, in: Current History, Vol. 65, Jan. 1975, S. 20ff.
GRAYSON, G. W.: Peru's revolutionary government, in: Current History, Vol. 63, Febr. 1973, S. 61ff.
REH, H. N.: Der Staatsstreich in Peru. Ursachen und Konsequenzen. Mainz 1970
SONNTAG, H. R.: Der Fall Peru. »Nasserismus« in Lateinamerika zur Überwindung der

Unterentwicklung? Wuppertal 1971
Werlich, D. P.: The Peruvian revolution in crisis, in: Current History, Vol. 67, Febr. 1977, S. 61 ff.

5.3.9 Brasilien – die technokratische Revolution

Anderson, R. L.: Brazil: Walking the tightrope, in: Current History, Vol. 67, Febr. 1977, S. 53 ff.
Evans, R. D.: Brazil, the road back from terrorism. London 1974
Fiechter, G.-A.: Le régime modernisateur du Brésil, 1964–1972. Etude sur les interactions politico-économiques dans un régime militaire contemporain. Leiden 1972
Germain, L.: La montée en puissance de Brésil, in: Défense Nationale, Heft 4/1974, S. 57–75
Levine, R. M.: Brazil, the aftermath of decompression, in: Current History, Vol. 66, Febr. 1976, S. 53 ff.
Nitsch, M.: Brasilien. Sozioökonomische und innenpolitische Aspekte des »Brasilianischen Entwicklungsmodells«. Ebenhausen 1975
Poppino, R. E.: Brazil after a decade of revolution, in: Current History, Vol. 64, Febr. 1974, S. 1 ff.
Schooyans, M.: Destin du Brésil. La technocratie militaire et son idéologie. Gembloux 1973
Stephan, A. (Hrsg.): Authoritarian Brazil. Origins, policies and future. New Haven 1973

5.4 Asien – und die Zumutung der Revolution

Albright, D. E.: The Sino-Soviet conflict and the balance of power in Asia, in: Pacific Community, Jg. 8/1976–77, S. 204–234
Aron, R.: Frieden und Krieg – Eine Theorie der Staatenwelt. Frankfurt/M 1963
Ball, G. W.: The super-powers in Asia, in: Adelphi Papers, Nr. 91, London 1972, S. 1–8
Barnds, W. J.: China's relations with Pakistan. Durability amidst discontinuity, in: China Quarterly, Nr. 63/1975, S. 463–489
–: United States policy towards South Asia. Shifting perceptions and policy choices, in: Pacific Community, Jg. 8/1976–77, S. 645–659
Barnett, A. D.: Military-security relations between China and the United States, in: Foreign Affairs, Jg. 55/1976–77, S. 585–597
–: The future U.S. role in East and Southeast Asia, in: Pacific Community, Jg. 8/1976–77, S. 399–411
Bert, W.: Chinese relations with Burma und Indonesia, in: Asian Survey, Jg. 15/1975, S. 473–487
Braun, D.: Sicherheitskonzepte und Machtpolitik in der Region Südasien, in: Stiftung Wissenschaft und Politik, SWP – AP 2123, Fo. Pl. OV. 2a./77
Buchan, A.: The end of bipolarity, in: Adelphi Papers, Nr. 91, London 1972, S. 21–30
Butwell, R.: China and other Asian lands, in: Current History, Bd. 62/September 1972, S. 121–125
Chou, S. H.: China's foreign trade, in: Current History, Bd. 71/September 1976, S. 68–72, 84–88
Choudhury, G. W.: India, Pakistan, Bangladesh, and the major powers. Politics of a divided subcontinent. New York 1975

–: Post-Mao China and the world, in: Pacific Community, Jg. 8/1976–77, S. 235–258
Clark, I.: Soviet conceptions of Asian security. From balance »between« to balance »within«, in: Pacific Community, Jg. 7/1975–76, S. 162–178
Clough, R. N.: U.S. policy in East Asia in the wake of Vietnam, in: Pacific Community, Jg. 7/1975–76, S. 28–40
Fitzgerald, C. P.: China and Southeast Asia since 1954. London 1973
–: The emergence of China. Internal dynamics, in: Adelphi Papers, Nr. 92, London 1972, S. 1–8
Funnell, V. C.: China and ASEAN. The changing face of South East Asia, in: World Today, Jg. 31/1975, S. 299–306
Gould, J. W.: The United States and Malaysia. Cambridge 1969
Gurtov, M.: China and Southeast Asia. The politics of survival. A study of foreign policy interaction. Baltimore 1975
Henze, L. J.: U.S.-Philippine economic relations and trade negotiations, in: Asian Survey, Jg. 16/1976, S. 319–337
Hinton, H.: Three and a half powers. The new balance in Asia. Indiana 1975
Hudson, G. F. (Hrsg.): Reform and revolution in Asia. London 1972
Ide, A.: Twenty years Idonesian foreign policy, 1945–1965. Den Haag 1973
Jain, J.: China, Pakistan and Bangladesh. New Delhi 1974
James, H. und D. Sheil-Small: The undeclared war. The story of the Indonesian confrontation, 1962–1966. London 1971
Jorgensen-Dahl, A.: Extra-regional influences on regional cooperation in S. E. Asia, in: Pacific Community, Jg. 8/1976–77, S. 412–429
Kindermann, G. K.: Der Ferne Osten in der Weltpolitik des industriellen Zeitalters. München 1970
Labedz, L.: The Soviet Union in Asia, in: Adelphi Papers, Nr. 91, London 1972, S. 9–12
Larken, B.: China and the third world, in: Current History, Bd. 69/September 1975, S. 75–79, 103–104
Leifer, M.: The security of Southeast Asia, in: Pacific Community, Jg. 7/1975–76, S. 14–27
Leng, S.: Chinese strategy toward the Asian Pacific, in: Orbis, Jg. 19/1975–76, S. 775–792
Mackie, J. A. C.: Konfrontasi. The Indonesia-Malaysia dispute, 1963–1966. Kuala Lumpur 1974
Mahajani, U.: Sino-American rapprochement and the new configurations in Southeast Asia, in: Yearbook of World Affairs 1975, Jg. 29, London 1975, S. 106–120
Miyoshi, O.: The Nixon Doctrine in Asia, in: Adelphi Papers, Nr. 91, London 1972, S. 13–20
Palmer, N. D.: The changing scene in South Asia, in: Orbis, Jg. 19/1975–76, S. 887–903
Ra'anan, U.: The Washington-Moscow-Peking triangle. A reexamination of Chinese and Soviet concepts, in: Orbis, Jg. 19/1975–76, S. 827–837
Rahman, T. A.: The communist threat in Malaysia and Southeast Asia, in: Pacific Community, Jg. 8/1976–77, S. 561–574
Rau, R. L.: Normalization with PRC. With emphasis on ASEAN states, in: Pacific Community, Jg. 7/1975–76, S. 230–247
Rubinstein, A. Z. (Hrsg.): Soviet and Chinese influence in the Third world. New York 1975

SAEKI, K.: Japans security in a multipolar world, in: Adelphi Papers, Nr. 92, London 1972, S. 21–29
SCALAPINO, R. A.: The dragon, the tiger and the wolf. Sino-Soviet relations and their impact on Asia, in: Orbis, Jg. 19/1975–76, S. 838–862
SCHNEIDER, E.: Die sowjetische Vietnampolitik 1975/76, in: Außenpolitik, Jg. 28/1977, S. 15–33
SCHURMANN, F.: Decelerating thrusts of a Nixonian plan, in: Far Eastern Economic Review, 4. 7. 75, S. 3–30
SIDKY, M. H.: Chinese world strategy and South Asia. The China factor in Indo-Pakistani relations, in: Asian Survey, Jg. 16/1976, S. 965–980
SIGUR, G.: U.S. interests and an emerging Asian balance, in: Orbis, Jg. 19/1975–76, S. 1141–1151
SIMON, S. W.: Peking and Indochina. The perplexity of victory, in: Asian Survey, Jg. 16/1976, S. 401–410
SOEDJATMOKO: China's external policies. Scope and limitations, in: Adelphi Papers, Nr. 92, London 1972, S. 9–20
SONDHI, M. L.: Peace and diplomacy between India and China, in: Pacific Community, Jg. 8/1976–77, S. 136–148
SOON, L. T.: Southeast Asia in the new power situation, in: Pacific Community, Jg. 7/1975–76, S. 65–77
SUHRKE, A.: US-Philippines. The end of a special relationship, in: World Today, Jg. 31/1975, S. 80–88
THOMPSON, SIR R.: Southeast Asia after Vietnam, in: Pacific Community, Jg. 7/1975–76, S. 1–13
THORNTON, R. C.: South Asia. Imbalance on the subcontinent, in: Orbis, Jg. 19/1975–76, S. 863–873
VAN NESS, P.: China and the third world, in: Current History, Bd. 67/September 1974, S. 106–109
–: Dilemmas in Chinese foreign policy, in: Current History, Bd. 71/September 1976, S. 60–63
WALKER, R. C.: The future of U.S. trans-Pacific alliances, in: Orbis, Jg. 19/1975–76, S. 904–924
WILSON, D.: China and the third world, in: Pacific Community, Jg. 7/1975–76, S. 215–229

6. Zusammenfassung: Die Zukunft von Revolution, Konterrevolution und Intervention

BRANCU, S. in: Grosser-Jütte, A./Jütte, R.: Entspannung ohne Frieden. Frankfurt/M 1977
GRIEWANK, K.: Der neuzeitliche Revolutionsbegriff. Frankfurt/M 1973
HENNIS, W./KIELMANNSEGG,/MATZ: Regierbarkeit. Stuttgart 1978
MILLER, J.: Das letzte Viertel des Jahrhunderts – eine Zeit der Mittelmäßigkeit? in: Europa-Archiv 1976, S. 635–646

Personen- und Sachregister

(Stichwörter des Sachregisters, die einen Ländernamen und eine Jahreszahl enthalten (Frankreich 1789; ČSSR 1968), beziehen sich auf revolutionäre bzw. konterrevolutionäre Prozesse, auf deren Entstehungsgeschichte und Nachwirkungen.)